Tabea Rief

Schulbegleitung als Maßnahme zur Umsetzung schulischer Inklusion

Tabea Rief

Schulbegleitung als Maßnahme zur Umsetzung schulischer Inklusion

Eine fallrekonstruktive Analyse zu einer professionalisierungsbedürftigen Praxis

*Würzburg
University Press*

Dissertation, Julius-Maximilians-Universität Würzburg
Fakultät für Humanwissenschaften, 2023
Gutachter: Prof. Dr. Oliver Hechler, Prof. Dr. Stephan Ellinger

Impressum

Julius-Maximilians-Universität Würzburg
Würzburg University Press
Universitätsbibliothek Würzburg
Am Hubland
D-97074 Würzburg
www.wup.uni-wuerzburg.de

© 2023 Würzburg University Press
Print on Demand

Coverdesign: Holger Schilling

ISBN 978-3-95826-222-5 (print)
ISBN 978-3-95826-223-2 (online)
DOI 10.25972/WUP-978-3-95826-223-2
URN urn:nbn:de:bvb:20-opus-322302

Vorwort

Dass ausgerechnet pädagogische Forschung, die sich gemeinhin dadurch auszeichnet, dass sie eher als ein Feld aufgefasst wird, auf dem sich unterschiedliche Akteure betätigen und zu Wort melden, die nicht selten wenig mit Pädagogik selbst zu tun haben, nun tatsächlich ein pädagogisch und sonderpädagogisch relevantes Handlungsfeld in den Blick nimmt und sowohl theoretisch als auch empirisch durchdringt, ist ungewöhnlich. Und doch ist es Tabea Rief gelungen, eine Studie zur Schulbegleitung als Maßnahme zur Umsetzung schulischer Inklusion vorzulegen, die sich sowohl in ausgezeichneter Weise auf gründliche und tiefgreifende empirisch-rekonstruktive Forschung bezieht und damit für ihre Ergebnisse ein enormes Maß an Evidenz für sich beanspruchen kann als auch durchweg „eine gewisse pädagogische Sinnesart" (Johann Friedrich Herbart) bewahrt.

Im Rahmen der Umsetzung inklusiver Prozesse und Strukturen im Bildungsbereich, insbesondere in der Schule, kommt der so genannten Schulbegleitung eine herausragende Bedeutung zu. Die Praxis der Schulbegleitung, die auch unter anderen Begriffen firmiert, scheint der Garant schulischer Inklusion zu sein und expandiert dementsprechend massiv. Gleichermaßen verschwindet das, was Schulbegleitung ihrem Wesen nach eigentlich ist und was den Kern von Schulbegleitung ausmachen könnte oder ausmachen müsste, immer mehr aus dem Blick der empirischen Forschung. Somit entsteht eine immense Lücke zwischen einer wie auch immer zu bezeichnenden, sich aber ständig ausweitenden Praxis innerhalb des Schulsystems einerseits und deren theoretischen Durchdringung und konzeptuellen Begründung andererseits. Dieser Sachverhalt scheint aber die Expansion und die Indienstnahme dieser Praxis nicht weiter zu irritieren. Ganz im Gegenteil! Und so findet man allenthalben unter der Bezeichnung Schulbegleitung in vielen Fällen nicht mehr als eine als eklektizistisch zu beschreibende, beliebige Praxeologie.

Tabea Rief nimmt genau diese Forschungslücke und konzeptuelle Leerstelle zum Ausgangspunkt ihrer Forschungsarbeit, indem sie, vor dem Hintergrund einer genauen und tiefgreifenden Explikation dessen, was unter Integration und Inklusion verstanden wird und wie diese Begriffe theoretisch zu fassen sind, sowohl professionstheoretische Maßgaben an die Praxis der Schulbegleitung anlegt, als auch deren Realisierung in der Schule im Rahmen eines naturalistischen Forschungsdesigns zum Gegenstand ihrer Untersuchung macht. Damit ist gewissermaßen ein polyzentrischer Zugang zum Gegenstand geschaffen worden, der in der Lage ist, das weite Feld der schulischen Inklusion und deren Begrifflichkeiten zu entmystifizieren und in den Kontext einer theoretisch und empirisch belastbaren Basis zu stellen.

Neben der detaillierten Analyse der relevanten Begriffe muss zum einen nachdrücklich auf die professionstheoretische Bestimmung der Praxis der Schulbegleitung als eine professionalisierungsbedürftige pädagogische Tätigkeit verwiesen werden. Ausgangspunkt ist immer die beeinträchtigte Teilhabe an schulischen Erziehungs- und Bildungsprozessen. Hierauf muss Schulbegleitung als eine Form der Lernhilfe in einem pädagogischen Verständnis abheben. Zum anderen muss der empirisch-rekonstruktive Teil der Arbeit hervorgehoben werden. Durch Audio- und Videographie konnte Tabea Rief ein hoch komplexes und dynamisches Interaktionsfeld protokollieren und transkribieren, so dass Protokolle als

Ausdrucksgestalten der Praxis der Schulbegleitung angefertigt werden konnten, die dann einer genauen Sequenzanalyse mit dem Ziel, Strukturgeneralisierungen und Typenbildungen hervorzubringen, unterzogen wurden.

Die Lektüre dieser Arbeit, die durch eine klare Gliederung überzeugt, sei all jenen empfohlen, die sich im Allgemeinen gründlich mit Inklusion und Integration auseinandersetzen wollen und dabei eine wissenschaftliche und keine weltanschauliche Basis bevorzugen. Im Besonderen erlangen die Ausführungen größte Relevanz sowohl für das Schulsystem und seine Akteurinnen und Akteure, für die Schulbegleitung als eine Säule der schulischen Inklusion maßgeblich erscheint, als auch für Praktikerinnen und Praktiker und Träger dieser Maßnahme zur schulischen Teilhabe. Nicht zuletzt muss das Design und die Durchführung der empirischen Untersuchung Erwähnung finden und für diejenigen zur Empfehlung gegeben werden, die sich für empirisch-rekonstruktives Vorgehen in der pädagogischen Forschung interessieren.

Prof. Dr. phil. Oliver Hechler

Abstract

2009 ratifizierte Deutschland die UN-Behindertenrechtskonvention (UN-BRK) und verpflichtete sich damit gesetzlich zur Umsetzung von Inklusion in allen Lebensbereichen. In der aktuellen gesellschaftspolitischen Debatte liegt ein besonderer Fokus auf dem Bereich der Bildung, wobei die Maßnahme Schulbegleitung maßgeblich zur Teilhabe von Kindern und Jugendlichen mit sogenanntem sonderpädagogischem Förderbedarf an Bildung beiträgt. Ziel der vorliegenden Arbeit ist es, die aktuelle Umsetzung schulischer Inklusion in Deutschland kritisch einzuordnen, die Maßnahme Schulbegleitung differenziert darzustellen sowie Strukturen und Dynamiken der professionalisierungsbedürftigen Praxis von Schulbegleitung sowohl theoretisch als auch empirisch zu untersuchen. Ausgehend von einer rekonstruktiven Sozialforschung (Videographische Aufzeichnung | Sequenzanalytische Auswertung) sollen die vorliegenden Forschungsergebnisse den aktuellen wissenschaftlichen sowie bildungspolitischen Diskurs hinsichtlich schulischer Inklusion im Allgemeinen und der Maßnahme Schulbegleitung im Besonderen erweitern.

In 2009, the german government ratified the *Convention of the United Nations on the Rights of Persons with Disabilities* and thus legally committed itself to implementing inclusion in all areas of life. In the current german socio-political debate, there is a particular focus on the area of education, with paraprofessionals/teaching assistants making a significant contribution to the participation of children and young people with so-called special educational needs. The aim of this thesis is to critically classify the current implementation of school inclusion in Germany, to present the practice of paraprofessionals/teaching assistants in a differentiated manner and to examine structures and dynamics of the professionalization practice of paraprofessionals/teaching assistants, both theoretically and empirically. Based on reconstructive social research (videographic recording | sequence analytical evaluation), the established and portrayed research results are intended to expand the current scientific and educational policy discourse with regard to school inclusion in general and the paraprofessionals/teaching assistants in particular.

Inhalt

Abbildungsverzeichnis

Einleitung

Mit der Ratifizierung der UN-Behindertenrechtskonvention hat sich Deutschland 2009 dazu verpflichtet, ein inklusives Schulsystem aufzubauen, das den Bedarfen aller Schüler:innen – ob mit oder ohne Behinderungen – gerecht wird (vgl. UN-BRK, Art. 24). Aufgrund unterschiedlicher Schulgesetze und Ausgangspositionen der einzelnen Bundesländer sowie eines unterschiedlich stark ausgeprägten politischen Willens zur Umsetzung der UN-Behindertenrechtskonvention sind ungleiche, schleppende und teilweise stagnierende bildungspolitische Entwicklungen zu konstatieren, die die Rechte von Kindern und Jugendlichen massiv verletzen und fatale Folgen für ihre Bildungs- und Teilhabechancen haben (vgl. Deutsches Institut für Menschenrechte 2022). Um Kindern und Jugendlichen mit Behinderungen „trotzdem" den Zugang zu allgemeinbildenden Schulen zu ermöglichen, wurde im Rahmen der Eingliederungshilfe zunächst die Maßnahme Schulbegleitung zur Umsetzung schulischer Inklusion eingerichtet. Während diese Maßnahme anfänglich als notwendiges Provisorium und kurzfristige Übergangsmöglichkeit hin zu einem inklusiven Schulsystem postuliert wurde, zeichnet sich zunehmend sowohl auf rechtlicher als auch auf institutioneller Ebene ihre Etablierung und Verstetigung ab, was weitreichende Folgen für alle an Unterricht und Schule beteiligten Akteur:innen hat (vgl. Rohrmann/Weinbach 2017).

Als Maßnahme zur Umsetzung schulischer Inklusion ist es die grundlegende Aufgabe von Schulbegleiter:innen, individuumsbezogen Teilhabebarrieren abzubauen, unzureichende strukturelle und personelle Rahmenbedingungen an Schulen auszugleichen und ausgehend von den individuellen Bedarfen der zu begleitenden Schüler:innen deren Teilhabe an Bildung zu ermöglichen. Mit dem Einsatz von Schulbegleiter:innen als einzelfallbezogene Maßnahme der Eingliederungshilfe bzw. der Kinder- und Jugendhilfe scheint bundesweit ein weitgehend unkomplizierter und kostengünstiger Weg gefunden worden zu sein, Kindern und Jugendlichen mit sonderpädagogischem Förderbedarf den Besuch einer Regelschule zu ermöglichen und damit den Forderungen der UN-Behindertenrechtskonvention zumindest oberflächlich nachzukommen. Die bildungspolitische Umsetzung der Konvention wird aufgrund des Bildungsföderalismus auf Länderebene und damit verbunden auf der Grundlage unterschiedlicher Schulgesetzgebungen ausgestaltet. Die Einbettung der Maßnahme in die Finanzierungs- und Genehmigungsstrukturen der Eingliederungshilfe bzw. Kinder- und Jugendhilfe führt dazu, dass Schulbegleiter:innen keine Mitarbeiter:innen im Bildungswesen, sondern bei einem schulexternen Träger angestellt sind und an die jeweiligen Schulen entsandt werden. Aufgrund der Nachrangigkeit der Eingliederungshilfe (vgl. § 91 SGB IX) dürfen Schulbegleiter:innen formalrechtlich keine pädagogischen bzw. unterrichtlich-pädagogischen Aufgaben übernehmen. Die Maßnahme Schulbegleitung ist somit in ein komplexes Gefüge rechtlicher, bildungspolitischer, institutioneller und interaktioneller Zusammenhänge eingebettet, was bedingt durch strukturelle Verantwortungslosigkeiten sowohl für die Institution Schule als auch für die als Schulbegleitung tätigen Personen grundlegende Herausforderungen und zum Teil widerstreitende Anforderungen und Erwartungen mit sich bringt. Angesichts der Heterogenität der Zielgruppen und Einsatzorte sowie der vielfältigen, wandlungsfähigen Gegebenheiten und (schulischen) Strukturen sind der Charakter der Tätigkeit und das damit zusammenhängende Aufgabenfeld von Schulbegleitung weitgehend ungeklärt, sodass der Eindruck entsteht, dass in Bezug auf die Ausgestaltung der Maßnahme Schulbegleitung alles möglich ist.

Obwohl Schulbegleitung ein zentrales Moment in der Beschulung von Kindern und Jugendlichen mit sonderpädagogischem Förderbedarf darstellt, erfährt sie kaum wissenschaftliche oder bildungspolitische Aufmerksamkeit. Die wenigen existierenden empirischen Untersuchungen zur Maßnahme Schulbegleitung beschreiben zumeist allgemeine Rahmenbedingungen sowie soziodemographische Daten zu den als Schulbegleiter:innen eingesetzten Personen in ausgewählten Städten und Regionen oder zielen darauf ab, die Rolle von Schulbegleitung zu fassen. Grundlegende Fragen nach dem Gelingen, der Wirkung und der Wirksamkeit der Maßnahme, ihrem tatsächlichen Einfluss auf das Lernen und die Teilhabe an Bildung der zu begleitenden Schüler:innen oder das professionelle Handeln von Lehrkräften sowie den aus der Begleitung möglicherweise resultierenden Inklusions- oder Exklusionsprozessen und deren Einfluss auf die soziale Teilhabe scheinen kaum von wissenschaftlichem, bildungspolitischem oder pädagogischem Interesse zu sein. In Bezug auf die Maßnahme Schulbegleitung zeichnet sich somit ein eklatanter Erklärungs- und Forschungsbedarf ab, wobei zu berücksichtigen ist, dass theoretische Auseinandersetzungen und empirische Untersuchungen mit dem Gegenstand der Schulbegleitung nicht isoliert betrachtet werden können, da Schulbegleitung immer auch den Kern unterrichtlichen Geschehens betrifft, Einfluss auf das professionelle Handeln von Lehrkräften nimmt und somit umfassend in allgemeine bildungspolitische und bildungswissenschaftliche Zusammenhänge eingebettet werden muss.

Im Mittelpunkt dieser Arbeit steht das Ziel, sich unter einem professionalisierungstheoretischen Blickwinkel von der Praxis her zeigen zu lassen, wie Schulbegleitung zum Ausdruck kommt. Die vorliegende Dissertation gliedert sich daher in einen theoretischen und einen empirischen Teil. In einem ersten Schritt wird zunächst allgemein auf die beiden Leitbilder Inklusion und Integration eingegangen, um anschließend eine differenzierte theoretische Auseinandersetzung mit der aktuellen Umsetzung schulischer Inklusion in Deutschland unter Berücksichtigung der zugrundeliegenden juristischen, bildungspolitischen, gesellschaftlichen, institutionellen, interaktionellen sowie innerpsychischer Dimensionen vorzunehmen (Kapitel 1). Des Weiteren wird die Maßnahme Schulbegleitung hinsichtlich einer Begriffseinordnung, rechtlicher und administrativer Grundlagen, Qualifikationen und Qualifizierungen von Schulbegleiter:innen, Aufgaben und Tätigkeitsfeldern, Einordnungen zur Rolle der Schulbegleitung sowie zentraler Spannungsfelder differenziert dargestellt (Kapitel 2). Aufbauend auf den in den ersten beiden Kapiteln geschaffenen Grundlagen erfolgt anschließend eine fundierte theoretische Analyse der Maßnahme Schulbegleitung als professionalisierungsbedürftige pädagogische Praxis, insbesondere im Hinblick auf die stellvertretende Krisenbewältigung im Arbeitsbündnis sowie spezifische Herausforderungen und Risiken im professionellen Handeln von Schulbegleiter:innen (Kapitel 3). In der Verknüpfung erster theoretischer Einordnungen zur professionalisierungsbedürftigen Praxis der Schulbegleitung und der Zusammenschau aktueller quantitativer und qualitativer Studien im deutschsprachigen Raum erfolgt dann die Ausarbeitung der dieser Arbeit zugrunde liegenden empirischen Fragestellung (Kapitel 4).

Im empirischen Teil der Arbeit wird zunächst das Forschungsdesign der empirischen Untersuchung vorgestellt und im weiteren Verlauf die Wahl der videographischen Aufzeichnung als Erhebungsmethode sowie die Wahl der Objektiven Hermeneutik als Auswertungsmethode begründet (Kapitel 5). Nachfolgend werden die Ergebnisse der empirischen Untersuchung in Bezug auf die drei der Arbeit zugrunde liegenden Fälle von Schulbegleitung im Rahmen von drei Fallrekonstruktionen dargestellt und anschließend eine Strukturgeneralisierung, Kontrastierung und Typenbildung vorgenommen (Kapitel 6). In einem abschließenden Kapitel werden die gewonnenen Erkenntnisse in Bezug auf die Maßnahme Schulbegleitung als professionalisierungsbedürftige Praxis, als pädagogische Praxis sowie als Maßnahme zur Umsetzung schulischer Inklusion theoretisch diskutiert und Perspektiven für die Professionalisierung von Schulbegleitung abgeleitet (Kapitel 7). Ein erziehungswissenschaftlicher Ausblick bildet den Abschluss der vorliegenden Arbeit.

1 Integration und Inklusion

„Je länger über Inklusion diskutiert wird, desto unklarer scheint zu werden, was mit Inklusion überhaupt gemeint ist. Häufig wird betont, dass Inklusion etwas anderes sei als Integration, aber worin dieses Andere genau besteht, bleibt dann häufig im Dunkeln" (Katzenbach 2016, S. 17).

Die seit Jahren geführte und weiter anhaltende Debatte über Inklusion wird grundlegend von einem unklaren Inklusionsbegriff und teilweise widersprüchlichen pädagogischen Zielsetzungen bestimmt und bringt damit schwer überschaubare juristische und bildungspolitische Gemengelagen sowie Unsicherheiten und Meinungsverschiedenheiten hinsichtlich pädagogischer Argumentationslinien und Begründungszusammenhänge mit sich (vgl. Willmann 2017, S. 91). Diese theoretische Unbestimmtheit sowie die begriffliche Unschärfe in der Diskussion um Inklusion, können als mögliche Ursachen für die stark normativ aufgeladene Debatte gesehen werden, sodass Willmann von einer Gretchenfrage spricht, wenn es darum geht, zu erfahren: „Wie hältst Du's mit der Inklusion?" (Willmann 2012, S. 154). Auch Ahrbeck setzt sich mit der affektiven Aufladung des Integrations- und Inklusionsbegehrens auseinander und erinnert in diesem Zuge daran, dass beide Leitprinzipien im Grunde das gleiche Anliegen haben, nämlich die Verbesserung der Lebenssituation von Menschen mit Behinderung (vgl. Ahrbeck 2014, S. 46). Die Besinnung auf das gemeinsame Grundanliegen scheint in der aktuellen Debatte über Teilhabe und Partizipation von Menschen mit Behinderungen allzu häufig aus dem Blickfeld zu geraten.

Das vorliegende Kapitel wird, abseits normativer und affektiver Aufladung, die Grundgedanken der beiden Leitprinzipien Integration und Inklusion erläutern. Auf dieser Grundlage werden mögliche Abgrenzungen sowie gemeinsame Bezugspunkte der Leitbilder aufgezeigt, kritisch betrachtet und mit Fokus auf die Umsetzung schulischer Inklusion in Verbindung gebracht. Hierfür wird zunächst der Versuch einer definitorischen Eingrenzung der beiden Begrifflichkeiten *Inklusion* und *Integration* unternommen, um im Anschluss daran das (Nicht-)Verhältnis der beiden Leitbilder zu diskutieren. Theoretische Überlegungen zum Zusammenhang von Inklusion und Exklusion sowie die Diskussion von De-Kategorisierung bilden zentrale Schwerpunkte der theoretischen Auseinandersetzung.[1]

Der Begriff der Inklusion hat sich (spätestens) mit der Ratifizierung des Übereinkommens der Vereinten Nationen über die Rechte von Menschen mit Behinderungen (UN-BRK) 2009 im gesellschaftspolitischen und wissenschaftlichen Diskurs in Deutschland etabliert. Zunächst scheint es lohnenswert, Integration und Inklusion in einem ersten Schritt hinsichtlich ihrer Wortbedeutung einzuordnen um von dort aus auf bildungspolitische, soziologische und pädagogische Aspekte der beiden Leitbilder zu blicken.

Aus einer etymologischen Betrachtungsweise stammt der Begriff *Integration* vom lateinischen *integratio* ab, was so viel heißt, wie *Eingliederung in ein größeres Ganzes, Zusammenschluss*. Der Begriff *Inklusion* stammt vom lateinischen *includere* (= einschließen) ab und kann als *Einschließung* oder *Eingeschlossensein* übersetzt werden. Da weder der Begriff

---

[1] Der Fokus der nachfolgenden Ausführungen liegt explizit auf einer theoretischen Diskussion zentraler Aspekte der Leitbilder Integration und Inklusion.

Integration noch der Begriff Inklusion genuin bildungspolitische oder pädagogische Begrifflichkeiten sind, ist es von zentraler Bedeutung, die entsprechenden Bezüge herzustellen. Ausgehend von der ursprünglichen Wortbedeutung geht es in Bezug auf Integration also um „die Herstellung sozialer bzw. gesellschaftlicher Zugehörigkeiten von Minderheiten, die bisher ausgegrenzt waren oder in Gefahr sind, isoliert zu werden" (Speck 2011, S. 18). Integration setzt damit Separation zunächst logisch voraus (vgl. Heimlich 2016). An dieser Stelle wird bereits ein grundlegender Gegensatz zum Leitbild der Inklusion deutlich. Während Integration Separation logisch voraussetzt und auf die (Wieder-)Herstellung einer Ganzheit abzielt, wird bei der Inklusion „von vornherein auf jegliche Form von Aussonderung bzw. Separation verzichtet" (ebd., S. 118). Inklusion steht, so Theunissen, für eine Nicht-Aussonderung, ein Nicht-Ausgeschlossen-Sein und bezieht sich damit auf eine „soziale und gesellschaftliche (unmittelbare) Zugehörigkeit" (Theunissen 2013, S. 181).[2]

Immer wieder kommt es sowohl in erziehungswissenschaftlichen als auch in bildungspolitischen Zusammenhängen vor, dass die beiden Begrifflichkeiten Inklusion und Integration in einer nahezu beliebigen Austauschbarkeit synonym (bspw. gleichwertig nebeneinander, durch einen Schrägstich getrennt - Integration/Inklusion - oder im Verlauf des Texts gleichbedeutend abgewechselt) verwendet werden,[3] wodurch der Eindruck entstehen könnte, dass „die ihnen zu Grunde liegenden Handlungsansätze in ihrem inhaltlichen Aussagegehalt quasi identisch" (Frühauf 2012, S. 11) sind.[4] Dazu auch Wocken (2011).

> „Was die Begriffe ‚Integration' und ‚Inklusion' […] genau beinhalten, ist offen und Gegenstand einer lebhaften und kontroversen wissenschaftlichen Diskussion, die von einem einheitlichen und einvernehmlichen Begriffsverständnis weit entfernt ist. Die terminologische Diskussion ist anarchisch: anything goes" (Wocken 2011, S. 59).

---

[2]   In einem eher engen Inklusionsverständnis wird (fast ausschließlich) die Differenzkategorie Behinderung zugrunde gelegt. Budde und Hummrich weisen darauf hin, dass Inklusion als „universalistische Bildungs- und Gerechtigkeitsidee […] neben der Differenzkategorie Behinderung/Nichtbehinderung entsprechend auch andere exklusionsrelevante Differenzkategorien systematisch und in ihrer Wechselwirkung einbeziehen [muss]" (Budde/Hummrich 2015, S. 36). Andere Differenzkategorien können bspw. Geschlecht, Milieu, Ethnizität, Herkunft und Religion sein. Hinz ergänzt hierzu: „Inklusion ist keine Frage der Behindertenhilfe, sondern eine Frage des generellen gesellschaftlichen Umgangs mit Unterschieden und damit der Gestaltung des Sozialraums." (Hinz 2009, S. 178) Budde und Hummrich plädieren in diesem Zusammenhang für ein intersektionales Verständnis von Inklusion (vgl. Budde/Hummrich 2015, S. 38). Da sich die vorliegende Arbeit mit der Maßnahme Schulbegleitung auseinandersetzt und diese auf Basis eines diagnostizierten sonderpädagogischen Förderbedarfs bewilligt wird, wird im Fortgang der Fokus auf der Differenzkategorie Behinderung liegen.

[3]   Vgl. Seutter-Guthöhrlein 2015; Braches-Chyrek et al. 2015; Ministerium für Familie, Frauen, Jugend, Integration und Verbraucherschutz 2016.

[4]   Als ein möglicher Grund für die synonyme Verwendung der Begriffe Inklusion und Integration kann neben fachlicher Unwissenheit die deutsche Übersetzung der UN-Behindertenrechtskonvention angeführt werden. Die im englischen Originaltext der Konvention durchgehend verwendeten Begriffe „inclusion" und „inclusive" wurden in der deutschen Fassung mit „Integration" und „integrativ" übersetzt. Auch wenn der englische Originaltext der Vereinten Nationen rechtsbindend ist und damit aus juristischer Perspektive auch in Deutschland die Formulierung „inklusiv" gilt, trägt dieser Übersetzungsfehler zur Verwässerung der beiden Leitprinzipien bei.

Um eine zielführende, fundierte und ausdifferenzierte Auseinandersetzung mit aktuellen bildungspolitischen Entwicklungen im Allgemeinen und später auch zu Schulbegleitung als Maßnahme zur Umsetzung schulischer Inklusion im Besonderen zu ermöglichen, bedarf es einer grundlegenden Klärung und Einordnung der den beiden Leitbildern zugrundeliegenden Annahmen.

1.1 Integration und Inklusion | Zusammenhänge und Trennlinien

„Eine inklusive […] Pädagogik fasst die Unterschiedlichkeit und Vielfalt aller Kinder ins Auge, fordert ihre individuelle pädagogische Unterstützung ein und arbeitet auf ein Umfeld hin, in dem der Heterogenität in jeder Gruppe Rechnung getragen werden kann" (Albers 2015, S. 232).

Der Umgang mit Vielfalt und Heterogenität bildet einen zentralen Ausgangspunkt in der Debatte über Inklusion und Integration. Böttinger (2016) und Hinz (2002) umreißen auf dieser Grundlage die wesentlichen Trennlinien zwischen den beiden Konzepten Inklusion und Integration in Bezug auf den Lebensbereich Bildung/Schule.

Abbildung 1: Trennlinien zwischen Integration und Inklusion (vgl. Böttinger 2016, S. 25f.; Hinz 2002, S. 11f.).

Konzept und Praxis Integration	Konzept und Praxis Inklusion
Separation wird vorausgesetzt, Wiederherstellung eines Miteinanders	Auf Separation wird verzichtet
Zwei-Gruppen-Theorie (bspw. behindert/nicht behindert, förderbedürftig/nicht förderbedürftig)	Theorie einer heterogenen Gruppe (Verzicht auf jegliche Kategorisierung)
Heterogenität als Schwierigkeit/Herausforderung	Gewollte Heterogenität und Vielfalt als Normalität und Teil des Miteinanders
Unterstützung für Schüler:innen mit Behinderungen	Unterstützung für alle Schüler:innen
Eingliederung von Schüler:innen mit Behinderungen in die allgemeine Schule	Veränderung des Systems Schule und damit Leben und Lernen für alle Kinder in der allgemeinen Schule
Individuumszentrierter Ansatz	Systemischer Ansatz

Quelle: Eigene Darstellung.

Die hier skizzierten Trennlinien zwischen den Konzepten und der Praxis von Integration und Inklusion zeigen auf, dass den beiden Leitbildern unterschiedliche Grundsätze zugrunde liegen. Die verschiedenen Annahmen und Ausgangslagen haben dabei konkrete Auswirkungen auf die Gestaltung gesellschafts- sowie bildungspolitischer Entscheidungen/Diskurse, sodass eine korrekte Verwendung der Begrifflichkeiten essenziell ist.

Im Zentrum der nachfolgenden Ausführungen steht die Forderung nach De-Kategorisierung sowie das Verhältnis und Zusammenspiel von Inklusion und Exklusion als relationale Begrifflichkeiten.

1.2 De-Kategorisierung

Die Forderung nach De-Kategorisierung stellt einen zentralen Aspekt in der Abgrenzung zwischen den beiden Leitbildern Integration und Inklusion dar. In den vorangegangenen Ausführungen wurde bereits deutlich, dass dem Konzept der Integration eine *Zwei-Gruppen-Theorie* zugrunde liegt, während hingegen das Konzept der Inklusion darauf abzielt, kategorielle Zuschreibungen grundsätzlich zu vermeiden (vgl. Böttinger 2016, S. 25). Inklusion verfolgt „das selbstverständliche, gleichberechtigte und wertschätzende Miteinander der Verschiedenen, wobei das Selbstverständliche darin besteht, dass ihre Unterschiedlichkeit nicht eigens thematisiert werden muss" (Katzenbach 2015, S. 47).

Hinsichtlich der Debatte um De-Kategorisierung lassen sich drei zentrale Diskurslinien ausmachen, die für den Gegenstand dieser Arbeit – Schulbegleitung als Maßnahme der aktuellen Umsetzung schulischer Inklusion – essenziell sind: (1) Die Frage nach Ressourcenverteilungen und Zuständigkeiten, (2) die Zweiteilung der Lerngruppe sowie (3) die Frage nach formellen und informellen Kategorisierungen.

(1) Die Frage nach Ressourcenverteilungen und Zuständigkeiten für Schüler:innen mit sonderpädagogischem Förderbedarf und wie diese hinsichtlich der beiden Konzepte Integration und Inklusion abzugrenzen sind, wird von Hinz wie folgt eingeordnet:

> „Die Integrationspraxis versucht, aus sonderpädagogischer Warte individuumsbezogen die Einbeziehung ihrer Klientel mit sonderpädagogischem Förderbedarf, je nach individueller Schädigung, mit personenbezogener Ressourcenausstattung, spezieller Förderung und primär eigener Zuständigkeit voranzubringen, während die Inklusionspraxis mit schulpädagogischem Ausgangspunkt und systemischem Ansatz alle Schüler an einer gemeinsamen Schule für alle teilhaben und individuell wie gemeinsam lernen lassen und dies mit systembezogener Ressourcenausstattung und allen beteiligten Berufsgruppen vorantreiben will" (Hinz 2002, S. 12).

Auch wenn auf die aktuelle Umsetzung schulischer Inklusion sowie die damit verbundene Einordnungen und Fragestellungen erst im weiteren Verlauf des vorliegenden Kapitels differenzierter eingegangen wird, muss an dieser Stelle festgehalten werden, dass der gemeinsamen Beschulung von Schüler:innen mit und ohne sonderpädagogischem Förderbedarf in Deutschland zum aktuellen Zeitpunkt eine integrative Praxis zugrunde liegt: Auf der Grundlage eines festgestellten sonderpädagogischen Förderbedarfs einzelner Schüler:innen werden, je nach Bundesland in unterschiedlichem Umfang, zusätzliche finanzielle und personelle Ressourcen für eine besondere Förderung der jeweiligen Kinder oder Jugendlichen zur Verfügung gestellt (vgl. Steinmetz 2021, S. 109f.). Es entsteht ein Ressourcen-Etikettierungs-Dilemma (vgl. Terfloth 2018, S. 260).

Für den Unterricht und die Beschulung von Schüler:innen mit sonderpädagogischen Förderbedarf werden häufig „andere" Spezialist:innen (Förderschullehrer:innen, Schulbegleiter:innen, o.Ä.) hinzugezogen, wobei „solche Strukturen exklusive Zuständigkeiten der ‚anderen' KollegInnen für die anderen Kinder [provozieren], die dann schnell zu ‚Auch-Kindern' zu werden drohen, wenn sie im wenig veränderten Unterricht dann ‚auch' etwas tun können" (Hinz 2006, S. 257). Es besteht also die Gefahr, lediglich ein Nebeneinander aber kein Miteinander von Kindern und Jugendlichen mit und ohne Behinderungen zu schaffen (vgl. Böttinger 2016, S. 35; Frühauf 2012, S. 19). So wird zwar auf einer institutionellen Ebene die räumliche Separation überwunden, die inhaltliche, mentale und soziale Trennung in verschiedene Gruppen bleibt jedoch bestehen (vgl. Hinz 2006, S. 258).

Demnach findet eine (2) Zweiteilung der Lerngruppe bzw. Klasse statt. Innerhalb der Lerngruppe wird zwischen „normalen" Schüler:innen und denjenigen Schüler:innen mit sonderpädagogischem Förderbedarf unterschieden. Katzenbach spricht an dieser Stelle von der „Spaltung der Lerngruppe in Regel- und »I-Schüler«" (Katzenbach 2015, S. 50). Budde und Hummrich weisen darauf hin, dass die Differenz zwischen Schüler:innen mit und Schüler:innen ohne Behinderungen durch den Einsatz expliziter sonderpädagogischer Förderangebote auf institutioneller Ebene mit aufrechterhalten wird (vgl. Budde/Hummrich 2015, S. 35).

Häufig steht in der Debatte um De-Kategorisierung die Abschaffung formeller Etikettierungen im Fokus wobei hier die (3) Frage nach formeller und informeller Kategorisierung gestellt werden muss. Es muss davon ausgegangen werden, dass mit dem Verzicht auf formelle Etikettierungen nicht gleich eine informelle De-Kategorisierung und Ent-Etikettierung einhergeht (vgl. Katzenbach 2012, S. 105). Ahrbeck konkretisiert, dass mögliche „Vorurteile, Berührungsängste und Entwertungen gegenüber Menschen mit Behinderungen nicht allein durch die schlichte Tradierung bestimmter Kategorien [entstehen]" (Ahrbeck 2014, S. 95).

Weiterführend muss darüber nachgedacht werden, inwiefern eine De-Kategorisierung die Gefahr birgt, „dass die Kategorie Behinderung in einem unspezifischen Vielfaltsbegriff gleichsam untergeht und faktisch bestehende Benachteiligungen harmonisierend aufgelöst werden" (Katzenbach 2015, S. 33). Willmann weist darauf hin, dass mit der Abschaffung formeller Kategorien nicht zugleich dahinter liegende Probleme beseitigt oder gelöst werden und ein kategoriales Verbot zu einer konkreten Unterversorgung der entsprechenden Personengruppen führen kann (vgl. Willmann 2012, S. 155).

Es ist fraglich, inwiefern eine formelle De-Kategorisierung den hier angedeuteten vielschichtigen Fragestellungen und Gefahren begegnen kann und zu einer tatsächlichen, nachhaltigen Verbesserung der Situation von Schüler:innen mit Behinderungen beiträgt. Der mit Blick auf aktuelle Debatten grundsätzlich eher wenig diskutierte Aspekt der informellen Kategorisierung und Etikettierung sowie einer daraus möglicherweise resultierenden Stigmatisierung muss, auch im Sinne einer Betrachtung der „inneren Seite" (Katzenbach 2012) von Inklusion, stärker in den Fokus rücken.

1.3 Inklusion und Exklusion

> „Wer von Inklusion spricht, muss auch von Exklusion reden"
> (Dederich 2006, S. 12).

Die Auseinandersetzung mit Inklusion/inklusiven Prozessen muss zwangsläufig auch mit einer Auseinandersetzung mit Exklusion/exklusiven Prozessen einhergehen. Inklusion und Exklusion sind als relationale Begriffe zu verstehen. Für die vorliegende Arbeit scheint es sinnvoll, sowohl aus systemtheoretischer als auch aus psychodynamischer Perspektive auf Inklusion und Exklusion zu blicken. Die nachfolgenden Ausführungen können dabei lediglich als Hinweis auf die Notwendigkeit der eingangs angesprochenen Auseinandersetzung verstanden werden und haben nicht den Anspruch, eine vollständige und umfängliche Debatte darzustellen.

Luhmann (1997) verweist im Kontext von Inklusion und Exklusion aus systemtheoretischer Perspektive auf die zunehmende Differenzierung moderner Gesellschaften in funktionale Teilsysteme. Inklusion in der von Luhmann beschriebenen modernen, differenzierten Gesellschaft „ist ein kumulativer Prozess von Teilintegrationen in Teilsystemen" (Dederich 2006, S. 18). Dabei ist zu bedenken, dass Mehrfachabhängigkeiten von Funktionssystemen bestehen, welche Exklusionseffekte grundsätzlich verstärken können. Mit einer zunehmenden Differenzierung und Individualisierung steigen nicht nur individuelle Chancen, sondern wachsen gleichsam auf Grundlage biographischer Risiken auch Exklusionsrisiken (ebd., S. 18ff).[5]

Betrachtet man Inklusion und Exklusion aus psychodynamischer Perspektive, bedarf es in diesem Zusammenhang der genaueren Betrachtung der „inneren Seite" (Katzenbach 2012) von Inklusion und Exklusion sowie dem Konzept „integrativer Prozesse" (Klein et al. 1987; Reiser 2007). Katzenbach (2012) unterscheidet grundlegend zwischen einer „inneren Seite" (Einstellungen und Haltungen aller beteiligten Akteur:innen) und einer „äußeren Seite" (personelle, räumliche, sächliche Rahmenbedingungen, Ressourcen) von Inklusion und Exklusion. Während in aktuellen Debatten zur Umsetzung von Inklusion hauptsächlich Fragestellungen zu Aspekten der „äußeren Seite" im Fokus stehen, verweist Katzenbach mit der „inneren Seite" von Inklusion auf die Bedeutung und Notwendigkeit einer psychodynamischen Betrachtung von Ein- und Ausgrenzungsprozessen (vgl. Katzenbach 2012).

Dabei gilt es, Ein- und Ausgrenzungsprozesse im Verlauf der psychischen Entwicklung sowie gesellschaftliche Bedingungen von Ausgrenzung in den Blick zu nehmen:

> „Von Beginn unserer psychischen Existenz sind wir also kontinuierlich auf Ein- und Ausgrenzungsprozesse angewiesen, damit Entwicklung überhaupt stattfinden kann: von der frühen Selbst- und Objektdifferenzierung, zur Etablierung einer exklusiven Beziehung, über das Verlassen der dyadischen Zweieinheit hin zur frühkindlichen Triangulierung; schließlich die Überwindung der familiären Grenzen hin zur peer-group und Gesellschaft. Und selbst dann noch sind wir ständig damit beschäftigt, Gruppen und Identitäten herzustellen und uns gemeinsam mit und von anderen abzugrenzen (z.B. Freundeskreis, Fußballverein, Geschlecht oder Nation)" (Traxl 2016, S. 64).

Hinsichtlich gesellschaftlicher Bedingungen[6] von Ausgrenzung sind darüber hinaus vorherrschende ökonomische Logiken zu berücksichtigen, auf deren Grundlage diejenigen Gruppen von Ausgrenzungsprozessen bedroht sind, die im vorherrschenden (Wirtschafts-)System als unwirtschaftlich oder nicht profitabel angesehen werden (vgl. ebd., S. 65).

In der Auseinandersetzung mit der psychodynamischen Perspektive wird deutlich, dass „Inklusion kein anzustrebender struktureller Endzustand, sondern eine dauerhafte psychische und soziale Integrationsleistung im Reifungsprozess von Individuen und Gruppen [ist]" (ebd., S. 70).

---

[5]   Zu Inklusion und Exklusion aus systemtheoretischer Perspektive weiter auch Castel 2000; Stichweh/Windolf 2009; Stichweh 2016.

[6]   Die gesellschaftliche Dimension von Inklusion und Exklusion wird in Kapitel 1.4.3 differenzierter betrachtet.

Reiser (2007) verweist auf die zentrale Bedeutung *integrativer Prozesse:* „Inklusion als Einbeziehung von Personen in soziale Handlungszusammenhänge ist ein Teilaspekt integrativer Prozesse, wenn diese verstanden werden als Einigungsprozess in der konflikthaften Dynamik von Annäherung und Abgrenzung in der Auseinandersetzung mit dem Anderen" (Reiser 2007, S. 99). Diese Einigungsvorgänge vollziehen sich nach Klein et al. (1987) idealtypisch auf vier Ebenen: (1) innerpsychische Ebene, (2) interaktionelle Ebene, (3) institutionelle Ebene und (4) gesellschaftliche Ebene.

Klein et al. (1987) betonen, dass diese vier Ebenen in einem dynamischen Wechselspiel stehen und

> „integrative Prozesse auf *einer* Ebene allein […] langfristig unwirksam bleiben [müssen], weil durch den dynamischen Zusammenhang aller Ebenen der dialektische Prozeß[sic!] von Annäherung und Abgrenzung von jeder Ebene her störanfällig ist. Andererseits können integrative Prozesse von jeder Ebene her angestoßen werden" (Klein et al. 1987, S. 42; Hervorhebung im Original).

Klein et al. verweisen sowohl auf die Dynamik als auch auf die Vielschichtigkeit und Komplexität integrativer Prozesse. Legt man diese Annahmen der Umsetzung schulischer Inklusion zugrunde, wird deutlich, dass diese nicht nur auf einer institutionellen Ebene oder, um es mit Katzenbachs Worten zu sagen, hinsichtlich der Fragestellungen der „äußeren Seite" realisiert werden kann. Es bedarf einer tiefergehenden und ausdifferenzierten Auseinandersetzung mit Fragestellungen der „inneren Seite" von Inklusion und Exklusion und damit auch der Auseinandersetzung mit den von Klein et al. formulierten Ebenen integrativer Prozesse.

Die vorangegangenen Klärungen und Einordnungen der beiden Begriffe und Leitbilder *Integration* und *Inklusion* sowie die anschließenden theoretischen Grundlagen und Diskussionen zu De-Kategorisierung sowie Inklusion und Exklusion stellen ein wichtiges Fundament für eine differenzierte und fundierte Auseinandersetzung mit der aktuellen Umsetzung schulischer Inklusion im Allgemeinen und der Maßnahme Schulbegleitung im Besonderen dar. So werden im nachfolgenden Kapitel für diese Arbeit relevante Grundlagen zum Themenschwerpunkt der schulischen Inklusion dargelegt und hinsichtlich sechs Dimensionen kritisch ausdifferenziert.

1.4 Schulische Inklusion

Um der komplexen Debatte über Inklusion und Integration – in Bezug auf die Bereiche Schule und Bildung – systematisch zu begegnen, wird die aktuelle Umsetzung schulischer Inklusion[7] auf Grundlage der von Klein et al. (1987) formulierten Ebenen integrativer

---

[7] Auf Grundlage der vorangegangenen theoretischen Ausführungen zu den beiden Leitprinzipien Integration und Inklusion wurde an verschiedenen Stellen deutlich, dass die aktuelle gemeinsame Beschulung von Kindern und Jugendlichen mit und ohne Behinderungen eher einen integrativen als inklusiven Charakter hat. Trotzdem werden die Begriffe Inklusion und schulische Inklusion in vielfältigen juristischen, bildungspolitischen und institutionellen Zusammenhängen verwendet. Um im Fortlauf dieser Arbeit den Unterschied zwischen Inklusion als Ziel/Ideal und den aktuellen Umsetzungsstrukturen zu markieren, wird in Bezug auf die nachfolgenden sechs Dimensionen die Formulierung der aktuellen Umsetzung schulischer Inklusion gewählt.

Prozesse nachfolgend im Hinblick auf sechs Dimensionen diskutiert. Durch die Ratifizierung des Übereinkommens der Vereinten Nationen über die Rechte von Menschen mit Behinderungen (UN-BRK) in Deutschland ergibt sich die Notwendigkeit einer zusätzlichen juristischen sowie bildungspolitischen Dimension.

Darüber hinaus erfordert der in dieser Arbeit zentrale Schul- und Bildungskontext von Integration und Inklusion die Einführung des Begriffes *sonderpädagogischer Förderbedarf* in Abgrenzung zum bislang in dieser Arbeit verwendeten Begriff *Behinderung*. Auf Grundlage der *Empfehlungen zur sonderpädagogischen Förderung in den Schulen in der Bundesrepublik Deutschland* der Kultusministerkonferenz (1994)[8] ist „[s]onderpädagogischer Förderbedarf [...] bei Kindern und Jugendlichen anzunehmen, die in ihren Bildungs-, Entwicklungs-, und Lernmöglichkeiten so beeinträchtigt sind, dass sie im Unterricht der allgemeinen Schulen ohne sonderpädagogische Unterstützung nicht hinreichend gefördert werden können" (Kultusministerkonferenz 1994, S. 5). Dabei wird zwischen folgenden sonderpädagogischen Förderschwerpunkten unterschieden: Lernen, Sprache, emotionale und soziale Entwicklung, Sehen, Hören, geistige Entwicklung, körperliche und motorische Entwicklung, Kranke (vgl. Kultusministerkonferenz 1994). Inwiefern die Kategorie *sonderpädagogischer Förderbedarf* sowie die daraus resultierenden Maßnahmen zur Förderung und Teilhabe an Bildung integrative und inklusive Prozesse unterstützen bzw. diesen zuträglich sind, wird kontrovers diskutiert (vgl. u. a. Ahrbeck 2014; Hinz 2009; Grummt 2019).

Die bevorstehende inhaltliche Auseinandersetzung mit den sechs Dimensionen der aktuellen Umsetzung schulischer Inklusion erhebt keinen Anspruch auf Vollständigkeit, sondern soll vielmehr vor dem Hintergrund des zentralen Gegenstands dieser Arbeit (Schulbegleitung) aufzeigen, auf welchen Ebenen und in welchen Dimensionen die aktuelle Umsetzung schulischer Inklusion gedacht und bearbeitet werden muss. Die sechs vorgeschlagenen Dimensionen (juristisch, bildungspolitisch, gesellschaftlich, institutionell, interaktionell, innerpsychisch) sind dabei nicht trennscharf. Einzelne Aspekte können häufig mehreren Dimensionen zugeordnet werden; die vorgenommene Aufteilung stellt lediglich den Versuch dar, die aktuelle wissenschaftliche Debatte in einen strukturierten Rahmen zu fassen.

Bevor auf die einzelnen Dimensionen detailliert eingegangen wird, erfolgt zunächst ein kurzer Blick auf die Umsetzung schulischer Inklusion nach der UN-Behindertenrechtskonvention in den deutschen Bundesländern (Steinmetz et al. 2021).[9]

---

[8]   Dass seit der Veröffentlichung der ersten *Empfehlungen zur sonderpädagogischen Förderung in den Schulen in der Bundesrepublik Deutschland* 1994 keine aktualisierte/weiterentwickelte/überarbeitete Empfehlung mit Bezugnahme auf die UN-Behindertenrechtskonvention oder anderer bildungs- und gesellschaftspolitischer Entwicklungen existiert, kann als Hinweis auf den Stellenwert eingeordnet werden, den schulische Integration und Inklusion in Deutschland auf bildungspolitischer Ebene haben.

[9]   Aufgrund des Fokus der vorliegenden Arbeit kann hier kein umfassender Forschungsstand zur Umsetzung schulischer Inklusion in Deutschland gegeben werden. Zu empirischen Untersuchungen, dem Forschungsstand zur Umsetzung von schulischer Inklusion in Deutschland sowie die Diskussion entsprechender Studien und Forschungsergebnisse u. a. Katzenbach 2015, Hackbarth 2017, Böhm/Fellmeyer/Biewer 2018, Knauf/Knauf 2019, Kultusministerkonferenz 2020, Rauh et al. 2020, Steinmetz et al. 2021.

Abbildung 2: Sonderpädagogisch geförderte Schüler:innen in Deutschland im Jahr 2018 (n = 556.300) – Verteilung nach Förderschwerpunkten (vgl. Kultusministerkonferenz 2020, S. XV).

Lernen	34,6 %
Emotionale-soziale Entwicklung	17,2 %
Geistige Entwicklung	16,9 %
Sprache	10,1 %
Körperliche-motorische Entwicklung	6,8 %
Hören	3,9 %
Lernen, Sprache, emotionale und soziale Entwicklung (LSE) *(wird ausschließlich in Bayern als eigenständiger Förderschwerpunkt amtlich erfasst)*	3,6 %
Kranke	2,1 %
Sehen	1,7 %
noch keinem Förderschwerpunkt zugeordnet/Förderschwerpunkt übergreifend	3,0 %

Quelle: Eigene Darstellung.

Steinmetz et al. (2021) arbeiten in ihrer Studie auf Basis einer rechtswissenschaftlichen Analyse die Vorgaben des Art. 24 der UN-Behindertenrechtskonvention heraus und übersetzen diese in messbare Indikatoren (Struktur-Prozess-Outcome-Modell). Auf dieser Grundlage wurde die „Umsetzung der Gewährleistungen in den Bundesländern auf struktureller und prozessualer Ebene anhand vorliegender Daten[10] empirisch" (ebd., S. 20) erfasst.

Steinmetz et al. stellen in Bezug auf den Anteil der Schüler:innen an Förderschulen im Zeitraum von 2009 – 2018 einen bundesweiten Rückgang um 0,4 Prozentpunkte (4,8 % auf 4,4 %) fest, während im selben Zeitraum die Inklusionsquote um 2,1 Prozentpunkte (1,1 % auf 3,2 %) anstieg. Insgesamt hat sich somit die Quote der Schüler:innen mit sonderpädagogischem Förderbedarf stark erhöht (von 5,9 % auf 7,5 %) (vgl. Steinmetz et al. 2021, S. 116).[11]

Grundsätzlich ist zu beachten, dass sich die Umsetzung schulischer Inklusion in den verschiedenen Bundesländern stark unterscheidet. Durch die föderalistische Organisation des Bildungssystems in Deutschland obliegen schulpolitische Maßnahmen den Ländern. Die einzelnen Bundesländer befinden sich, auch über 10 Jahre nach der Ratifizierung der UN-Behindertenrechtskonvention, auf unterschiedlichen Pfaden hinsichtlich der Entwicklung eines inklusiven Schulsystems (vgl. ebd., S. 68).

---

[10] Die der Studie zugrundeliegenden Daten wurden von den einzelnen Bundesländern und der Konferenz der Kultusminister:innen zur Verfügung gestellt, wobei Steinmetz et al. eine „in vielen Bereichen mangelhafte Datenlage" (Steinmetz et al. 2021, S. 245) konstatieren.

[11] Dabei bleibt fraglich, ob die Attestierung eines sonderpädagogischen Förderbedarfs aus pädagogischen oder systemischen Gründen vorgenommen wird (vgl. Steinmetz 2021, S. 117).

Auf Grundlage der Operationalisierung der Gewährleistungen aus Art. 24 der UN-Behindertenrechtskonvention für das deutsche Bildungssystem leiten Stein et al. drei zentrale
Indikatoren ab: (1) Verfügbarkeit inklusiver Bildung, (2) diskriminierungsfreie Zugänglich-
keit inklusiver Bildung, (3) strukturelle Transformation des Bildungssystems hin zu Inklusion. Anhand der vorliegenden Daten zu diesen drei Indikatoren skizzieren Steinmetz et al.
ein grobes Gesamtbild der Umsetzungssituation in den Bundesländern und stellen fest,
„dass die meisten deutschen Bundesländer auf der Struktur- und Prozessebene keine ausreichend wirksamen Maßnahmen getroffen haben, um die Gewährleistungen des Art. 24
i.V.m Art. 4 UN-BRK umzusetzen" (ebd., S. 243). Rheinland-Pfalz, Bayern, Baden-Württemberg, das Saarland, Nordrhein-Westfahlen, Sachsen-Anhalt und Sachsen ordnen Steinmetz et al. als „strukturpersistente" Bundesländer ein und weisen ihnen eine „systematische
Verletzung des Konventionsrechts aus Art. 24. UN-BRK" (ebd.) nach.

Während Steinmetz et al. im Rahmen ihrer Studie die Umsetzung schulischer Inklusion
ausschließlich hinsichtlich der Fragestellungen zur „äußeren Seite" betrachten, zielen die
nachfolgenden theoretischen Ausführungen zur aktuellen Umsetzung schulischer Inklusion und der Maßnahme Schulbegleitung sowie auch die anschließende empirische Auseinandersetzung mit der Maßnahme Schulbegleitung auf eine ausgewogene Darstellung und
Betrachtung zu bedenkender Aspekte der äußeren und inneren Seite von Inklusion ab.

1.4.1 Juristische Dimension

2009 ratifizierte Deutschland das Übereinkommen der Vereinten Nationen über die Rechte
von Menschen mit Behinderungen (UN-BRK) und verpflichtete sich damit zur Förderung
und Umsetzung gleichberechtigter Teilhabe aller Menschen in allen Lebensbereichen.[12] Dabei wird der Zweck der Konvention wie folgt definiert:

> „Zweck dieses Übereinkommens ist es, den vollen und gleichberechtigten Genuss al-
> ler Menschenrechte und Grundfreiheiten durch alle Menschen mit Behinderungen
> zu fördern, zu schützen und zu gewährleisten und die Achtung der ihnen innewoh-
> nenden Würde zu fördern. Zu den Menschen mit Behinderungen zählen Menschen,
> die langfristige körperliche, seelische, geistige oder Sinnesbeeinträchtigungen haben,
> welche sie in Wechselwirkung mit verschiedenen Barrieren an der vollen, wirksamen
> und gleichberechtigten Teilhabe an der Gesellschaft hindern können" (UN-BRK,
> Art.1).[13]

Die Menschenrechte und Grundfreiheiten werden im Gesetzestext der UN-Behindertenrechtskonvention in insgesamt 50 Artikel unterteilt. Während die Konvention zahlreiche

---

[12] Dabei ist die UN-Behindertenrechtskonvention „keine Spezialkonvention für die Rechte von Menschen mit
      Behinderungen, sondern sie konkretisiert die bereits anerkannten allgemeinen Menschenrechte aus anderen
      Menschenrechtsübereinkommen auf die Situation von Menschen mit Behinderungen." (Deutsches Institut
      für Menschenrechte o.J., o.S.)

[13] Die im Folgenden verwendeten Zitate der Artikel des Übereinkommens der Vereinten Nationen über die
      Rechte von Menschen mit Behinderungen entstammen dem Bundesministerium für Arbeit und Soziales
      (2011).

Lebensbereiche der gesamten Lebensspanne umfasst, liegt der Fokus aktueller gesellschaftlicher und politischer Aufmerksamkeit in erster Linie auf *Artikel 24 – Bildung*.

> „Die Vertragsstaaten anerkennen das Recht von Menschen mit Behinderungen auf Bildung. Um dieses Recht ohne Diskriminierung und auf der Grundlage der Chancengleichheit zu verwirklichen, gewährleisten die Vertragsstaaten ein integratives Bildungssystem auf allen Ebenen" (UN-BRK, Art. 24, Absatz 1).

Im Originaldokument in englischer Sprache wird in diesem Artikel 24 „an inclusive education system at all levels" (UN-BRK, Art. 24, Absatz 1) angeführt. In der amtlichen deutschsprachigen Übersetzung wird an derselben Stelle im Gesetzestext „ein integratives Bildungssystem auf allen Ebenen" (UN-BRK, Art. 24, Absatz 1) gefordert. Während im englischen Originaltext der Konvention durchgängig die Begriffe „inclusive" und „inclusion" verwendet, werden an den gleichen Stellen in der amtlichen deutschsprachigen Übersetzung die Begriffe „integrativ" und „Integration" verwendet (vgl. Bundesministerium für Arbeit und Soziales 2011). Auch, wenn der englischsprachige Vertragstext rechtsbindend ist, besteht die konkrete Gefahr, dass eine solche falsche Übersetzung zu missverständlichen Auslegungen der Konvention und einer (weiterhin) undifferenzierten Verwendung der Begrifflichkeiten *Inklusion/inklusiv* und *Integration/integrativ* führt. Darüber hinaus mangelt es dem Gesetzestext der UN-Behindertenrechtskonvention an einer Definition dessen, wie inklusive Bildung oder ein inklusives Bildungssystem zu verstehen oder zu definieren sind. Diese fehlende definitorische Rahmung kann ebenfalls als zentrale „Quelle zahlreicher Missverständnisse, Verwirrungen und gegenseitiger Schuldzuweisungen einer unzureichenden oder mangelhaften Umsetzung von Inklusion" (Allan/Sturm 2018, S. 176) eingeordnet werden, wie im nachfolgenden Abschnitt ansatzweise deutlich wird.

Durch ein inklusives Schulsystem und die damit einhergehende gemeinsame Beschulung soll eine möglichst weitgehende Teilhabe und Partizipation an der Gesellschaft ermöglicht werden (vgl. Ahrbeck 2016a, S. 47). In diesem Zusammenhang wird in Deutschland kontrovers diskutiert, „welche schulstrukturellen Konsequenzen sich aus der UN-Behindertenrechtskonvention herleiten lassen" (ebd. S. 48). In der aktuellen Debatte wird an vielen Stellen die Forderung nach einer „Schule für alle" (Sander 2003; Hinz/Körner/Niehoff 2010; Schumann 2009) laut, wobei darauf hinzuweisen ist, dass es auf Grundlage der UN-Behindertenrechtskonvention keine explizite Forderung nach genereller Abschaffung spezieller (Förder-)Einrichtungen gibt (vgl. Katzenbach 2012, S. 83; vgl. Willmann 2012, S. 156; vgl. UN-BRK, Art. 24). Vielmehr bedürfen spezielle Beschulungsformen „nunmehr einer besonderen Legitimation, die Begründungsverhältnisse haben sich umgekehrt" (Ahrbeck 2016a, S. 48).

Über den Artikel 24, Absatz 1 hinaus gibt es an dieser Stelle zwei weitere Textstellen in der Konvention zu erwähnen, die in der Debatte um ein inklusives Bildungssystem und dessen Umsetzung und Gestaltung berücksichtigt werden müssen. Es sei hier auch der Artikel 7, Absatz 2 anzuführen: „Bei allen Maßnahmen, die Kinder mit Behinderungen betreffen, ist das Wohl des Kindes ein Gesichtspunkt, der vorrangig zu berücksichtigen ist" (UN-BRK, Art. 7, Absatz 2). Dieser zentrale Artikel wird in zahlreichen Debatten um die Umsetzung der Konvention nicht oder zu wenig berücksichtig. Das Wohl des Kindes muss vorrangig berücksichtig werden, was in der Konsequenz bedeutet, dass eine „gemeinsame Beschulung [...] also nicht bedingungslos erfolgen [darf], nicht unter allen Umständen und schon gar nicht auf Kosten der jeweils betroffenen Kinder" (Ahrbeck 2016a, S. 48).

Aus dieser gesetzlichen Verankerung ergibt sich eine konkrete rechtliche Verpflichtung, die Ziele der UN-Behindertenrechtskonvention in Deutschland politisch umzusetzen (vgl. Heimlich 2014, S. 10). Mit dem Bundesteilhabegesetz (BTHG)[14] sollen die Vorgaben der UN-Behindertenrechtskonvention mit dem deutschen Recht in Übereinstimmung gebracht werden. Dementsprechend beinhaltet das Bundesteilhabegesetz einen (neuen) Behinderungsbegriff[15], der sich am gesellschaftlichen Verständnis einer inklusiven Gesellschaft nach den Grundsätzen der UN-Behindertenrechtskonvention orientiert (vgl. UN-BRK, Präambel und Art. 1), den Übergang von der Einrichtungs- zur Personenzentrierung (vgl. UN-BRK, Art. 19), Verbesserungen zur Teilhabe an Bildung (vgl. UN-BRK, Art. 24) und am Arbeitsleben (vgl. UN-BRK, Art. 27) sowie die Stärkung der Beratung von Menschen mit Behinderungen durch Menschen mit Behinderungen (UN-BRK, Art. 26, Absatz 1) berücksichtigen soll (vgl. Umsetzungsbegleitung Bundesteilhabegesetz o.J., o.S.).[16]

Abschließend bedarf es eines kurzen Hinweises auf die Auswirkungen dieser juristischen Rahmungen auf die pädagogische Praxis. Willmann erklärt in diesem Zusammenhang, dass die juristische Grundlage und Forderung nach Inklusion die Gefahr mit sich bringen, die individuelle Verantwortung aus dem Blick zu verlieren:

> „Damit aber steht der juristische Fall in seiner Generalisierung eines Rechtsanspruchs in einem diametralen Gegensatz zur Theorie und Praxis der Erziehung und Bildung, die immer und grundsätzlich von den individuellen Bedürfnissen und vom Entwicklungsstand des real existierenden Kindes ausgehen muss und somit also von der Konkretion des Einzelfalls aus pädagogisiert" (Willmann 2017, S. 95).

Auch Fröhlich weist darauf hin, dass es einen Widerspruch darstellt, pädagogisches Denken und Reflektieren an Rechtsnormen auszurichten, wo doch eigentlich auf einer anthropologisch orientierten Grundlage die jeweiligen Lebenssituationen von Kindern, Jugendlichen und Erwachsenen individuell in den Blick genommen werden müssen (vgl. Fröhlich 2016, S. 221).

---

[14]   Das BTHG trat am 30. Dezember 2016 in Kraft, bezieht sich grundlegend auf Rechtsänderungen im SGB IX und SGB XII und ist in vier Reformstufen unterteilt. 01. Januar 2017, 01. Januar 2018., 01. Januar 2020, 01. Januar 2023 (vgl. Umsetzungsbegleitung Bundesteilhabegesetz o.J., o.S).

[15]   Der neu eingeführte Behinderungsbegriff orientiert sich am bio-psycho-sozialen Modell der Internationalen Klassifikation der Funktionsfähigkeit, Behinderung und Gesundheit (ICF) und ordnet eine funktionale Beeinträchtigung nicht mehr als Eigenschaft und Defizit einer Person ein, sondern betrachtet sie im Zusammenspiel mit Kontextfaktoren sowie mit den Interessen und Wünschen der betroffenen Person (vgl. §2 Abs. 1 SGB IX).

[16]   Inwiefern die vorgenommenen gesetzlichen Veränderungen eine tatsächliche Auswirkung auf die Teilhabe und Partizipation von Menschen mit Behinderungen in Deutschland haben, kann an dieser Stelle nicht eruiert oder bewertet werden.

1.4.2 Bildungspolitische Dimension

Anknüpfend an die juristische Dimension der aktuellen Umsetzung von Inklusion bedarf es der Auseinandersetzung mit sich daran anschließenden bildungspolitischen Fragestellungen. Im Zentrum dieser bildungspolitischen Fragestellungen stehen nachfolgend die föderalistische Organisation des Bildungswesens in Deutschland, die Gliederung des deutschen Schulsystems, die Allokationsfunktion von Schule sowie die Aus- und Fortbildungspraxis der am Unterricht beteiligten Personen.

Insgesamt ist auf bildungspolitischer Ebene zunächst ein strukturelles und administratives Spannungsfeld zu verzeichnen. Durch die Ratifizierung der UN-Behindertenrechtskonvention hat sich Deutschland, wie bereits ausführlich dargelegt, gesetzlich zur Umsetzung von Inklusion verpflichtet. Diese Verpflichtung gilt gleichsam für alle Bundesländer (vgl. UN-BRK, Artikel 4, Abs. 5). Im Hinblick auf die Umsetzung schulischer Inklusion kommt dabei dem föderalistischen Bildungssystem der Bundesrepublik Deutschland eine zentrale Bedeutung zu. So verabschiedete der Deutsche Bundestag mit der Ratifizierung der UN-Behindertenrechtskonvention ein Gesetz, das sich im Artikel 24 ganz zentral auf das Schulwesen bezieht und damit aufgrund des deutschen Kulturföderalismus Gegenstand der Länder ist (vgl. Speck 2019, S. 30). Während die notwendigen finanziellen Mittel für die Beschulung von Kindern und Jugendlichen mit sonderpädagogischem Förderbedarf aktuell auf Bundesebene durch die „Leistungen zur Teilhabe an Bildung" im Bundesteilhabegesetz (§112 SGB IX) geregelt werden, findet die (bildungspolitische) Umsetzung auf Länderebene und damit verbunden auf der Grundlage unterschiedlicher Schulgesetzgebungen statt. Demnach setzt jedes Bundesland die vom Deutschen Bundestag verabschiedete UN-Behindertenrechtskonvention nach eigener Interpretation um (vgl. ebd., S. 76). Betrachtet man die Umsetzung von Inklusion in den einzelnen Bundesländern genauer, ist eine Bandbreite zu erkennen, die von gemeinsamer Beschulung in einzelnen Unterrichtsfächern, über ausgewählte inklusive Schulprojekte hin zu einem alle Schulstunden und Schulfächer übergreifenden gemeinsamen Unterricht führt (vgl. Böttinger 2016, S. 97; Steinmetz et al. 2021). Die unterschiedlichen Gewichtungen inklusiver Beschulung in den verschiedenen Schulgesetzen der Bundesländer sorgen damit für eine bemerkenswerte Vielfalt im föderalistischen Bildungssystem der Bundesrepublik Deutschland (vgl. Böttinger 2016, S. 97; Kultusministerkonferenz 2020, S. 88; Steinmetz et al. 2021). Jedoch bedarf es i. d. R. in allen Bundesländern gleichermaßen eines sonderpädagogischen Feststellungsgutachtens für die als inklusiv festgesetzte Beschulung und Förderung von Kindern und Jugendlichen mit sonderpädagogischem Förderbedarf in der Regelschule oder den Besuch einer Förderschule (vgl. Steinmetz et al. 2021, S. 108). Mit Blick auf die Debatte um De-Kategorisierung steht das Erfordernis eines sonderpädagogischen Feststellungsgutachtens im diametralen Gegensatz zu sämtlichen Grundannahmen und Zielen von Inklusion, sodass im deutschen Bildungssystem in dieser Hinsicht im Grunde nicht von *inklusiver* Beschulung die Rede sein kann.

Neben dem strukturellen Spannungsfeld der föderalistischen Organisation des Bildungswesens stellt die Gliederung des deutschen Schulsystems ein weiteres zentrales Spannungsfeld in der bildungspolitischen Dimension der aktuellen Umsetzung schulischer Inklusion dar. „Das hohe Maß der Ausdifferenzierung des deutschen Bildungssystems mit seiner Mehrgliedrigkeit in der Sekundarstufe und dem hoch spezialisierten Förderschul-

system an seiner Seite" (Katzenbach 2012, S. 95) zielt darauf ab, durch Selektion vermeintlich Gleiches gleich zu behandeln und damit vorgeblich faire Wettbewerbsbedingungen zu
ermöglichen.

> „Der Vorgang der Sortierung suggeriert ja, dass in der Lerngruppe eine Homogenität
> hergestellt sei, die eine Individualisierung verzichtbar macht. Und sollten diese An-
> nahmen doch nicht zutreffen, weil der Schüler die Leistungsanforderungen über-
> oder untererfüllt, zwingt dies wiederum nicht zur Individualisierung, sondern führt
> zur Überweisung in eine andere Klasse oder einen anderen, in der Regel niedrigeren
> Bildungsgang. Die Inklusion bricht mit dieser Logik" (ebd., S. 96).

Weiterhin dominiert homogenisierender, wenig individualisierender, lehrer:innenge-
lenkter, zielgleicher und die Klasse in gleicher Weise ansprechender Unterricht (Lindmeier
2017, S. 55). Dass trotz der (gesetzlichen) Forderung nach der Umsetzung schulischer Inklusion keine grundlegenden bildungspolitischen, strukturellen und oder methodisch-di-
daktischen Veränderungen vorgesehen sind, zeigt das Positionspapier Inklusive Bildung
von Kindern und Jugendlichen mit Behinderungen in Schulen der Kultusministerkonferenz
(2011) deutlich.[17] Die darin formulierten pädagogischen Empfehlungen, welchen keine (erkennbaren) wissenschaftlichen Erkenntnisse zugrunde liegen, verfolgen das Ziel „die gemeinsame Bildung und Erziehung für Kinder und Jugendliche zu verwirklichen und die
erreichten Standards sonderpädagogischer Bildungs-, Beratungs- und Unterstützungsange-
bote im Interesse der Kinder und Jugendlichen abzusichern und weiterzuentwickeln" (Kultusministerkonferenz 2011, S. 3). Grundlegende bildungspolitische (Struktur-)Verände-
rungen werden im Positionspapier an keiner Stelle angesprochen oder diskutiert. Dass dem
Positionspapier eher ein integratives als inklusives Verständnis von gemeinsamem Unterricht zugrunde liegt, wird an mehreren Stellen unmissverständlich deutlich: „Um den speziellen Bedürfnissen von Kindern und Jugendlichen mit Behinderungen im schulischen Alltag zu entsprechen, können Lehrkräfte und andere Personen mit spezifischen pädagogischen, therapeutischen und medizinischen Kompetenzen erforderlich sein" (ebd., S. 9f.).
Die bereits angesprochene Homogenisierungstendenz im aktuellen Bildungssystem wird
unter dem Stichwort des Nachteilsausgleichs ebenfalls unmittelbar und deutlich formuliert:
„Es gilt Bedingungen zu finden, unter denen Kinder und Jugendliche ihre Leistungsfähig-
keit unter Beweis stellen können, ohne dass die inhaltlichen Leistungsanforderungen
grundlegend verändert werden"[18] (ebd., S. 10). Standardisierte Leistungsanforderungen als
zentrale Parameter, die für alle Schüler:innen gelten, können mittels Nachteilsausgleich[19]
„kompensiert" werden:

---

[17]   Dass dieses Positionspapier seit seiner Verabschiedung am 20.10.2011 keiner weiteren Überarbeitung oder
       Aktualisierung unterzogen wurde, kann als Hinweis auf den Stellenwert von Inklusion als bildungspolitisches
       Thema gewertet werden.

[18]   Dass diese Art und Weise der Leistungsbewertung zentrale Auswirkungen auf die Beschulung von Kindern
       und Jugendlichen mit Behinderungen hat, wird (auch) dadurch deutlich, dass die Inklusionsquote umso nied-
       riger ist, je höher die Bildungsstufe (vgl. Böttinger 2016, S. 96; vgl. Dammer 2016, S. 71).

[19]   Der Begriff Nachteilsausgleich vermittelt, dass Kinder und Jugendliche, die diesen in Anspruch nehmen (müs-
       sen) einen Nachteil (aufgrund ihrer Behinderungen haben) und dieser mit Blick auf die „Norm" ausgeglichen
       werden muss.

„Ein dem jeweiligen Einzelfall angemessener Nachteilsausgleich ist auch in einer Prüfungssituation zu gewähren, wenn durch die Behinderung allein der Nachweis des Leistungsstands, also die technische Umsetzung durchaus vorhandener Fähigkeiten, Fertigkeiten und Kenntnisse erschwert ist und wenn die Beeinträchtigung durch Hilfsmittel ausgeglichen werden kann. […] Ein Abweichen von den allgemeinen Grundsätzen der Leistungsbewertung in der Prüfungssituation oder bei der Vergabe eines Abschlusses stellt einen Vorteil gegenüber den Mitschülerinnen und Mitschülern dar"[20] (ebd., S. 12).

In den Empfehlungen und Aussagen der Kultusminister:innen wird deutlich, dass Schule und Leistung, Leistungserfassung und -bewertung (scheinbar) untrennbar miteinander verbunden sind. Die Betonung von Leistungserbringung und -bewertung verweist dabei auf eine zentrale Funktion von Schule – die Allokationsfunktion:

„Die Funktion von Schule ist es, Menschen für die Teilnahme und Teilhabe an weiteren sozialen Systemen (Politik, Erwerbstätigkeit, Vereine, Familie …) zu befähigen. Gleichzeitig bringt Schule auch das Maß der erreichten Befähigung durch Abschlüsse und Bewertungen von Lernfortschritten zum Ausdruck" (Hoyer 2017, S. 120).

Katzenbach erklärt, dass sich die Dilemmata der Inklusion am deutlichsten an der Allokationsfunktion von Schule zeigen (vgl. Katzenbach 2012, S. 100). Dabei skizziert er fünf Aspekte und ihre Folgewirkungen/Fragestellungen im Hinblick auf Inklusion: (1) *Allokation durch Zertifizierung* (Abschlusszeugnisse als Eröffnung/Ausschluss bestimmter [berufs]biografischer Anschlüsse), (2) *Allokation und Disziplinierung* (Drohung mit Ausschluss von der Schule als Instrument der Leistungserbringung und Disziplinierung), (3) *Allokation und Leistungsbewertung* (die Frage nach einer pädagogisch sinnvollen Leistungsbewertung und das Dilemma zwischen Gleichbehandlung und Rücksichtnahme auf individuelle Gegebenheiten), (4) *Allokationsfunktion und die Wirkmacht – informeller – Typisierungen* (Fragen der De-Kategorisierung, des Nachteilsausgleichs und der Gefahr informeller Typisierungen), (5) *Allokation und alltägliche Interaktionsstrategien* (tiefgreifende – habituelle – Veränderungen in der alltäglichen Interaktion im Unterricht) (vgl. ebd., S. 100ff.). So sind bildungspolitische Fragestellungen immer auch in gesellschaftliche Zusammenhänge eingebettet und können demnach nicht isoliert betrachtet werden. Diese gesellschaftliche Dimension wird im nachfolgenden Kapitel in den Blick genommen.

Als weitere bildungspolitische Fragestellungen sind die am Unterricht beteiligten Personen und deren Aus- und Fortbildungspraxis zu berücksichtigen. Im Positionspapier der Kultusministerkonferenz wird auf den „Einsatz von Personen mit unterschiedlichen Professionen und Qualifikationen" (Kultusministerkonferenz 2011, S. 18) verwiesen und zwischen lehrendem und nicht lehrendem Personal unterschieden: „Das setzt voraus, dass sich die Beteiligten auf unterschiedliche Formen der Zusammenarbeit einlassen. Eine wichtige Bedingung ist die Bereitschaft, sich selbst gleichzeitig gestaltend und lernend in diesen Prozess einzubringen" (ebd., S. 18f.). An dieser Stelle im Positionspapier wird exemplarisch

---

[20] Interessant und gleichermaßen bedenkenswert sind an dieser Stelle die Worte „Nachteilsausgleich" und „Vorteil". Die Wortwahl macht deutlich, dass es hier zu keinem Zeitpunkt um Individualisierung, Anerkennung von Heterogenität oder einer Pädagogik der Vielfalt geht. Vielmehr wird hier eine vermeintlich homogene Schülerschaft als Bezugspunkt angeführt, die durch den Nachteilsausgleich von Mitschüler:innen mit Behinderungen unter keinen Umständen selbst Nachteile erfahren darf.

deutlich, was sich auch an anderen Stellen im Beschluss der Konferenz der Kultusminis-
ter:innen niederschlägt: Die Verantwortung für die Initiierung, Gestaltung und Reflexion
inklusiver Prozesse wird bei den einzelnen am („inklusiven") Unterricht beteiligten Personen verortet. Diese Verortung ist u. a. deshalb problematisch, weil die einzelnen Lehrkräfte
i. d. R. die Aufnahme von Kindern und Jugendlichen mit sonderpädagogischem Förderbedarf nicht von sich aus, intrinsisch motiviert angestoßen und initiiert haben, sondern Inklusion als ein von außen initiiertes, rechtlich verordnetes Unternehmen praktiziert wird.
Inwiefern Bund und Länder eine Verantwortung für die entsprechend benötigte strukturell
verankerte Begleitung sowie Aus- und Weiterbildung übernehmen, bleibt unklar. Steinmetz
et al. verweisen in diesem Zusammenhang auf die mangelnde Fort- und Ausbildungspraxis
der Länder und betonen dabei die wichtige Rolle, die der Aus- und Weiterbildung der Lehrkräfte in der Umstellung auf ein inklusives Schulsystem zukommt (vgl. Steinmetz et al. 2021,
S. 94).

Die bereits ausgeführten Überlegungen zu juristischen und bildungspolitischen Dimensionen der Umsetzung schulischer Inklusion müssen weiterführend mit gesellschaftlichen
Fragestellungen in Verbindung gebracht werden. Die gesellschaftliche Dimension schulischer Inklusion wird im nachfolgenden Kapitel näher beleuchtet.

1.4.3 Gesellschaftliche Dimension

> „Die Forderung nach Inklusion erscheint dabei als ein bildungspolitisches Pro-
> gramm, welches als Handlungsproblem an die pädagogische Praxis delegiert wird.
> Dies ist insofern problematisch, als dass Bildungsorganisationen kein gesellschaftli-
> ches ‚Außen' darstellen und deswegen gesellschaftliche Exklusionsmechanismen wi-
> derspiegeln. Mithin können Bildungsorganisationen nur so inklusiv sein, wie der An-
> spruch auf Inklusion auch gesellschaftliche Resonanz erfährt" (Budde 2018, S. 49).

In der Auseinandersetzung mit Problem- und Fragstellungen gemeinsamer Beschulung von
Kindern und Jugendlichen mit und ohne sonderpädagogischem Förderbedarf bedarf es immer auch der Herstellung von Zusammenhängen mit gesellschaftlichen Entwicklungen und
Dimensionen. Willmann (2017) merkt an, dass die aktuelle Inklusionsrhetorik zentrale gesellschaftliche Paradoxien und Spannungsfelder unbeachtet lässt und die verfolgte Herstellung einer Bildungsgerechtigkeit nicht mit aktuellen gesellschaftlichen Selektionsfunktio-
nen des Schulsystems vereinbar sei (vgl. Willmann 2017, S. 93). Katzenbach stellt die These
auf, „dass es sich bei der Inklusion um eine Programmatik handelt, die sich zutiefst in gesellschaftlichen Widersprüchen bewegt" (Katzenbach 2012, S. 82) und die Umsetzung von
Inklusion in der Konsequenz verlangt, sich permanent in Dilemmata zu begeben. Die Berücksichtigung gesellschaftlicher Verhältnisse und Entwicklungen ist in der Debatte über
(schulische) Inklusion demnach unerlässlich.

Zunächst ist die in einer kapitalistischen Gesellschaft „vorherrschende ökonomische Logik zu berücksichtigen, die sich durch alle Gesellschaftsbereiche zieht" (Traxl 2016, S. 65)
und dabei höchst prekäre Lebenslagen und neue Ungleichheiten hervorbringt (vgl. Dederich 2006, S. 26). In einem kapitalistischen System stellen „das Leistungsprinzip auf Basis
individueller Fähigkeiten und der Wettbewerb vor dem Hintergrund ökonomischer

Verwertbarkeit" (Böttinger 2016, S. 33) zentrale Orientierungspunkte dar. Dabei dient die (schulische) Leistung „als legitimes Verteilungskriterium für berufliche und gesellschaftliche Optionen" (Bräu 2018, S. 210). Im meritokratischen Prinzip ist die Verteilung beruflicher und gesellschaftlicher Optionen also an die individuelle Leistungserbringung gekoppelt (vgl. ebd.). Im deutschen Schulwesen spiegelt sich das meritokratische Prinzip in dem (zumindest ideell) vertretenen Anspruch wider, dass allen Schüler:innen unabhängig von ihrer (sozialen) Herkunft alle Bildungswege und Abschlüsse offen stehen müssen und lediglich von ihrer Leistung bestimmt sein sollen (vgl. Katzenbach 2012, S. 94). Budde und Hummrich (2015) weisen darauf hin, „dass die universalistischen Teilhabeversprechen moderner Gesellschaften und das meritokratische Prinzip der Teilhabeermöglichung in der Schule durch soziale Ungleichheitsrisiken gebrochen werden" (Budde/Hummrich 2015, S. 34). Dass soziale Ungleichheitsrisiken einen konkreten Einfluss auf die Teilhabe von Kindern und Jugendlichen haben, wird u. a. dadurch deutlich, dass eine „überwältigende Mehrheit der Kinder mit Lernbeeinträchtigungen […] aus einem sozial unterprivilegierten Milieu, mit hohen Arbeitslosigkeitsquoten [und] geringem Einkommen" (Ahrbeck 2014, S. 63) kommt. Bringt man die beiden Paradigmen von Leistung und Inklusion miteinander in Zusammenhang, wird deren Unvereinbarkeit deutlich, „[d]enn genau genommen, geht es bei der Idee von Inklusion in der Schule (im meritokratischen System) um die Herstellung von Leistungsdifferenzen unter der Bedingung, dass Differenzen zwischen den Schüler*innen keine Rolle spielen sollen." (Bräu 2018, S. 213). In einer wettbewerbs- und leistungsorientierten Gesellschaft steht Inklusion mit dem Ziel, Teilhabe zu fördern und damit Differenzen zu verringern oder zu vermeiden im diametralen Gegensatz zu schulischer Leistung, die im meritokratischen Begründungssystem Differenzen schafft (vgl. ebd., S. 217). Die Anerkennung gesellschaftlicher Verhältnisse und Entwicklungen ist in der Auseinandersetzung mit schulischer Inklusion von zentraler Bedeutung. Willmann (2012) formuliert hinsichtlich der gesellschaftlichen Dimension von Inklusion die konkrete Gefahr, „dass die Inklusionspädagogik durch die Überbetonung des Gleichheitspostulats zu einer Nivellierung von Differenzen führt, bei der auch die gesellschaftliche Realität ausgeblendet zu werden droht" (Willmann 2012, S. 155).

1.4.4 Institutionelle Dimension

Im Anschluss an juristische, bildungspolitische und gesellschaftliche Einordnungen der aktuellen Umsetzung schulischer Inklusion wird im nachfolgenden Kapitel die institutionelle Dimension in den Blick genommen. Dabei stehen neben institutionellen Differenzierungen in erster Linie institutionelle Herausforderungen, der Index für Inklusion und die Primäraufgabe von Schule im Fokus.

Um eine als vollständig empfundene Inklusion auf institutioneller struktureller Ebene zu erreichen, würde es zunächst der Abschaffung eines gegliederten Schulsystems und der Auflösung institutioneller Differenzierungen bedürfen (vgl. Ahrbeck 2014, S. 88). Eine Schule für alle und die damit einhergehende De-Institutionalisierung (Abschaffung der Mehrgliedrigkeit und des Förderschulsystems) führen jedoch nicht automatisch zu einer integrativen oder inklusiven Schulpraxis (vgl. Willmann 2012, S. 156). Boban und Hinz

(1996) weisen darauf hin, dass „die institutionellen, wie die didaktisch-methodischen Bedingungen lediglich einen Rahmen darstellen, innerhalb dessen sich ‚integrative Qualität'
entwickeln kann, der sie aber nicht schon von sich aus hervorbringt" (Boban/Hinz 1996,
S. 2). Bräu ergänzt, dass durchaus auch an Schulen, die sich selbst als integrativ oder inklusiv verstehen, exkludierende Praktiken beobachtet werden können (vgl. Bräu 2018, S. 209).

> „Dass Schulorganisationen inklusive Bildung in ihre deklarierten Ziele und formalen
> Regeln übernehmen, muss also noch nicht heißen, dass auch im Unterricht selbst alle
> Kinder gemeinsam lernen können. Vielmehr kann es sein, dass einzelne Schulen ge-
> genüber der Gesellschaft, d.h. nach außen, Konformität etwa mit der UN-Behinder-
> tenrechtskonvention »zeremoniell« demonstrieren, dann aber Kinder, die als behin-
> dert gelten, nicht zu Mitgliedern machen oder in ihren Bildungsaktivitäten kein ge-
> meinsames Lernen ermöglichen" (Nohl 2018, S. 21).

An Nohls Überlegungen muss sich zwangsläufig die Frage anschließen, welche Institution,
auf welcher Grundlage, in welchem Bezugsrahmen und mit welcher Methode für die Sicherung und Überprüfung integrativer/inklusiver Prozesse in Schulen verantwortlich ist.

Grundsätzlich sehen sich die meisten Akteur:innen im Schulsystem in der gemeinsamen
Beschulung von Kindern und Jugendlichen mit sonderpädagogischem Förderbedarf mit
vielfältigen institutionellen Herausforderungen konfrontiert. Hinsichtlich der Unterrichts-
bedingungen stellen die zunehmende Heterogenität der Schüler:innenschaft und deren
Lernvoraussetzungen, die damit einhergehende Notwendigkeit, Curricula für eine inklusive
und fachliche Bildung aller Schüler:innen zu entwickeln und die Anforderungen, die das
Arbeiten in multiprofessionellen Teams von Regelschullehrkräften, Förderschullehrkräften, Sonderpädagog:innen[21] und weiteren (pädagogischen) Akteur:innen (bspw. Schulbegleitungen) mit sich bringen, bedeutende Herausforderungen dar (vgl. Hackbarth/Martens
2018, S. 191). Hinsichtlich der aktuellen Umsetzung von Inklusion in deutschen Schulen
verweist Herz (2016) auf eine

> „Komplexitätsreduktion der konkreten praktischen und fachlichen Bedarfe, und hier
> vor allem in Bezug auf Ressourcen, Qualifizierung, Vernetzung, Kooperation und
> Ausstattung. Eine solche »inclusion light« führt zu neuen Exklusionsformen, aus-
> grenzenden Stigmatisierungen und zum Ausbau nicht-pädagogischer Disziplinarin-
> stitutionen" (Herz 2016, S. 96).

Die überwiegende Mehrheit der Schulen ist hinsichtlich der Ressourcenausstattung weiterhin mit einem Etikettierungs-Ressourcen-Dilemma konfrontiert. Die personelle, räumliche
und sächliche Ausstattung ist dabei i. d. R. von der Anzahl der Schüler:innen mit dem Eti-
kett „sonderpädagogischer Förderbedarf" abhängig (vgl. Heimlich 2014, S. 14f.). Schließlich
ergeben sich in diesem Zusammenhang „aus dem Verhältnis menschenrechtlicher und pädagogischer Normen und Ideale auf der einen und den strukturellen Bedingungen und
Funktionen schulischer Bildung auf der anderen Seite" (Hackbarth/Martens 2018, S. 192)
neue Spannungsfelder.

---

[21] Die Rolle der Sonderpädagogik und der Einsatz sonderpädagogisch qualifizierter Fachkräfte im Zusammenhang mit der Umsetzung von (schulischer) Inklusion wird kontrovers diskutiert. Hierzu u. a. Ahrbeck 2014;
Ahrbeck 2016b; Grummt 2019; Hinz 2002; Katzenbach 2015; Speck 2019.

Ein Versuch, diesen hier angedeuteten Spannungsfeldern und Herausforderungen zu begegnen, stellt der von Booth und Ainscow 2003 entwickelte und bis heute mehrfach überarbeitete *Index für Inklusion* dar:

> „Der Index für Inklusion ist eine Materialsammlung zur Reflexion, Selbstevaluation und Entwicklung aller Aspekte einer Schule; von den Personen zu den Räumen und Schulgeländen bis hin zum schulischen Umfeld. Der Index fördert eine breite Teilhabe an der Entwicklung und Umsetzung von Plänen zu inklusiven Veränderungen" (Booth/Ainscow 2019, S. 15).[22]

Im Zentrum stehen dabei drei Dimensionen, die durch jeweils zwei zugeordnete Bereiche und entsprechende konkrete Indikatoren ausdifferenziert werden: (1) Inklusive Kulturen schaffen (Gemeinschaft bilden, Inklusive Werte verankern), (2) inklusive Strukturen etablieren (Eine Schule für alle entwickeln, Unterstützung für Vielfalt organisieren), (3) inklusive Praktiken entwickeln (Curricula für alle erstellen, Das Lernen orchestrieren) (vgl. ebd., S. 18ff.). Der *Index für Inklusion* bietet damit in einer komplexen und vielschichtigen Debatte über schulische Inklusion eine konkrete Grundlage und Hilfestellung für Schulen, die sich auf den Weg einer inklusiven Schulentwicklung begeben.[23] Interessanterweise sind es weder juristische Gesetzgebungen noch bildungspolitische Vorgaben, die die Rahmenbedingungen für eine inklusive Schulentwicklung schaffen, sondern vielmehr individuelle Entscheidungen einzelner Institutionen/Akteur:innen, sich auf diesen Weg zu begeben und entsprechende Strukturen zu entwickeln.

Auf dem Fundament vorangegangener Ausführungen zu (konkreten) Herausforderungen und Fragestellungen inklusiver Schulentwicklung schließt sich nun eine Auseinandersetzung mit der Primäraufgabe von Schule auf einer Metaebene an.

Rauh et al. (2020) explizieren, dass der Kerngedanke des Konzepts der Primäraufgabe davon ausgeht, dass jeder Institution und damit eben auch der Institution Schule eine Primäraufgabe zugrunde liegt: „Diese legitimiert ihren Bestand, orientiert über ihre Vorhaben und Ziele, regelt den Austausch mit der umgebenden Umwelt und nimmt Einfluss auf die inneren Arbeitsabläufe und Organisationsstrukturen, damit die primäre Aufgabe erfüllt werden kann" (Rauh et al. 2020, S. 546). Überträgt man das Konzept auf den Bereich Schule in Verknüpfung mit der Inklusionsthematik, lässt sich eine gesellschaftliche Tendenz konstatieren, „gesellschaftlich ungelöste Bruchlinien und Fragen – nicht zuletzt jene der Chancengleichheit – in den vorrangigen Verantwortungsbereich von Schule zu delegieren" (ebd., S. 546f.). Hätte man vor einigen Jahren die Primäraufgabe von Schule in der Wissensvermittlung sowie in der Vermittlung grundlegender sozialer Werte, Kompetenzen und Orientierungen als Vorbereitung auf das Leben in der Gesellschaft verortet, gestaltet sich dies vor dem Hintergrund des Inklusionskonzepts gänzlich anders: „Die Schule sei jetzt der Ort, wo das Ideal von Chancengleichheit und damit die Wahrung der Würde und Rechte des Menschen herzustellen sei. Der Schule – und damit jede/r[sic!] Lehrer*in und jede/r[sic!] Schulleiter*in – kommt insofern eine enorme Aufgabe und Verantwortung zu" (Rauh et al. 2020, S. 547). Die (sich aktuell entwickelnde und neu entstehende) Primäraufgabe von

---

[22] Der *Index für Inklusion* wurde inzwischen für weitere Lebensbereiche (Kindertageseinrichtungen, Jugendarbeit, Sport) zur Gestaltung inklusiver Lernorte adaptiert (vgl. Aktion Mensch o.J., o.S.).

[23] Erfahrungen mit dem Index für Inklusion in Kindertageseinrichtungen und Grundschulen wurden von Boban und Hinz (2015) zusammengestellt.

Schule droht damit potenziell unlösbar und überwältigend zu werden (vgl. ebd.). Rauh et al. verweisen hier auf mögliche Organisationsformen von inklusiver Praxis als Ausdruck psychosozialer Abwehr:

> „*Verzerrung* der Aufgabe, indem der status quo – im besten Fall jener der Integration – beibehalten, aber als Inklusion bezeichnet bzw. verstanden wird;
> *Delegation* der Aufgabe an weitgehend isolierte Verantwortungsträger*innen ohne die gesamte Institution in einen inklusiven Entwicklungsprozess zu involvieren;
> *Verdrängung* bzw. *Verleugnung* des Risikos, indem mögliche Probleme und Grenzen der Inklusion systematisch ausgeblendet werden;
> *Projektion*, indem eigene inklusionsbezogene Zweifel und Ängste pauschalisierend anderen – z.B. den vermeintlichen ‚Inklusionsgegner*innen‘ – zugeschrieben und an diesen bekämpft und entwertet werden;
> *Spaltung/Halbierung* als Schutz vor verwirrender und beunruhigender (affektiver) Komplexität, indem Informationen selektiv aufgenommen und verarbeitet werden, um so polarisierte/dichotome und damit möglichst spannungsfreie innere Zustände und organisationale Umfelder hervorzubringen"[24] (ebd., Hervorhebungen im Original).

Für den Umgang mit den hier kurz vorgestellten Abwehrmechanismen schlagen Rauh et al. neben entsprechenden strukturellen Voraussetzungen (bspw. ausreichende Personalressourcen und regelmäßige Supervisionsangebote) die Etablierung einer *reflexiven Haltung* vor (vgl. ebd., S. 547). Die Professionalisierung der in inklusiven Arbeitsfeldern beteiligten Akteur:innen bedürfe demzufolge der Entwicklung einer reflexiven Haltung im Rahmen pädagogischer Ausbildung und weiterführend der Etablierung struktureller Reflexionsräume (bspw. Supervision) in der Praxis (vgl. ebd., S. 551).

Die neu gewonnene Komplexität pädagogischer Beziehungen und Strukturen stellt einen erhöhten Anspruch an die Reflexionsfähigkeit aller beteiligten Akteur:innen, die in ihrer Praxis häufig mit unzureichenden Ressourcen und mangelhaften Strukturen konfrontiert sind (vgl. ebd.). Fröhlich regt auf dieser Grundlage dazu an, „ein realitätsnäheres Bild einer inklusiven Schule zu entwickeln" (Fröhlich 2016, S. 224). In Anlehnung an Winnicotts (1999) *ausreichend gute Mutter* schlägt Fröhlich vor, den Begriff einer „hinreichend guten Schule" zu verwenden, um „in einem Umfeld, das geprägt wird durch höchste moralische und wertende Ansprüche, die eigenen Professionalisierungsansprüche realitätsgerechter zu justiere[sic!]" (ebd. S. 225) und dadurch möglicherweise eine affektive Entlastung der professionell Beteiligten in der Institution Schule zu ermöglichen (vgl. ebd.).

---

[24] Die beiden Organisationsformen der *Verzerrung* und der *Delegation* stellen hinsichtlich der sich anschließenden Auseinandersetzung mit der Maßnahme Schulbegleitung zwei zentrale und im weiteren Verlauf zu berücksichtigende Aspekte dar.

1.4.5 Interaktionelle Dimension

> „Inklusive […] Schulen schaffen erst die Bedingung der Möglichkeit, dass Heranwachsende mit verschiedenen körperlichen, psychischen, kognitiven, geschlechtlichen, kulturellen, ethnischen und weiteren heterogenen Lebenslagen voneinander wissen, einander kennenlernen und miteinander etwas anfangen" (Prengel 2016, S. 33).

Prengel beschreibt die gemeinsame Beschulung von Kindern und Jugendlichen mit unterschiedlichen Lebenslagen als eine grundlegende (strukturelle) Ausgangsvoraussetzung für die Auseinandersetzung aller Schüler:innen mit den jeweiligen vielfältigen Lebensthemen ihrer Mitschüler:innen. Vielfach wird in wissenschaftlichen Diskursen zu Inklusion in Kindertagesstätten und Schulen jedoch darauf hingewiesen, dass die gemeinsame Betreuung oder Beschulung von Kindern und Jugendlichen mit und ohne sonderpädagogischen Förderbedarf der einzelnen Institution noch keinen inklusiven Charakter verleiht und keineswegs die Realisierung von Interaktionen garantiert (vgl. Klein et al. 1987; vgl. Kron 2013). Graf (2016) weist darauf hin, dass inklusiver Unterricht zum einen sämtliche Interaktionen innerhalb einer Schulklasse verändert und sich zum anderen auf das Verhältnis zwischen Lehrkräften und Schüler:innen auswirkt sowie veränderte Anforderungen an die Rollenperformanz der Lehrkräfte stellt (vgl. Graf 2016, S. 104).

Während sich gängige Inklusionskonzepte und der aktuelle Bildungsdiskurs vorrangig mit strukturellen, bildungspolitischen und institutionellen Aspekten, also der äußeren Seite schulischer Inklusion auseinandersetzen, liegt der Fokus einer psychodynamisch orientierten Perspektive auf der Auseinandersetzung mit interaktionellen und innerpsychischen Dimensionen, also der inneren Seite schulischer Inklusion.

Nachfolgend stehen auf dieser Grundlage hinsichtlich der interaktionellen Dimension schulischer Inklusion zunächst die für die vorliegende Arbeit zentralen Aspekte der Ebene der Peergroup, die sich verändernde Rolle von Lehrkräften sowie die Bedeutung von multiprofessionellen Teams im Fokus.

Interaktionen innerhalb von Peergroups sind grundsätzlich von wechselseitigen Prozessen der Annäherung, Einbeziehung und Suche nach Gemeinsamkeiten sowie Formen der Abgrenzung und Differenzbearbeitung geprägt (vgl. Wagner-Willi 2018, S. 325). Diese Prozesse sind zunächst unabhängig von der Kategorie Behinderung bzw. sonderpädagogischer Förderbedarf zu betrachten, wobei auf der Grundlage vielfältiger Forschungsergebnisse festgestellt werden kann, dass Kinder und Jugendliche mit Behinderungen häufiger von Ausgrenzung bedroht sind (vgl. Lutze 2022).[25] In theoretischen und empirischen Auseinandersetzungen mit der Bedeutung der Peergroup in Bezug auf die soziale Integration von Kindern mit Behinderungen im Elementar- und Vorschulbereich geht immer auch die Betonung der Bedeutung der pädagogischen Begleitung einher (vgl. Albers 2015; vgl. Janson 2013; vgl. Kron 2013; vgl. Lutze 2022). So betont Kron (2013), dass eine pädagogische Unterstützung immer dann notwendig wird, wenn

---

[25] Lutze (2022) stellt in ihrer Arbeit weiterführende Forschungsergebnisse in Bezug auf Ein- und Ausgrenzungsprozesse in Kindergruppen differenziert vor.

„die kindlichen Ressourcen nicht ausreichen, gelingende Beziehungen herzustellen und aufrechtzuerhalten. Auf der Gruppenebene geht es darum, Aktivitäten pädagogisch zu entwerfen und zu durchdenken, um allen Kindern mit ihren unterschiedlichen Voraussetzungen und eventuell erschwerten Zugängen gleichermaßen Beteiligungsmöglichkeiten zu eröffnen" (Kron 2013, S. 199f.).

Gemeinsame Aktivitäten und tatsächliche Interaktion stellen dabei die Bedingung der Möglichkeit dar, dass es sich bei einer gemeinsamen Beschulung von Kindern und Jugendlichen mit und ohne sonderpädagogischem Förderbedarf nicht nur um ein Nebeneinander handelt, sondern ein tatsächliches Miteinander im Sinne sozialer Integration entstehen kann (vgl. Kron 2013).

Gleichermaßen ist gerade hinsichtlich des Themenschwerpunktes schulische Inklusion die (mit zunehmendem Alter immer wichtiger werdende) Autonomie der Peergroups zu berücksichtigen. So erschaffen sich Peergroups Felder unabhängiger Interaktion (bspw. auf dem Schulweg oder in den Pausen), die sich dem Einfluss der Erwachsenen entziehen. Die Beobachtung solcher Felder oder das aktive Eingreifen durch eine erwachsene Person führen dazu, „die typische Erwachsener-Kind-Vertikalität ins Spiel zu bringen und so die Situation in etwas anderes zu transformieren: zu einer Kontrollsituation, zu einer Lerngelegenheit und zu einem Anlass zur Bewertung" (Janson 2013, S. 133).

Wie bereits zu Beginn des Kapitels angedeutet, verändert inklusiver Unterricht auch die Anforderungen an die Rollenperformanz der Lehrkräfte. Für die vorliegende Arbeit sind in diesem Zusammenhang der Umgang von Lehrkräften mit sich verändernden pädagogischen Fragestellungen in Bezug auf gelingende Interaktion sowie das Erproben und Reflektieren von Kooperation unter allen am Unterricht beteiligten Personen von Bedeutung.

„Für gelingende Interaktionen in schwierigen Erziehungsprozessen benötigen Lehrkräfte Förderkompetenzen, die eine beziehungsorientierte und persönlichkeitsbezogene Professionalisierung miteinschließen und den Blick auf die »innere Welt« des Kindes und die emotionale Involviertheit der Lehrkraft erweitern" (Prinz/Peyrl 2016, S. 138).

Die hier vorgenommene Verknüpfung zwischen der Frage nach Professionalisierung unter Einbezug interaktioneller und innerpsychischer Fragestellungen stellt einen zentralen Aspekt in der vorliegenden Arbeit dar. Das Verstehen von Beziehungsdynamiken, die sich zwischen der Lehrkraft oder anderen am Unterricht beteiligten erwachsenen Personen – in der vorliegenden Arbeit liegt der Fokus auf der am Unterricht beteiligten Schulbegleitung – und dem Kind herstellen, wird in diesem Zusammenhang als grundlegende Voraussetzung für die Gestaltung kindlicher Entwicklungsprozesse und weiterführend auch für die Gestaltung inklusiver Prozesse verstanden (vgl. ebd.).

Lindmeier und Lindmeier (2018) weisen auf die Komplexität inklusionspädagogisch ausgerichteter Professionalisierung von Lehrkräften hin. Die Berücksichtigung professionalisierungstheoretischer Grundlagen von Lehrkräften im Allgemeinen sowie die Abgrenzung zwischen der Professionalität von Regelschullehrkräften auf der einen und sonderpädagogischer Professionalität auf der anderen Seite sind von zentraler Bedeutung (vgl. Lindmeier/Lindmeier 2018, S. 267). Dabei wird das Arbeiten in multiprofessionellen Teams von Regelschullehrkräften, Förderschullehrkräften, Sonderpädagog:innen und weiteren (pädagogischen) Akteur:innen (bspw. Schulbegleitungen) häufig als wesentlicher Bestandteil hinsichtlich einer inklusiven Schulentwicklung hervorgehoben (vgl. Prengel 2016, S. 35; vgl. Widmer-Wolf 2018, S. 299). Multiprofessionelle Teams agieren mit unterschiedlichen Berufsaufträgen im Hinblick auf die Erziehung und Bildung der Schüler:innen. Dabei ist wichtig zu berücksichtigen, dass die Zusammenarbeit in multiprofessionellen Teams keine bloße Addition unterschiedlicher spezifischer Fachkompetenzen mit eindeutigen Zuständigkeiten darstellt (vgl. Widmer-Wolf 2018, S. 299ff.). Widmer-Wolf (2018) stellt in Bezug auf die Kooperation in multiprofessionellen Teams die Bedeutsamkeit der Bearbeitung und Reflexion folgender Aspekte durch alle beteiligten Akteur:innen heraus: Entwicklungsprozess innerhalb einer tradierten organisationalen Logik, Macht und funktionale Abhängigkeit, Verständnis von Professionalität, berufliche Autonomie sowie Kooperation als Modell vor der Öffentlichkeit der Schüler:innen (vgl. ebd., S. 300ff.). Der Aspekt der Zusammenarbeit und Kooperation in multiprofessionellen Teams wird im Kapitel 4 weiterführend aufgegriffen.

Die Berücksichtigung und Anerkennung der interaktionellen Dimension und damit den sich durch die aktuelle Umsetzung schulischer Inklusion verändernden Interaktionen innerhalb von Schul- und Klassengemeinschaften verweisen auf die unbedingte Notwendigkeit der Berücksichtigung der „inneren Seite" von Inklusion. Neben der Betrachtung interaktioneller Fragestellungen bedarf es hierzu nachfolgend auch der Auseinandersetzung mit der innerpsychischen Dimension.

1.4.6 Innerpsychische Dimension

Im vorangegangenen Kapitel wurde bereits deutlich, dass interaktionelle und auch innerpsychische Dynamiken zentrale Faktoren für die Gestaltung inklusiver Prozesse sind. Unter Anerkennung und Berücksichtigung der vorangegangenen Ausführungen wird im nachfolgenden Kapitel nun die innerpsychische Dimension in Bezug auf schulische Inklusion genauer in den Blick genommen.

Am inklusiven Unterricht nehmen Kinder und Jugendliche teil, die in ihrer bisherigen Biografie unterschiedliche ausreichend oder nicht ausreichend tragende und haltende Beziehungen erfahren haben. Schule ist und wird zunehmend zu einem Kontext, der sich durch vielfältige Interaktionsmomente und Beziehungsstrukturen auszeichnet (vgl. Ramberg 2018, S. 109).

So betont Hechler (2018), dass „[e]in inklusiver Unterricht, der die sozioemotionale Heterogenität der Schülerinnen und Schüler im Blick hat, […] immer ein die Differenz anerkennender Unterricht sein [muss]" (Hechler 2018, S. 13). Dabei ist es von zentraler Bedeutung, Irritationen, Widerstände und Abwehrreaktionen in der Wahrnehmung des Fremden bewusst zu erleben, auszuhalten, zu reflektieren und wenn möglich überwinden zu lernen ohne dabei das Anders-Sein verleugnen oder bekämpfen zu müssen (vgl. Gerspach 2016, S. 200). Inklusion muss demnach immer auch mit der bewussten Wahrnehmung und dem Aushalten von Differenz, dem „Nicht-Verstehen" des Anderen, verbunden sein (vgl. Wiesmann/Budzin 2019, S. 124).

Geht man davon aus, dass die sozioemotionalen und soziokulturellen Hintergründe von Kindern und Jugendlichen einen entscheidenden Einfluss auf ihr Lernen und Verhalten haben und folgt man dabei der Annahme, dass Beeinträchtigungen oder Störungen in den Bereichen Lernen und Verhalten vordringlich als Hinweise auf zugrundeliegende Beziehungsstörungen zu verstehen sind (vgl. Hechler 2018; vgl. Marvin 2009), bedarf es einer beziehungsorientierten Sichtweise auf Lernen und die Gestaltung von Lernprozessen (vgl. Hechler 2018, S. 44f.). Unter Berücksichtigung und Anerkennung der Biografie der Kinder und Jugendlichen

> „müssen beispielsweise die Hyperaktivität, die Ängstlichkeit oder die Ablenkbarkeit immer auf deren subjektive Bedeutung für das Kind/den Schüler im Kontext einer sozialen Eingebundenheit befragt werden – es geht letztendlich darum, der so genannten Dysfunktion eine Funktion zu unterstellen" (ebd., S. 60).

Hechler (2018) verweist in diesem Zusammenhang auf die Bedeutung der Bindungstheorie[26], die „ein tiefergehendes Verständnis sowohl der intrapsychischen Verfasstheit der Kinder als auch der interpersonellen Dynamik im Rahmen der Lehrer-Schüler-Beziehung und des Unterrichts" (ebd., S. 94) ermöglicht. Unter Einbezug psychodynamischer Konzepte von Übertragung und Gegenübertragung[27] können entsprechende Zugänge zum Fremdverstehen und Selbstverstehen geschaffen werden (vgl. ebd.). Die Aufgabe von Lehrkräften besteht folglich grundlegend darin, „sich um ein Verstehen der Kinder und Jugendlichen, mit welchen sie arbeiten, und die eigene Selbstreflexion zu bemühen" (Gingelmaier/Taubner/Ramberg 2018, S. 15).

In diesem Zusammenhang verweisen u. a. Lutze (2022), Ramberg (2018), Rauh et al. (2020) und Willmann (2012) auf die Notwendigkeit der Förderung und Etablierung einer reflexiven Haltung; auch als zu berücksichtigendem Aspekt pädagogischer Professionalisierung. Als hilfreich kann dabei der Ansatz einer mentalisierungsbasierten Pädagogik betrachtet werden:

> „Sie ist ein entwicklungsbezogener, verstehender und erklärender Ansatz, der auf der einen Seite aus der Sicht des jungen Menschen und den Gruppen, denen der junge Mensch zugehörig ist, pädagogische Interaktionen und Lernfelder entwicklungsförderlich fühlt, begreift, denkt und gestaltet – also den jungen Menschen in seiner Entwicklung bedürfnisorientiert mentalisiert. Auf der anderen Seite rückt gleichzeitig über Haltung und Reflexion auch der Pädagoge in den Fokus, da er durch Mentalisierung positiv auf dessen Erziehung und Bildung einwirkt und somit auch das eigene Handeln prüft und darauf abstimmt" (Gingelmaier/Ramberg 2018, S. 90).

Hechler (2018) verweist auf die Bedeutung der Mentalisierungsfähigkeit von Lehrkräften und skizziert dabei drei zentrale Aspekte: (1) Die reflexive Beschäftigung der Lehrkräfte mit sich in der Rolle des Lehrers oder der Lehrerin sowie die Reflexion über die eigene Eingebundenheit in entsprechende schulische Organisationsstrukturen, (2) das reflexive

---

[26]   Unter Berücksichtigung von Geddes (2012) Studie *Attachment in the Classroom: the links between children's early experience, emotional well-being and performance in school* skizziert Hechler (2018) den Zusammenhang zwischen Bindungs- und Explorationssystem und der didaktischen Situation im Unterricht. Dabei wird das didaktische Dreieck (Schüler:in – Lehrer:in – Thema) unter Einbezug bindungstheoretischer Grundlagen zu dynamischen Lerndreiecken, die sich hinsichtlich der Bindungstypen sicher, unsicher-vermeidend, unsicher-ambivalent und desorganisiert gebunden unterscheiden (vgl. Geddes 2012).

[27]   Die Konzepte Übertragung und Gegenübertragung können an dieser Stelle nicht weiter expliziert werden. Weiterführende Informationen hierzu u. a. bei Hechler 2018, S. 131ff.; Gerspach 2018, S. 25ff.

Bedenken der eigenen fachlich-didaktischen Fertigkeiten und (3) das Mitbedenken der Schüler:innen als ganze Personen unter Berücksichtigung ihrer individuellen (biographischen) Kontextfaktoren (vgl. Hechler 2018, S. 114f.).

Die Entwicklung und Etablierung einer reflexiven Haltung unter Berücksichtigung mentalisierungsbasierter pädagogischer Fragestellungen bedarf dabei unbedingt einer strukturell verankerten Einbindung von Supervisions- und Intervisionsangeboten in den jeweiligen Institutionen:

> „Das bedeutet, dass ein sicherer Rahmen und klare Strukturen geschaffen werden müssen, innerhalb dessen bzw. derer Raum für Austausch und emotionales Nachdenken möglich ist; ein Raum, in dem es intendiert ist, gezielt aufgabenbezogene Ambivalenzen, Ambiguitäten und bedrohliche Gefühle (vor allem Ängste) wahrzunehmen, zu verbalisieren und im übertragenen Sinne zu »halten« und zu »verdauen«" (Rauh et al. 2020, S. 546).

Lutze (2022) hat in ihrer Untersuchung zur Förderung inklusiver Prozesse in der Kindertagesstätte herausgearbeitet, dass es unbedingt äußerer Reflexionsräume (bspw. Supervision, Intervision) bedarf, um innere Denkräume und damit weiterführend eine Auseinandersetzung mit innerpsychischen Fragestellungen in Bezug auf inklusive Prozesse zu ermöglichen (vgl. Lutze 2022, S. 222). Damit erscheinen innere inklusive Prozesse als zentraler Ausgangspunkt für alle weiterführenden inklusiven Bemühungen (vgl. ebd., S. 219).

Berücksichtigt man die hier skizzierten Überlegungen, muss davon ausgegangen werden, dass Inklusion nur dann gelingen kann, wenn das Innerpsychische eine Bedeutung erhält. Ohne die Berücksichtigung der „inneren Seite" von Inklusion kann Inklusion auf interaktioneller, institutioneller und gesellschaftlicher Ebene nicht gelingen (vgl. Lutze 2022, S. 246; Klein et al. 1987). Insofern bleibt an dieser Stelle abschließend festzuhalten, dass „Inklusion kein anzustrebender struktureller Endzustand, sondern eine dauerhafte psychische und soziale Integrationsleistung im Reifungsprozess von Individuen und Gruppen [ist]" (Traxl 2016, S. 70).

Die aktuelle Umsetzung schulischer Inklusion wird von vielfältigen Aspekten und Ebenen beeinflusst und muss entsprechend in ihrer Komplexität und Dynamik anerkannt und betrachtet werden. In Rückbezug auf Katzenbach (2012) können die hier vorgestellten Dimensionen einer „äußeren Seite" (juristische, bildungspolitische, gesellschaftliche und institutionelle Dimension) und einer „inneren Seite" (interaktionelle und innerpsychische Dimension) von Inklusion zugeordnet werden. Die vorangegangenen theoretischen Ausführungen zu den Leitbildern Integration und Inklusion im Allgemeinen sowie den vorgestellten sechs Dimensionen der aktuellen Umsetzung schulischer Inklusion im Besonderen stellen dabei einen grundlegenden Bezugsrahmen für den Gegenstand der vorliegenden Arbeit dar. Schulbegleitung als zentrale Maßnahme zur Umsetzung schulischer Inklusion muss stets in einen Kontext mit den in diesem Kapitel erläuterten sechs Dimensionen gesetzt werden.

Abbildung 3: Schulbegleitung im Kontext der sechs Dimensionen schulischer Inklusion, unterteilt in die äußere (gelb) und innere (grün) Seite von Inklusion.

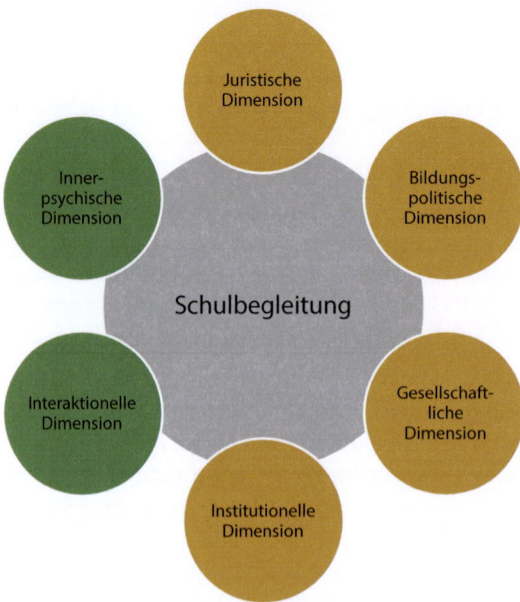

Quelle: Eigene Darstellung.

2 Schulbegleitung

Der Forderung der UN-Behindertenrechtskonvention, ein inklusives Schulsystem zu entwickeln, ist die Bundesrepublik Deutschland, wie bereits deutlich wurde, bislang nicht ausreichend nachgekommen. Angesichts dieses (strukturellen) Defizits, bedarf es aktuell zusätzlicher personeller Ressourcen, um die Teilhabe an Bildung für alle Schüler:innen zu ermöglichen:

> „Je weniger weit die Entwicklung eines inklusiven Bildungssystems vorangeschritten ist, desto mehr angemessenen[sic!] Vorkehrungen sind zu leisten, um im Einzelfall die Teilhabe zu ermöglichen. […] Wo etwa bauliche Barrieren im Schulalltag zu überwinden sind, wo Unterrichtskonzepte nicht an Heterogenität ausgerichtet werden, wo Lehrkräfte […] nicht auf alternative und unterstützende Kommunikationsformen eingerichtet sind, wo Selektionsmechanismen die pädagogischen Strategien dominieren, wo Schulalltag die Teilhabe aller also nicht selbstverständlich ermöglicht, da muss hilfsweise mit personellen Ressourcen nachgesteuert werden" (Blömer-Hausmanns 2014, S. 226).

In den vergangenen Jahren konnte ein starker Anstieg der Maßnahmen der Eingliederungshilfe im Bereich Schule festgestellt werden (vgl. Dworschak 2015, S. 57; Herz et al. 2019, S. 1; Kißgen et al. 2013, S. 266),[28] sodass davon ausgegangen werden kann, dass die Personengruppe der Schulbegleiter:innen einen wesentlichen Teil der Unterstützungsmaßnahmen von Kindern und Jugendlichen mit sonderpädagogischem Förderbedarf in der Regelschule ausmacht.[29]

Dworschak (2010) beschreibt Schulbegleitung zunächst allgemein als Maßnahme,

> „die Kindern und Jugendlichen überwiegend im schulischen Alltag eine Begleitung ermöglicht, die aufgrund besonderer Bedürfnisse im Kontext Lernen, Verhalten, Kommunikation, medizinischer Versorgung und/oder Alltagsbewältigung der besonderen und individuellen Unterstützung bei der Verrichtung unterrichtlicher Tätigkeiten bedürfen" (Dworschak 2010, S. 131).

Die Maßnahme Schulbegleitung wird an einzelnen Stellen als notwendiges Provisorium und Übergangsmöglichkeit hin zu einem inklusiven Schulsystem eingeordnet (vgl. Deutscher Verein 2016, S. 3). Dabei besteht die Gefahr, dass ein solches „Provisorium" zunächst den Innovationsdruck auf das allgemeine Bildungssystem lindert und damit zur Aufrechterhaltung des bestehenden Systems beiträgt (vgl. Blömer-Hausmanns 2014, S. 226).

---

[28]   In Thüringen stiegen die Bewilligungen von Schulbegleitungen, die in den Bereich der Kinder- und Jugendhilfe fallen, im Zeitraum von 2011 bis 2018 um insgesamt 381 % an (vgl. Freistaat Thüringen 2019, S. 4). Die Bewilligungen, die in den Bereich der Sozialhilfe fallen, stiegen im genannten Zeitraum um 202 % an (vgl. ebd. S. 10). In Bremen ist im Zeitraum von 2013/2014 bis 2018/2019 ein Anstieg von 1.861 % der bewilligten Maßnahmen im Bereich der Kinder- und Jugendhilfe zu verzeichnen (vgl. Mitteilung des Senats an die Bremische Stadtbürgerschaft 2018, S. 8).

[29]   Umso überraschender scheint es, dass der Thematik Schulbegleitung an Regelschulen weder auf bildungspolitischer noch auf empirischer Ebene eine angemessene Beachtung zukommt und bislang nur wenige Forschungsarbeiten zum Thema vorliegen. Ein ausführlicher Überblick über den aktuellen Forschungsstand zur Maßnahme Schulbegleitung wird in Kapitel 4.1 erfolgen.

Schulbegleitung als vermeintliches Hilfskonstrukt wirkt dann nicht „als Katalysator, sondern vielmehr als Bremsklotz einer solchen Bildungsreform" (Heinrich 2019, S. 12).

Um vor diesem Hintergrund eine theoretische und fundierte Auseinandersetzung mit der Maßnahme Schulbegleitung zu ermöglichen, werden in den nachfolgenden Kapiteln auf der Grundlage einer Begriffsbestimmung von Schulbegleitung rechtliche und administrative Grundlagen der Maßnahme aufgezeigt sowie Qualifikationen und Qualifizierungsmöglichkeiten und Aufgaben und Tätigkeitsfelder von Schulbegleiter:innen skizziert. Diese Ausführungen dienen weiterführend als Grundlage für die Auseinandersetzung mit der Rolle von Schulbegleitung sowie mit Spannungsfeldern, in welchen sich Schulbegleiter:innen aktuell bewegen.

2.1 Begriffsbestimmung

Weder in einem wissenschaftlichen noch in einem alltagspraktischen Kontext existiert ein einheitlicher Begriff, der den Einsatz einer Einzelfallhilfe beschreibt, die eine Teilhabe im Bereich Bildung/Schule ermöglicht (vgl. Heinrich/Lübeck 2013, S. 92). In den vergangenen Jahren hat sich über einzelne Regionen und Bundesländer hinweg eine Vielzahl an Begriffen herausgebildet; einen einheitlichen landes- oder bundesweiten Begriffsstandard gibt es jedoch bislang nicht (vgl. Der Paritätische 2019, S. 9). Sowohl in wissenschaftlichen Untersuchungen als auch in berufspraktischen Zusammenhängen lassen sich bisweilen zahlreiche Bezeichnungen finden, die versuchen, diese Einzelfallhilfe begrifflich zu fassen: *Individualbetreuer:in, Integrationsassistent:in, Integrationshelfer:in, Inklusionsassistent:in, Inklusionshelfer:in, Lernbegleiter:in, Teilhabemanager:in, Schulassistent:in, Schulbegleiter:in* oder *Schulhelfer:in*[30] (vgl. Beck/Dworschak/Eibner 2010, S. 245; vgl. Loos 2014, S. 500; Prammer-Semmler/Prammer 2014, S. 206; vgl. Fegert/Ziegenhain 2016, S. 10; vgl. Der Paritätische 2019, S. 9). Grundsätzlich können die „Vielfalt an Strukturen, Rechtsgrundlagen und Einsatzorten" (Henn et al. 2014, S. 398) als mögliche Gründe für die uneinheitlichen Begrifflichkeiten und fehlenden Definitionen der Maßnahme angeführt werden. Trotz gesetzlicher Verankerungen der Maßnahme wird die Tätigkeit der Einzelfallhilfe im Sozialgesetzbuch (SGB) begrifflich nicht explizit gefasst (vgl. ebd.).

Die Bandbreite der aufgeführten Bezeichnungen zeigt dabei bereits auf einer rein semantischen Ebene vorherrschende Unklarheiten und Uneindeutigkeiten über Ziele und Aufgaben der Maßnahme auf: Hat die Maßnahme der Einzelfallhilfe zum Ziel zu betreuen, zu assistieren, zu helfen, zu begleiten oder zu managen? Beziehen sich diese Tätigkeiten auf das jeweilige Individuum, die Umsetzung von Integration/Inklusion, Lernen, die Ermöglichung von Teilhabe oder Schule im Allgemeinen? Zielt die Bezeichnung *Integrationshelfer:in* darauf ab, dass einer Person bei der Integration in eine Gruppe/Klasse geholfen wird oder darauf, dass dabei geholfen wird, Integration bzw. integrative Prozesse in einem bestimmten Bezugsrahmen zu gestalten? Bezieht sich die Bezeichnung *Schulhelfer:in* darauf,

---

[30]   Diese Aufzählung erhebt keinen Anspruch auf Vollständigkeit.

dass einer Person bei ihrem Schulbesuch geholfen wird oder dass der Schule als Institution (bspw. bei der Umsetzung von Integration/Inklusion) geholfen wird?

Sowohl die Vielfalt der Bezeichnungen als auch die Vielschichtigkeit und Komplexität der einzelnen Begriffe lassen bereits erahnen, in welchen unklaren und uneindeutigen Verhältnissen sich die Maßnahme der Einzelfallhilfe bewegt und bringen dabei „das Ringen um eine berufliche Identität zum Ausdruck" (Prammer-Semmler/Prammer 2014, S. 207).

In der vorliegenden Arbeit wird der Begriff *Schulbegleitung* verwendet. In den vergangenen Jahren hat sich diese Bezeichnung sowohl auf wissenschaftlicher als auch auf berufspraktischer Ebene zunehmend durchgesetzt. Der Begriff der *Schulbegleitung* markiert zum einen

> „am ehesten in seiner Doppeldeutigkeit die Herausforderung [...], Schülerinnen und Schüler mit sonderpädagogischen Förderbedarf in die Regelschule zu integrieren. Hierfür ist nämlich sowohl eine Begleitung dieser Schülerinnen und Schüler in einem (noch) nicht-adaptiven System als auch vermittelt darüber eine Begleitung dieses Systems, d.h. der Schule auf ihrem Weg zu einem inklusiven Schulsystem notwendig" (Heinrich 2019, S. 10).

Neben dem Begriff der *Schulbegleitung* wird der Begriff der *Schulassistenz* ebenfalls häufig verwendet. Beispielsweise spricht sich Der Paritätische Gesamtverband für die Verwendung des Begriffs „'Schulassistenz' in Anlehnung an den Assistenzbegriff im Bundesteilhabegesetz" (Der Paritätische Gesamtverband 2019, S. 9) aus, da dort in § 76 Absatz 2 SGB IX – *Leistungen zur sozialen Teilhabe* in Verbindung mit § 78 SGB IX – *Assistenzleistungen* entsprechend der Begriff *Assistenz* verwendet wird (vgl. ebd.). Interessant ist hierbei jedoch, dass sich Der Paritätische Gesamtverband damit auf zwei Paragrafen aus dem *Kapitel 13 – Soziale Teilhabe* bezieht. Im für die Maßnahme der Eingliederungshilfe vorrangig relevanten *Kapitel 12 – Leistungen zur Teilhabe an Bildung* des SGB IX taucht der Begriff *Assistenz* jedoch nicht auf. Hier werden im § 75 SGB IX ausschließlich die Begriffe *unterstützende Leistungen* und *Hilfen zur Schulbildung* angeführt.

Auch Loos plädiert für die Verwendung der Bezeichnung *Schulassistenz*, „um selbstbestimmte von fremdbestimmter Hilfe abzugrenzen" (Loos 2014, S. 500) und weist darauf hin, dass die weiter oben angeführten Begriffe die Idee einer Assistenz zur vollen und wirksamen Teilhabe an der Gesellschaft als grundlegenden gemeinsamen Hintergrund haben (vgl. ebd.). Lindmeier und Polleschner (2014) sprechen sich ebenfalls für die Verwendung des Assistenzbegriffs aus und orientieren sich dabei an der Selbstbestimmt-Leben-Bewegung. Sie weisen dabei darauf hin, „dass die Ziele der Leistung nicht durch den Assistenzgeber definiert werden, sondern durch den Assistenznehmer und seine Ziele, in diesem Fall die Teilhabe am Unterricht und an schulischen Sozialkontakten" (Lindmeier/Polleschner 2014, S. 196). Mit der Verwendung des Begriffs *Schulassistenz* werden die grundlegende Aufgabe und Ausrichtung der Maßnahme bereits (theoretisch) determiniert. Da das zentrale Ziel der vorliegenden Arbeit die Untersuchung von Ausdrucksgestalten dieser Maßnahme zur Teilhabe an Bildung ist, bedarf es der Verwendung eines neutraleren Begriffs, der noch nicht explizit theoretisch aufgeladen ist (Schulbegleitung). Der Begriff der Schulbegleitung ist im Zusammenhang mit der vorliegenden Arbeit dabei ebenfalls lediglich als Arbeitstitel anzusehen, um auf Basis der Erkenntnisse der vorliegenden Arbeit möglicherweise einen Begriff zu definieren, der die Maßnahme zur Teilhabe an Bildung fachlich fundiert rahmen kann.

2.2 Rechtliche und administrative Grundlagen

Die Maßnahme Schulbegleitung ist in ein komplexes Gefüge aus rechtlichen und administrativen Rahmenbedingungen eingebettet. Im vorliegenden Kapitel werden die rechtlichen Grundlagen der Maßnahme Schulbegleitung hinsichtlich der UN-Behindertenrechtskonvention, ihrer Verankerung im Sozialgesetzbuch (SGB), der Bedeutung des Bundesteilhabegesetzes (BTHG) für die Maßnahme sowie die daraus resultierenden (administrativen) Konsequenzen erläutert.

Wie bereits im vorangegangen Kapitel dargestellt, hat sich die Bundesrepublik Deutschland durch die Unterzeichnung der UN-Behindertenrechtskonvention u. a. dazu verpflichtet, die in der Konvention enthaltenen Forderungen nach einem Bildungssystem, in dem „Menschen mit Behinderungen gleichberechtigt mit anderen in der Gemeinschaft, in der sie leben, Zugang zu einem integrativen, hochwertigen und unentgeltlichen Unterricht […] haben" (UN-BRK, Art. 24, Abs. 2b) und ihnen „innerhalb des allgemeinen Bildungssystems die notwendige Unterstützung geleistet wird, um ihre erfolgreiche wirksame Bildung zu erleichtern" (UN-BRK, Art. 24, Abs. 2d), umzusetzen und entsprechende rechtliche Rahmenbedingungen für diese Forderungen zu schaffen.

Für die Beantragung, Finanzierung und Überprüfung der Maßnahme wird auf Grundlage des Sozialgesetzbuchs zwischen *seelischen Behinderungen* und *körperlich, geistigen oder Sinnesbehinderungen* unterschieden. Seit dem 01.01.2020[31] werden die *Leistungen zur Teilhabe an Bildung* im Rahmen der *Rehabilitation und Teilhabe von Menschen mit Behinderungen* im § 112 SGB IX (Bundesteilhabegesetz) zusammengefasst.[32] Die *Eingliederungshilfe für seelisch behinderte Kinder und Jugendliche* fällt jedoch nicht unter diesen § 112 SGB IX, sondern wird weiterhin in der Gesetzesgrundlage der *Kinder- und Jugendhilfe* § 35a SGB VIII gesondert geregelt. Dabei wird zwischen seelischen und drohenden seelischen Behinderungen unterschieden:

> „(1) Kinder oder Jugendliche haben Anspruch auf Eingliederungshilfe, wenn 1. ihre seelische Gesundheit mit hoher Wahrscheinlichkeit länger als sechs Monate von dem für ihr Lebensalter typischen Zustand abweicht, und 2. daher ihre Teilhabe am Leben in der Gesellschaft beeinträchtigt ist oder eine solche Beeinträchtigung zu erwarten ist" (SGB § 35a Absatz 1 SGB VIII).

Liegt der Unterstützungsbedarf ausschließlich im Bereich der Pflege (bspw. Überprüfung des Blutzuckers, Katheterisierung), sind nach § 6 Absatz 1, Nr. 1 SGB IX in Verbindung mit § 5 Nr. 1 SGB IX die Krankenkassen als Kostenträger für die Eingliederungshilfe verantwortlich. Dass die Maßnahme Schulbegleitung über gesetzliche Grundlagen im Sozialgesetzbuch geregelt wird, bedeutet, dass ihr „trotz Bildungshoheit der Länder und damit einhergehender unterschiedlicher Schulgesetze in allen Bundesländern gleichermaßen Bedeutung zu[kommt]" (Beck/Dworschak/Eibner 2010, S. 244). Schulbegleitung stellt dabei in Bezug auf beide Sozialgesetzbücher (Eingliederungshilfe sowie Kinder- und Jugendhilfe) eine Eingliederungshilfemaßnahme dar, die nachrangig zu den Leistungen des öffentlichen Schulträgers einzuordnen ist (vgl. § 91 SGB IX). Erst wenn Kinder und Jugendliche „in der

---

[31] BTHG, Reformstufe 3
[32] Zuvor § 54 Absatz 1, Nr. 1 SGB XII

Schule einen Bedarf an individueller Unterstützung haben, der durch das Personal der Schule nicht oder nicht regelmäßig erbracht werden kann" (Lebenshilfe 2015, S. 6), kann der Einsatz einer Schulbegleitung notwendig werden.

Dabei muss zwingend zwischen schulrechtlichen Vorgaben auf der einen und sozialrechtlichen Vorgaben auf der anderen Seite unterschieden werden. Die beiden Systeme der sonderpädagogischen Förderung (Schulrecht) und Eingliederungshilfe (Sozialrecht) haben dabei keine gemeinsame Sprache oder Definition von Behinderung und Hilfe- bzw. Unterstützungsbedarf. Der sonderpädagogische Unterstützungsbedarf beschreibt den besonderen Förderbedarf für die schulischen Inhalte und Lernziele des Kindes (vgl. Kapitel 1.4). Die Eingliederungshilfe definiert Teilhabebeeinträchtigungen, die sich aus der Wechselwirkung mit umweltbedingten Faktoren (bio-psycho-soziales Modell der ICF) ergeben (vgl. Thiel 2017, S. 29). Diese 2018[33] vorgenommene Anpassung des deutschen sozialrechtlichen Begriffs von *Behinderung* an das bio-psychosoziale Modell der ICF in Anlehnung an die Vorgaben in der UN-Behindertenrechtskonvention (vgl. § 2 SGB IX) hat dabei jedoch zunächst keinen direkten Einfluss auf die entscheidenden Leistungsvoraussetzungen der Kinder- und Jugendhilfe nach § 35a SGB VIII. Hier bedarf es (weiterhin) einer psychiatrischen oder psychotherapeutischen „Stellungnahme […] auf der Grundlage der Internationalen Klassifikation der Krankheiten" (§ 35a Absatz 1 SGB VIII) und demnach einer expliziten Diagnostik gemäß ICD-10/zukünftig ICD-11. Die Leistungsgewährung für Kinder und Jugendliche mit sogenannter (drohender) *seelischer Behinderung* setzt also „eine Diagnostik voraus, mit dem Ergebnis, dass Behinderungen zugeschrieben werden und die Möglichkeit des Schulbesuchs zu einem individuellen Problem definiert wird" (Rohrmann/Weinbach 2017, S. 41). Mit Blick auf das vorangegangene Kapitel zu Inklusion und Integration wird hier die enorme Diskrepanz zwischen der Forderung nach De-Kategorisierung und den im Sozialgesetzbuch verankerten rechtlichen Grundlagen deutlich.

Die hier skizzierten unterschiedlichen Regelungen von Schulrecht und Sozialrecht (in der Verknüpfung mit den Unterschieden zwischen Eingliederungshilfe und Kinder- und Jugendhilfe) haben in Bezug auf die Maßnahme Schulbegleitung zusammenfassend zur Folge, dass

- nicht jeder festgestellte sonderpädagogische Förderbedarf im Sinne des Schulrechts einen Bedarf an Schulbegleitung auslöst,
- nicht jeder festgestellte sonderpädagogische Förderbedarf auf den sozialrechtlichen Anspruch der Gewährung einer Schulbegleitung verweist,
- nicht jeder sozialrechtliche Anspruch auf Gewährung einer Schulbegleitung auf das Vorliegen einer Behinderung gemäß § 2 SGB IX verweist und
- nicht jede festgestellte Behinderung gemäß § 2 SGB IX unmittelbar einen Anspruch auf Schulbegleitung begründet (vgl. Thiel 2017, S. 29; Fegert/Ziegenhain 2019, S. 19).

Kinder und Jugendliche, die einen sozialrechtlichen Anspruch auf Schulbegleitung haben, haben demzufolge nicht automatisch eine Behinderung gemäß § 2 SGB IX, jedoch immer einen sonderpädagogischen Förderbedarf im Sinne des Schulrechts, wobei nicht jeder sonderpädagogische Förderbedarf den Einsatz einer Schulbegleitung zur Folge hat.

---

[33] BTHG, Reformstufe 2

Ausgehend von dieser Grundlage wird mit Blick auf die gesetzlichen Veränderungen durch das Bundesteilhabegesetz der Einsatz von Schulbegleitung „bestätigt und verstetigt" (Rohrmann/Weinbach 2017, S. 40). Während Schulbegleitungen zunächst als Möglichkeit zur Bewältigung eines Übergangs hin zu einem inklusiven Schulsystem eingeordnet und akzeptiert wurden (vgl. Deutscher Verein 2016), erfährt die Maßnahme Schulbegleitung im Leistungskatalog des Bundesteilhabegesetzes in § 75 SGB IX eine konkrete Verstetigung: „Zur Teilhabe an Bildung werden unterstützende Leistungen erbracht, die erforderlich sind, damit Menschen mit Behinderungen Bildungsangebote gleichberechtigt wahrnehmen können." In § 75 SGB IX Absatz 2, Nr. 1 finden die „Hilfen zur Schulbildung" im Gesetz eine Erwähnung als eigenständiger Leistungsbereich (vgl. ebd.). Die Eingliederungshilfemaßnahmen müssen darüber hinaus nach § 104 SGB IX als „Besonderheit des Einzelfalls" eingeordnet werden. Eingliederungshilfemaßnahmen sind demnach explizite Einzelfallmaßnahmen und folgen dementsprechend (weiterhin) dem Ansatz der Integration: So erhalten Kinder und Jugendliche durch die Eingliederungshilfemaßnahme Schulbegleitung zusätzliche Ressourcen, „die den Besuch einer (regulären) Schule ‚doch noch' ermöglichen" (ebd.).

Im Anschluss an die Darstellung sozialrechtlicher Grundlagen werden nachfolgend entsprechende administrative Konsequenzen und Aspekte erläutert. Die Unterscheidung zwischen den Leistungen der Kinder- und Jugendhilfe und den Leistungen der Eingliederungshilfe in Bezug auf die Maßnahme Schulbegleitung bringt an unterschiedlichen Stellen Schwierigkeiten mit sich. Dabei sind zunächst der sonderpädagogische Förderschwerpunkt bzw. die (drohende) Behinderung sowie die Art des Unterstützungsbedarfs ausschlaggebend, ob die Erziehungsberechtigten (Antragsteller:innen) als Vertretung des minderjährigen Kindes oder Jugendlichen (Antragsberechtigte) den Antrag auf Schulbegleitung an die Kinder- und Jugendhilfe oder an die Eingliederungshilfe richten. Bei Kindern und Jugendlichen mit komplexen bzw. kombinierten Behinderungen, bei denen nicht eindeutig klar ist, welche Behinderung für den Bedarf an Unterstützung im Schulalltag ausschlaggebend ist, besteht eine gewisse Schnittstellenproblematik. Kinder und Jugendliche mit komplexen bzw. kombinierten Behinderungen „ ‚halten sich nicht' an die gesetzlichen und administrativen Abgrenzungen zwischen Sozialsystemen, wie der Kinder- und Jugendhilfe, dem Gesundheitssystem oder der Eingliederungshilfe und dem Schulsystem" (Fegert/Ziegenhain 2016, S. 15). Hier besteht die Gefahr, dass die Anträge auf Eingliederungshilfe eben dieser Kinder und Jugendlichen in sogenannten „Verschiebebahnhöfen" zwischen Jugend- und Sozialamt verloren gehen, weil diese jeweils die Zuständigkeit von sich abweisen, was mit „Schwierigkeiten bei der Gewährung und Erbringung der Leistung einher[geht], die für den geregelten und erfolgreichen Schulbesuch ja dringend benötigt wird" (Lübeck 2019, S. 11). Liegt der Antrag dem zuständigen Amt vor, sind im anschließenden Antragsverfahren für die Prüfung und Entscheidung zur Gewährung einer Schulbegleitung als Einzelfall mehrere Schritte erforderlich. Auf der Grundlage einer ersten ärztlichen bzw. psychotherapeutischen oder psychiatrischen Diagnostik wird überprüft, inwiefern der sonderpädagogische Förderbedarf bzw. die seelische, körperliche, geistige Behinderung oder Sinnesbehinderung eine Teilhabebeeinträchtigung im schulischen Kontext mit sich bringen und welche Maßnahme geeignet ist, um diese Teilhabebeeinträchtigung auszugleichen. Eine abschließende

Hilfeplanung legt am Ende des Verfahrens neben Dauer und Umfang der Maßnahme auch die Ziele der Eingliederungshilfe fest (vgl. Thiel 2017, S. 30).

Schulbegleitungen werden in der Regel durch freie Träger der Behinderten- und/oder Jugendhilfe angestellt. Eine besondere Form der Leistungsgewährung stellt dabei das Persönliche Budget (§ 29 SGB IX) dar:

> „Hier wird kein Anbieter für Schulassistenz vom Leistungsträger beauftragt und vergütet, sondern die Leistung wird den personensorgeberechtigten Eltern als finanzielles Budget zur Verfügung gestellt, die ihrerseits mit allen Pflichten eines Arbeitgebers eine geeignete Person für die Schulassistenzleistung einstellen" (ebd., S. 32).

Durch das Anstellungsverhältnis einer Schulbegleitung im Rahmen des Persönlichen Budgets und der damit einhergehenden Arbeitgeberfunktion der Eltern, ergibt sich eine implizite oder explizite Einflussnahme der Eltern auf die Schulbegleitung und weiterführend auf den schulischen Alltag des zu begleitenden Kindes oder Jugendlichen. Bislang liegen nur geringe Erfahrungswerte für dieses Anstellungsmodelle vor (vgl. ebd.).

Auf der Grundlage der Anstellung von Schulbegleitungen bei grundsätzlich schulexternen Anbietern entsteht ein konkretes Spannungsfeld in Bezug auf die Weisungsbefugnis und Personalverantwortung für die Schulbegleitung. Während diese Personalverantwortung und Weisungsbefugnis gemeinsam mit der Zuständigkeit für die Einsatzplanung, notwendige Fortbildungen etc. ausschließlich beim Anbieter liegen, sind der Einsatzort und die Ausübung der Tätigkeit in der Schule verortet und damit auch schulischen Strukturen unterlegen (vgl. ebd., S. 33; Lübeck 2016). Bereits auf rein administrativer Ebene wird also deutlich, „dass die unterschiedliche Zielsetzung und Zugangsvoraussetzung zweier Systeme […] eine gelingende Zusammenarbeit erheblich erschweren" (Thiel 2017, S. 33).

Seit Jahren fordern Expert:innen aus Praxis und Wissenschaft auf dieser Grundlage eine Auflösung der aktuell geteilten Leistungsverantwortung und plädieren für eine Zusammenführung der Zuständigkeiten bei einem Leistungsträger (vgl. Fegert/Ziegenhain 2016, S. 41). Das Bundesteilhabegesetz wurde zwischenzeitlich zum Hoffnungsträger einer sogenannten „großen Lösung" (auch „inklusive Lösung" oder „Pool-Lösung") (vgl. ebd.). Eine umfangreiche Reform des SGB VIII, die unabhängig von der Art der Behinderung alle Leistungen für Kinder und Jugendliche, also auch die Leistungen der Eingliederungshilfe, bündelt, blieb jedoch bislang aus; mehrere Gesetzesentwürfe zur „großen Lösung" sind in der Vergangenheit gescheitert und die Umsetzung wurde auf unbestimmte Zeit vertagt (vgl. Rauschenbach et al. 2019, S. 102). Einzig und allein die Möglichkeit der gemeinsamen Leistungserbringung wurde durch die Reform des Bundesteilhabegesetzes im § 112 Absatz 4 SGB IX zum 01.01.2020 rechtssicher und verbindlich geregelt. Demnach kann eine Schulbegleitung mehrere Kinder oder Jugendliche mit Behinderungen (in einer Klasse) im Rahmen einer Leistungserbringung in „Pool-Modellen" gleichzeitig unterstützen. Dabei sind die individuellen Bedarfe der Schüler:innen sowie das Wunsch- und Wahlrecht der Leistungsberechtigten ausschlaggebend dafür, „ob die optimale Unterstützung in der individuellen Assistenz erfolgen sollte oder, ob im Sinne einer Inklusion ein Modell gemeinsam mit anderen

Mitschüler*innen hilfreicher ist" (Der Paritätische 2019, S. 20).[34] Thiel (2017) weist darauf hin, dass die Pool-Form der Hilfegewährung voraussetzt, dass

> „(1) eine Schule bereit ist, konzeptionell mit nur einem Anbieter zu arbeiten; (2) Eltern einer Schule bereit sind, den Individualanspruch ihre Kindes zugunsten einer »Gruppenleistung« aufzugeben, und sich gemeinsam auf einen Anbieter zu verständigen; (3) ein Anbieter, der sich bereit erklärt, nach diesem Modell zu arbeiten, und die formalen und personellen Anforderungen der Leistung erfüllt" (Thiel 2017, S. 33).

Durch die rechtliche Verankerung der Eingliederungshilfe im Bundesteilhabegesetz und der Möglichkeit der gemeinsamen Leistungserbringung in Form eines Pool-Modells, ist Schulbegleitung „auf dem besten Weg […], sich als gängige Unterstützungsmaßnahme für einzelne, besonders unterstützungsbedürftige Kinder in der inklusiven Schule zu etablieren" (Lübeck 2020, S. 8). Eine grundsätzliche Weiterentwicklung im Sinne einer Gestaltung inklusiver Prozesse und Strukturen wäre erst dann möglich, „wenn Bildungspolitik, Bildungsverwaltung und Schulen eine pädagogische, finanzielle, personelle und sächliche Gesamtverantwortung für inklusive Bildungsprozesse übernähmen und die entsprechende Weiterentwicklung planvoll in Gang setzen würden" (Blömer-Hausmanns 2014, S. 227).

An dieser Stelle setzt die Forderung nach einer Implementierung der Maßnahme Schulbegleitung als Infrastrukturmaßnahme in Schulen an. In dieser Form der Poolung[35] werden Einzelleistungen zusammengefasst und als Unterstützung in der Schule strukturell verankert.

> „Mit der Bereitstellung der Schulbegleitung als Infrastrukturmaßnahme ließe sich auch deutlich einfacher klären und vereinbaren, welche Aufgaben Schulbegleiter_innen im Schulgeschehen übernehmen, welche Qualifikationsanforderungen gestellt werden und wie die Mitarbeiter_innen in schulische Abläufe eingebunden sind" (Rohrmann/Weinbach 2017, S. 42).

---

[34] Inwiefern die Umsetzung der Maßnahme in Form eines solchen Pool-Modells tatsächlich zur Integration der begleiteten Schüler:innen beiträgt und inklusive Prozesse anregt und welche Vorteile das Modell gegenüber der Einzelfallhilfe in Form der 1:1 Konstellation mit sich bringt, muss dringend näher untersucht werden. Auch wenn ein solches Modell zunächst dafür sorgt, dass die Schulbegleitung nicht explizit und ausschließlich für eine einzelne Schülerin oder einen einzelnen Schüler zuständig ist und damit möglicherweise weniger stigmatisierend wirkt, muss bedacht und überprüft werden, welche neuen Fragestellungen und Dynamiken durch das Poolen entstehen. Es muss unbedingt der Frage nachgegangen werden, auf welcher Grundlage und aus welcher Motivation heraus die einzelnen Akteur:innen (bspw. Leistungsträger, Eltern und Lehrer:innen) die Umsetzung eines Pool-Modells befürworten. Neben der Frage nach ökonomischen, pädagogischen, didaktischen und persönlichen Beweggründen der einzelnen Entscheidungsträger:innen wirft die Umsetzung des Pool-Modells auch ganz konkrete berufspraktische Fragen für die ausführenden Schulbegleitungen auf. Beispielsweise muss darüber nachgedacht und diskutiert werden, auf welcher (pädagogischen, didaktischen oder alltagstheoretischen) Basis die Schulbegleitung handelt und entscheidet, welche der zu begleitenden Schüler:innen in einer Unterrichtsstunde an welchen Stellen welchen Begleitungs- oder Unterstützungsbedarf hat. Durch die Umsetzung des hier beschriebenen Pool-Modells besteht die konkrete Gefahr, dass die zahlreichen Spannungsfelder der Maßnahme Schulbegleitung, auf die in Kapitel 2.6 dezidiert eingegangen wird, zunächst nicht aufgelöst, sondern lediglich verschoben und möglicherweise sogar verschärft werden.

[35] Sowohl die Bereitstellung einer Schulbegleitung (angestellt bei einem externen Anbieter) für zwei oder mehr SchülerInnen einer Klasse als auch die Implementierung einer Schulbegleitung als Infrastrukturmaßnahme an Schulen werden in der Literatur als „Pool-Modell" bezeichnet.

Darüber hinaus würde die Bereitstellung der Schulbegleitung als Infrastrukturmaßnahme ein entscheidender Schritt in Richtung eines inklusiven Schulsystems sein, da Schulbegleitung dann keine kindbezogene Individualleistung mehr darstellen würde, sondern vielmehr als personale Unterstützung und Ressource für eine (noch) nicht entsprechend ausgestattete Schule zur Verfügung stünde. Zum aktuellen Zeitpunkt sind jedoch weder auf rechtlicher noch auf bildungspolitischer Ebene Überlegungen oder Bestrebungen zur Umsetzung von Schulbegleitung als Infrastrukturmaßnahme zu erkennen.

Mit Blick auf die dargestellten rechtlichen Grundlagen von Schulbegleitung, das damit einhergehende Beantragungsverfahren sowie die Genehmigung und Finanzierung der Einzelfallmaßnahme muss an dieser Stelle deutlich auf die Rolle und Verantwortung der jeweils erziehungsberechtigten Personen hingewiesen werden. Wie bereits erwähnt, sind es die Eltern/Erziehungsberechtigten der Kinder und Jugendlichen, die für die Beantragung einer Schulbegleitung und die Auswahl eines Leistungserbringers hauptverantwortlich sind. Würde die Schulbegleitung als Infrastrukturmaßnahme an Schulen zur Verfügung gestellt werden, würden alle Kinder und Jugendlichen unabhängig von dem Engagement und den Ressourcen der Eltern die gleiche Chance auf Unterstützung und Begleitung erhalten. Die Verantwortung und Sicherstellung eines barrierefreien Zugangs zu Bildung würde damit bei der Schule als Bildungseinrichtung und nicht bei den Erziehungsberechtigen liegen. Auch hier geht es um Barrierefreiheit; konkret um einen barrierefreien Zugang zu Unterstützungsmöglichkeiten zur Teilhabe an Bildung für alle Kinder und Jugendlichen.

Es wurde im vorliegenden Kapitel an unterschiedlichen Stellen deutlich, dass die gesetzlichen und administrativen Strukturen, die der aktuellen Umsetzung inklusiver Beschulung im Allgemeinen und der Maßnahme Schulbegleitung im Besonderen zugrunde liegen, die Begründungspflicht weiterhin bei den Kindern und Jugendlichen und keinesfalls bei der noch unzureichenden „inklusiven" Schule verorten (vgl. Heinrich 2019, S. 13). In Bezug auf die rechtlichen und administrativen Grundlagen der Maßnahme Schulbegleitung bleibt an dieser Stelle festzuhalten, dass

> „[b]ei dem durch das Bundesteilhabegesetz formulierten Anspruch auf Leistungen zur Teilhabe an Bildung [...] versäumt [wurde], der leistungsrechtlichen Absicherung von Schulbegleitung eine sozial- und bildungspolitische Richtung hin zur Entwicklung eines inklusiven Bildungssystems zu geben. Eine solche Entwicklung wird sich keineswegs von selbst einstellen, sondern auf die hartnäckige Verteidigung eines segregierten Bildungssystems stoßen" (Rohrmann/Weinbach 2017, S. 42).

2.3 Qualifikationen und Qualifizierung von Schulbegleitungen

> „Es gibt weder ein einheitliches Berufsprofil für Schulassistenz […] noch ein rechts-kreisübergreifendes Verständnis für die erforderliche Qualifikation zur Ausübung der Tätigkeit" (Thiel 2017, S. 31f.).

Auf Basis der vorangegangenen Ausführungen zu rechtlichen und administrativen Grund-lagen der Maßnahme Schulbegleitung stehen im vorliegenden Kapitel die Unterscheidung von Fachkräften und Nicht-Fachkräften, die Vielfalt der Qualifikationen der als Schulbe-gleitung tätigen Personen, die Bedeutung persönlicher Eignungen und Kompetenzen ge-meinsam mit Überlegungen zu curricularen Standards sowie der überblickhaften Vorstel-lung ausgewählter Qualifizierungsmaßnahmen im Zentrum der Auseinandersetzung.

Die Anforderungen an die Qualifikationen von Schulbegleitungen unterscheiden sich zunächst formell vor dem Hintergrund der Bewilligung bei *geistigen, körperlichen oder mehrfachen Behinderungen* der leistungsberechtigten Person nach SGB IX (Rehabilitation und Teilhabe von Menschen mit Behinderungen) und bei *seelischer Behinderung* der leis-tungsberechtigten Person nach SGB VIII (Kinder- und Jugendhilfe). Dabei kann grundsätz-lich zwischen nicht qualifizierten und qualifizierten Schulbegleitungen bzw. Nicht-Fach-kräften und Fachkräften differenziert werden.

Der Einsatz einer Fachkraft wird im Rahmen der Kinder- und Jugendhilfe im § 72 SGB VIII durch das sogenannte Fachkräftegebot ermöglicht:

> „Die Träger der öffentlichen Jugendhilfe sollen bei den Jugendämtern und Landes-jugendämtern hauptberuflich nur Personen beschäftigen, die sich für die jeweilige Aufgabe nach ihrer Persönlichkeit eignen und eine dieser Aufgabe entsprechende Ausbildung erhalten haben (Fachkräfte) oder auf Grund besonderer Erfahrungen in der sozialen Arbeit in der Lage sind, die Aufgabe zu erfüllen" (§ 72 SGB VIII Abs. 1).

Hinsichtlich der Eingliederungshilfe und der Bewilligung einer Schulbegleitung im Rahmen der Kinder- und Jugendhilfe ist der Einsatz einer Fachkraft dann indiziert, wenn nach § 35a SGB VIII Abs. 1 Satz 4 neben den Aufgaben der Eingliederungshilfe auch eine Hilfe zur Erziehung notwendig ist. Es scheint jedoch nicht endgültig und eindeutig geklärt zu sein, inwiefern das hier angebrachte Fachkräftegebot auch für die Anstellung und den Einsatz von Schulbegleitungen rechtlich bindend ist. Herz et al. formulieren eindeutig, dass das Fachkräftegebot nicht für Schulbegleitungen gälte (Herz et al. 2019, S. 14). Auch Fegert und Ziegenhain weisen darauf hin, dass der Einsatz von Nicht-Fachkräften in diesem Bereich der Kinder- und Jugendhilfe rechtlich möglich ist, dieser „knüpft sich jedoch grundlegend an die Voraussetzung, dass diese [Nicht-Fachkräfte] in geeigneter, also bedarfsdeckender Weise dazu in der Lage sind, die sich aus dem Hilfebedarf des jungen Menschen ergebenden erforderlichen Unterstützungsmaßnahmen zu erbringen" (Fegert/Ziegenhain 2016, S. 75). Ergänzend hierzu erklärt Geist, dass den Leistungsträgern „Entscheidungsspielraum zuge-standen wird, um die kommunale Personalhoheit zu wahren" (Geist 2017, S. 50f.). Diese uneindeutige (Rechts-)Lage führt dazu, dass in letzter Instanz die zuständige Sachbearbei-tung darüber entscheidet, inwiefern eine fachliche Qualifikation bzw. der Einsatz einer Fachkraft erforderlich ist (vgl. Lübeck 2019, S. 16).

Als Fachkräfte bzw. qualifizierte Schulbegleitungen werden Sozial- oder Sonderpädagog:innen, Erzieher:innen, Heilpädagog:innen, Krankenpfleger:innen und Heilerziehungspfleger:innen mit entsprechender sozial- oder heilpädagogischer, medizinischer oder pflegerischer Ausbildung eingesetzt. Unter Nicht-Fachkräften oder unqualifizierten Schulbegleitungen können Personen zusammengefasst werden, die ein Freiwilliges Soziales Jahr oder einen Bundesfreiwilligendienst[36] absolvieren. Auch Personen ohne pflegerische, medizinische oder pädagogische Ausbildung werden als Nicht-Fachkräfte eingestuft (vgl. Geist 2017, S. 51). Häufig werden auch „angehende Pädagogen (Menschen in Ausbildung)" (AFET 2015, S. 6) als Schulbegleitungen angestellt und eingesetzt. Inwiefern diese als (angehende) Fachkräfte oder Nicht-Fachkräfte, qualifiziert oder unqualifiziert einzustufen sind, kann an dieser Stelle nicht abschließend beantwortet und muss entsprechend der Ausbildung und des Fortschritts der Ausbildung bewertet werden.

Hinsichtlich der vorangegangenen Ausführungen zum Einsatz von Fachkräften bzw. qualifizierten Schulbegleitungen ist unbedingt darauf hinzuweisen, dass eine pädagogische (Grund-)Ausbildung der Schulbegleiter:innen allein noch keine Garantie für das Gelingen der Maßnahme ist (vgl. Geist 2017, S. 56). Gleichzeitig muss darüber nachgedacht und diskutiert werden, inwiefern die Bezeichnung „(pädagogische) Fachkraft" in diesen Zusammenhängen tatsächlich korrekt ist. Die pädagogische Ausbildung einer Schulbegleitung verweist lediglich darauf, dass diese Person einen pädagogischen Ausbildungs- oder Berufshintergrund hat. Den jeweiligen Ausbildungen der als Fachkräfte eingesetzten Schulbegleiter:innen liegt jedoch eine in Bezug auf Schulbegleitung unspezifische Profession zugrunde. Wie weiter oben deutlich wurde, werden in der Regel Sozial- oder Sonderpädagog:innen, Erzieher:innen, Heilpädagog:innen und Heilerziehungspfleger:innen als pädagogische Fachkräfte eingesetzt. In ihrer Berufsausbildung haben sich diese Personengruppen mit den für ihre Profession spezifischen pädagogischen Arbeits- und Handlungsfeldern und deren entsprechenden Frage- und Problemstellungen auseinandergesetzt. Hinsichtlich ihrer (pädagogischen) Tätigkeit im Rahmen der Schulbegleitung (Rolle, Aufgaben und Tätigkeitsfelder usw.) sind auch diese Personen/Berufsgruppen nicht qualifiziert.

Neben der beruflichen Qualifikation werden die persönliche Eignung und individuellen Kompetenzen der als Schulbegleitung angestellten und eingesetzten Personen ebenfalls als zentrale Kriterien diskutiert. „Motivation und Lust an der Arbeit, Interesse, (menschliches) Engagement, Eigenständigkeit, Kreativität, Einfühlungsvermögen, Liebe zu Kindern, Sich-Einlassen-Können auf neue Aufgaben und Umgang mit komplexen Aufgaben" (ebd., S. 58) wurden im Rahmen einer Gruppendiskussion an einer Fachtagung zur *Rolle der Schulassistenz in inklusiven Grundschulen* (2014) als zentrale und elementare Eigenschaften von Schulbegleiter:innen für eine gelingende Schulbegleitung genannt (vgl. ebd.). Die Ausführungen zur Qualifikation von Schulbegleitungen und der Verweis auf die Bedeutung per-

---

[36] Beim Einsatz von Personen, die ihre Tätigkeit als Schulbegleitung im Rahmen eines Freiwilligen Sozialen Jahrs oder eines Bundesfreiwilligendienstes ausüben, muss unbedingt darauf hingewiesen und beachtet werden, dass diese Personengruppe sich i. d. R. unmittelbar im Anschluss an den eigenen Schulabschluss und demnach in einem besonderen Übergang und Spannungsfeld hinsichtlich ihrer eigenen Rolle befindet. Der unmittelbare Übergang von der Rolle der Schülerin oder des Schülers hin zur Rolle einer verantwortungstragenden „erwachsenen" Person im Unterricht muss durch alle Beteiligten unbedingt entsprechend reflektiert und begleitet werden.

sönlicher Eignung und Kompetenzen weisen auf die Dringlichkeit fachlicher und curricularer Standards für Schulbegleiter:innen hin.

Seit vielen Jahren wird von unterschiedlichen Vertreter:innen aus Praxis und Wissenschaft auf die Notwendigkeit einer Grundausbildung bzw. spezifischen Qualifizierung[37] für Schulbegleiter:innen hingewiesen (vgl. Geist 2017, S. 56, vgl. Henn et al. 2013, S. 107; vgl. Knuf 2012, S. 92). Aktuell ist auf dem bundesweiten Weiterbildungsmarkt zu beobachten, dass eine Vielzahl von unterschiedlichen Institutionen und Akteuren auf die erhöhte Nachfrage nach Fort- und Weiterbildungsangeboten für Schulbegleiter:innen reagiert. Berufskollegs, Volkshochschulen, private Beratungs- und Bildungsträger sowie die Leistungsträger von Schulbegleitungen selbst[38] bieten Qualifizierungsangebote mit unterschiedlichen Konzepten, Schwerpunkten und Umfängen an (vgl. Lübeck 2020, S. 14).

> „Entsprechend den Rahmenbedingungen sind auch die Inhalte der jeweiligen Angebote sehr unterschiedlich und reichen von der Vermittlung von Grundkenntnissen aus den Bereichen Allgemeiner Pädagogik, Inklusion und der verschiedenen sonderpädagogischen Förderbedarfe bis hin zu EDV-Training, Erste-Hilfe-Kursen und mehrwöchigen Praktika in Schulen und Einrichtungen für Menschen mit Behinderungen" (ebd.).

Nachfolgend werden drei Qualifizierungsmaßnahmen, die jeweils wissenschaftlich begleitet und evaluiert wurden, in Bezug auf ihren Umfang und die Inhalte überblickhaft vorgestellt:

- Das QuaSI-Modell zur Qualifizierung von Schulbegleiterin und Schaffung von Netzwerken für die gelungene schulische Integration in Thüringen
- Der Lehrgang zu qualifizierten Integrationsfachkraft für Schulassistenz aus Oberösterreich
- Das Curriculum Schulbegleiter – Fortbildungskonzept für die Qualifizierung von Schulbegleiterinnen du Schulbegleiter der Baden-Württembergstiftung

Das dreijährige Modellprojekt *QuaSI* aus Thüringen, das 2012 beendet wurde, umfasst insgesamt zwölf Monate (520 Unterrichtsstunden, davon 220 Selbststudium) und ist inhaltlich auf sechs Module aufgeteilt: (1) *berufliches Selbstverständnis*, (2) *rechtliche und administrative Rahmenbedingungen*, (3) *professionelle Kommunikation*, (4) *Grundlagen integrationspädagogischer Praxis*, (5) *Behinderungsarten und Umgang mit Verhaltensauffälligkeiten* sowie (6) *pflegerische Unterstützung*. Am Ende der Qualifizierungsmaßnahme steht eine Abschlussarbeit mit anschließender mündlicher Verteidigung und Prüfung (vgl. Keil u. a. 2012, S. 11).

Der *Lehrgang zur qualifizierten Integrationsfachkraft für Schulassistenz* aus Oberösterreich enthält einen Basis- und einen Erweiterungsteil. Beide Teile sind auf der Grundlage von 6 Modulen (je 10 x 45 Einheiten) konzipiert und enthalten Peergruppenarbeit (vier

---

[37] Der in diesen Zusammenhängen häufig verwendete Begriff der „Qualifizierung" ist grundlegend irreführend, „denn weder ist der Besuch eines solchen Kursangebots [aktuell] für die Aufnahme der Tätigkeit erforderlich, noch sind hiermit [aktuell] in der Regel höhere Löhne, Aufstiegschancen oder anderweitige Vorteile verbunden" (Lübeck 2020, S. 14). Dazu weiter auch Prammer-Semmler/Prammer 2014, S. 206f.

[38] Bspw. AWO Ennepe-Ruhr (o.J.), CJD (o.J.), Institut für Berufliche Bildung (IBB), VHS Landesverband Niedersachen (o.J.), WBS-Training (o.J.), (o.J.).

Treffen) sowie Möglichkeiten zur Hospitation. Im Basislehrgang werden folgende Inhalte angeboten: (B1) *Persönliche Perspektiven, Einstellungen und subjektive Theorien*, (B2) *Arbeitsplatz Schule*, (B3) *Der Behinderungsbegriff – Sichtweisen*, (B4) *Selbstbestimmt Leben und die Sichtweise der Eltern*, (B5) *Pädagogische Grundlagen und Möglichkeiten der Lernbegleitung und Unterstützung*, (B6) *Medizinische und therapeutische Aspekte in der Arbeit von Schulbegleitungen*. Im Erweiterungslehrgang setzen sich die Teilnehmenden vertiefend mit ausgewählten Ausbildungsinhalten auseinander: (E1) *Kommunikation im Team*, (E2) *Die Schülerinnen und Schüler verstehen lernen – Mitarbeit in der Lerndiagnostik und in der Lernförderung, Grundzüge der Entwicklungspsychologie*, (E3) *Die Geschichte der Behinderung*, (E4) *Unterstützung in der sozial-emotionalen Entwicklung*, (E5) *Unterstützung in der kognitiven Entwicklung und beim Lernen*, (E6) *Unterstützung im Alltag und (ergo-)therapeutische Aspekte*. Am Ende der Qualifizierungsmaßnahme steht ein literaturgestütztes Abschlussgespräch über ein zentrales Thema aus dem eigenen Arbeitsbereich der Schulbegleitung (vgl. Prammer-Semmler/Prammer 2014, S. 221).

Das *Curriculum Schulbegleiter – Fortbildungskonzept für die Qualifizierung von Schulbegleiterinnen und Schulbegleitern* der Baden-Württembergstiftung wurde in Zusammenarbeit mit der Klinik für Kinder- und Jugendpsychiatrie/Psychotherapie des Universitätsklinikums Ulm in den Jahren 2013 – 2017 entwickelt und evaluiert. Die Fortbildung ist modular aufgebaut umfasst insgesamt drei Tage. Folgende Inhalte werden vermittelt: *spezifische Behinderungsformen und deren Bedeutung für die praktische Ausgestaltung der Schulbegleitung, alltagspraktisches Handlungswissen* (bspw. Problemlösefähigkeit und Gesprächsführung), *Umgang mit herausforderndem Verhalten, entwicklungspsychologische und rechtliche Grundlagen* sowie die *Reflexion der eigenen Rolle als Schulbegleitung* (vgl. Fegert/Ziegenhain 2016, S. 12).

Mit Blick auf die vorgestellten Qualifizierungsmaßnahmen lassen sich gewisse inhaltliche Überschneidungen und Ähnlichkeiten und gleichzeitig grundlegende Unterschiede hinsichtlich des Umfangs feststellen. Gleichzeitig wird deutlich, dass die Inhalte der Qualifizierungen anbieterinternen Standards folgen und es allenfalls auf Länderebene (s. Thüringen und Baden-Württemberg) den Versuch gibt, einheitliche Fortbildungsstandards zu entwickeln. Offensichtlich mangelt es an (bundes-)einheitlichen curricularen Standards (vgl. Geist 2017, S. 51; Lübeck 2020, S. 12). Es bedarf einer konkreten Auseinandersetzung mit der grundlegenden Frage, „was genau die spezifischen Kompetenzen und Haltungen der Schulbegleitung im Gegensatz zu anderen pädagogischen Ausbildungsberufen ausmacht" (Geist 2017, S. 2017). Erst auf der Grundlage dieser Klärung können fundierte und nachhaltige Qualitätsstandards für die Qualifizierung von Schulbegleitungen formuliert werden. Betrachtet man die inhaltliche und konzeptionelle Ausrichtung der einzelnen Qualifizierungsangebote wird auch deutlich, dass sich die Schulbegleitungen unabhängig und beinahe isoliert von den übrigen Akteur:innen der Schule (Klassenlehrkraft, Schulleitung, Kollegium), mit denen sie im Schulalltag hauptsächlich zusammenarbeiten, weiterbilden. Es kommt die Frage auf, inwiefern es sinnvoll und zielführend ist, dass sich Schulbegleiter:innen im Rahmen der Qualifizierung bspw. mit dem Themenschwerpunkt *Kommunikation im Team* auseinandersetzen und weiterführend keine Struktur zur interdisziplinären und multiprofessionellen Zusammenarbeit und Weiterbildung mit den Lehrkräften/Kolleginnen in der Schule existiert.

Es ist gänzlich ungeklärt, welche pädagogische oder bildungspolitische Institution die Verantwortung für die Fort- und Weiterbildung von Schulbegleitungen übernehmen und dabei auch die interdisziplinären und multiprofessionellen Zusammenhänge von Schulbegleitungen berücksichtigen würde. Bislang gibt es weder auf Landes- noch auf Bundesebene einheitliche, organisierte Strukturen und Verantwortlichkeiten in Bezug auf die inhaltliche und wissenschaftliche Begleitung und Qualifizierung von Schulbegleitung. Diese Maßnahme, der in der aktuellen Umsetzung von Inklusion im Bildungsbereich eine zentrale Rolle zukommt, scheint in diesen Zusammenhängen ganz und gar sich selbst überlassen. Mit diesem beinahe verantwortungslosen Umgang in Bezug auf die Qualifizierung von Schulbegleitungen wird „eine Deprofessionalisierung in der Bildung von Menschen mit Behinderungen [evoziert]" (Lübeck 2017, S. 72).

Richtet man den Blick über die Landesgrenzen hinaus nach Südtirol/Italien (Provinz Bozen), wird deutlich, welche Strukturen zur Qualifizierung von Schulbegleitungen und damit auch zur Stärkung der Maßnahme beitragen können. Ferdigg (2014) weist zunächst auf den 2007 vollzogenen Wandel des Berufsbildes von *Betreuer:in für Menschen mit Behinderung* (Schwerpunkt auf pflegerischen-fürsorglichen Tätigkeiten) hin zu *Mitarbeiter:in für Integration* (Ausweitung der Tätigkeit durch eine pädagogisch-didaktische Mitverantwortung) hin (vgl. Ferdigg 2014, S. 215). Die Ausbildung als Mitarbeiter:in für Integration wird anschließend an ein Abitur oder einen vergleichbaren Schulabschluss durch eine methodisch-didaktische Spezialisierung (200 Stunden, ggf. ergänzt durch 200 Stunden mit heilpädagogischem Schwerpunkt) absolviert. Ein zentraler Unterschied zur deutschen Umsetzung dieser Maßnahme besteht darin, dass keine externen Anbieter oder Träger, sondern die Leitungen der jeweiligen Schulen und Kindertageseinrichtungen sowohl für die gesamte Antragstellung als auch für die Personalverantwortung zuständig sind (vgl. ebd., S. 217).

Die Aufgaben und Tätigkeiten der Mitarbeiter:innen für Integration werden hier im Kontext eines multiprofessionellen Teams[39] verstanden. So zählen die Mitarbeit an der Erstellung von Entwicklungsprofilen und Erziehungsplänen, die Teilnahme an Sitzungen des (Schul-)Kollegiums, der Informationsaustausch mit den beteiligten Akteur:innen (Lehrkräfte, Familie, Schüler:innen), Vorschläge zu Hilfsmitteln und Materialien gemeinsam mit der Beobachtung und Dokumentation relevanter Daten als Grundlage für eine Bedarfserhebung zu den Kernaktivitäten der Mitarbeiter:innen für Integration (vgl. ebd., S. 216). Anders als im deutschen Modell wird den Mitarbeiter:innen für Integration hier eine (Mit-)Verantwortung hinsichtlich grundlegender pädagogischer Überlegungen und Entscheidungen übertragen. Die Förderung der sozialen und persönlichen Autonomie der zu begleitenden Kinder und Jugendlichen, die Begleitung zu Rehabilitations- und Förderangeboten sowie die Durchführung konkreter Einzel- oder Gruppenangebote unter Berücksichtigung des individuellen Erziehungsplanes zählen gemeinsam mit einer eventuellen Medikamentenverabreichung zu weiteren Kernaufgaben der Mitarbeiter:innen für Integration (vgl. ebd.). Sieben Achtel der Arbeitszeit sind für die direkte Arbeit mit den zu begleitenden Kindern und Jugendlichen vorgesehen. Ein Achtel der Zeit steht den Mitarbeiter:innen für Integration für Koordinationsarbeit und Fortbildung zur Verfügung (vgl. ebd., S. 217). Mit Blick auf die Kernaktivitäten der Mitarbeiter:innen für Integration wird die bereits weiter

---

[39]   „RegellehrerInnen, IntegrationshelferInnen, PsychologInnen, TherapeutInnen, ÄrztInnen sowie die Familien selbst" (Ferdigg 2014, S. 216).

oben angesprochene Übernahme von pädagogischer und didaktischer (Mit-)Verantwortung deutlich: „Die Weiterentwicklung des Berufsbildes hat auch die Einstufung in eine höhere Besoldungsstufe mit sich gebracht" (ebd.).

Die Qualifizierung der Mitarbeiter:innen für Integration und die beschriebene praktische Umsetzung der Maßnahme tragen entscheidend dazu bei, dass sich das Berufsbild sowie das Verständnis der Maßnahme „weg von der reinen Assistenz hin zur aktiven und autonomen Unterstützung des Inklusionsprozesses entwickelt haben" (ebd.).[40]

Richtet man den Blick zurück auf die entsprechenden rechtlichen, administrativen und strukturellen Ausgangslagen in Bezug auf die Qualifizierung von Schulbegleitungen und eine mögliche Weiterentwicklung des Berufsbilds in Deutschland, wird deutlich, dass eine „Angleichung des Qualifikationsniveaus aus Ressourcengründen weder vom Gesetzgeber initiiert noch von der Politik gewollt werden wird" (Henn et al. 2013, S. 107). Nimmt man Schulbegleitung als Maßnahme zur Umsetzung von Inklusion ernst, bedarf es jedoch unbedingt einer systematischen und zukunftsorientierten Auseinandersetzung mit der Qualifizierung von Schulbegleitungen. Fraglich bleibt hier, auf welcher Ebene (Landes- oder Bundesebene) welche Institution hierfür Verantwortung übernehmen kann, will und muss.

2.4 Aufgaben und Tätigkeitsfelder

Die grundlegende Aufgabe und das allgemeine Ziel von Schulbegleitung bestehen im Allgemeinen darin, Teilhabebarrieren abzubauen, welche einen regulären Schulbesuch der betroffenen Schüler:innen verhindern. Sie sollen die für die Schüler:innen unzureichenden strukturellen oder personellen Rahmenbedingungen einer Schule ausgleichen und ihnen dadurch den Zugang zu Bildung ermöglichen und die soziale Partizipation fördern (vgl. Ehrenberg/Lücke 2017, S. 37; vgl. Niedermayer 2009, S. 233). Aufgrund der Tatsache, dass die Schulbegleitung eine Maßnahme der Einzelfallhilfe ist, unterstützen Schulbegleiter:innen die zu begleitenden Kinder und Jugendlichen entsprechend ihrer individuellen Fähigkeiten und Förderbedarfe, weshalb sich die Aufgabenbereiche von Schulbegleiter:innen nicht standardisieren lassen und insgesamt flexibel gehalten werden müssen (vgl. Lübeck/Demmer 2017, S. 19). Das potenzielle Aufgaben- und Tätigkeitsprofil von Schulbegleiter:innen bestimmt sich auch in Abhängigkeit von den individuellen Unterstützungsbedarfen der zu begleitenden Schüler:innen (bspw. bei Alltagsbewältigung, Kommunikation, Lernen, Verhalten, Interaktion, Pflege) und dem Kontext des Bildungsortes (bspw. Schulform, Trägerschaft, Konzept, Leitbild, Kollegium) (vgl. Dworschak 2017, S. 200). Schulbegleitung kann also grundsätzlich als ein sehr heterogenes Arbeitsfeld klassifiziert werden, auch weil Schulbegleiter:innen mit Kindern und Jugendlichen unterschiedlicher Altersstufen sowie einem großen Spektrum an verschiedenen Behinderungen konfrontiert sind (vgl. Fegert/Henn/Ziegenhain 2015, S. 22). Im Zentrum der Maßnahme steht nach Fegert und

---

[40] Hier wird die Entscheidung zur Verwendung des Begriffs „Schulbegleitung" klar bestätigt. Der Begriff ermöglicht, neben dem zunächst offensichtlichen Verweis auf die Begleitung von Kinder und Jugendlichen mit Behinderung im schulischen Kontext, die Berücksichtigung der Möglichkeit, dass die Maßnahme auf Grundlage einer entsprechenden Weiterentwicklung auch auf einer (abstrakteren) Ebene zur Unterstützung des Inklusionsprozesses auf institutioneller Ebene beitragen kann.

Ziegenhain stets das Ziel, „nach dem Prinzip »Hilfe zur Selbsthilfe« [...] das Selbstbewusstsein der jungen Menschen zu stärken und im (Schul-)Alltag möglichst viel Selbstständigkeit und Eigenverantwortung aufzubauen" (Fegert/Ziegenhain 2019, S. 32).

> „Die Leistungen im Tätigkeitsfeld der Schulbegleitung sind gesetzlich nicht definiert"
> (Fegert/Ziegenhain 2016, 50).

Die allgemeinen gesetzlichen Regelungen, die der Schulbegleitung als Maßnahme der Eingliederungshilfe zugrunde liegen, lassen offen, welche konkreten Leistungen, Aufgaben und Tätigkeiten in den Zuständigkeitsbereich der eingesetzten Schulbegleitungen fallen (vgl. Rohrmann/Weinbach 2017, S. 41). Das Aufgabenspektrum der gewährten Hilfen lässt sich lediglich hinsichtlich der Zuständigkeit des jeweiligen Trägers (Sozialhilfe oder Jugendhilfe) unterscheiden: „Während innerhalb der Sozialhilfeleistungen [...] das Aufgabenspektrum der Schulbegleitungen auf unterstützende und begleitende Hilfen festgelegt ist, umfasst das Spektrum im Bereich des Jugendhilfeträgers auch pädagogische (aber keine pädagogisch-unterrichtlichen) Aufgaben" (Deger/Puhr/Jerg 2015, S. 126). Diese Unterscheidung in unterstützende/begleitende Hilfen und pädagogische Hilfen wird vor dem Hintergrund der verschiedenen Anforderungen an eine Schulbegleitung erklärt, die sich auf Grundlage der Art der jeweiligen Behinderung ergeben würden:

> „So erfordert das Vorliegen einer vorwiegend oder ausschließlich körperlichen Beeinträchtigung eher Unterstützung in Form von Mobilitätshilfe, Materialaufbereitung, Alltagsverrichtung oder pflegerische Tätigkeiten, während das Vorliegen einer seelischen Beeinträchtigung häufig darüber hinaus gehende Hilfestellungen und den Einsatz pädagogisch qualifizierter Assistenzkräfte erforderlich machen kann" (ebd.).

Was in der vorangegangenen Auseinandersetzung mit aktuellen gesellschafts- und bildungspolitischen Diskursen zu Integration und Inklusion bereits angedeutet wurde und sich im Kapitel zu rechtlichen und administrativen Grundlagen von Schulbegleitung weiter durchzog, wird hier ad absurdum geführt: Die der „Inklusion" und „inklusiven" Beschulung zugrundeliegenden rechtlichen und administrativen Bestimmungen sind in einer Art und Weise von einer wahrhaftigen De-Kategorisierung im inklusiven Sinne entfernt, dass die Frage aufkommen muss, wie viele Gesetzesänderungen und Reformen vollzogen werden müssten, um hier einen tatsächlichen Abschied von einer Aufteilung in behinderte und nicht-behinderte Kinder und Jugendliche vornehmen zu können. Nicht nur, dass grundsätzlich weiterhin zwischen Kindern und Jugendlichen mit und ohne Behinderungen unterschieden wird, werden darüber hinaus auch innerhalb der Kategorie Behinderung weitere Differenzierungen (körperliche vs. seelische Behinderungen) vorgenommen, um auf dieser Grundlage Schlussfolgerungen für die Art und Weise der Hilfe und Unterstützung im schulischen Kontext zu ziehen.[41]

Wie bereits deutlich wurde, richten sich die konkreten Leistungsinhalte nach den individuellen Hilfebedarfen der jeweiligen Schüler:innen. Als mögliche Leistungen zur Teilhabe an Bildung ergibt sich ein breites Tätigkeitsspektrum. Bevor auf dieses Tätigkeitsspektrum weiter eingegangen werden kann, muss auf die grundsätzliche vom Gesetzgeber

---

[41] An dieser Stelle soll keine Einordnung oder Bewertung von (De-)Kategorisierungen vorgenommen werden. Es soll lediglich auf die Differenz zwischen dem Postulat einer „inklusiven" Beschulung und den zugrundeliegenden gesetzlichen Regelungen hingewiesen werden.

vorgegebene Abgrenzung zwischen der durch die Schulbegleitung erbrachten Leistungen und dem Kernbereich der Schule sowie die Nachrangigkeit des Anspruchs auf Schulbegleitung hingewiesen werden. Auf Grundlage unterschiedlicher Rechtsprechungen (vgl. Fegert/Ziegenhain 2016, S. 106ff.) wurde der Kernbereich der Schule hinsichtlich der Vorgaben der Lerninhalte sowie deren Vermittlung und Einübung eingegrenzt und definiert (vgl. ebd., S. 53; Der Paritätische 2019, S. 58). Wenn die jeweilige Schule mit den ihr zur Verfügung stehenden personellen, finanziellen und strukturellen Ressourcen nicht in der Lage ist, einzelnen Schüler:innen (mit Behinderungen) einen angemessenen Zugang zur allgemeinen Schulbildung zu gewährleisten und die Teilhabe am Unterricht zu ermöglichen, können Kinder und Jugendliche mit Behinderungen Hilfen zu einer angemessen Schulbildung (Schulbegleitungen) in Anspruch nehmen.

Fegert und Ziegenhain haben auf der Grundlage unterschiedlicher Rechtsprechungen aus den vergangenen Jahren eine Liste von Leistungen zusammengestellt, die in diesem Sinne

> „von Schulbegleitungen innerhalb des Unterrichts als entsprechend typische Hilfen zur angemessenen Schulbildung eingeordnet [wurden]: »Organisation des Arbeitsplatzes »Ordnungsgemäßes Bereithalten der Unterrichtsmaterialien »Kontrolle und Einflussnahme auf das Verhalten »aufpassen, Informationen von der Tafel abzuschreiben »(simultane) Übersetzung des Unterrichts (= Gebärdendolmetscher) »Unterstützung beim Aufgabenverständnis und bei Konzentration »Wiederholung der Arbeitsanweisung »Ermutigen »Arbeitshaltung unterstützen, Anleitung zum Durchhalten/Arbeiten »Auffangen von Verweigerungsverhalten und produktive Umleitung »Beaufsichtigung zur Vermeidung von Selbstgefährdung »Hilfe bei feinmotorischen Arbeiten »Ruhephasen ermöglichen; Schonraum ermöglichen und beaufsichtigen »Beruhigung »Erkennen und Vermeiden von Überforderungssituationen »Hilfestellung bei der Zusammenarbeit mit Mitschülern; Unterstützung bei Partner- und Gruppenarbeit » Strukturierung von freien Unterrichtssituationen »Rückkopplung mit Lehrkraft »Emotionale Stabilisierung »Kleinschrittige Strukturierung bei offenen Lernangeboten »Hilfe im Sport- und Schwimmunterricht" (Fegert/Ziegenhain 2016, S. 53).

Fegert und Ziegenhain zeigen darüber hinaus, ebenfalls auf der Grundlage unterschiedlicher Rechtsprechungen aus den vergangenen Jahren, Aufgaben und Tätigkeiten als schulbegleitende Unterstützung außerhalb des unterrichtlichen Geschehens auf:

> „»Unterstützung, pünktlich zu erscheinen »Sachen ein- und auspacken »Kontrolle und Einflussnahme auf das Verhalten »Aufsicht, dass Schüler nicht unkontrolliert das Schulgelände verlässt »sinnvolle und altersangemessene Pausengestaltung »Führen von Einzelgesprächen »Unterstützung der Integration im Klassenverband »Auffangen von Verweigerungshaltungen und produktive Umleitung »Beaufsichtigung zu Vermeidung von Selbstgefährdung »Hilfe bei alltäglichen Verrichtungen »Unterstützungsleistungen beim An- und Auskleiden »Unterstützung bei Toilettengängen »Unterstützung bei Mahlzeiten »Hilfe bei Treppengängen » Unterstützung beim Raumwechsel »Ruhephasen ermöglichen »Emotionale Stabilisierung »Hilfe in Konfliktsituationen »Hilfe bei Orientierung in neuer Umgebung »Kommunikation zwischen Eltern und Lehrern" (ebd., S. 54).

Herz et al. (2019) sowie Kißgen et al. (2013) weisen explizit auf die verhältnismäßig starke Zunahme der Inanspruchnahme der Maßnahme Schulbegleitung im Förderschwerpunkt soziale und emotionale Entwicklung in den vergangenen Jahren hin (vgl. Herz et al. 2019, S. 3; Kißgen et al. 2013, S. 271). Die Begleitung von Kindern und Jugendlichen mit eben diesem Förderschwerpunkt bringt unterschiedliche Fragestellungen und Herausforderungen mit sich, die bislang kaum Raum in der empirischen und theoretischen Auseinandersetzung eingenommen haben.

> „Der oft erhebliche Förderbedarf der Kinder und Jugendlichen, insbesondere in den Schwerpunkten emotionale und soziale Entwicklung und Lernen, bedingt eine beziehungs- und bindungsintensive Rahmung, adaptive didaktische Ansätze, eine ausgeprägte Kooperation mit Erziehungsberechtigten und die Einbindung in funktionierende Netzwerke unterstützender Dienste" (Hennemann/Ricking/Huber 2018, S. 140).

Während sich die weiter oben aufgeführten Tätigkeitsfelder von Schulbegleitungen auf konkrete Aufgaben beziehen, kann hier – zunächst in Bezug auf Kinder und Jugendliche mit dem Förderschwerpunkt soziale und emotionale Entwicklung – eine grundlegende Perspektive auf die Aufgabe(n) von Schulbegleitung abgeleitet werden: Die Schaffung und Wahrung eines beziehungs- und bindungsorientierten Rahmens. Diese beziehungs- und bindungsorientierte Perspektive hat bislang weder in der theoretischen noch in der empirischen Auseinandersetzung mit der Maßnahme Beachtung gefunden.

Grundsätzlich wird deutlich, dass es sowohl auf empirischer als auch auf theoretischer Ebene an einer systematisierten und strukturierten Auseinandersetzung mit den Aufgaben und Tätigkeiten von Schulbegleitung mangelt. Während Fegert und Ziegenhain (2016) zwischen Aufgaben innerhalb und außerhalb des unterrichtlichen Geschehens (s.o.) differenzieren, unterteilt Der Paritätische (2019) die Aufgaben von Schulbegleitung in direkte und indirekte Leistungen (vgl. Der Paritätische 2019, S. 36). Direkte Leistungen beziehen sich demnach auf die direkte Interaktion mit den zu begleitenden Schüler:innen (Assistenz im Unterricht, Assistenz während der Pausen, Assistenz bei Ausflügen, Schulveranstaltungen und Klassenfahrten, Hilfe bei der Kommunikation, Assistenz im Gesundheits- und Behinderungsbereich, Mobilität und Schulweg, Sicherung des Schulalltags auch im familiären Umfeld). Die Auseinandersetzung mit organisatorischen Rahmenbedingungen und inhaltlich-methodischen Aspekten (bspw. Absprachen, Dokumentationswesen, Fall- und Teambesprechungen, Supervision, Fortbildung) fasst Der Paritätische als indirekte Leistungen (vgl. Der Paritätische 2019, S. 37 ff.).

Leibetseder (2017) unterteilt die Aufgaben von Assistenzkräften in Anlehnung an Geist (2017) in die Unterstützung bei Lernvorhaben in der Gruppe, die Einzelförderung nach fachlicher Anleitung/Begleitung in der Einzelsituation, Fortbildungen, Besprechungen, die Teilnahme an Schulveranstaltungen, Dokumentation und Unterstützung bei lebenspraktischen Anforderungen. Die nachfolgende Abbildung verdeutlicht, welche konkreten Aufgaben und Tätigkeiten mit den jeweiligen Bereichen verbunden sind (vgl. Leibetseder 2017, S. 37).

Abbildung 4: Aufgaben und Tätigkeitsbereiche von Assistenzen (Hinweis: Leibetseder nutzt den Begriff Assistenzen sowohl für Fachkräfte als auch für Nicht-Fachkräfte)

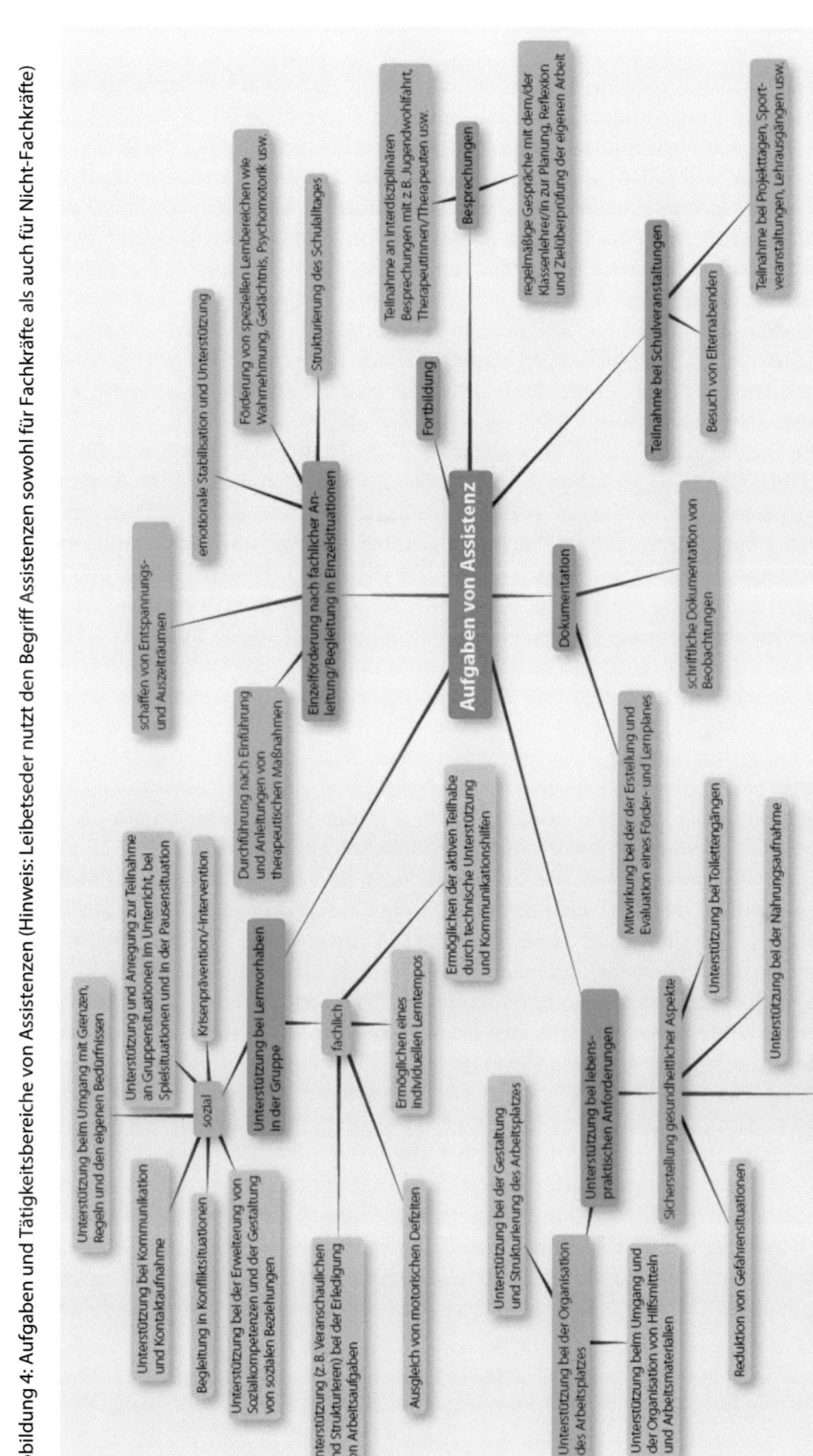

Quelle: Leibetseder 2017, S. 37.

Grundsätzlich ist es von zentraler Bedeutung, immer auch zwischen Aufgaben und Tätigkeiten von Schulbegleitungen zu unterscheiden, die formal-rechtlich vorgesehen sind und solchen, die Schulbegleitungen in ihrer alltäglichen Praxis tatsächlich ausführen. Lindmeier und Polleschner (2014) sprechen in diesem Zusammenhang auch von „heimlichen Aufgaben" von Schulbegleitungen. Als „heimliche Aufgabe" wird hier bspw. die Vermittlung zwischen Schule und Eltern angesprochen. Schulbegleitungen werden, auch aufgrund der unterschiedlichen Verstrickungen und zugrundliegenden Strukturen, von den Eltern der jeweiligen Schüler:innen häufig „als Verbündete und ‚Zugangs- und Einflussmöglichkeit' zum System Schule erfahren" (Lindmeier/Polleschner 2014, S. 203). Als weitere „heimliche Aufgaben" von Schulbegleitungen können Aufsichts- und Vertretungsaufgaben sowie die Unterstützung weiterer Schüler:innen oder der ganzen Klasse[42] eingeordnet werden (vgl. Bloemer-Hausmanns 2014, S. 228; vgl. Thiel 2017, S. 29).

Die Abgrenzung zum und der Verweis auf den Kernbereich der Schule und die bereits erwähnte Unterscheidung zwischen Assistenzleistungen (unterstützend-alltagsbegleitend) und pädagogischen Hilfeleistungen (pädagogisch-begleitend) von Schulbegleitungen bringen konkrete Konsequenzen für die Praxis von Schulbegleitungen und die Zusammenarbeit mit den jeweiligen Lehrkräften mit sich und werfen dabei weitreichende Frage- und Problemstellungen auf. Indem immer wieder auf diese Abgrenzungen verwiesen und „bestanden" wird, wird das komplexe Gefüge, in dem sich Schulbegleitung als Maßnahme bewegt, negiert. Schulbegleitungen werden sowohl im unterrichtlichen als auch im außer-unterrichtlichen Geschehen „in jedem Fall in die pädagogische Gesamtszene eingebaut, auch wenn die Anweisung lautet, nur für ein Kind da sein zu sollen" (Blömer-Hausmanns 2014, S. 228). Heinrich und Lübeck (2013) betonen in diesen Zusammenhängen, dass „pädagogische Prozesse innerhalb einer Klasse […] so komplex [sind], dass sich eine streng funktionale Arbeitsteilung als illusionär erweist […] und in der Praxis daher immer handelnd Kompromisse eingegangenen werden müssen" (Heinrich/Lübeck 2013, S. 105).

Um in der Zusammenarbeit von Schulbegleitung und Lehrkraft einen verlässlichen Rahmen zu schaffen, empfiehlt Leibetseder, die individuellen Aufgaben und Erwartungen aller Beteiligten zu Beginn einer Zusammenarbeit in einem Gespräch abzuklären und zu dokumentieren (vgl. Leibetseder 2017, S. 36). Die Planung von Routinetätigkeiten für übergeordnete Förder- und Lernziele unter Einbezug der Erziehungsberechtigten und zuständigen Lehrkräfte könne dazu beitragen, dass die Schulbegleitung aus ihrer situativen, reaktiven Position heraustreten und eine aktive gestalterischen Position einnehmen kann (vgl. ebd., S. 38; vgl. Kremer 2016, S. 47). Welche der involvierten Institutionen oder Personen für eine solche Planung und die kontinuierliche Gestaltung der Zusammenarbeit die Verantwortung übernehmen (sollten), bleibt dabei weiter ungeklärt. Hier lässt sich die Forderung nach der Verortung der Zuständigkeit für Schulbegleitungen im Kultusbereich anschließen: Eine „völlige Herauslösung von Schulbegleitungen aus den Sozialgesetzbüchern und eine Verortung der Zuständigkeit innerhalb des Kultusbereiches" (Deger/Puhr/Jerg 2015, S. 60) könnten dabei zu einer besseren Klärung der Verantwortungs- und Aufgabenverteilung zwischen Schulbegleiter:innen und Lehrkräften beitragen. Die Variabilität der

---

[42] Sozialrechtlich ist die Unterstützung anderer Schüler:innen oder der ganzen Klasse nur soweit zulässig, wie sie der Teilhabe der Kinder und Jugendlichen mit sonderpädagogischem Förderbedarf dient (vgl. Thiel 2017, S. 29).

Aufgaben und Tätigkeiten hat weiterführend einen konkreten Einfluss auf die Ausgestaltung und Rahmung der Rolle von Schulbegleiter:innen:

> „Diese Variabilität lässt es kaum zu, die Rolle der Schulbegleitung im Voraus von außen zu definieren und quasi in die Schulen »mitzuliefern«; pauschalisierende, im Vorab festgelegte Rollendefinitionen sind jenseits von vagen Handlungsempfehlungen kaum sinnvoll und würden der Komplexität der Tätigkeit nicht gerecht" (Lübeck 2019, S. 144f.).

Betrachtet man die Vielfalt der Aufgaben und Tätigkeitsfelder von Schulbegleitung, die Heterogenität der Zielgruppen und Einsatzorte sowie die vielfältigen wandlungsfähigen Gegebenheiten und (schulischen) Strukturen muss unbedingt der grundlegenden Frage nachgegangen werden, „worin [...] also der gemeinsame Nenner all dessen [besteht], was sich unter Integrationshilfe subsumiert" (Kremer 2012, S. 156).

Die in diesem Kapitel dargestellten vielfältigen Aufgaben von Schulbegleitungen, die von Einzelfall zu Einzelfall individuell variieren und ausgestaltet werden müssen, geben an unterschiedlichen Stellen konkrete Hinweise auf die pädagogische Bedeutung der Maßnahme. Auch wenn in den formal-rechtlichen Vorhaben und auch in der wissenschaftlichen Auseinandersetzung mit der Maßnahme immer wieder „klar" zwischen Assistenzleistungen (unterstützend-alltagsbegleitend) bzw. Schulbegleitung als „menschliches Hilfsmittel" (ebd., S. 154) und pädagogischen Tätigkeiten (nicht unterrichtlich-pädagogisch) in Abgrenzung zum Kernbereich der Schule unterschieden wird, bedarf es unbedingt einer Klärung, inwiefern die Maßnahme Schulbegleitung eine pädagogische Praxis darstellt. Diese Fragestellung wird in der vorliegenden Arbeit in Kapitel 3 aufgegriffen und diskutiert.

2.5 Einordnungen zur Rolle von Schulbegleitung

> „Eine bei einem externen Arbeitgeber beschäftigte Person mit weitgehend unklarer Aufgaben- und Rollendefinition steckt, ziemlich allein gelassen, mittendrin in einem komplexen schulischen Handlungsfeld" (Reuter 2012, S. 3).

Bereits in den vorangegangenen Kapiteln zur Begriffsbestimmung von Schulbegleitung, rechtlichen und administrativen Grundlagen der Maßnahme, Qualifizierungen und Qualifikationen sowie Aufgaben und Tätigkeitsfeldern von Schulbegleiter:innen wurde an mehreren Stellen und in unterschiedlichen Bezügen die Dringlichkeit der systematischen Auseinandersetzung mit der Rolle von Schulbegleitung deutlich. An dieser Stelle der Arbeit werden zunächst bereits existierende Einordnungs- und Darstellungsansätze in Bezug auf die Rolle von Schulbegleitung überblickhaft dargelegt, bevor die Maßnahme Schulbegleitung in Kapitel 3 aus professionalisierungs- und strukturtheoretischer Perspektive tiefergehend analysiert wird.

Lübeck (2019), setzt sich im Rahmen ihrer Arbeit *Schulbegleitung im Rollenprekariat – Zur Unmöglichkeit der „Rolle Schulbegleitung" in der inklusiven Schule* u. a. mit der konzeptuellen Veranlagung der Maßnahme Schulbegleitung als Einzelfallhilfe auseinander und identifiziert insgesamt fünf Rollensektoren der Schulbegleitung: Leistungsträger, Eltern, Schulkollegium, begleitete Schüler:innen, Mitschüler:innen (vgl. Lübeck 2019, S. 13ff.). In der vorliegenden Arbeit wird der Rollensektor Leistungserbringer ergänzt, sodass nachfolgend sechs Rollensektoren von Schulbegleitung dargestellt werden. Diese sechs vorgeschlagenen Rollensektoren lassen sich dabei in schulexterne (Leistungsträger, Leistungserbringer, Eltern) und schulinterne (Schulkollegium, Mitschüler:innen und begleitete Schüler:innen) Sektoren unterteilen und bilden im Folgenden die Strukturgrundlage für das vorliegende Kapitel.

Abbildung 5: Schulexterne (grün) und schulinterne (gelb) Rollensektoren von Schulbegleitung (vgl. Lübeck 2019).

Quelle: Eigene Darstellung.

Die Maßnahme Schulbegleitung befindet sich in multiplen Abhängigkeitsverhältnissen, die Einfluss auf das Rollenverständnis von Schulbegleitung nehmen. Die in der Abbildung dargestellten Rollensektoren können dabei selten trennscharf betrachtet werden. Nachfolgend werden diese sechs Rollensektoren überblickhaft hinsichtlich ihrer Bedeutung für und ihres Einflusses auf die Rolle von Schulbegleiter:innen vorgestellt.

Leistungsträger

Die Leistungsträger, also die Sozial- und Jugendämter, sind für die Genehmigung und Finanzierung der einzelnen Maßnahmen zuständig (vgl. Kapitel 2.2). Dabei entscheiden die Leistungsträger über die Gewährung, den Umfang sowie die Dauer der Maßnahme (vgl. Britze 2012, S. 2). Die steigende Inanspruchnahme der Maßnahme und die damit verbundene Kostenexplosion auf Seiten der Kommunen führen in Teilen „zu einer restriktiven Bewilligungspraxis und möglichst kostengünstigen Leistungsvereinbarungen mit Anbietern von Schulbegleitung (Einsatz von Freiwilligendiensten, nur tatsächlich geleistete

Stunden werden bezahlt, ungelernte Kräfte u. a.)" (Deutscher Verein 2016, S. 11). So sind in erster Linie finanzielle Aspekte für die Jugend- und Eingliederungshilfeträger als Kostenträger von Bedeutung. Ob, in welchem Umfang und über welchen Zeitraum eine Maßnahme bewilligt oder verlängert wird, wird demnach nicht auf der Grundlage vorrangig pädagogischer, sondern finanzieller Aspekte entschieden und hat somit konkreten Einfluss auf die Anstellungsverhältnisse und die Arbeit von Schulbegleiter:innen.

Leistungserbringer

Verbände der Jugend- und Behindertenhilfe sowie freie Träger oder Vereine sind Leistungserbringer, die sich um Auswahl und Einstellung von Schulbegleiter:innen kümmern und demnach als Arbeitgeber für die einzelnen Schulbegleiter:innen fungieren. Dabei liegt es in der Verantwortung der Eltern oder Erziehungsberechtigten, einen solchen Leistungserbringer auszuwählen (vgl. Lübeck 2019, S. 12).

Das Anstellungsverhältnis bei einem solchen (schulexternen) Träger hat konkrete Auswirkungen auf die Ausgestaltung der Rolle von Schulbegleitung:

> „Die Personalverantwortung und Weisungsbefugnis für die Schulassistent/innen liegt ausschließlich beim Anbieter. Er ist zuständig für die Einweisung der Schulassistenz, Einsatzplanung, notwendige Fortbildungen etc. De facto findet die Ausübung der Tätigkeit jedoch in der Schule statt und muss sich in die schulischen Strukturen einfügen" (Thiel 2017, S. 33).

Schulbegleitungen bewegen sich also zwischen Zielsetzungen und Vorgaben des jeweiligen Trägers, bei dem sie angestellt sind, auf der einen und Zielsetzungen und Vorgaben der Schule, in der sie tätig sind auf der anderen Seite.

Alternativ zur Anstellung bei einem schulexternen Träger ist es auch möglich, dass Eltern über die Regelungen des Persönlichen Budgets[43] zu Arbeitgebern für die Schulbegleitung ihres Kindes werden (vgl. ebd., S. 32; vgl. Kapitel 2.2).

Eltern/Erziehungsberechtigte

Als initiierende Antragsteller:innen der Maßnahme haben Eltern „häufig eigene und ganz spezifische Vorstellungen, wie deren [Schulbegleiter:innen] Auftrag zu gestalten sei" (Lübeck 2019, S. 16). Im Kontrast zur Beschulung von Kindern und Jugendlichen ohne Schulbegleitung sind Eltern von Kindern Jugendlichen mit Schulbegleitung in einer bis dahin unbekannten Art und Weise in schulische Prozesse involviert. Die Schulbegleitung kann von den Eltern als Kontrollinstanz, Einfluss- und Zugangsmöglichkeit zum System Schule erfahren werden. Dabei wird die Schulbegleitung häufig als Vermittlungsperson oder „Mittlerfunktion" zwischen Schule und Eltern wahrgenommen (vgl. Lindmeier/Polleschner 2014, S. 203). Die Einflussmöglichkeiten durch die Eltern verstärken sich entsprechend, wenn die Schulbegleitung über das weiter oben erwähnte Persönliche Budget direkt bei den Eltern und nicht bei einem externen Träger angestellt ist (vgl. Lübeck 2019, S. 16).

---

[43] Auf Grundlage des § 29 SGB IX i.V.m. § 112 SGB IX bzw. § 35a SGB VIII wird „die Leistung den personensorgeberechtigten Eltern als finanzielles Budget zur Verfügung gestellt, die ihrerseits mit allen Pflichten eines Arbeitgebers eine geeignete Person für die Schulassistenzleistung einstellen" (Thiel 2017, S. 32).

Schulkollegium

Der tatsächlich Einsatzort von Schulbegleiter:innen sind die Klasse und der Unterricht der zu begleitenden Schüler:innen. Das Schulkollegium im Allgemeinen und einzelne Lehrkräfte im Besonderen werden damit zu „Kolleg:innen"[44] der Schulbegleiter:innen. Die Erwartungen der Lehrkräfte an die in ihrer Klasse eingesetzten Schulbegleiter:innen

> „sind dabei breit gefächert und reichen von ablehnender Skepsis über den Wunsch, die Schulbegleitung möge sich im Sinne einer Arbeitsteilung ausschließlich um das zu begleitende Kindern kümmern, sodass sich die Lehrkraft auf die übrigen Kinder der Klasse konzentrieren kann, bis hin zu dem Wunsch nach einer Zusammenarbeit auf Augenhöhe" (Lübeck 2019, S. 17).

Dworschak und Lindmeier (2017) blicken aus organisationssoziologischer Perspektive[45] auf die Kooperation zwischen Lehrkraft und Schulbegleitung und verweisen dabei auf die Strukturdimensionen Arbeitsteilung, Koordination, Hierarchie, Delegation und Formalisierung (vgl Dworschak/Lindmeier 2017, S. 151).

Abbildung 6: Strukturdimensionen der Kooperation zwischen Lehrkraft und Schulbegleitung aus organisationssoziologischer Sicht (vgl. Dworschak/Lindmeier 2017).

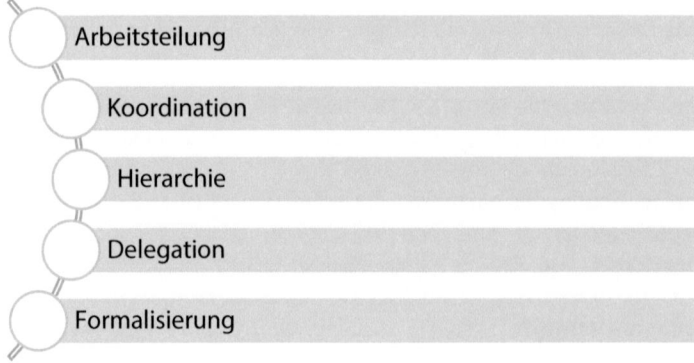

Arbeitsteilung

Koordination

Hierarchie

Delegation

Formalisierung

Quelle: Eigene Darstellung.

In Bezug auf die Dimension der *Arbeitsteilung* stellt sich die Frage, wie weit Schulbegleiter:innen vor dem Hintergrund der Nachrangigkeit der Eingliederungshilfe und dem Vorrang schulischer Aufgaben pädagogisch tätig werden dürfen. Kontinuierlich wird auf rechtlich-formeller Ebene auf die Notwendigkeit einer Abgrenzung hingewiesen, die im praktischen Unterrichts- und Schulgeschehen jedoch nicht konsequent umsetzbar ist. Als Konsequenz bleibt die Zuweisung von Aufgaben an Schulbegleitungen inhaltlich oft diffus. Weiterführend lenkt die Strukturdimension *Koordination* den Blick auf die zahlreichen beteiligten Akteur:innen, die im vorliegenden Kapitel einzeln betrachtet werden. Hier sind zunächst grundsätzliche Frage- und Problemstellungen zu berücksichtigen. In Bezug auf die Maßnahme Schulbegleitung ist (weiterhin) ungeklärt, welche:r der beteiligten Akteur:innen

---

[44]   Der Begriff „Kolleg:innen" wird hier in Anführungszeichen gesetzt, da Schulbegleitungen und Lehrkräfte aufgrund unterschiedlicher Anstellungsverhältnisse und Arbeitgeber auf rein formeller Ebene zunächst kein klassisches Kollegium darstellen.

[45]   Weiterführende Informationen in Preisendörfer 2016.

die Koordinationsverantwortung für die Schulbegleiter:innen übernimmt und in welcher Art und Weise die Abstimmung erfolgt. Auch hier ist das Anstellungsverhältnis der Schulbegleitung ausschlaggebend:

> „Die Schulbegleiter/innen sind keine Mitglieder des Schulkollegiums, sondern gehören einer schulfremden Organisation an; sie können zudem aufgrund des Grades ihrer Professionalisierung und ihrer Arbeitsbedingungen (in der Regel jährlich befristete Arbeitsverträge) an sich keine längerfristigen Koordinationsaufgaben übernehmen und insbesondere keine Kooperation einfordern" (Dworschak/Lindmeier 2017, S. 152).

Die eingeschränkten Einflussmöglichkeiten bei der Auswahl der eingesetzten Schulbegleiter:innen und ungeklärte Weisungsbefugnisse von Schulleitung und Schulkollegium gegenüber der Schulbegleitung aufgrund des Anstellungsverhältnisses bei einem externen Arbeitgeber stellen weitere problematische Aspekte in Bezug auf das Strukturmerkmal der Koordination dar (vgl. ebd.).

Die Strukturdimension *Hierarchie* knüpft an die grundlegenden Strukturen des Anstellungsverhältnisses von Schulbegleiter:innen und die damit verbundenen Weisungsbefugnisse an. Während die Bewilligung der Maßnahme und die konkrete Anstellung von Schulbegleiter:innen zunächst über die Jugendhilfe- und Eingliederungshilfeträger organisiert wird, stellt sich die Frage, wie die Hierarchien innerhalb des Schulalltags im Allgemeinen und auf Klassenebene im Besonderen ausgehandelt werden:

> „Lehrkräfte bewegen sich in innerhalb »ihres« Systems Schule, während Schulbegleitungen von außen in das System Schule hineinkommen, womit eine Art »Gaststatus« und entsprechend Aushandlungsbedarf bezüglich ihrer Rolle und ihrer Kompetenzen verbunden ist, den sie aus einer hierarchisch untergeordneten, unklaren Position vornehmen müssen" (ebd., S. 153).

Der Gaststatus oder auch Sonderstatus im Mitarbeiter:innengefüge der Institution Schule wirft die Frage auf, inwiefern die Lehrkraft gegenüber der Schulbegleitung weisungsbefugt ist oder wie selbstständig Schulbegleiter:innen Entscheidungen in Bezug auf die zu begleitenden Kinder oder Jugendlichen treffen dürfen (vgl. Fegert/Henn/Ziegenhain 2015, S. 22). Lübeck (2019) weist in Bezug auf die Strukturdimension Hierarchie explizit darauf hin, dass es in der Zusammenarbeit von Lehrkraft und Schulbegleitung sowohl aufgrund der Strukturproblematik als auch aufgrund des Gefälles hinsichtlich der Professionalisierung nicht zu einer egalitären Kooperation kommen kann, sondern dass es hier der aktiven Gestaltung und Führung durch die Lehrkraft und einer damit verbundenen hierarchischen Ordnung bedarf (vgl. Lübeck 2019, S. 100).

In der Strukturdimension *Delegation* kumulieren die drei vorangegangenen Strukturdimensionen Arbeitsteilung, Koordination und Hierarchie. Delegation bezieht sich hierbei konkreter auf das Unterrichtsgeschehen selbst. Für eine effektive Delegation bedarf es zum einen klarer Abläufe, Strukturen und Zuständigkeiten. Wie bereits vielfach deutlich wurde, können diese zum einen im Zusammenhang mit der Maßnahme Schulbegleitung kaum oder gar nicht etabliert werden. Zum anderen sind der Unterricht sowie die damit verbundene Kommunikation und Interaktion „nur bedingt planbar und […] [bedürfen] eines situativen, qualifizierten und reflektierten Handelns der Beteiligten" (Dworschak/Lindmeier 2017, S. 153).

Die abschließende Strukturdimension *Formalisierung* verweist auf die Ambivalenz zwischen hoch standardisierten Verwaltungsabläufen der Maßnahme auf der einen und kaum standardisierten oder formalisierten Abläufen hinsichtlich der praktischen Tätigkeit von Schulbegleiter:innen auf der anderen Seite. Während pädagogische Arbeit im Schulalltag nicht standardisierbar ist, weisen sämtliche Verwaltungsabläufe, die die Maßnahme Schulbegleitung sowie die als Schulbegleitung eingesetzten Personen betreffen, einen hohen Formalisierungsgrad auf (ebd., S. 154).

Die vorangegangenen Erläuterungen zum Rollensektor Schulkollegium zeigen die Komplexität und Vielschichtigkeit der Kooperation zwischen Schulbegleiter:innen und Lehrer:innen auf und verdeutlichen damit die Notwendigkeit weiterführender Auseinandersetzungen mit diesem Schwerpunkt. In Kapitel 3.2 der vorliegenden Arbeit wird dieser Aspekt hinsichtlich professionstheoretischer Fragestellungen erneut aufgegriffen und untersucht.

Mitschüler:innen

Die 1:1 Konstellation der Maßnahme Schulbegleitung beeinflusst darüber hinaus auch die Wahrnehmung der Rolle von Schulbegleitung durch die Mitschüler:innen der zu begleitenden Kinder und Jugendlichen:

> „Ausdrücklich sollen sie [die Schulbegleitungen] als reine Einzelfallhilfe für »ihr« Kind nicht Teil des Unterrichtsgeschehens sein. Es ist vom Kostenträger nicht vorgesehen, dass sie wie auch immer in professionelle Beziehungen zu anderen Kindern in der Klasse treten, und bleiben so Fremdkörper mit undefinierter Rolle" (Blömer-Hausmanns 2014, S. 226f.).

Diese klare Trennung und Konzeption der Maßnahme muss zwangsläufig zu einer Irritation auf Seiten der Mitschüler:innen führen: Im klassischen Bild von Schule sind erwachsene Personen im Unterricht grundsätzlich für alle verfügbar und anwesend, um (allen) Schüler:innen zu helfen (vgl. Heinrich/Lübeck 2013, S. 99). Die Schulbegleitung irritiert dieses Verständnis, da ihre Aufmerksamkeit und Hilfe aufgrund rechtlicher Bestimmungen lediglich einem Kind oder im Pool-Modell einigen wenigen Kindern oder Jugendlichen gelten. Richtet die Schulbegleitung also ihre Aufmerksamkeit einzig auf das von ihr zu begleitende Kind, entsteht zwangsläufig eine hohe Exklusivität der Beziehung, die wiederum Einfluss auf die Kontaktaufnahme für die Mitschüler:innen nehmen kann (vgl. Lübeck 2020, S. 16). Dabei ist die Anwesenheit der Schulbegleitung in Interaktionssituationen der Peers häufig unvermeidbar, sodass für „Peerbeziehungen essenzielle Aktivitäten, wie der Austausch von Geheimnissen, [...] das Brechen von Regeln, [...] unter den Augen der erwachsenen Assistenzperson erschwert [werden]" (Ehrenberg/Lücke 2017, S. 37). Die Begleitung im Kontext der Einzelfallorientierung kann die Interaktion zwischen den Peers erschweren, weiterführend also auch die soziale Teilhabe und Partizipation der Kinder und Jugendlichen mit Schulbegleitung einschränken und folglich zu einer „sozialen Barriere" (Böing 2014, S. 223) werden.

Begleitete Schüler:innen

Schulbegleitungen stehen vor der grundlegenden Herausforderung, im Unterricht einerseits dauerhaft einsatzbereit und präsent zu sein, um die zu begleitenden Schüler:innen bei Bedarf zu unterstützen. Andererseits sollen sie eben diese nicht zu stark absondern und den allgemeinen Unterrichtsablauf durch ihre Anwesenheit nicht stören (vgl. Lübeck/Demmerer 2017, S. 23). Wie bereits deutlich wurde, wird die soziale Teilhabe der begleiteten Schüler:innen durch die Anwesenheit und den Einsatz der Schulbegleitung maßgeblich beeinflusst. Dabei ist grundsätzlich zu berücksichtigen, welchen Einfluss intervenierendes Verhalten von Schulbegleiter:innen (bspw. in Bezug auf Peer-Interaktionen) auf die Entwicklungsaufgaben der begleiteten Schüler:innen hat. So kann das Handeln von Schulbegleitungen bspw. in Konfliktsituationen einerseits „eine bedeutsame Schutzfunktion erfüllen mit dem Ergebnis einer (präventiven) Kontrolle der sozialen Situation" (Böing Köpfer 2017, S. 134). Andererseits können Interventionen von Seiten der Schulbegleiter:innen den begleiteten Schüler:innen auch die Möglichkeit nehmen, sich in Konfliktsituationen zu erproben und damit ein adäquates, problemlösendes Verhalten zu entwickeln (vgl. ebd.).

Köpfer (2017) betrachtet die Rolle von Schulbegleitung in Verbindung mit den zu begleitenden Schüler:innen aus einer raumtheoretischen Perspektive[46]. Durch eine überdauernde visuelle (Raum-)Zuordnung einer Schulbegleitung zu einzelnen Schüler:innen kann eine latente Stigmatisierung erfolgen:

> „Dies verstärkt sich in Situationen der Einzelförderung in oder außerhalb des Klassenraums oder bei der beratenden Arbeit mit einem individualisierten Förderplan, durch die ein akustischer, sich auf Fachinhalte beziehender und dadurch ausschließender sozialer Raum kreiert wird, der unabhängig zu den im Klassenraum verhandelten Inhalten steht. Hier sind nicht die physikalischen Klassenzimmergrenzen raumtrennend, sondern der durch die Schulassistenz visuell, auditiv und inhaltlich kreierte Raum" (Köpfer 2017, S. 93).

Das unauflösbare Spannungsfeld zwischen Schulbegleitung als Maßnahme der Einzelfallhilfe einerseits und Schulbegleitung als Maßnahme, die zur (sozialen) Integration der zu begleitenden Schüler:innen beitragen soll, andererseits führt zwangsläufig zu Unsicherheiten und Rollenkonflikten der Schulbegleiter:innen (vgl. Lübeck 2020, S. 15).

Die auf Grundlage der dargestellten Rollensektoren deutlich gewordene Rollendiffusität von Schulbegleitung kann in der Praxis dazu führen, dass Schulbegleiter:innen im System Schule bereits existierende Rollen besetzen. Blasse (2017) arbeitete auf Basis ethnographischer Unterrichtsbeobachtungen heraus, dass Schulbegleitungen aufgrund der vorhandenen Rollendiffusität „notgedrungen in variabler, diffuser Weise Positionen ein[nehmen], die auch von anderen wie Fachlehrkräften, Sonderpädagog/innen oder Schüler/innen besetzt werden" (Blasse 2017, S. 108). Die fünf von Blasse beobachteten und herausgearbeiteten Positionen werden nachfolgend überblickshaft skizziert.

---

[46] Köpfer (2017) setzt sich aus raumtheoretischer Perspektive mit inklusiven und exklusiven Prozessen innerhalb von Schule und Unterricht im Allgemeinen sowie mit dem Handeln und der Rolle von Schulbegleiter:innen im Besonderen auseinander. Der hier verwendete Raumbegriff bezieht sich dabei sowohl auf materielle als auch auf soziale Räume (vgl. Köpfer 2017, S. 91ff.).

In der Position des *Scharniers* werden in diesem Zusammenhang Schulbegleiter:innen bezeichnet, die als (Ver)Mittler:innen zwischen den zu begleitenden Kindern oder Jugendlichen und den anderen Schüler:innen der Klasse oder Schule agieren (vgl. ebd. S. 110f.). Nehmen Schulbegleiter:innen während des Unterrichtsgeschehens eine eher passive und zurückhaltende Rolle ein und befinden sich damit auf Abruf, bis sie auf Anfrage oder selbstständig aktiv werden, spricht Blasse von der Position der *Unauffälligen auf Abruf* (vgl. ebd. S. 111f.). In der Position der *(sonder-)pädagogische Expert:innen* werden Schulbegleiter:innen nach Blasse dann eingeordnet, wenn sie maßgeblich am Erziehungsprozess der Schüler:innen beteiligt sind und als „kompetente, durchsetzungsfähige und gefragte […] [Expert:innen] bezüglich der Förderung »ihrer« Schüler/innen anerkannt [werden]" (ebd. S. 113). Von der Position der *fachlichen Lehrkraft* könne dann gesprochen werden, wenn Schulbegleiter:innen eigenständig Lernmaterial für die zu begleitenden Schüler:innen erstellen oder auswählen und damit den Arbeits- und Lernprozess der Schüler:innen (fachlich) begleiten (vgl. ebd. S. 113f.). Auch die Position der *Schüler:innen* kann von Schulbegleiter:innen eingenommen werden, „etwa, wenn sie mit Schüler/innen in der Schlange stehen, um zur Lehrkraft zu gelangen, oder sich melden und aufgerufen werden" (ebd. S. 114).

Schulbegleitungen übernehmen also Positionen, die sich entweder auf anderen Personengruppen beziehen oder eine Leerstelle füllen (vgl. ebd. S. 115). Demnach muss verstärkt der Frage nachgegangen werden, „was genau die spezifischen Kompetenzen und Haltungen der Schulbegleitung im Gegensatz zu anderen pädagogischen Ausbildungsberufen ausmacht" (Geist 2017, S. 63).

Auf Grundlage der vorangegangenen Ausführungen zu den einzelnen Rollensektoren und den von Schulbegleiter:innen eingenommen Positionen im Unterrichtsgefüge wurde deutlich, welche vielfältigen Fragestellungen, Strukturen und Ambivalenzen der Praxis von Schulbegleiter:innen konstitutiv zugrunde liegen. Dabei sind Schulbegleiter:innen mit einer Vielzahl Akteur:innen konfrontiert, die jeweils eigene Vorstellungen, Erwartungen und Interessen an sie stellen. So stellt Lübeck (2019) fest, dass der „durch die Widersprüchlichkeit der Rollensektoren entstehende Intra-Rollenkonflikt, in Verbindung mit der schwachen Position der Schulbegleitung im gesamten [Gefüge] […] in einem Rollenprekariat der Schulbegleitung [resultiert]" (Lübeck 2019, S. 24). Im Anschluss an die nachfolgenden Erläuterungen zu konstitutiven Spannungsfeldern der Maßnahme Schulbegleitung wird die Maßnahme Schulbegleitung tiefergehend aus professionalisierungstheoretischer Perspektive untersucht.

2.6 Spannungsfelder

Im vorliegenden Kapitel werden zentrale Spannungsfelder, die der Maßnahme Schulbegleitung konstitutiv zugrunde liegen, systematisch erläutert. Die nachfolgende kritische Auseinandersetzung zielt darauf ab, komplexe Spannungsfelder auf einer übergeordneten Ebene zu strukturieren und gegebenenfalls miteinander in Verbindung zu setzen. Dabei werden Spannungsfelder in den Blick genommen, die für die vorliegende Arbeit von Bedeutung sind; es wird hier kein Anspruch auf Vollständigkeit erhoben.

Ein zentrales und grundlegendes Spannungsfeld von Schulbegleitung liegt in der konstitutiven Ambivalenz zwischen Schulbegleitung als Einzelfallhilfe und Schulbegleitung als Maßnahme zur Umsetzung von Inklusion.

Abbildung 7: Die konstitutive Ambivalenz der Maßnahme Schulbegleitung.

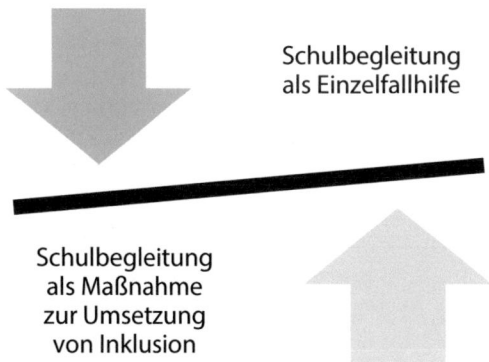

Schulbegleitung
als Einzelfallhilfe

Schulbegleitung
als Maßnahme
zur Umsetzung
von Inklusion

Quelle: Eigene Darstellung.

Die Leistungsgewährung der Maßnahme Schulbegleitung setzt i. d. R. eine Diagnostik voraus, wodurch Behinderungen zugeschrieben werden (Kategorisierung) und die Möglichkeit des Schulbesuchs als ein individuelles Problem definiert wird (≠ Inklusion) (vgl. Rohrmann/Weinbach 2017, S. 41). Auf Grundlage der diagnostizierten Behinderung erhalten einzelne Schüler:innen eine Schulbegleitung, die die fehlenden personellen und strukturellen Ressourcen der jeweiligen Schule ausgleichen soll. So kann grundlegend zwischen Schüler:innen mit und ohne Behinderungen/Schüler:innen mit und ohne Schulbegleitung unterschieden werden: „Eine Inklusion, die das Zwei-Gruppen-Modell zugunsten einer durchgängigen individuellen Förderung aller überwindet, widerspricht der engen Zuordnung von einem Erwachsenen zu einem Kind" (Kremer 2012, S. 158).

Während die Maßnahme Schulbegleitung an vielen Stellen als Übergang oder Provisorium im Rahmen einer inklusiven Schulentwicklung aufgefasst wird (vgl. Kapitel 2), wird zunehmend deutlich, dass Schulbegleiter:innen zu einem festen Bestandteil der aktuellen Umsetzung schulischer Inklusion werden:

> „Schulassistenz ist zur Zeit für viele Kinder nötig, um ihnen den gesetzlichen Zugang zu Bildung an der Regelschule überhaupt zu ermöglichen. Zugleich stabilisiert Schulassistenz auf diese Weise ein wenig inklusives Bildungssystem. Sie fördert ein Denken, das weiterhin das Kind als Problem sieht, statt den Fokus auf Schulentwicklung zu setzen" (Lindmeier/Polleschner 2014, S. 203).

Darüber hinaus hat die 1:1 Konstitution der Maßnahme Schulbegleitung weiterführend Einfluss auf die (soziale) Teilhabe der Kinder und Jugendlichen mit Behinderungen. Neben möglichen negativen Einflüssen auf die Interaktion innerhalb der Peergroup (vgl. Kapitel 1.4.5) besteht die Gefahr, dass sich die Zuständigkeit der Lehrkräfte für spezifische Verantwortungsbereiche in der Klasse durch die Unterstützung der jeweiligen Schulbegleitung faktisch reduziert und damit zu einer (unbewussten) Entfremdung von Lehrkraft und

Schüler:innen mit Behinderungen/Schulbegleitung beitragen kann (vgl. Herz et al. 2019, S. 12; vgl. Kremer 2012, S. 158). Durch den Einsatz einer Schulbegleitung kann damit die Ausgestaltung des Unterrichts auf eine fiktiv homogene Lerngruppe ausgerichtet bleiben, weil die methodische und didaktische Differenzierung (implizit oder explizit) an die Schulbegleiter:innen delegiert werden kann (vgl. Böing/Köpfer 2017, S. 135; Herz et al. 2019, S. 12):

> „Damit verbunden sind nicht intendierte subtile Segregationsmechanismen, die primär latente Exklusionsprozesse hervorbringen und stabilisieren. Auf nonverbaler Ebene führt eine solche – durchaus nicht bewusst intendierte – Spaltung von Zuständigkeitsbereichen zu der nonverbalen Botschaft der Wert- und Bedeutungslosigkeit dieser Schülerin bzw. dieses Schülers für die Lehrkraft" (Herz et al. 2019, S. 12).

Die Maßnahme Schulbegleitung ist demnach durch ihre Konstitution als Einzelfallmaßnahme als integrative und nicht als inklusive Maßnahme einzuordnen und führt zudem dazu, dass das aktuelle Bildungssystem stabilisiert wird und die Notwendigkeit einer inklusiven Schulentwicklung in den Hintergrund tritt. Ausgehend von der Anlage der Maßnahme als Einzelfallhilfe können separierende und exkludierende Momente vorrangig in der sozialen Interaktion mit Mitschüler:innen, den zuständigen Lehrkräften sowie ggf. exklusiven Unterrichtsmaterialien für die Schüler:innen mit sonderpädagogischem Förderbedarf begünstigt werden.

Im vorangegangenen Kapitel zur Rolle von Schulbegleitung wurde bereits deutlich, in welchem „Vieleckverhältnis" (Knuf 2013, S. 94) sich die Maßnahme selbst und weiterführend auch die tätigen Schulbegleiter:innen bewegen und welche Spannungsfelder in den unterschiedlichen Rollensektoren entstehen können, weshalb an dieser Stelle nicht erneut darauf eingegangen wird. Im Zusammenhang mit der Rolle von Schulbegleitung und den Spannungsfeldern der Maßnahme müssen an dieser Stelle jedoch übergeordnet die möglichen Einflüsse der einzelnen Akteur:innen auf die individuelle Umsetzung und Ausgestaltung der Maßnahme Schulbegleitung berücksichtigt werden. Der Konstruktion von Schulbegleitung liegen unterschiedliche Funktionssysteme sowie öffentliche und private Institutionen und Organisationen zugrunde. Unterschiedliche Akteur:innen mit unterschiedlichen Handlungslogiken, formalen Abläufen, Zeitschienen, Vorgaben, Traditionen und Professionen bilden ein komplexes (Kooperations-)Gefüge, in dem sich die einzelnen Schulbegleiter:innen bewegen (vgl. Hoyer 2017, S. 118). Die hieraus entstehenden Spannungsfelder und Anforderungen an die Schulbegleiter:innen sind dabei aufgrund ihrer Komplexität und Vielschichtigkeit individuell, dementsprechend kaum standardisiert zu betrachten und müssen im jeweiligen Einzelfall konkret untersucht werden.

Ausgehend von dem beschriebenen komplexen Gefüge und den vielfältigen Einflüssen unterschiedlicher Akteur:innen, bedarf es weiterführend einer genaueren Betrachtung der Zusammenarbeit von Lehrkräften und Schulbegleiter:innen und den in diesem Zusammenhang entstehenden Spannungsfeldern. Lübeck (2019) ordnet die Maßnahme Schulbegleitung als Irritation „schulischer Grammatik" ein. Das historisch gewachsene und etablierte Rollenmuster von Lehrkräften und Schüler:innen sieht aufgrund seiner komplementär angelegten Struktur zunächst keinen Platz für die Rolle der Schulbegleitung vor:

„Die Lehrkräfte lehren, die Schülerinnen und Schüler lernen; die Lehrkräfte sind ausgebildet bzw. professionalisiert, die Schülerinnen und Schüler nicht; die Lehrkräfte
erteilen Weisungen und Sanktionen, die von den Schülerinnen und Schülern emp-
fangen werden; die Lehrkräfte sind Teil des Kollegiums, die Schülerinnen und Schüler gehören der Schülerschaft an" (Lübeck 2019, S. 240).

Ausgehend von der aktuell grundlegenden Funktion von Schule, Kinder und Jugendliche für die Teilnahme und Teilhabe an weiteren gesellschaftlichen und sozialen Systemen
(Politik, Erwerbstätigkeit, Familie etc.) zu befähigen und gleichzeitig das Maß der erlangten
Befähigung durch Bewertungen und daraus resultierende Abschlüsse zum Ausdruck zu
bringen (Allokationsfunktion) muss auch der Auftrag der Maßnahme Schulbegleitung auf
diese grundlegende Funktion von Schule bezogen werden (vgl. Hoyer 2017, S. 121). An dieser Stelle erscheinen die theoretischen Auseinandersetzungen von Hoyer (2017) als erster
Anknüpfungspunkt hilfreich. Hoyer setzt sich in Bezug auf Schulbegleitung mit der multiprofessionellen Zusammenarbeit im Handlungsfeld Schule auseinander und verweist auf
die Unterscheidung von Befähigung und Kompensation als zentrales Reflexionskriterium.

Aufgrund der Tatsache, dass Schulbegleitung keinen (expliziten) Erziehungs- und Bil-
dungsauftrag hat, liegt der oben beschriebene Befähigungsauftrag in der Zuständigkeit der
Lehrkräfte. Durch die aktuelle Umsetzung schulischer Inklusion und den Einsatz von
Schulbegleiter:innen zur Absicherung der Teilhabe an Bildung von Kindern und Jugendlichen mit sonderpädagogischem Förderbedarf wird ein Kompensationsauftrag in die Schule
getragen (vgl. Hoyer 2017, S. 122). Die Unterscheidung zwischen Befähigung und Kompensation ist dabei maßgeblich für eine übergeordnete Auseinandersetzung mit den Aufgaben
und Tätigkeiten von Schulbegleiter:innen. Gleichzeitig muss berücksichtigt werden, dass
die Grenzen zwischen Kompensation und Befähigung in der alltäglichen Arbeit von Lehrkräften und Schulbegleiter:innen aufweichen und es diesbezüglich eines hohen Bewusst-
seinsgrads der beteiligten Akteur:innen sowie einer fallspezifischen Betrachtung bedarf (vgl.
ebd., S. 122f.):

„Die Einschätzung von Kompensations- und Befähigungsbedürfnissen von Kindern
und Jugendlichen in diesem Bereich kann nicht einer Alltagslogik, spontanen Ein-
drücken oder eigener aktueller Befindlichkeiten überlassen sein. Es muss Zeit und
Raum für diese Einschätzung zur Verfügung stehen, und sie erfordert ein hohes Maß
an Absprachen, Kooperationsbereitschaft, Fachkompetenz, reflexiver Professionalität und möglicherweise konkreter Diagnostik durch Dritte und professionelle Beratung von außen" (ebd., S. 123).

An dieser Stelle der Arbeit wird deutlich, was in der Auseinandersetzung mit der Kooperation von Lehrkräften und Schulbegleiter:innen weiter oben (vgl. Kapitel 2.5) bereits skizziert
und angedeutet wurde: Es bedarf unbedingt einer fachlichen Betrachtung und Auseinandersetzung der Zusammenarbeit von Lehrkräften und Schulbegleiter:innen, um den hier
skizzierten Spannungsfeldern professionell begegnen zu können.[47] Das Anstellungsverhält-

---

[47] Die vorliegende Arbeit ist dabei ein zentraler Hinweis auf die bislang unzureichende Verknüpfung der beiden
Personengruppen. Während im Kapitel zur aktuellen Umsetzung schulischer Inklusion in erster Linie Lehrkräfte als zentrale Akteur:innen in der Gestaltung schulischer Inklusion angeführt und diskutiert wurden,
werden in der Auseinandersetzung mit der Maßnahme Schulbegleitung Lehrkräfte in ihrer Aufgabe und Position nur am Rande berücksichtigt. Doch sind es im Schulalltag zahlreicher Kinder und Jugendluchen mit

nis der Schulbegleiter:innen bei einem schulexternen Arbeitgeber stellt dabei, wie bereits an unterschiedlichen Stellen deutlich wurde, eine zusätzliche Herausforderung für die Zusammenarbeit von Lehrkräften und Schulbegleiter:innen dar.

Ein weiteres Spannungsfeld, das der Maßnahme Schulbegleitung zugrunde liegt, sind die i. d. R. prekären Beschäftigungsbedingungen der eingesetzten Schulbegleiter:innen. Die Bewilligung der Maßnahme und damit weiterführend auch der Arbeitsvertrag der Schulbegleiter:innen sind i. d. R. auf sechs oder zwölf Monate befristet (vgl. Deger/Puhr/Jerg 2015, S. 129) Die Befristung ergibt sich „aus der Kopplung an den regelmäßig neu zu diagnostizierenden Unterstützungsbedarfs des Kindes" (Lübeck 2019, S. 21). Hinsichtlich des Anstellungsverhältnisses von Schulbegleiter:innen ist eine Bandbreite „von festen sozialversicherungspflichtigen angestellten HelferInnen über den Einsatz von Freiwilligen bis zu Einsätzen auf Honorarbasis mit Vergütung für tatsächlich geleistete Stunden [möglich]: kein Geld in den Ferien, kein Geld bei Krankheit des Helfers oder Kindes" (Blömer-Hausmanns 2014, S. 228). Diese prekären Formen der Anstellung führen gepaart mit einer schlechten Bezahlung, geringer spezifischer Fachlichkeit und der fehlenden Einbindung in schulische Abläufe zu einer hohen Fluktuation von Schulbegleiter:innen (vgl. Herz et al. 2019, S. 14; vgl. Lübeck 2019, S. 21). Die hohe Fluktuation von Schulbegleiter:innen eröffnet dabei zahlreiche weitere ebenfalls zu berücksichtigende Spannungsfelder (Bindung und Lernen, System Klasse, Zusammenarbeit Schulbegleiter:innen und Lehrkräfte) auf die an dieser Stelle nicht tiefergehend eingegangen werden kann.

Darüber hinaus muss ganz grundlegend und allgemein berücksichtigt werden, dass Schulbegleiter:innen als (stetig wachsende) Berufsgruppe weder bundes- noch landesweit über gemeinsame und einheitliche Strukturen oder Interessengemeinschaften verfügen. Die Tatsache, dass an der Maßnahme Schulbegleitung unterschiedliche Systeme (Sozial- und Jugendhilfe, Bildungswesen und damit auch föderalistische Strukturen) beteiligt sind, führt auch dazu, dass sich keine Institution/keine Instanz/kein System in der Verantwortung sieht oder aber auch in die Verantwortung genommen wird, übergeordnete Strukturen, Vorgehensweisen und Standards zu entwickeln.

In der Auseinandersetzung mit den vielfältigen Spannungsfeldern der Maßnahme Schulbegleitung wird deutlich, dass in den unterschiedlichen Zusammenhängen die Konstitution der Maßnahme als Einzelfallmaßnahme ein für die hier aufgezeigten Spannungsfelder zentraler und ausschlaggebender Aspekt ist. Es scheint so, als könnte diese Anlage der Maßnahme als zentraler Ausgangspunkte oder auch „kleinster gemeinsamer Nenner" der in diesem Kapitel erläuterten konstitutiven Spannungsfelder eingeordnet werden. Die nachfolgende Abbildung fasst die zentralen Erkenntnisse des vorliegenden Kapitels hinsichtlich der unterschiedlichen Spannungsfelder und ihrem (strukturellen) Ausgangspunkt der Konstitution der Maßnahme als Einzelfallhilfe zusammen:

Behinderungen diese beiden Personengruppen, die den gemeinsamen schulischen und unterrichtlichen Alltag und damit auch die Teilhabe an Bildung aktiv gestalten und rahmen.

Abbildung 8: Zentrale Spannungsfelder der Maßnahme Schulbegleitung.

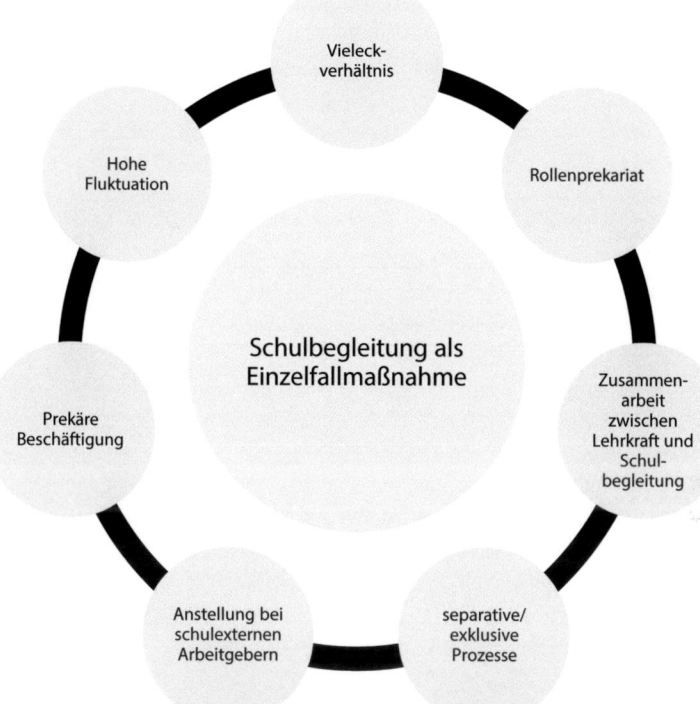

Quelle: Eigene Darstellung.

3 Schulbegleitung als professionalisierungsbedürftige pädagogische Praxis

Die vorangegangenen Erläuterungen theoretischer Grundlagen zur Maßnahme Schulbegleitung verweisen auf eine notwendige Auseinandersetzung mit professionalisierungstheoretischen Fragestellungen. Nachfolgend wird die Maßnahme Schulbegleitung auf der Folie des strukturtheoretischen Ansatzes nach Oevermann und Helsper untersucht.[48] Zunächst müssen hierfür die zentralen Begrifflichkeiten Profession, Professionalität, Professionalisierung, Professionalisierungsbedürftigkeit sowie Deprofessionalisierung bestimmt und auf dieser Grundlage die Maßnahme Schulbegleitung entsprechend eingeordnet werden. Weiterführend werden theoretische Grundlagen des strukturtheoretischen Ansatzes dargelegt und auf die Maßnahme Schulbegleitung übertragen.

Professionen sind aus strukturtheoretischer Perspektive jene Formen beruflichen Handelns, die stellvertretend für Personen/Laien (d.h. für eine primäre Lebenspraxis[49]) deren Krisen[50] lösen oder bewältigen (vgl. Oevermann 2002, S. 23). Professionelles Handeln wird also dort notwendig, wo die primäre Lebenspraxis in eine Krise gerät, wobei sich die Krise auf zentrale Werte bezieht: Bildung, Gesundheit, psychische Integrität, Gerechtigkeit oder Teilhabe (vgl. Helsper 2021, S. 55). Helsper erklärt weiterführend, dass der Bezugspunkt professionellen Handelns die Autonomie der Lebenspraxis ist, die blockiert/vorübergehend beeinträchtigt/längerfristig erschwert ist. Die Wiederherstellung oder Stärkung der lebenspraktischen Autonomie stellt dabei das Ziel professionellen Handelns dar (vgl. Helsper 2002, S. 72). Oevermann betont, dass „jede Delegation von Krisenbewältigung in sich einen Autonomieverlust bedeutet" (Oevermann 2002, S. 26), weshalb die Struktur der Hilfebeziehung grundsätzlich eine Hilfe zur Selbsthilfe darstellen muss. Helsper verweist auf die Bedeutsamkeit der Herstellung einer gemeinsamen Basis, womit in erster Linie die gegenseitige Einwilligung in eine Professionellen-Adressat:innen-Beziehung sowie der Aufbau

---

[48] Weitere professionstheoretische Ansätze im Überblick bei Helsper 2021 (u. a. Merkmalsansatz, strukturfunktionalistischer Ansatz, machttheoretische Perspektive, wissenssoziologischer Ansatz, systemtheoretischer Ansatz, symbolisch-interaktionistischer Ansatz, berufsbiographischer Ansatz); Professionstheoretische Ansätze in Bezug auf Schulbegleitung im Überblick bei Schulze 2017 (interaktionistischer Ansatz, strukturtheoretischer Ansatz) und Lübeck 2019 (merkmalsorientierter Ansatz, strukturtheoretischer Ansatz, berufsbiographischer Ansatz).

[49] Mit der *Theorie der Lebenspraxis* umschreibt Oevermann eine Einheit des Lebendigen. Eine solche Einheit des Lebendigen kann sowohl ein einzelner Mensch, eine Gruppe oder eine Gemeinschaft sein. Oevermann legt der Theorie der Lebenspraxis zugrunde, dass Menschen über ihre genetische Ausstattung hinaus über die Möglichkeit verfügen, ihr Leben aktiv, selbstständig und kreativ zu gestalten. Menschen können also in krisenhaften Situationen auf der Grundlage individueller psychischer, sozialer, kultureller und somatischer Potentiale innovativ Neues erzeugen und damit über ein bloßes Reagieren hinausgehen (vgl. Garz/Raven 2015, S. 26).

[50] In der strukturtheoretischen Theorie ist der Begriff der *Krise* wechselseitig bezogen auf den Begriff der *Routine*. *Krise* ist hier nicht normativ/negativ besetzt, „sondern steht dafür, dass etwas nicht mehr routineförmig fortgesetzt werden kann, sondern neue Handlungsmöglichkeiten und Lösungen gefunden werden müssen" (Helsper 2021, S. 103f.).

gegenseitiger Anerkennung gemeint sind (vgl. Helsper 2002, S. 72). Vor diesem Hintergrund ist professionelles Handeln nicht als eine technische, standardisierte Problemlösung, sondern vielmehr als eine interaktiv und kommunikativ auszugestaltende Beziehungspraxis zu fassen (vgl. Helsper 2021, S. 55). Der Typus professionellen Handelns bezieht sich also auf Handlungsformen, die im Sinne der stellvertretenden Krisenbewältigung hinsichtlich zentraler Wertbezüge „in direkten Face-to-Face-Interaktionen versuchen, unter Bedingungen der Ungewissheit und in Form von Arbeitsbündnissen mit ihren KlientInnen eine (Wieder-)Ermöglichung deren lebenspraktischer Autonomie zu eröffnen" (ebd., S. 289).

Bei der definitorischen Eingrenzung des Begriffs *Professionalität* ist zunächst zu berücksichtigen, dass nicht jedes berufliche Handeln von Professionellen als professionell im Sinne von Professionalität einzuordnen ist:

> „Von Professionalität wäre vielmehr dann zu sprechen, wenn Professionelle über die entsprechenden Voraussetzungen – also über verschiedene Wissensformen, insbesondere wissenschaftlich gesichertes und feldspezifisches Wissen, erfahrungsgesättigte Praxen und Handlungsmuster, (selbst)reflexive Fähigkeiten, soziale Kompetenzen und Routinen der Interaktions- und Beziehungsgestaltung, verstehende Kompetenzen der Sinnerschließung des Anderen und des Fallverstehens [...] verfügen, die sie in konkreten sozialen professionellen Situationen interaktiv zur Geltung zu bringen vermögen" (ebd., S. 56).

Professionalität bedarf auf dieser Basis gesellschaftlicher, institutioneller und organisatorischer Rahmungen, in denen professionelles Handeln möglich werden und sich im konkreten interaktiven Vollzug des Handelns in der Professionellen-Klient:innen-Beziehung ergeben und erweisen kann (vgl. ebd.). Dabei ist zu berücksichtigen, dass Professionalität nicht ausschließlich mit Gelingen und einer erfolgreichen Krisenlösung einhergeht, sondern sich auch oder gerade in Momenten des Scheiterns an der Krisenbewältigung zeigt. Da professionelles Handeln nicht auf standardisierten Vorgaben beruht, sondern vielmehr als komplexes soziales und interaktives Geschehen (fallspezifisch und situativ) verstanden werden muss, bleibt es immer störanfällig. Professionalität bezieht sich hier also auch auf den reflexiven und (selbst-)kritischen Umgang mit Fehlern und Scheitern im professionellen Handeln (vgl. ebd.).

Der Begriff der *Professionalisierung* markiert weiterführend die Prozessperspektive von Professionalität. Dabei bedarf es der Berücksichtigung zweier Perspektiven: (1) Professionalisierung als individueller Bildungsprozess und (2) Professionalisierung in gesellschaftlich-institutioneller Perspektive. *Professionalisierung als individueller Bildungsprozess* bezieht sich auf eine (berufs-)biographische Herausbildung von Wissensbeständen, Motiven und Praxen durch sozialisierende Erfahrungen (Familie, Schule, Peergroup), universitäre/ausbildungsspezifische Bildungsprozesse und lebenslange Fort- und Weiterbildungen. *Professionalisierung in gesellschaftlich-institutioneller Perspektive* zielt zum einen auf die Institutionalisierung von Bildungsprozessen (spezifische Studiengänge/Ausbildungen, betreute Praxisphasen während Studium/Ausbildung, kollegiale Beratungs-, Supervisions- und Reflexionsangebote, berufsbegleitende Fort- und Weiterbildungsmöglichkeiten) ab. Zum anderen bedarf es auch einer gesellschaftlichen Etablierung und Sicherung einer institutionellen Handlungsbasis sowie institutioneller und organisatorischer Rahmenbedingungen, die Professionalität begleiten und stützen (vgl. ebd., S. 57). Helsper betont, dass erst,

„wenn sowohl die individuelle wie die gesellschaftlich-institutionelle Seite der Professionalisierung hinreichend etabliert ist, [von] Bedingungen für professionelles Handeln gesprochen werden [kann], die Professionalität ermöglichen" (ebd., S. 58).

Auf Grundlage der definitorischen Eingrenzung von Profession und Professionalität kann weiter die *Professionalisierungsbedürftigkeit* beruflicher Tätigkeiten bestimmt werden (vgl. Oevermann 2002). Der zentrale Bezugspunkt professionellen Handelns, nämlich die stellvertretende Krisenbewältigung, „ist immer auf die Konkretion eines Falles in seiner historischen Eigenart und Eigenlogik bezogen" (ebd., S. 30). Die Krise kann demnach nicht ausschließlich auf Grundlage allgemeingültiger Wissensbestände bewältigt werden, da es immer auch der Berücksichtigung des Einzelfalls bedarf. Auf dieser Grundlage werden nicht-standardisierbare Interventionspraxen als professionalisierungsbedürftig eingeordnet (vgl. ebd.).

Die hinsichtlich der definitorischen Rahmungen von Professionalisierung eingenommene Prozessperspektive wird auch in der Auseinandersetzung mit dem Begriff der *Deprofessionalisierung* berücksichtigt:

> „Immer dann, wenn die Offenheit und Autonomie der Ausgestaltung der interaktiven Grundlage des professionellen Handelns durch äußere Zwänge – und hier stellen Bürokratisierung und Ökonomisierung zwei besonders exponierte Gefährdungspotenziale für professionelles Handeln dar – deutlich eingeschränkt und erschwert wird, kann von Deprofessionalisierung gesprochen werden" (Helsper 2021, S. 58).

Nachfolgend werden nun die hier erläuterten Einordnungen zu den Begriffen Profession, Professionalität, Professionalisierung, Professionalisierungsbedürftigkeit und Deprofessionalisierung auf die Maßnahme Schulbegleitung übertragen und geklärt, inwiefern diese als professionelle oder professionalisierungsbedürftige Praxis einzuordnen ist.

Um Schulbegleitung zunächst als Profession einordnen zu können, muss in einem ersten Schritt dargelegt werden, inwiefern die Lebenspraxis der zu begleitenden Schüler:innen krisenhaft ist und einer stellvertretenden Krisenbewältigung bedarf.

Die Lebenspraxis von Schüler:innen mit sonderpädagogischem Förderbedarf ist dabei in zweierlei Weise als krisenhaft einzuordnen. Die Lebenspraxis gründet sich zunächst auf dem Umstand, dass sie ganz allgemein Schüler:innen sind und der „Prozess der Sozialisation für das sich bildende Subjekt eine beständige Krisenbewältigung" (Oevermann 2002, S. 37) darstellt. Das Aneignen von Kulturtechniken übersteigt dabei die familiäre Sozialisationspraxis und muss in der Konsequenz den diesbezüglichen Anteil der Krisenbewältigung an Professionelle (Lehrer:innen) abgeben (vgl. ebd. S. 37f.). Stellvertretung meint im schulischen Kontext, „dass Fragen der Auswahl des Lernstoffes, der Gestaltung der Lernsituation und Vermittlung stellvertretend durch die Lehrkraft entschieden werden" (Lindmeier 2017, S. 62).

In einem zweiten Schritt begründet sich die Krisenhaftigkeit der Lebenspraxis von Schüler:innen mit sonderpädagogischem Förderbedarf darin, dass sie aufgrund eines nicht inklusiven Bildungswesens die Anforderungen eines Besuchs der Regelschule nicht selbstständig bewältigen können. Die zweite Krise besteht hier also in der eingeschränkten Teilhabe an Bildung. Da es im derzeit bestehenden Schulsystem keinen barrierefreien Zugang zu Bildung für alle gibt, wird im Zuge der aktuellen Umsetzung von Inklusion der Einsatz von Schulbegleiter:innen notwendig, die in ihrer Teilhabe an Bildung eingeschränkte

Schüler:innen die Teilhabe zum (allgemeinen) Unterricht ermöglichen und damit die lebenspraktische Autonomie stärken sollen. Damit wird Schulbegleitung zu einer Profession, welche sich stellvertretend die Krisenbewältigung (eingeschränkte Teilhabe an Bildung) der primär konkreten Lebenspraxis (Schüler:innen mit sonderpädagogischem Förderbedarf) vornimmt (vgl. Oevermann 2002, S. 24).

In ihren Handlungsanforderungen und Bezügen entspricht Schulbegleitung demnach dem Typus der stellvertretenden Krisenbewältigung, ist also nicht-standardisierbar und damit als *professionalisierungsbedürftige Praxis* einzuordnen.

Nun, da herausgearbeitet wurde, dass Schulbegleitung eine professionalisierungsbedürftige Praxis darstellt, bedarf es anschließend der Klärung der Frage, inwiefern die Maßnahme Schulbegleitung als eine professionalisierungsbedürftige *pädagogische* Praxis einzuordnen ist. Formalrechtlich wird in Bezug auf die Maßnahme Schulbegleitung strikt zwischen reinen Assistenz-Maßnahmen (Nicht-Fachkräfte) und Maßnahmen, die aufgrund des Bedarfs der zu begleitenden Schüler:innen den Einsatz pädagogischer Fachkräfte fordern, unterschieden (vgl. Kapitel 2.3). Dies ist zunächst eine juristische und bildungs- bzw. sozialökonomische Unterscheidung und damit nicht (automatisch) pädagogisch fundiert. In unterschiedlichen Zusammenhängen wird immer wieder auf die pädagogische Bedeutsamkeit der Maßnahme und die Diskrepanz zwischen formalrechtlichen Vorgaben einerseits und den Anforderungen in der schulischen Praxis andererseits hingewiesen (vgl. u. a. Dworschak 2012a; Fegert/Ziegenhain 2016; Lübeck/Demmer 2017; Prammer-Semmler 2017; Schulze 2017), sodass dringend ausdifferenziert werden muss, inwiefern Schulbegleitung eine pädagogische Praxis darstellt und was sie als pädagogische Praxis kennzeichnet. Ausgehend davon, dass Schulbegleitung im Rahmen der Schulerziehung tätig und damit zum einen mit dem Lernprozess und zum anderen mit der allgemeinen Erziehungsbedürftigkeit[51] der (noch nicht mündigen) Schüler:innen konfrontiert ist, ist ein erster allgemeiner Bezugsrahmen für die Maßnahme Schulbegleitung als pädagogische Praxis abgesteckt.

Darüber hinaus sind Schulbegleiter:innen in ihrem professionellen Handeln fortwährend – in Rückbezug auf Paul Moor (1974) – aufgefordert, unter Berücksichtigung der Autonomie und Selbstständigkeit der jeweiligen Schüler:innen zu fragen: „Was fehlt dem Schüler oder der Schülerin, um am Unterricht teilhaben zu können?" Dabei steckt hinter dieser zunächst simpel anmutenden Frage ein komplexer pädagogischer Zusammenhang: Schulbegleiter:innen müssen permanent, situativ differenziert auf die Frage eingehen, in welchen Dimensionen (Fertigkeiten, Kognitionen, Emotionen) die individuellen Bedarfe des jeweiligen Kindes liegen, um an Bildung teilhaben zu können und darauf bezogen entsprechend professionell handeln (vgl. Ellinger/Hechler 2021).

---

[51]   „Unter Erziehungsbedürftigkeit wird verstanden, daß der Mensch unter bestimmten geschichtlich-gesellschaftlichen Bedingungen und in bestimmten Lebenssituationen auf Handlungen anderer Menschen angewiesen ist, durch welche diese versuchen, das Gefüge seiner psychischen Dispositionen (seiner Persönlichkeit) in irgendeiner Hinsicht dauerhaft zu verbessern oder seine als wertvoll beurteilten Komponenten zu erhalten" (Sacher 1984, S. 282).

Abbildung 9: Können – Wissen – Wollen: Drei Dimensionen im Lernprozess.

Können *Motorik und Wahrnehmung*	Wissen *Kognitive Prozesse und Kenntnisse*	Wollen *Haltungen und Einstellungen*
Visuelle, auditive, taktile, olfaktorische und gustatorische Wahrnehmung	Intelligenz, Begabung, Gedächtnis	Motivation, Emotionen, Bindungsmuster
Hierarchisierung von Wahrnehmungen: Konzentrationsvermögen, Aufmerksamkeitssteuerung	Faktenwissen, Informationen	Lernbereitschaft, Anstrengungsbereitschaft, Mut
Ordnungssinn und Umgang mit Ordnungen	Kulturtechniken, spezifische Lerninhalte	Ausdauer, Spannkraft, Geduld, Optimismus, Frustrationstoleranz
Lebensweise, Manifestationen und Gewohnheiten	Metakognitionen, Reflexivität	Triebaufschub, Moral, Verantwortungsübernahme
Motorik und Feinmotorik, Fertigkeiten	Gedankenwelt, Kreativität	Soziabilität, Lebensstil
Lern- und Arbeitsstrukturen	Vorwissen, Erfahrungswissen	Autonomie und Selbstständigkeit
Mimik, Sprechen		Altruismus, Toleranz

Quelle: Ellinger/Hechler 2021, S. 79.

Ellinger und Hechler (2021) weisen darauf hin, dass es gerade in schwierigen und/oder misslingenden Lernsituationen um die fallverstehende Frage „Kann er/sie nicht, weiß er/sie nicht oder will er sie nicht?" geht (vgl. ebd., S. 130). Aus der (professionellen) Antwort auf diese Frage leitet sich dann eine entsprechende pädagogische Intervention ab. Dabei ist weiterführend zu berücksichtigen, dass Kinder und Jugendliche im Allgemeinen und Kinder und Jugendliche mit sonderpädagogischem Förderbedarf im Besonderen in der Phase der Schulerziehung über konkrete und gegenstandsbezogene Lernaufgaben hinaus im schulischen Alltag auch mit allgemeinen Entwicklungsaufgaben konfrontiert sind (vgl. ebd., S. 139). Mit eben solchen entwicklungsbezogenen Aufgaben und Fragestellungen der Schüler:innen ist entsprechend auch die Schulbegleitung in ihrem professionellen Handeln (stellvertretend) konfrontiert. Auf Basis der nachfolgenden Abbildung, welche die drei Dimensionen (Können, Wissen, Wollen)[52] im Lernprozess systematisch skizziert, wird deutlich, dass die in Kapitel 2.4 explizierten Aufgaben und Tätigkeitsfelder von Schulbegleiter:innen mit grundlegenden Entwicklungslinien – je nach Schüler:in und sonderpädagogischem Förderbedarf individuell und in unterschiedlichem Maße – verknüpft sind (bspw. Unterstützung – z.B. Veranschaulichen und Strukturieren – bei der Erledigung von Arbeitsaufgaben, Ausgleich von motorischen Defiziten, emotionale Stabilisation und Unter-

---

[52]   Es ist zu berücksichtigen, dass diese Entwicklungsaspekte und Entwicklungslinien (Können, Wissen, Wollen) immer vor dem Hintergrund ihrer Verwobenheit und Komplexität zu betrachten sind (vgl. Ellinger/Hechler 2021, S. 78).

stützung, Unterstützung beim Umgang mit Regeln, Grenzen und den eigenen Bedürfnissen, Förderung von speziellen Lernbereichen wie Wahrnehmung, Gedächtnis, Psychomotorik usw.) und Schulbegleitung demnach eine pädagogische Interventionspraxis darstellt.

Schulbegleiter:innen sind demnach in ihren alltäglichen Aufgaben und Tätigkeiten mit unterschiedlichen Entwicklungsaspekten der zu begleitenden Schüler:innen konfrontiert und müssen, ausgehend von der Frage „Kann er/sie nicht, weiß er/sie nicht oder will er/sie nicht?", eine entsprechende (professionelle) pädagogische Intervention ableiten. Dabei ist der in Bezug auf die Aufgaben von Schulbegleiter:innen häufig verwendete Begriff der Unterstützung von zentraler Bedeutung. Nimmt man Schulbegleitung als Maßnahme zur Umsetzung schulischer Inklusion ernst, muss die zentrale Aufgabe von Schulbegleitung auf dieser Grundlage über die Assistenz/Unterstützung und Ermöglichung von Teilhabe an Bildung hinausreichen und viel mehr die explizite Befähigung zur Teilhabe an Bildung zum Ziel haben. Während mit den Begriffen der Unterstützung oder Ermöglichung lediglich einhergeht, dass die Voraussetzungen für die Teilhabe an Bildung geschaffen werden, umfasst der Begriff der Befähigung sehr viel stärker die Grundprinzipien der Autonomie und Selbstständigkeit und zielt darauf ab, die zu begleitenden Schüler:innen in die Lage zu versetzen (Hilfe zur Selbsthilfe), an Bildung teilzuhaben. Erfüllt die Schulbegleitung, wie überwiegend formal-rechtlich vorgesehen, lediglich nicht-pädagogische (Assistenz-)Leistungen im Sinne eines menschlichen Hilfsmittels, wird der Zugang zur Teilhabe an Bildung durch die Schulbegleitung unterstützt und ermöglicht, die zu begleitenden Schüler:innen jedoch nicht zur Teilhabe an Bildung befähigt, was in der Konsequenz zu einer Abhängigkeit der Schüler:innen von der Schulbegleitung führt. *Schulbegleitung als professionalisierungsbedürftige pädagogische Praxis* anzuerkennen und entsprechend einer Befähigung zur Teilhabe an Bildung als Maßnahme auszugestalten, ist demnach eine Grundvoraussetzung, um der Krisenhaftigkeit der Lebenspraxis von Schüler:innen mit sonderpädagogischem Förderbedarf professionell und zielführend begegnen zu können.

Weiterführend werden auf den hier explizierten Grundlagen die stellvertretende Krisenbewältigung im Arbeitsbündnis von Schulbegleitung und zu begleitenden Schüler:innen sowie spezifische Herausforderungen und Risiken im professionellen Handeln von Schulbegleitung analysiert und abschließend aus dieser theoretischen Analyse abgeleitete Konsequenzen für die Praxis von Schulbegleitung formuliert.

3.1 Die stellvertretende Krisenbewältigung im Arbeitsbündnis

„Streng genommen ist es nicht das Handeln von Professionellen, das die Vermittlung dessen, wovon ihr Gegenüber getrennt ist und was diesem mangelt, etwa lebenspraktische Autonomie, Gesundheit, Bildung, eigenständige Krisenbewältigung – gewährleistet, sondern es ist die Professionellen-KlientInnen-Interaktion. Denn wenn Bildung und lebenspraktische Autonomie nur durch die aktive Mitwirkung der pädagogischen AdressatInnen zu realisieren ist, dann ist es dieses Zusammenspiel von Professionellen und KlientInnen, dem diese Produktivität und Transformationskraft für die Krisenlösung innewohnt. Für diese professionelle soziale Matrix der Erzeugung neuer Krisenlösungen steht der Begriff des Arbeitsbündnis" (Helsper 2021, S. 152f.).

Für professionelles Handeln im Sinne des strukturtheoretischen Professionsansatzes ist die interaktive Beziehung zwischen Professionellen und Adressat:innen charakteristisch. Diese Professionellen-Adressat:innen-Beziehung wird von Oevermann als *Arbeitsbündnis* bezeichnet; sie wurde am Idealtypus der therapeutischen Beziehung entwickelt und später auch für sozialpädagogisches (vgl. Oevermann 2009) und schulpädagogisches (vgl. Oevermann 1996; Oevermann 2008) Handeln ausgearbeitet.

Ausgehend von der therapeutischen Beziehung sieht Oevermann einen Leidensdruck und die daraus resultierende freiwillige/autonome Entscheidung der Klient:innen, professionelle Hilfe aufzusuchen, als zentrales Kriterium für das Arbeitsbündnis zwischen Professionellen und Klient:innen. Während das therapeutische Arbeitsbündnis zwischen Therapeut:in und Klient:in aufgrund des Leidensdrucks zustande kommt, begründen die „Neugierde und der Wissensdrang des Kindes" (Oevermann 2009, S. 153) das schulpädagogische Arbeitsbündnis zwischen Lehrkraft und Schüler:in. Bezogen auf das professionelle Handeln von Schulbegleitungen stellt die *eingeschränkte Teilhabe an Bildung von Schüler:innen mit sonderpädagogischem Förderbedarf* die Krisenhaftigkeit der primären Lebenspraxis und damit die Grundlage für das Zustandekommen des Arbeitsbündnisses dar. Vom Idealtypus der Freiwilligkeit im therapeutischen Arbeitsbündnis weicht dabei sowohl das Arbeitsbündnis von Lehrkraft und Schüler:in als auch das Arbeitsbündnis von Schulbegleiter:in und Schüler:in mit sonderpädagogischem Förderbedarf ab. Die gesetzliche Schulpflicht erkennt, so Oevermann (2002), Schüler:innen ihre Neugierde offiziell ab und verhindert damit, dass ein authentisches pädagogisches Arbeitsbündnis als Basis einer professionalisierten Praxis zustande kommen kann (vgl. Oevermann 2002, S. 53). Hinsichtlich der Maßnahme Schulbegleitung lässt sich ebenfalls ein Moment des Zwangs konstatieren. Das allgemeine, kaum integrativ oder gar inklusiv entwickelte Schul- und Bildungssystem behindert Schüler:innen mit sonderpädagogischem Förderbedarf in ihrem selbstständigen und autonomen Zugang zu Bildung, sodass sie bzw. ihre Eltern/Erziehungsberechtigten dazu gezwungen sind, ein Arbeitsbündnis mit einer Schulbegleitung einzugehen. Das Arbeitsbündnis mit einer Schulbegleitung wird für Schüler:innen mit sonderpädagogischem Förderbedarf damit zur Bedingung der Möglichkeit, am allgemeinen Unterricht teilzunehmen.[53]

Charakteristisch für ein Arbeitsbündnis ist der Umgang von Professionellen mit der *widersprüchlichen Einheit von Autonomie und Abhängigkeit,* der *widersprüchlichen Einheit von Theorie und Praxis* sowie der *widersprüchlichen Einheit von Spezifizität und Diffusität* (vgl. Oevermann 2002). Nachfolgend werden die drei hier angeführten widersprüchlichen Einheiten auch hinsichtlich der von Helsper (2002; 2021) ausdifferenzierten Handlungsantinomien[54] professionellen pädagogischen Handelns auf die stellvertretende Krisenbewältigung im Arbeitsbündnis von Schulbegleitung und Schüler:in mit sonderpädagogischem Förderbedarf übertragen.

---

[53] Die Teilnahme am allgemeinen Unterricht ist dabei nicht mit der Teilhabe am allgemeinen Unterricht gleichzusetzen. Die Unterscheidung zwischen Teilnahme und Teilhabe ist an dieser Stelle von zentraler Bedeutung. Die Schulbegleitung ermöglicht zunächst lediglich die Teilnahme am allgemeinen Unterricht. Inwiefern aus der Teilnahme eine Teilhabe oder Partizipation wird, muss an anderer Stelle diskutiert und untersucht werden.

[54] „Bezogen auf Bildungs- und Erziehungsprozesse ist eine Antinomie dadurch bestimmt, dass für das professionelle pädagogische Handeln widerstreitende Orientierungen vorliegen, die entweder beide Gültigkeit beanspruchen können oder die nicht aufzuheben sind" (Helsper 2021. S. 168).

Abbildung 10: Übersicht über die widersprüchlichen Einheiten professionellen Handelns unter Einbezug von Handlungsantinomien professionellen (pädagogischen) Handelns (vgl. Oevermann 2002; Helsper 2002; 2021).

Die widersprüchliche Einheit von *Autonomie und Abhängigkeit*
- Autonomieantinomie
- Symmetrieantinomie
- Vertrauensantinomie

Die widersprüchliche Einheit von *Theorie und Praxis*
- Begründungsantinomie
- Praxisantinomie
- Subsumtionsantinomie
- Ungewissheitsantinomie

Die widerprüchliche Einheit von *Spezifität und Diffusität*
- Näheantinomie
- Sachantinomie
- Organisationsantinomie
- Differenzierungsantinomie

Quelle: Eigene Darstellung.

Die *widersprüchliche Einheit von Autonomie und Abhängigkeit* liegt Arbeitsbündnissen im Allgemeinen und dem für diese Arbeit zentralen Arbeitsbündnis zwischen Schulbegleitung und Schüler:in mit sonderpädagogischem Förderbedarf im Besonderen konstitutiv zugrunde. Wie bereits in Bezug auf die eingangs vorgenommene definitorische Rahmung deutlich wurde, ist die Autonomie der Lebenspraxis zentraler Bezugspunkt professionellen Handelns, wobei jede Delegation stellvertretender Krisenbewältigung zunächst immer mit einem Autonomieverlust einhergeht (vgl. Oevermann 2002). In diesem Zusammenhang werden drei von Helsper (2002; 2021) skizzierte Antinomien (Autonomieantinomie, Symmetrieantinomie, Vertrauensantinomie) auf die Maßnahme Schulbegleitung übertragen.

Hinsichtlich der Interaktionen zwischen Professionellen und Klient:innen, die stark durch die eingeschränkte/beeinträchtigte/noch nicht erreichte Autonomie der Klient:innen gekennzeichnet sind, spricht Helsper von einer *Autonomieantinomie* (Autonomie vs. Heteronomie/Abhängigkeit). Dabei muss berücksichtigt werden, dass Schulbegleiter:innen auf Grundlage der Konzeption als Einzelfallmaßnahme – im Gegensatz zum professionellen Handeln von Lehrkräften – „personifizierte Marker von unzureichender Autonomie des von ihnen begleiteten Kindes" (Lübeck 2019, S. 69) sind. Wenn Professionelle im Allgemeinen und Schulbegleiter:innen im Besonderen mit dem Ziel der (Wieder-)Herstellung lebenspraktischer Autonomie fördernd oder unterstützend intervenieren, besteht jederzeit die Möglichkeit, „dass dadurch Abhängigkeit gestärkt, noch oder schon vorhandene Autonomie negiert und damit Heteronomie verstärkt wird" (Helsper 2021, S. 173). Auf der einen Seite besteht das Risiko, dass exemplarisches Vormachen, (vorschnelles) Eingreifen oder die stellvertretende Übernahme von Aufgaben durch die Schulbegleitung die Passivität und Hilfsbedürftigkeit der Schüler:innen mit sonderpädagogischem Förderbedarf verstärken und ihre Eigenständigkeit gefährden. Schulbegleiter:innen sind in diesem Zusammenhang in besonderem Maße auch mit äußeren Einflüssen (bspw. teilweise widersprüchliche Vorgaben von Träger oder Schule oder den durch die Lehrkraft vorgegebenen Takt der Unterrichtsstunde) konfrontiert. So können durchaus Interventionen zur Stärkung der Autonomie der Schüler:innen mit sonderpädagogischem Förderbedarf (bspw. Mäppchen/Unterlagen aus dem Schulranzen hervorholen, entsprechende Stifte auswählen/Seiten aufschlagen) mit (zeitlichen) Anforderungen des allgemeinen Unterrichts oder der Lehrkraft (bspw. die Lehrkraft erklärt die Aufgabe auf Grundlage des aufgeschlagenen Aufgabenhefts) kollidieren. Auf der anderen Seite besteht die Möglichkeit, dass Schulbegleiter:innen den zu begleitenden Schüler:innen Selbstständigkeit in Situationen zuschreiben, in denen sie eigentlich Hilfe und Unterstützung benötigen. (Noch) bestehende Abhängigkeiten werden damit negiert und in der Folge die Abhängigkeit von der Schulbegleitung erhöht (vgl. Helsper 2021, S. 173).

Es stellt sich also die Frage, inwiefern Schulbegleiter:innen – auch hinsichtlich der fehlenden arbeitsfeldspezifischen Ausbildung – in der Lage sind und die Möglichkeit haben, sich mit den hier skizzierten komplexen Dynamiken professionell und reflexiv auseinander zu setzen. Das Nachdenken über und die fundierte und reflektierte Auseinandersetzung mit der Frage, welches Maß an Autonomie begleiteten Schüler:innen möglich ist und gefordert werden kann, sind dabei hier von zentraler Bedeutung.

Die *Symmetrieantinomie/Machtantinomie* (symmetrische vs. asymmetrische Beziehungen) ist eng mit der Autonomieantinomie verbunden. Professionelles Handeln ist durch Asymmetrien und die ungleiche Verteilung von Macht zwischen Professionellen und Klient:innen gekennzeichnet. Professionelle verfügen über Wissensbestände, kulturelle Fähigkeiten und weitere Ressourcen, über die die Klient:innen nicht verfügen. Dabei sind alle wertbezogenen Ziele (bspw. Bildung, Teilhabe) „nicht auf dem Weg einer starken asymmetrischen Machtdominanz […] erreichbar, die KlientInnen unterwerfen, sondern nur durch eine aktive und letztlich zustimmende Haltung der KlientInnen selbst, die quasi ‚zwanglos' erreicht werden muss" (ebd., S. 170). Während Lehrkräfte über Wissensvorsprünge und andere Ressourcen und Kenntnisse verfügen, die zu einer superioren Stellung der Lehrkraft und damit zu einer asymmetrischen Beziehung mit den Schüler:innen führen, stellt sich die Frage, worauf sich die Asymmetrie in der Beziehung zwischen Schulbegleiter:innen und zu begleitenden Schüler:innen gründet. Mit dem Ziel, Zugang und Teilhabe am allgemeinen Unterricht zu ermöglichen, müsste die Machtdominanz von Schulbegleiter:innen über ihre nicht eingeschränkte Teilhabe definiert werden. Hierbei stellt der bereits weiter oben erwähnte Gaststatus von Schulbegleiter:innen in der Schule/Klasse jedoch eine besondere Herausforderung und auch Gefahr dar: „Wie soll ich jemanden integrieren, wenn ich selbst nicht integriert bin?" Es muss unbedingt darüber nachgedacht und untersucht werden, inwiefern die hier eher unklare Grundlage für eine asymmetrische Beziehung in der Praxis von Schulbegleiter:innen zu Konflikten in der Beziehungsgestaltung führt.

Abschließend zur widersprüchlichen Einheit von Autonomie und Abhängigkeit gilt es, die *Vertrauensantinomie* (Vertrauensvorschuss) in den Blick zu nehmen. Zunächst Fremde unterstellen sich hinsichtlich des Zustandekommens eines Arbeitsbündnisses Vertrauen, wobei „diese Vertrauensbasis […] erst durch faktische Erfahrung hergestellt und auch erhalten werden [kann]" (ebd., S. 171). Ein gewisses Maß an Vertrauen muss also vorausgesetzt werden, sodass eine Beziehung zwischen Schulbegleitung und Schüler:in entstehen kann. Auch in diesem Zusammenhang sind Schulbegleiter:innen auf der einen und Schüler:innen mit sonderpädagogischem Förderbedarf auf der anderen Seite mit spezifischen Herausforderungen konfrontiert. Zum einen besteht die Möglichkeit, dass biographisch verankerte konflikthafte oder belastende Erfahrungen mit zwischenmenschlichen Beziehungen und dem Aufbau solcher Beziehungen auf Seiten der zu begleitenden Schüler:innen in den Beziehungsaufbau mit der Schulbegleitung übertragen werden. Zum anderen sorgt die weiter oben beschriebene hohe Fluktuation von Schulbegleiter:innen dafür, dass Schüler:innen, die auf eine solche Begleitung angewiesen sind, immer wieder einen neuen Vertrauensvorschuss leisten müssen, „wissentlich" (bewusst oder unbewusst), dass die Beziehung möglicherweise nur von kurzer Dauer sein könnte. Die aus der Verstrickung beider Aspekte (möglicherweise) resultierenden Dynamiken können zur konflikthaften Reinszenierung der Erfahrungen aus den Familiensystemen der Kinder und Jugendlichen führen.

Die **widersprüchliche Einheit von Theorie und Praxis** bezieht sich auf die Herausforderung, fachspezifisches (wissenschaftliches) Wissen auf einen konkreten Einzelfall zu beziehen und es mit dem Ziel der (Wieder-)Herstellung der Autonomie der Lebenspraxis und unter Einbezug von differenziertem Methodenwissen für diesen nutzbar zu machen (vgl. Oevermann 2002). In diesem Zusammenhang werden vier von Helsper (2002; 2021) skizzierte Antinomien (Begründungsantinomie, Praxisantinomie, Subsumtionsantinomie, Ungewissheitsantinomie) hinsichtlich des professionellen Handelns von Schulbegleiter:innen untersucht.

Die *Begründungsantinomie* (Entscheidungsdruck vs. Begründungspflicht) verweist darauf, dass Professionelle besonders stark gefordert sind, „ihr Handeln an begründbaren und legitimen Orientierungen auszurichten. Gleichzeitig agieren sie in hochkomplexen, von starkem Entscheidungsdruck gekennzeichneten und mit deutlichen Risiken für die ihnen anvertrauten KlientInnen verbundenen Situationen und Handlungsdynamiken" (Helsper 2021, S. 168). Es entsteht dabei eine Spannung zwischen Handlungszwang und Begründungspflicht auf der einen und einer häufig situativ nicht ausreichenden Wissensbasis für das eigene Handeln auf der anderen Seite (vgl. ebd., S. 168f.). Bezogen auf die Maßnahme Schulbegleitung muss zunächst festgestellt werden, dass in dieser Hinsicht keine fundierte Begründungsbasis vorhanden ist, weil entweder notwendige (pädagogische) Kompetenzen und Wissensbestände nicht vorhanden (Schulbegleiter:innen ohne pädagogische Grundausbildung) oder nur teilweise „brauchbar" (Schulbegleiter:innen mit pädagogischer Grundausbildung) sind. Teilweise „brauchbar" deshalb, weil Schulbegleiter:innen mit pädagogischer Grundausbildung (bspw. Erzieher:innen, Heilerziehungspfleger:innen, Heilpädagog:innen, Sozial- oder Sonderpädagog:innen etc.)[55] zwar auf gewisses pädagogisches Grundwissen, jedoch nicht auf berufs- oder arbeitsfeldspezifisches Wissen in Bezug auf spezifische Frage- und Problemstellungen der Maßnahme Schulbegleitung zurückgreifen können. Darüber hinaus muss ein möglicherweise gesteigerter Handlungszwang auf Seiten der Schulbegleiter:innen berücksichtigt werden. Schulbegleiter:innen handeln i. d. R. bezogen

---

[55] An dieser Stelle muss auch hinsichtlich der pädagogischen Grundausbildung von Schulbegleiter:innen eine Differenzierung vorgenommen werden. Während heil- oder sonderpädagogisch ausgebildete Fachkräfte zumindest über eine dahingehend spezifische Wissensbasis verfügen, haben Erzieher:innen oder andere sozialpädagogisch ausgebildete Fachkräfte i. d. R. kein heil- oder sonderpädagogisches Wissen, auf das sie sich beziehen können.

auf einen von der Schule oder Lehrkraft vorgegebenen (inhaltlichen, zeitlichen, didaktischen) Rahmen. Schulbegleiter:innen sind also in besonderer Weise mit dem Umstand konfrontiert, auf einer mangelhaften Begründungsbasis gepaart mit einem gesteigerten Handlungszwang zu agieren.

Helsper spricht in diesem Rahmen auch von professionellem Handeln als „ein umfassend handlungsbelastet-praktisches Handeln" (ebd., S. 169), das zugleich einer wissenschaftlich basierten und reflektiven Wissensgrundlage bedarf. Die *Praxisantinomie* (Theorie vs. Praxis) ist eng mit der Begründungsantinomie verknüpft und bezieht sich auf die faktisch kaum mögliche, strukturell aber erforderliche Vermittlung von Theorie und Praxis. Unter dem in der Praxis vorherrschenden Handlungs- und Entscheidungsdruck ist diese notwendige Vermittlung zwischen Theorie und Praxis nicht möglich. Supervision, gemeinsame Reflexion im Team sowie Fort- und Weiterbildungen stellen mögliche Ansätze dar, um auf diese Antinomie zu reagieren, da sie die Vermittlung von praktischen Handlungsanforderungen und theoretischem Wissen ermöglichen (vgl. Lindmeier 2017, S. 63). In Bezug auf die Arbeit von Schulbegleitungen besteht ein enormer Bedarf an der Vermittlung von theoretisch fundiertem Wissen auf der einen und einer reflektiven Auseinandersetzung mit diesem theoretischen Wissen und der Praxis auf der anderen Seite.

Hieran anknüpfend stehen sich im professionellen Handeln die Anwendung von Regelwissen (Subsumption) und die Berücksichtigung der Logik des Einzelfalls (Rekonstruktion) in der *Subsumtionsantinomie* (Subsumption vs. Rekonstruktion) gegenüber. Professionelles Handeln ist nicht standardisierbar, „weil in der stellvertretenden Krisenlösung des Professionellen immer die konkrete, singuläre Fallspezifik bedeutsam ist, so dass nicht einfach vom[sic!] abstrakten Klassifikationen auf den Einzelfall geschlossen werden kann" (Helsper 2021, S. 169). Im Kapitel zur aktuellen Umsetzung schulischer Inklusion wurde deutlich, dass es im allgemeinen schulpädagogischen Kontext eine starke Tendenz zur Homogenisierung von Lerngruppen gibt. Die (vermeintliche) Homogenisierung von Lerngruppen ermöglicht die verstärkte Anwendung von Regelwissen und führt zu einer geringeren Berücksichtigung des Einzelfalls in der Schule. Das professionelle Handeln von Lehrkräften ist also in der Tendenz eher subsumtionslogisch. Durch die gemeinsame Beschulung von Schüler:innen mit und ohne sonderpädagogischem Förderbedarf wird die Homogenisierung von Lerngruppen und folglich auch das tendenziell subsumtionslogische Handeln von Lehrkräften irritiert. Im Arbeitsbündnis von Schulbegleitung und Schüler:in mit sonderpädagogischem Förderbedarf ist die Subsumtionsantinomie genau gegenteilig nämlich tendenziell hin zur Logik des Einzelfalls gelagert. Durch die mangelnde spezifische Ausbildung und damit fehlendes theoretisch fundiertes Wissen, haben Schulbegleiter:innen kein arbeitsfeldspezifisches Regelwissen, auf welches sie zurückgreifen können. Daraus resultiert die Gefahr einer verstärkten oder sogar übermäßigen Konzentration auf die Logik des Einzelfalls.

Abschließend zur widersprüchlichen Einheit von Theorie und Praxis gilt es, die *Ungewissheitsantinomie* (Vermittlungsversprechen vs. Ungewissheit tatsächlicher Zielerreichung) in den Blick zu nehmen. Lehrkräfte sichern ihren Schüler:innen (und deren Eltern/Erziehungsberechtigten) zu, die Vermittlung des vorgesehenen Wissens leisten zu können, können dies jedoch aufgrund des notwendigen Mitwirkens der Lernenden sowie der Krisen- und Störanfälligkeit des Lernprozesses nicht garantieren (vgl. Lindmeier 2017,

S. 64). Durch die Gliederung des Schulsystems wurde der Ungewissheitsantinomie dahingehend begegnet, dass „ein dauerhaftes Scheitern der Vermittlung durch die Entfernung des betroffenen Kindes aus der Klasse oder Schule ‚behoben‘ wurde" (ebd.). Integrativer oder inklusiver Unterricht stellt damit eine grundlegende Irritation dieser Vorkehrung dar. So wie Lehrkräfte die Vermittlung von Wissen versprechen, sichern Schulbegleiter:innen den zu begleitenden Schüler:innen (und ihren Eltern/Erziehungsberechtigten) die Ermöglichung von Teilhabe am allgemeinen Unterricht und an Bildung zu, können dies allerdings aufgrund des notwendigen Mitwirkens der Schüler:innen nicht garantieren. Darüber hinaus sind die Schulbegleiter:innen in ihrem Teilhabeversprechen auf das Mitwirken der jeweiligen Lehrkräfte angewiesen, sodass die Ungewissheit dahingehend mindestens eine doppelte, wenn nicht sogar dreifache ist, wenn man die soziale Teilhabe im Klassenverbund und damit das Mitwirken der Mitschüler:innen mit einbezieht.

Die **widersprüchliche Einheit von Spezifität und Diffusität** ist ein zentrales Element im Arbeitsbündnis zwischen Professionellen und Adressat:innen und damit auch in Bezug auf das Arbeitsbündnis zwischen Schulbegleitung und Schüler:in mit sonderpädagogischem Förderbedarf. Professionelles Handeln bewegt sich in einem Spannungsfeld spezifischer (rollenförmig, universalistisch, emotional-abstinent) und diffuser (nicht rollenförmig, emotional partikular auf die konkrete Individualität der Schüler:innen bezogen) Sozialbeziehungen und folgt demnach zugleich zwei sich eigentlich ausschließenden und entgegengesetzten Beziehungslogiken (vgl. Helsper 2002, S. 83). In diesem Zusammenhang werden vier von Helsper (2002; 2021) skizzierte Antinomien (Näheantinomie, Sachantinomie, Organisationsantinomie, Differenzierungsantinomie) in Bezug auf die Maßnahme Schulbegleitung diskutiert.

Die *Näheantinomie* (Nähe vs. Distanz) stellt ein zentrales Moment in der Ausgestaltung der Beziehung zwischen Schulbegleitung und Schüler:in mit sonderpädagogischem Förderschwerpunkt dar. Kinder und Jugendliche sind je nach Alter und Entwicklungsstand (noch) nicht in der Lage, zwischen rollenförmigen und diffus-intimen Beziehungslogiken zu unterscheiden. Handlungen von Professionellen werden demnach als auf ihre ganze Person gerichtet wahrgenommen. Die Anforderung an Professionelle ist es demnach, ausgehend von dieser Grundlage, diesen diffus-emotionalen Dynamiken zu begegnen und gleichzeitig zu verhindern, dass sie „ihrerseits diese Beziehungen diffundieren, emotional aufladen, die reflexive Distanz verlieren und ihr Handeln entgrenzen, was durch die Involvierung aber zugleich auch schwierig wird" (Helsper 2021, S. 171). Während Lehrkräfte unter dem Postulat und Anspruch der Gleichbehandlung aller Schüler:innen und dem Bezug auf die ganze Klasse als Gruppe im Arbeitsbündnis in der Tendenz eher distanziert handeln, führt die 1:1 Konstellation der Maßnahme Schulbegleitung kombiniert mit dem bereits mehrfach erwähnten fehlenden spezifischen Rollenbild von Schulbegleitung zu einer übermäßigen Betonung diffuser Beziehungsanteile. Die individualisierte Arbeitsorganisation, die Arbeit an drängenden Problemen der Schüler:innen sowie die ggf. notwendige körperliche Nähe in Assistenz- und Pflegesituationen führen zusätzlich zu einer Überbetonung von Nähe (vgl. Lindmeier 2017, S. 66). Im Zusammenhang mit (möglicherweise krisenhaften) biographischen (Beziehungs-)Erfahrungen können schulische Krisenkonstellationen im allgemeinen und aufkommende Krisenkonstellationen in der Beziehung mit der Schulbegleitung im Besonderen als erneute ‚Entwertung‘ oder ‚Demütigung‘ empfunden werden und emotional auf die ganze Person ausstrahlen (vgl. Helsper 2021, S. 171). So bedarf es in diesem Zusammenhang der Berücksichtigung und des Einbezugs psychoanalytisch-pädagogischer Erkenntnisse. Blickt man aus psychoanalytisch-pädagogischer Perspektive auf schulische Bildungsprozesse und das Arbeitsbündnis zwischen Schulbegleitung und Schüler:in mit sonderpädagogischem Förderbedarf, müssen diese immer auch hinsichtlich komplexer Übertragungs- und Gegenübertragungsdynamiken analysiert werden. Die Beziehung zwischen Schulbegleitung und Schüler:in enthält immer auch „Merkmale eine[r] Wiederholung der Beziehung zu einer bedeutsamen Figur der eigenen Vergangenheit" (Sandler et al. 2015, S. 43). Ein solches In-Szene-Setzen der eigenen (bewussten oder unbewussten) früheren Erfahrungen kann dabei nicht nur auf Seiten der Schüler:innen mit sonderpädagogischem Förderbedarf, sondern auch auf Seiten der Schulbegleiter:innen stattfinden (vgl. Zimmermann 2019, S. 15). Das nicht definierte spezifische Rollenbild von Schulbegleitung in Kombination mit mangelndem Theorie- und Reflexionswissen über Übertragungs- und Gegenübertragungsprozessen führen zwangsläufig zu Verstrickungen und einem unreflektierten Ungleichgewicht von spezifischen und diffusen Beziehungsanteilen (Überbetonung von diffus-emotionalen Beziehungsanteilen) sowie Nähe und Distanz (Überbetonung von Nähe) im professionellen Handeln.

Die *Sachantinomie* (Sachbezug vs. lebensweltliche Bedeutung) bezieht sich auf die Spannung, dass pädagogisch Professionelle einerseits einer Sache bzw. einem Thema (bspw. im Lehrplan vorgesehene Wissensbestände, kulturelle Fähigkeiten) verpflichtet sind und andererseits auf eine Person mit alltags- und lebensweltlichen biographisch geprägten Bezügen (im Schulkontext Schüler:innen) zielen (vgl. Helsper 2021, S. 171). Helsper (2021) verdeutlicht die Sachantinomie an einem Beispiel aus dem Mathematikunterricht:

> „Orientieren sich Professionelle vor allem an […] den mathematisch korrekten Begriffen – dann drohen sie die Ausgangslage der Person, ihre alltagssprachlichen Voraussetzungen zu verfehlen. Die Übersetzung der abstrakten [mathematischen] Begriffe in die kindliche Sprache und deren Erfahrungen und damit die spezifische Rahmung für Bildungsprozesse misslingt und die Vermittlung schlägt fehl. Orientieren sich Professionelle aber zu stark an den spezifischen Voraussetzungen, den biographischen und lebensweltlichen Hintergründen der Person, drohen sie den biographischen Eigenwelten der Person und deren impliziter Sachbedeutung verhaftet zu bleiben" (ebd., S.171f.).

Ähnlich wie bei der Subsumtionsantinomie besteht im allgemeinen Unterricht – auf Basis (vermeintlich) homogener Lerngruppen – die Tendenz, dass im professionellen Handeln von Lehrkräften der Sachbezug stärker betont wird als die lebensweltliche Bedeutung. Durch integrativen oder inklusiven Unterricht sind Lehrkräfte als Professionelle stärker damit konfrontiert, die lebensweltliche Bedeutung der „Sache" für die einzelnen Schüler:innen einzubeziehen. In der Auseinandersetzung mit der Sachantinomie in Bezug auf Schulbegleitung stellt sich zunächst die Frage nach dem spezifischen Sachbezug. Während der Sachbezug von Lehrkräften im Lehrplan vorgesehene Wissensbestände und kulturelle Fähigkeiten sind, kann die Teilhabe an Bildung als Sachbezug von Schulbegleiter:innen eingeordnet werden. Die Schulbegleitung verpflichtet sich der Teilhabe an Bildung und zielt dabei oszillierend auf die zu begleitenden Schüler:innen mit ihren alltags- und lebensweltlichen biographisch geprägten Bezügen. Unter Berücksichtigung eben dieser lebensweltlichen Bezüge erhält die Schulbegleitung eine kognitive, sozial-emotionale Hilfs-Ich-Funktion.

Die *Organisationsantinomie* (Organisation vs. Interaktion) bezieht sich auf die organisatorische Rahmung von Institutionen, die die Verhaltensmöglichkeiten der Professionellen einerseits strukturieren und damit entlastend wirken können und andererseits die Offenheit der Interaktionen zwischen Professionellen und Klient:innen bedrohen. Dabei stellen insbesondere jene formalen Regelungen eine Bedrohung für die interaktive Offenheit des professionellen Handelns dar, „die die Logik des Professionellen-KlientInnen-Interaktion durchkreuzen und die professionelle Autonomie im Kernbereich professionellen Handelns gefährden" (ebd., S. 172). Schulbegleiter:innen sind in diesem Zusammenhang mit zwei unterschiedlichen organisatorischen Rahmungen von zwei unterschiedlichen Institutionen konfrontiert. Sowohl der Träger, bei dem die jeweilige Schulbegleitung angestellt ist als auch die konkrete Schule, in der die Schulbegleitung eingesetzt ist und arbeitet, haben jeweils spezifische organisatorische Rahmungen und Vorgaben. Während in der organisatorischen Rahmung der Träger bspw. explizit vorgesehen ist, dass Schulbegleiter:innen auf Basis der Finanzierungsgrundlage nicht unterrichtlich-pädagogisch handeln, weichen die Regelungen und Anforderungen in der jeweiligen Schule unter Umständen davon stark ab (vgl. Dworschak 2010). Die uneinheitlichen und stellenweise aus Perspektive der schulbegleitenden Praxis nicht nachvollziehbaren und auch nicht zu vereinbarenden organisatorischen Vorgaben der Träger und Schulen führen dazu, dass die Logik der Interaktion zwischen Schulbegleitung und Schüler:in durchkreuzt und die professionelle Autonomie der Schulbegleiter:innen gefährdet oder sogar verhindert werden.

Die *Differenzierungsantinomie* (Differenzierung vs. Einheit) markiert abschließend die Spannung, dass es im professionellen Handeln im Schulkontext sowohl einer universalistisch orientierten Haltung der Lehrkraft in Bezug auf die Gleichbehandlung aller Schüler:innen als auch einer differenzierten Wahrnehmung unterschiedlicher biographischer Lebensumstände der Schüler:innen bedarf. Nur auf dieser Grundlage können ungleiche Ressourcen und Voraussetzungen wahrgenommen und in der Folge Teilhabe- und Bildungsmöglichkeiten gesichert werden (vgl. Helsper 2021, S. 172). Schulbegleiter:innen, die in einer 1:1 Konstellation professionell handeln, scheinen zunächst nicht mit der Differenzierungsantinomie konfrontiert zu sein. Schulbegleiter:innen, die hingegen zwei oder mehrere Schüler:innen in einer Klasse in Form von sogenannten Pool-Modellen begleiten, müssen jedoch (unter Berücksichtigung des Gleichheitspostulats) die Ressourcen und Voraussetzungen der einzelnen Schüler:innen mit sonderpädagogischem Förderbedarf differenziert einschätzen und entsprechend handeln/tätig werden. Dabei muss der Frage nachgegangen werden, auf welcher theoretisch-reflexiven Grundlage Schulbegleiter:innen im Pool-Modell Differenzierungen zwischen den einzelnen Schüler:innen, ihren individuellen Bedarfen, Ressourcen und Voraussetzungen vornehmen.

Die hier dargestellten widersprüchlichen Einheiten, Antinomien und beschriebenen Verwicklungen in einander widersprechende Auf- und Anforderungen, Ambivalenzen und Dilemmata bilden das alltägliche Geschäft des professionellen Handelns von Schulbegleitung und die Grundlage des Arbeitsbündnisses.[56] Dabei muss die einzelfallspezifische

---

56   Dabei ist immer auch einzubeziehen, dass die widersprüchlichen Einheiten und Antinomien im Rahmen dieser theoretischen Auseinandersetzung strukturiert und getrennt voneinander in den Blick genommen

professionelle Ausgestaltung dieser konstitutiven Antinomien immer auch vor dem Hintergrund der „primären Anerkennungsbeziehungen mit signifikant Anderen" (Helsper 2002, S. 91) erfolgen. Sozialisatorisch erworbene und biographische Erfahrungen des lebensgeschichtlich gewordenen Selbst der als Schulbegleitung tätigen Personen (bspw. im Umgang mit Vertrauen, Spannungen von Nähe und Distanz, Symmetrie und Asymmetrie) nehmen dabei Einfluss auf ihr professionelles Handeln, sodass die Herausbildung eines selbstreflexiv-erkenntniskritischen professionellen Habitus von zentraler Bedeutung ist, sonst laufen Schulbegleiter:innen Gefahr, den Zwängen und Routinen ihres Handelns unkritisch zu begegnen (vgl. Helsper 2021, S. 105).

In Bezug auf professionelles Handeln im *Schulkontext* bedarf es in besonderer Weise einer selbstreflexiven, durch kollegiale oder professionelle Dritte (Reflexionsprofessionelle) unterstützten Auseinandersetzung mit den eigenen Schulerfahrungen (vgl. Helsper 2002, S. 96). Während Lehrkräfte im Rahmen des Referendariats eine „Einsozialisation" und damit die Möglichkeit des Perspektivwechsels von einer Schüler:innen-Perspektive hin zu einer Lehrer:innenperspektive erfahren, besteht die Gefahr, dass Schulbegleiter:innen aufgrund der fehlenden arbeitsfeldspezifischen Ausbildung und der mangelnden „Einsozialisation" in der Schüler:innenperspektive verhaftet bleiben. Besonders konflikthaft, verstrickt, ambivalent ist dieser Umstand für Schulbegleiter:innen, die im Rahmen eines Freiwilligen Sozialen Jahrs als Schulbegleitung tätig sind. Diese als Schulbegleitung tätigen Personen haben i. d. R. unmittelbar vor ihrer Tätigkeit als Schulbegleitung die eigene schulische Ausbildung abgeschlossen und finden sich nun ohne konkretes Aufgabenfeld, professionelle Rahmung oder Begleitung in einem komplexen Arbeits- und Spannungsfeld wieder, sind dabei (zwangsläufig) zunächst der Schüler:innen-Perspektive verhaftet und gleichermaßen für die Teilhabe von Schüler:innen mit sonderpädagogischem Förderbedarf verantwortlich.

Es kann also festgehalten werden, „dass es keine Möglichkeit gibt, unabhängig von der konkreten Person, dem jeweiligen Selbst, der jeweiligen Berufsbiographie" (ebd., S. 95) ein Leitbild der professionellen Schulbegleitung zu formulieren. Es bedarf der Herausbildung eines professionellen Schulbegleiter:innen-Habitus, „der nur als (selbst-)reflexiver Bildungsprozess […] in eine individuelle ‚Passung' zwischen professionellem pädagogischen Handeln und dem eigenen Selbst im Horizont der eigenen Biographie überführt werden kann" (ebd., S. 95).

---

wurden, während in der Praxis vielfältige Zusammenhänge, Dynamiken, Einflüsse und Verstrickungen zu berücksichtigen sind.

3.2 Spezifische Herausforderungen und Risiken im professionellen Handeln von Schulbegleiter:innen

Im vorangegangenen Kapitel wurde die stellvertretende Krisenbewältigung im Arbeitsbündnis von Schulbegleiter:in und Schüler:in mit sonderpädagogischem Förderbedarf in Bezug auf konstitutive widersprüchliche Einheiten und Antinomien untersucht. Über die stellvertretende Krisenbewältigung im Arbeitsbündnis hinaus ist das professionelle Handeln von Schulbegleiter:innen mit (konstitutiven) Herausforderungen und Risiken konfrontiert. Die *Zusammenarbeit und Kooperation mit Lehrkräften* sowie die Aspekte der *Ökonomisierung* und *Prekarisierung* werden nachfolgend als zusätzliche zu berücksichtigende Elemente und Faktoren hinsichtlich der professionalisierungsbedürftigen Praxis von Schulbegleitung erläutert. In den vorangegangenen Ausführungen zur Maßnahme Schulbegleitung wurde bereits deutlich, dass die drei hier genannten Aspekte zentrale Fragestellungen und Spannungsfelder der Maßnahme Schulbegleitung darstellen (vgl. Kapitel 2.6). Nachfolgend werden diese aus strukturtheoretischer Perspektive sowie hinsichtlich potenzieller Deprofessionalisierungstendenzen eingeordnet.

Die *Zusammenarbeit zwischen Schulbegleiter:innen und Lehrkräften* wurde bereits in der Auseinandersetzung mit der Rolle von Schulbegleitung und den der Maßnahme zugrundeliegenden Spannungsfeldern als zentrale Fragestellung identifiziert (vgl. Kapitel 2.5 & 2.6). Helsper (2021) erklärt aus strukturtheoretischer Perspektive zunächst allgemein, dass Arbeitsteilung eine grundsätzliche Herausforderung für professionelles Handeln darstellt, da es hinsichtlich der Komplexität der jeweiligen Fallproblematik arbeitsteiliger Zuständigkeiten und damit einhergehender Aushandlungs- und Gestaltungsprozesse bedarf (vgl. Helsper 2021, S. 260). Durch die aktuelle Umsetzung schulischer Inklusion und dem damit einhergehenden verstärkten Einsatz von Schulbegleiter:innen und weiteren Professionellen (bspw. Förderschullehrkräften) wird auch das professionelle Handeln von Lehrkräften vor (neue)[57] Herausforderungen gestellt. Auf der Grundlage von Schütze (2021), der die Komplexität der Arbeitsschritte und der Koordinierung von Zuständigkeiten in Bezug auf professionelles Handeln in der Sozialen Arbeit skizziert, überträgt Helsper (2021) diese auf das professionelle Handeln von Lehrkräften in Bezug auf die Arbeit im multiprofessionellen Team und macht sie damit auch für die Kooperation zwischen Lehrkraft und Schulbegleitung fruchtbar:

> „Am Anfang steht die Problem- und Fallanalyse, die mit der (Selbst-)Reflexion der Möglichkeiten und Grenzen der eigenen Zuständigkeit verbunden werden muss. Daran schließt eine Analyse der Rahmenbedingungen und der möglichen Problembehandlung an, die in eine generelle Interventionsstrategie mündet, in der bereits die Arbeitsteilung aufscheint. Dies muss dann in handlungspraktische und einrichtungsspezifische Gegebenheiten eingepasst, also konkret umgesetzt werden. Dies muss schließlich in konkrete Abläufe und Schritte der beteiligten Einrichtungen, Handlungsfelder und Professionellen übersetzt werden. Schließlich muss dies ‚evaluiert‘,

---

[57] „Den allergrößten Teil der in Schule verbrachten Zeit steht ein/e LehrerIn allein vor der Klasse, in der Regel hinter verschlossener Tür, ohne den Einblick Anderer, individualisiert und mit einer erheblichen Autonomie, was die Ausgestaltung des Unterrichts anbelangt" (Helsper 2021). Diese Konstitution wird durch den Einsatz von Schulbegleiter:innen (und Förderschullehrkräften) grundlegend verändert/irritiert.

reflexiv begleitet und in Form von Supervision etc. (selbst-)kritisch aufgearbeitet werden" (Helsper 2021, S. 260).

Helspers Ausführungen verdeutlichen neben der Komplexität der notwendigen Abstimmungs- und Koordinationsprozesse zwischen Lehrkraft und Schulbegleitung die Notwendigkeit einer Evaluation, Reflexion und Supervision der Zusammenarbeit im „Klassenteam", also der im Rahmen einer Klasse tätigen Lehrkraft (ggf. Fachlehrkräften), der Schulbegleitung und ggf. beteiligter Förderschullehrkräften oder anderen Professionen (bspw. Schulsozialarbeit). Solche auf multiprofessionelle Zusammenarbeit ausgerichtete Evaluationen, Reflexionen und Supervisionen sind unabhängig von personellen/finanziellen Ressourcen, Einstellungen und Bereitschaften der beteiligten Professionellen strukturell nicht vorgesehen. Die unterschiedlichen administrativen und rechtlichen Zuständigkeiten für die einzelnen Professionsgruppen sowie daraus resultierenden unterschiedlichen Finanzierungsgrundlagen (vgl. Kapitel 2.2) verhindern sowohl auf finanzieller als auch auf organisatorischer Ebene (Frage nach Zuständigkeit, Verantwortlichkeit, Finanzierung) eine professionelle Zusammenarbeit und Kooperation zwischen Lehrkräften und Schulbegleitungen, sodass die Gefahr besteht, dass Austausch und Kooperation „privatisiert" werden. Die vielerorts als Lösung für die Umsetzung schulischer Inklusion eingebrachte Etablierung multiprofessioneller Teams muss dahingehend unbedingt aus professionstheoretischer Perspektive untersucht werden (vgl. Widmer-Wolf 2018).

Anknüpfend an den Aspekt der Finanzierung der Maßnahme Schulbegleitung gilt es, mögliche *Ökonomisierungstendenzen* der Maßnahme in den Blick zu nehmen. Wie im Kapitel 2.2 zu rechtlichen und administrativen Grundlagen von Schulbegleitung bereits erläutert wurde, werden Schulbegleiter:innen nicht über das Bildungsbudget, sondern je nach sonderpädagogischem Förderschwerpunkt der Schüler:innen über die Kostenträger der Eingliederungshilfe bzw. Kinder- und Jugendhilfe finanziert. Der enorme Anstieg der Maßnahme Schulbegleitung in den vergangenen Jahren kann dazu führen, dass die Kostenträger mit einer zunehmend restriktiven und rigiden Bewilligungspraxis versuchen, diese „Kostenexplosion" einzugrenzen (vgl. Lübeck 2019, S. 14). Auch die Entscheidung, pädagogische Fachkräfte oder Nicht-Fachkräfte als Schulbegleitungen einzusetzen, bringt große finanzielle Unterschiede mit sich: „Die Spannbreite der Fallkosten wurde von den bayrischen Jugendämtern mit € 4.400,00 bis hin zu € 30.000,00 pro Jahr angegeben" (Britze 2012, S. 7). Es muss also davon ausgegangen werden, dass die Entscheidung über die Bewilligung von Stundenumfängen sowie pädagogischen Fachkräften oder Nicht-Fachkräften an ökonomische und nicht vorrangig an pädagogische Prinzipien geknüpft wird. Die hier skizzierte zunehmende Dominanz ökonomischer Prinzipien in Bezug auf die Umsetzung inklusiver Beschulung und Schulbegleitung als „gesellschaftliche Felder, die in ihren Wertbezügen und Handlungslogiken nicht ökonomisch strukturiert sind – für die etwa Wahrheit und Erkenntnis, Gerechtigkeit, Teilhabe, Bildung, Gesundheit leitend sind" (Helsper 2021, S. 291) verweist auf die Ökonomisierung der Maßnahme Schulbegleitung.

Mit den hier beschriebenen Ökonomisierungsprozessen sind zudem Tendenzen zu einer *Prekarisierung* professionellen Handelns verbunden (vgl. ebd., S. 301). Bezogen auf die Maßnahme Schulbegleitung wurde bereits in Kapitel 2.6 auf die prekären Beschäftigungs- und Anstellungsverhältnisse von Schulbegleiter:innen (u. a. befristete Arbeitsverträge, geringe Bezahlung, Verdienstausfall bei eigener Krankheit oder Krankheit der zu begleitenden

Schüler:innen) verwiesen. Diese Prekarisierung des professionellen Handelns von Schulbegleiter:innen hat wesentliche Folgen für die Herausbildung von Professionalität. Zum einen stellt die verstärkte Prekarisierung der Maßnahme eine erhebliche Belastung für die individuelle Professionalisierung derjenigen dar, die neu in die pädagogisch-professionelle Tätigkeit der Schulbegleitung einmünden und in diesem Prozess zunächst ein handlungspraktisches Können (professionelle Praktiken und Handlungsformate) entwickeln müssen, was in der Folge die Herausbildung von Professionalität unter Druck setzt (vgl. ebd., S. 303). Zum anderen „wird durch kurzfristige Verträge eine langfristige tertiäre individuelle Professionalisierung im Sinne gezielter Fort- und Weiterbildung unterminiert" (ebd., S. 303). Stattdessen werden kurzfristige, durch den Wechsel von Maßnahmen oder Schulen bedingte Fortbildungen bedeutsam, um in den neuen Zusammenhängen (bspw. in Bezug auf den spezifischen sonderpädagogischen Förderbedarf des zu begleitenden Kindes) überhaupt auf einen hinreichenden Kenntnisstand zu gelangen (vgl. ebd., S. 303f.). Darüber hinaus werden Fähigkeiten und Feldkenntnisse der Schulbegleiter:innen, die in einer spezifischen Maßnahme erworben wurden (bspw. in Bezug auf den spezifischen sonderpädagogischen Förderbedarf des zu begleitenden Kindes, institutionelle Vorgaben, die Zusammenarbeit mit der Lehrkraft, die Rolle im Klassengefüge) immer wieder entwertet, wenn die Schulbegleiter:innen aufgrund befristeter Maßnahmen, Verträge oder Engpässe in neue Institutionen oder Maßnahmen einmünden (vgl. ebd., S. 304). Auch für die jeweiligen Institutionen, in denen Schulbegleiter:innen eingesetzt sind, bedeuten prekäre professionelle Arbeitsverhältnisse immer wieder Qualitätseinbußen in der pädagogischen Arbeit, weil gerade eingearbeitete Schulbegleitungen wieder ausscheiden und neue Personen eingearbeitet werden müssen (vgl. ebd., S. 304). Ob und wie deutlich Ökonomisierungstendenzen und Prekarisierung in der Umsetzung der Maßnahme Schulbegleitung zu einer Deprofessionalisierung führen, ist dabei immer auch vom Ineinandergreifen unterschiedlicher Rahmenbedingungen sowie konkreten professionellen und institutionellen Akteur:innenkonstellationen abhängig (vgl. ebd., S. 305).

Abschließend bleibt hinsichtlich der stellvertretenden Krisenbewältigung im Arbeitsbündnis von Schulbegleiter:in und Schüler:in mit sonderpädagogischem Förderbedarf in Verbindung mit den hier erläuterten Herausforderungen und Risiken darauf hinzuweisen, dass zu jedem Zeitpunkt die Heterogenität der Schüler:innen mit den unterschiedlichen sonderpädagogischen Förderbedarfen, die jeweilige inklusive Schulentwicklung der einzelnen Institution, die Richtlinien und Strukturen der entsprechenden Träger sowie die bildungspolitischen Vorgaben der Länder berücksichtigt werden müssen; andernfalls droht auch an dieser Stelle die konkrete Gefahr einer vorschnellen und sozusagen vereinfachenden Homogenisierung in der Auseinandersetzung mit der professionalisierungsbedürftigen pädagogischen Praxis von Schulbegleitung.

4 Stand der Forschung und Relevanz der Forschungsfrage

Anschließend an die vorangegangenen Ausführungen zu Integration und Inklusion im Allgemeinen, der aktuellen Umsetzung schulischer Inklusion im Besonderen sowie den theoretischen Grundlagen zur Maßnahme Schulbegleitung und der Einordnung von Schulbegleitung als professionalisierungsbedürftige pädagogische Praxis, werden nachfolgend nun der aktuelle Forschungsstand zu Schulbegleitung dargelegt und anschließend die Forschungsfrage der vorliegenden Arbeit formuliert.

4.1 Forschungsstand Schulbegleitung

Grundlegend lässt sich feststellen, dass sich die Unübersichtlichkeit und Vielschichtigkeit der Maßnahme Schulbegleitung auch in den empirischen Untersuchungen zur Maßnahme widerspiegelt. Dabei führen u. a. die Finanzierung der Maßnahme durch verschiedene Leistungsträger (Eingliederungshilfe, Kinder- und Jugendhilfe, Krankenkassen) sowie die Anstellung von Schulbegleiter:innen bei unterschiedlichen freien Trägern oder den Eltern der zu begleitenden Kinder und Jugendlichen dazu, dass die zunächst einfach erscheinende Frage, wie viele Personen in den vergangenen Jahren und/oder aktuell als Schulbegleitungen in Deutschland tätig sind, kaum zu beantworten ist. Demnach kann auch nicht flächendeckend festgestellt werden, in welchen Umfängen und mit welcher Bezahlung Schulbegleitungen in den Einzelfallmaßnahmen in Deutschland beschäftigt sind. Die bereits angesprochene fehlende Standardisierung der Maßnahme Schulbegleitung führt auch dazu, dass die zuständigen Städte und Kommunen die Maßnahme (Beantragungs- und Bewilligungsverfahren, Strukturen der Zusammenarbeit) jeweils individuell ausgestalten. Demnach besteht aktuell keine strukturell verankerte Möglichkeit, die Maßnahme Schulbegleitung sowie deren Umsetzung und Effekte systematisch landes- oder bundesweit zu untersuchen.

2019 stellte die Autorin dieser Arbeit an die Sozial- und Jugendämter der 16 Landeshauptstädte eine Anfrage in Bezug auf aktuelle Zahlen und Entwicklungen hinsichtlich der Maßnahme Schulbegleitung in den jeweiligen Bundesländern. Die übermittelten Rückmeldungen (Thüringen, Bremen) verweisen auf den drastischen Anstieg in Bezug auf die Inanspruchnahme der Maßnahme Schulbegleitung in Deutschland. In Thüringen stiegen die Bewilligungen von Schulbegleitungen, die in den Bereich der Kinder– und Jugendhilfe fallen, im Zeitraum von 2011 bis 2018 um insgesamt 381 % an (vgl. Freistaat Thüringen 2019, S. 4). Die Bewilligungen, die in den Bereich der Sozialhilfe fallen, stiegen im genannten Zeitraum um 202 % an (vgl. ebd. S. 10). Auch in Bremen ist im Zeitraum von 2013/2014 bis 2018/2019 ein starker Anstieg von 1.861 % der bewilligten Maßnahmen im Bereich der Kinder- und Jugendhilfe zu verzeichnen (vgl. Mitteilung des Senats an die Bremische Stadtbürgerschaft 2018, S. 8).

Aufgrund fehlender Standards und landes- oder bundeseinheitlicher Strukturen liegen sowohl quantitative als auch qualitative Studien zur Umsetzung, zum Einsatz und zur

Wirkung von Schulbegleitung im deutschsprachigen Raum lediglich ausschnitthaft in Bezug auf einzelne Institutionen, Regionen, Bundesländer oder Schulformen vor. Die Untersuchungen sind damit nur bedingt vergleichbar oder auf die Gesamtheit der Maßnahmen zu übertragen (vgl. Lübeck 2020, S. 8). Richtet man den Blick auf internationale Studien zu Schulbegleitungen[58] (im anglo-amerikanischen Raum werden Schulbegleiter:innen i. d. R. als *paraprofessionals, paraeducators, teaching assistants* oder *teaching aides* bezeichnet) wird deutlich, dass diese Untersuchungen und Ergebnisse aufgrund unterschiedlicher Bildungssysteme, Strukturen und Regelungen ebenfalls nur bedingt auf die in Deutschland zugrundeliegenden Strukturen übertragbar sind (vgl. Lübeck/Demmer 2017, S. 11).

Die beiden nachfolgenden Tabellen geben eine Übersicht über quantitative und qualitative Untersuchungen zur Maßnahme Schulbegleitung im deutschsprachigen Raum.

---

[58] Internationale Studien zur Maßnahme Schulbegleitung: Devecchi et al. 2012; Giangreco et al. 2001; O'Rourke/West 2015; Tews/Lupart 2008; Saddler 2014; Wadswoth/Knight 1996.

Tabellarische Übersicht *quantitativer Untersuchungen* zur Maßnahme Schulbegleitung im deutschsprachigen Raum

Autor:innen	Bundesland/Schulform	Erkenntnisinteresse/Untersuchte Schwerpunkte	Erhebungszeitraum	Methodischer Zugang	Datengrundlage und Stichprobe	Publikation
Beck, Dworschak, Eibner	Bayern/Förderzentren	Personenkreis Schulbegleitung, Aufgaben und Tätigkeitsfelder, Subjektiv empfundener Erfolg der Maßnahme, Arbeitsbedingungen	Schuljahr 2007/2008	Postalische Querschnittserhebung per standardisiertem Fragebogen	230 Schulbegleitungen, 195 Klassenlehrkräfte, 68 Schulleitungen	Beck et al. 2010; Dworschak 2012a
Czempiel, Kracke	Thüringen, Jena/Allgemeinbildende Schulen	Soziodemographische Daten, Kooperation, Arbeitszufriedenheit	2018	Standardisierte Fragebogenerhebung (online)	61 Schulbegleitungen	Czempiel/Kracke 2019
Dworschak	Bayern/Förderschwerpunkt geistige Entwicklung an der allgemeinen Schule	Aufgaben und Tätigkeiten, Soziodemographische Daten, Wirksamkeit, Rahmenbedingungen	Schuljahr 2010/2011	Postalische Querschnittserhebung mit standardisiertem Fragebogen	87 Schulbegleitungen, 88 Klassenlehrkräfte, 59 Sonderpädagog:innen, 56 Schulleitungen	Dworschak 2012a; Dworschak 2012b; Dworschak 2012c
Deger, Jerg, Puhr	Baden-Württemberg/Allgemeinbildende Schulen	Bestandsaufnahme, Gesamtüberblick zu Rahmenbedingungen, Aufgaben und Tätigkeitsfeldern, soziodemographischen Daten, Faktoren gelingender Eingliederung	2011 2012/2013 2013	Postalische Querschnittserhebung mit zwei Fragebögen, Vertiefende Aktenanalyse in 8 Stadt- und Landkreisen, Einzelfallstudien (Eltern) mit narrativen Interviews, Gruppeninterviews	Sozial- und Jugendhilfeträger in 44 Stadt- und Landkreisen, 205 Schulbegleitungen	Deger/Jerg/Puhr 2015

Autor:innen	Bundesland/ Schulform	Erkenntnisinteresse/ Untersuchte Schwerpunkte	Erhebungszeitraum	Methodischer Zugang	Datengrundlage und Stichprobe	Publikation
Henn, Thurn, Besier, Künster, Fegert, Ziegenhain	Baden-Württemberg/ Allgemeinbildende Schulen	Anzahl von Schulbegleitungen in Baden-Württemberg, Qualifikation, Einsatzort, Aufgabenfelder	2013/2014	Fragebogenerhebung (postalisch)	526 Schulbegleitungen	Henn et al. 2014; Fegert et al. 2016
Holler, van den Brink	Landkreise Uelzen/Lüchow-Dannenberg und Gifhorn	Zufriedenheit der von der Schulbegleitung betroffenen Schüler:innen, Erziehungsberechtigten sowie Klassenlehrkräfte mit der Arbeit der Schulbegleitungen	2019	Fragebogenerhebung	156 Schüler:innen mit Schulbegleitung, 85 Haushalte mit Erziehungsberechtigten, 112 Klassenlehrkräfte	Holler/ van den Brink 2020
Jerosenko	Bayern	Soziale Integration von Kindern mit seelischer Beeinträchtigung	2017/2018	Fragebogenerhebung	59 Lehrkräfte, 108 Schulbegleitungen	Jerosenko 2019
Kißgen, Franke, Ladinig, Mays, Carlitscheck	Nordrhein-Westfalen/ Förderschulen	Erfassung von Daten zur Anzahl der Schüler:innen, Schulbegleitungen, Schulklassen, Lehrkräfte. Abfrage nach Vorhandensein eines Konzepts zum Thema Schulbegleitung	2012	Fragebogenerhebung	392 Schulleitungen	Kißgen et al. 2013; Mays et al. 2014; Kißgen et al. 2016
Kißgen, Carlitscheck, Fehrmann, Limburg, Franke	Nordrhein-Westfalen/ Förderschulen mit dem Schwerpunkt geistige Entwicklung	Rahmenbedingungen, Soziodemographische Daten, Tätigkeitsbereiche	Keine Angabe	Fragebogenerhebung (postalisch) mit zwei halbstandardisierten Fragebögen	438 Schulbegleitungen	Kißgen et al. 2016

Autor:innen	Bundesland/ Schulform	Erkenntnisinteresse/ Untersuchte Schwerpunkte	Erhebungszeitraum	Methodischer Zugang	Datengrundlage und Stichprobe	Publikation
Lindemann, Schlarmann	Niedersachsen, Oldenburg/ Regelschulen	Tätigkeitsbereiche, Beschäftigungsdauer, Qualifikation, Einarbeitung, Information, Arbeitsaufträge, Ansprechpartner:innen, Betreuungssyteme	Keine Angabe	Fragebogen mit geschlossenen und offenen Antwortformaten; Auswertung der offenen Antworten mit qualitativer Inhaltsanalyse	50 Lehrkräfte, 55 Schulbegleitungen	Lindemann/ Schlarmann 2016
Markowetz, Jerosenko	Bayern, Landkreis München/ Modellprojekt „Integrationshelfer in der inklusiven Schule"	Evaluation des Modellprojekts, Rahmenbedingungen, Tätigkeitsfelder, Kooperation, Soziodemographische Daten, Rolle der Schulbegleitung bei der sozialen Integration	Schuljahr 2013/ 2014 Schuljahr 2014/2015	Halbstandardisierte Fragebogenerhebung (2013/2014) Qualitative Vertiefungsstudie (s. unten) mit teilnehmender Beobachtung und problemzentrierten Interviews (2014/2015), Inhaltsanalytische Auswertung nach Mayring (s. unten)	15 Schulleitungen, 24 Lehrkräfte, 25 Schulbegleitungen 19 Eltern, 14 Schüler:innen mit Schulbegleitung, 157 Schüler:innen ohne Schulbegleitung	Markowetz/ Jerosenko 2016
Meyer	Niedersachsen, Stadt und Landkreis Göttingen	Rahmendaten zu Schulbegleitung	2015/2016	Vollstandardisierte Fragebogenerhebung (online)	42 Schulbegleitungen	Meyer et al. 2017; Meyer 2017

Autor:innen	Bundesland/ Schulform	Erkenntnisinteresse/ Untersuchte Schwerpunkte	Erhebungszeitraum	Methodischer Zugang	Datengrundlage und Stichprobe	Publikationen
Zauner, Zwosta	Bayern, Katholische Jugendfürsorge (KJF) Regensburg und Augsburg/allgemeinbildende Schulen	„Gibt es Hinweise darauf, dass die individuelle Intervention ‚Schulbegleitung' den personellen wie großen finanziellen Einsatz wert ist?" Effekte von Schulbegleitung, Rahmenbedingungen, Tätigkeitsbereiche, Kooperation, Soziodemographische Daten, Maßnahmenzufriedenheit, Wirksamkeit	2013/2014	Standardisierte Fragebogenerhebung	54 Schulbegleitungen , 50 Klassenlehrkräfte, 36 Eltern, 36 Schüler:innen mit Schulbegleitung Schulbegleitungen der KJF Regensburg und Augsburg	Zauner/ Zwosta 2014

Tabellarische Übersicht *qualitativer Untersuchungen zur Maßnahme Schulbegleitung im deutschsprachigen Raum*

Autor:innen	Bundesland/ Schulform	Erkenntnisinteresse/ Untersuchte Schwerpunkte	Erhebungszeitraum	Methodischer Zugang	Datengrundlage und Stichprobe	Publikation
Bacher, Pfaffenberger, Pöschko	Oberösterreich	Tätigkeiten, Arbeitssituation und Weiterbildungsbedarf von Schulassistent:innen	2006	Expert:inneninterviews	220 Schulassistent:innen, 231 Lehrkräfte, 96 Schulleitungen an 96 Schulen	Bacher et al. 2007
Blasse	Schleswig-Holstein/ Gemeinschaftsschule	Herstellung und Gestaltung von Unterricht durch die „heterogene Lehrgruppe", Positionen von Schulbegleitungen im Unterricht	Keine Angabe	Ethnographische Unterrichtsbeobachtungen, keine Angaben zur Auswertungsmethode	Schulklassen (5. & 6. Klasse)	Blasse 2017
Böing, Köpfer	Nordrhein-Westfalen, Dortmund/ Schulen mit Gemeinsamem Lernen	Schulassistenz aus Sicht von Schülerinnen und Schülern mit Assistenzerfahrung	Keine Angabe	Problem- und kindzentrierte Interviews, Auswertung mit der dokumentarischen Methode	12 Interviews mit Schülerinnen aus unterschiedlichen Schulformen und mit unterschiedlichen Förderschwerpunkten	Böing/ Köpfer 2017
Czempiel	Thüringen, Jena/ Allgemeinbildende Schulen	Tätigkeiten, Rolle, Inklusionsverständnis von Schulbegleiter:innen	2018	Interviews, qualitative Inhaltsanalyse	18 Schulbegleitungen	Czempiel 2019
Deger, Jerg, Puhr	Baden-Württemberg/ Allgemeinbildende Schulen	Bestandsaufnahme, Gesamtüberblick zu Rahmenbedingungen, Aufgaben und Tätigkeitsfeldern, soziodemographischen Daten, Faktoren gelingender Eingliederung	2011 2012/2013 2013	Einzelfallstudien mit narrativen Interviews, Vertiefende Untersuchungen durch Gruppeninterviews	8 Einzelfälle aus 7 Landkreisen, 6 – 8 unterschiedliche Akteur:innen/Gruppeninterview (insgesamt 54 Teilnehmende)	Deger/ Jerg/ Puhr 2015

Autor:innen	Bundesland/Schulform	Erkenntnisinteresse/Untersuchte Schwerpunkte	Erhebungszeitraum	Methodischer Zugang	Datengrundlage und Stichprobe	Publikation
Ehrenberg, Lücke	Keine Angabe	Auswirkung von Schulbegleitung auf die soziale Partizipation und die Beziehungen zu Peers	Keine Angabe	Gruppendiskussion, Auswertung mit der dokumentarischen Methode	Schüler:innen (2. & 4. Klasse)	Ehrenberg/Lücke 2017; Lindmeier/Ehrenberg 2017
Heinrich, Lübeck	Niedersachen/Regelschule	Rolle und Handlungsmöglichkeiten von Schulbegleitung im inklusiven Unterricht	2013	Leitfadeninterviews mit Schulbegleitungen mit narrativen Anteilen, objektiv-hermeneutische Auswertung	Schulbegleitungen	Heinrich/Lübeck 2013; Lübeck/Heinrich 2019; Arndt et al. 2017
Keinath	Rheinland-Pfalz/Grundschule	Professionalisierungsbedürftigkeit von Schulbegleitung	2017	Teilnehmende Beobachtung, tiefenhermeneutische Auswertung	3 x 1 Unterrichtsstunde (2. & 3. Klasse)	Hechler/Keinath 2019
Lindmeier, Polleschner	Keine Angabe	Sichtweisen unterschiedlicher Beteiligter auf zukünftige Modelle der Steuerung und Organisation von Schulbegleitung, Qualifikation und Bezahlung von Schulbegleitung, Aufgaben und Tätigkeitsfelder, Kooperation	2014	Gruppendiskussion, Inhaltsanalytische Auswertung nach Mayring	80 Teilnehmer:innen eines Fachtages zu Schulbegleitung (Anbieter, Schulbegleitungen, Lehrkräfte, Schulleitungen, Elternvertreter:innen)	Lindmeier/Polleschner 2014; Lindmeier et al. 2014

Autor:innen	Bundesland/ Schulform	Erkenntnisinteresse/ Untersuchte Schwerpunkte	Erhebungs- zeitraum	Methodischer Zugang	Datengrundlage und Stichprobe	Publikation
Lübeck	Keine Angabe/ Grundschulen	Rollenfindung von Schulbegleitung im Unterricht	Keine Angabe	Problemzentrierte Interviews mit gemeinsam arbeiten- den Lehrkräften und Schulbegleitungen (Teams), objektiv- hermeneutische Auswertung	10 Interviews, (4 Teams an 3 Schulen)	Lübeck 2019
Markowetz, Jerosenko	Bayern, Landkreis München/ Modellprojekt „Integrationshelfer in der inklusiven Schule"	Evaluation des Modellprojekts, Rahmenbedingungen, Tätigkeitsfelder, Kooperation, soziodemographische Da- ten, Rolle der Schulbegleitung bei der sozialen Integration	Schuljahr 2014/2015	Halbstandardisierte Fragebogenerhebung (2013/2014) (s. o.) Qualitative Vertie- fungsstudie mit teilnehmender Beobachtung und problemzentrierten Interviews, Inhaltsana- lytische Auswertung nach Mayring	12 Schulleitungen, 17 Lehrkräfte, 13 Schulbegleitungen, 4 Eltern, 7 Schüler:innen mit Schulbegleitung, 135 Schüler:innen ohne Schulbegleitung	Markowetz/ Jerosenko 2016
Zumwald	Schweiz	Praxiserfahrungen mit Klassenassistenzen zu Herausforderungen und Charakteristika der Maßnahme	Keine Angabe	Fragebogen mit offenen Fragen, Auswertung mit der qualitativen Inhaltsan- alyse nach Kuckartz	18 Klassenassistenzen, 11 Lehrkräfte, 5 Fachpersonen schuli- scher Heilpädagogik	Zumwald 2014

In der Betrachtung der Forschungsergebnisse sowohl quantitativer als auch qualitativer Untersuchungen in Bezug auf die Maßnahme Schulbegleitung wird deutlich, dass sich die Mehrheit der quantitativen Studien in ihrem Erkenntnisinteresse nahezu ausschließlich auf die Rahmenbedingungen der Maßnahme bezieht. Auf Grundlage (halb-)standardisierter Fragebögen wurden überwiegend soziodemographische Daten, Qualifikation(en), Aufgaben und Tätigkeitsfelder in Bezug auf einzelne Institutionen, Regionen oder Schulformen erhoben. Die Rolle von Schulbegleitung als zentraler Bezugspunkt qualitativer Studien wurde in der Regel mittels Gruppendiskussionen oder Einzelinterviews, in einzelnen Fällen durch ethnographische oder teilnehmende Beobachtungen untersucht. Diese empirischen Untersuchungen sind dahingehend von Bedeutung, dass sie erste Schritte unternehmen, die komplexe Maßnahme Schulbegleitung hinsichtlich einzelner spezifischer Aspekte zu (er)fassen.

Trotz der aktuellen Relevanz und des zentralen Stellenwertes der Maßnahme Schulbegleitung in der aktuellen Umsetzung schulischer Inklusion wird dieser Maßnahme gegenwärtig kaum wissenschaftliche Beachtung entgegengebracht. Das Forschungsfeld Schulbegleitung scheint, auch mit Blick auf die hier vorgestellte Übersicht, weiterhin nahezu unbearbeitet zu sein:

> „Es bedarf weiterer, insbesondere auch explorativer qualitativer Untersuchungen, um sich dem Forschungsfeld weiter anzunähern und den Einsatz von Schulbegleitung, auf den unter dem Zugzwang verstärkter inklusiver Bemühungen immer häufiger zurückgegriffen wird, kritisch-reflexiv zu hinterfragen" (Lübeck 2019, S. 34).

4.2 Fragestellung

Der Einsatz von Schulbegleiter:innen stellt in der Beschulung von Kindern und Jugendlichen mit sonderpädagogischem Förderbedarf eine zentrale Maßnahme zur aktuellen Umsetzung schulischer Inklusion dar. Dabei muss berücksichtigt werden, dass die Maßnahme Schulbegleitung zunächst eine grundlegend juristische Funktion hat, nämlich die Funktion, die (Menschen-)Rechte (s. UN-Behindertenrechtskonvention) von Kindern und Jugendlichen mit sonderpädagogischem Förderbedarf, die in ihrer Teilhabe an Bildung eingeschränkt sind, zu sichern. Aus dieser rechtlichen Dimension heraus ergeben sich entsprechende gesetzliche und daraus resultierend auch administrative Vorgaben und Rahmungen für die Maßnahme (vgl. Kapitel 2.2). Zentrale Vorgaben und Rahmungen wurden und werden demnach nicht auf Basis bildungs- oder erziehungswissenschaftlicher Erkenntnisse strukturiert und umgesetzt, sondern unterliegen vorrangig juristischen Richtlinien. Dabei ist gänzlich ungeklärt, wie sich Schulbegleitung auf dieser rechtlichen Grundlage in der Praxis tatsächlich ausgestaltet.

Wie bereits in Kapitel 3 der vorliegenden Arbeit aus professionalisierungstheoretischer Perspektive erörtert wurde, bezieht sich das berufliche Handeln von Schulbegleitung auf die stellvertretende Krisenbewältigung der primären Lebenspraxis der Schüler:innen mit sonderpädagogischem Förderbedarf, die in ihrer Teilhabe an Bildung eingeschränkt sind. Die Maßnahme Schulbegleitung ist demnach eine Profession, die aufgrund ihrer nicht-standardisierbaren Interventionspraxis (Berücksichtigung des Einzelfalls) als professionalisierungsbedürftig einzuordnen ist. Daran anknüpfend ist Schulbegleitung aufgrund der stellvertretenden Krisenbewältigung in Bezug auf den gesellschaftlichen Zentralwert der Teilhabe an Bildung sowohl in Bezug auf den Rahmen der Schulerziehung als auch allgemeinen und spezifischen Entwicklungsaufgaben der zu begleitenden Schüler:innen als professionalisierungsbedürftige *pädagogische* Praxis einzuordnen.

Davon ausgehend steht im Zentrum der nachfolgenden empirischen Untersuchung die Rekonstruktion von *Strukturen und Dynamiken schulbegleitender Praxis* vor der Folie der Professionalisierungsbedürftigkeit der Maßnahme Schulbegleitung.[59] Das Ziel der nachfolgenden empirischen Untersuchung ist es, sich von der Praxis her zeigen zu lassen, wie Schulbegleitung zum Ausdruck kommt und welche Effekte hier zutage treten. Die leitende Forschungsfrage der vorliegenden Arbeit lautet auf dieser Grundlage:

Welche Strukturen und Dynamiken liegen der professionalisierungsbedürftigen Praxis von Schulbegleitung zugrunde?

---

[59] In diesem Zusammenhang wäre es darüber hinaus von Interesse und Bedeutung, auch den pädagogischen Kern von Schulbegleitung bzw. das pädagogische Handeln von Schulbegleiter:innen näher zu untersuchen. Die empirische Auseinandersetzung mit pädagogischen Fragestellungen der Maßnahme wird im Rahmen der vorliegenden Arbeit jedoch zurückgestellt und der Fokus auf die Professionalisierungsbedürftigkeit der Praxis gerichtet.

5 Forschungsdesign

Im Erkenntnisinteresse der vorliegenden Arbeit liegen Strukturen und Dynamiken der professionalisierungsbedürftigen Praxis von Schulbegleitung. Mit dem Ziel, sich von der Praxis her zeigen zu lassen, wie Schulbegleitung zum Ausdruck kommt, konnten in Bezug auf Erhebung und Auswertung quantitative Methoden bereits von Beginn des Forschungsprozesses an ausgeschlossen und der Fokus auf qualitative Forschungsmethoden gerichtet werden. In Bezug auf den Einsatz qualitativer Forschungsmethoden bedarf es einer grundlegenden Unterscheidung zwischen hypothesenprüfenden und rekonstruktiven Verfahren. Während hypothesenprüfende Verfahren aufgrund zunehmender Formalisierung und Standardisierung in Bezug auf die Erhebungsmethoden den zu untersuchenden Gegenstand bereits vorstrukturieren, sind für das Erkenntnisinteresse der vorliegenden Arbeit rekonstruktive Verfahren aufgrund des Prinzips der Offenheit eher geeignet. Das Prinzip der Offenheit zeichnet sich dadurch aus „daß[sic!] die theoretische Strukturierung des Forschungsgegenstandes zurückgestellt wird, bis sich die Strukturierung des Forschungsgegenstands durch die Forschungssubjekte herausgebildet hat" (Bohnsack 2014, S. 24). In der qualitativen Forschung im Allgemeinen und in Bezug auf rekonstruktive Verfahren im Besonderen sind Erhebungs- und Auswertungsmethoden stark aufeinander bezogen. Das erhobene Material muss demnach eine geeignete Grundlage für das vorgesehene Auswertungsverfahren bilden (vgl. Sammet/Erhard 2018).

Mit dem Ziel, Strukturen und Dynamiken der professionalisierungsbedürftigen Praxis von Schulbegleitung zu rekonstruieren, wird die *Sequenzanalyse* mit dem Verfahren der *Objektiven Hermeneutik* als Auswertungsmethode ausgewählt:

> „Durch die objektiv-hermeneutische Analyse werden die Gesetzmäßigkeiten herausgearbeitet, nach denen lebenspraktisch Entscheidungen getroffen werden und die somit Handlungen vorausgegangen sind bzw. sich in Handlungen ausdrücken – die Gesetzmäßigkeiten der Lebenspraxis" (Trescher 2016, S. 184).

Davon ausgehend bedarf es einer Erhebungsmethode, die es ermöglicht, die Praxis der Schulbegleitung direkt, ohne subjektive Einschätzungen/Interpretationen der Forschungssubjekte (Umfrage/Interview) oder subjektive Färbungen durch die Forscherin (Teilnehmende Beobachtung) und befreit vom Druck der Handlungs- und Alltagspraxis zu erfassen (vgl. Fertsch-Röver 2015a, S. 266). Um diesen Anforderungen an das erhobene Material gerecht zu werden, wurde die *videographische Aufzeichnung* von schulbegleitender Praxis im Unterricht als Erhebungsmethode für die vorliegende empirische Arbeit ausgewählt.

Um unterschiedliche Varianten/Spezifizierungen der Praxis von Schulbegleitung abbilden zu können, sind im Sinne einer gezielten Kontrastierung[60] im Forschungsdesign der vorliegenden Arbeit drei Fälle von Schulbegleitung vorgesehen.

---

[60] Mögliche Kontrastierungen in Bezug auf die Maßnahme Schulbegleitung könnten 1:1 Konstellation und Pool-Modell sowie unterschiedliche sonderpädagogische Förderschwerpunkte der zu begleitenden Schüler:innen sein.

Der Umfang der videographischen Aufzeichnung pro Fall entspricht zwei zusammenhängenden, durch eine kleine Pause getrennte Unterrichtsstunden.

Abbildung 11: Forschungsdesign.

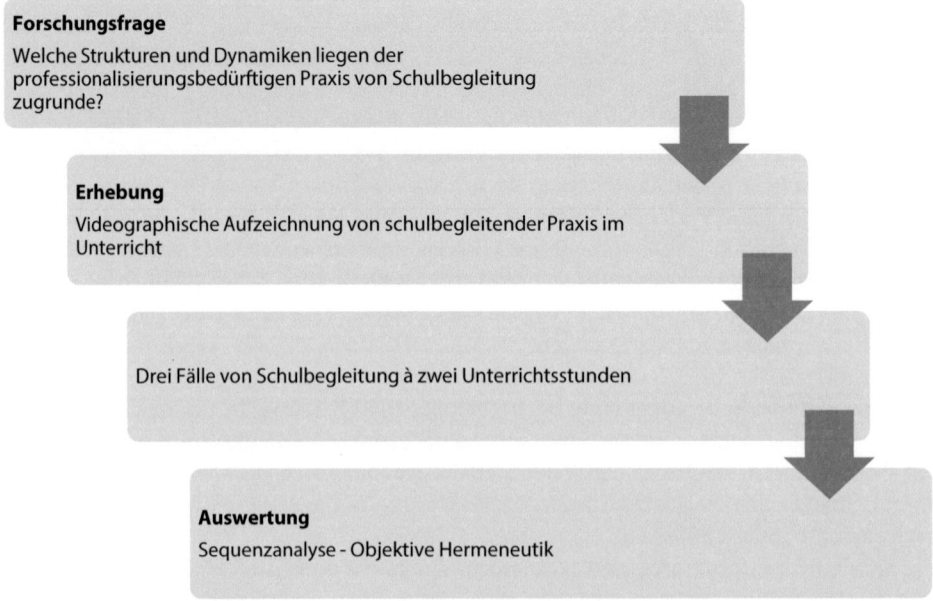

Forschungsfrage
Welche Strukturen und Dynamiken liegen der professionalisierungsbedürftigen Praxis von Schulbegleitung zugrunde?

Erhebung
Videographische Aufzeichnung von schulbegleitender Praxis im Unterricht

Drei Fälle von Schulbegleitung à zwei Unterrichtsstunden

Auswertung
Sequenzanalyse - Objektive Hermeneutik

Quelle: Eigene Darstellung.

Nachfolgend werden zunächst die methodischen Grundlagen der videographischen Aufzeichnung als Erhebungsmethode erläutert, Feldzugang und Sampling der vorliegenden empirischen Arbeit vorgestellt und die Durchführung der Erhebung erläutert. Im Anschluss wird die Auswertungsmethode der Objektiven Hermeneutik im Allgemeinen sowie in Bezug auf die vorliegende Arbeit ausgeführt.

5.1 Erhebungsmethode: Videographische Aufzeichnung

In der Auseinandersetzung mit geeigneten Erhebungsmethoden ist grundlegend darauf hinzuweisen, dass „[die] Konzeption eines aussagekräftigen Forschungsvorhabens […] eine Korrespondenz zwischen einer empirischen Fragestellung, einem empirisch geeigneten Protokoll und der empirischen Erreichbarkeit dieses Protokolls [erfordert]" (Wernet 2021, S. 69). Ausgehend von der bereits vorgestellten Forschungsfrage der vorliegenden Arbeit

Welche Strukturen und Dynamiken liegen der professionalisierungsbedürftigen Praxis von Schulbegleitung zugrunde?

stellen Protokolle schulbegleitender Praxis eine geeignete Grundlage für das Erkenntnisinteresse und die Fragestellung der vorliegenden Arbeit dar.

Um die Praxis der Schulbegleitung möglichst wirklichkeitsnah zu erfassen, bedarf es einer technisch vermittelten Aufzeichnung durch Videoaufnahmen unterrichtlicher Interaktion (vgl. Trescher 2016, S. 190). Durch die „Aufzeichnungsapparatur, also eine nicht-intelligente, rein technische Prozedur ohne eigene interpretierende oder erkennende Subjektivität" (Oevermann 2000, S. 84) ist es möglich, ein Protokoll zu erhalten, das frei ist von subjektiven Verzerrungen der Forscherin. Die videographische Aufzeichnung schulbegleitender Praxis im Unterricht vermittelt darüber hinaus eine „naturwüchsige Wirklichkeit" (Oevermann 2000, S. 87). Im Gegensatz zu einer inszenierten protokollierten Wirklichkeit, welche sich auf die Aufnahme von Interaktionen bezieht, die explizit für die Forschung eingerichtet wurden (bspw. Interviews oder Gruppendiskussionen), laufen die Interaktionen im zu untersuchenden Feld der vorliegenden Forschung von selbst ab, die Forscherin ist in das Interaktionsgeschehen nicht involviert (vgl. Sammet/Erhard 2018, S. 37).

Aufgrund der Tatsache, dass Videoaufzeichnungen sowohl Sichtbares als auch Hörbares konservieren, können auf dieser Grundlage tiefere Einblicke in die schulbegleitende Praxis im unterrichtlichen Interaktionsgeschehen gewonnen werden (vgl. Dinkelaker/Herrle 2009, S. 15).

Die Verschriftlichung der audiovisuellen Aufnahmen schafft ein material vorliegendes Interaktionsprotokoll, welches ermöglicht, „beliebig oft und intersubjektiv die *Gültigkeit der Rekonstruktion* der im Text enthaltenen Bedeutungsstrukturen zu überprüfen" (Fertsch-Röver 2015, S. 270; Hervorhebung im Original).

Nachfolgend werden der Feldzugang sowie das Sampling der vorliegenden empirischen Arbeit vorgestellt und im Anschluss der Erhebungsprozess (Vorbereitung, Durchführung, Nachbereitung) der videographischen Aufzeichnung skizziert.

5.1.1 Feldzugang

Da sich die Praxis der Schulbegleitung, die im Fokus der vorliegenden empirischen Arbeit steht, im Rahmen schulischen Unterrichts vollzieht, handelt es sich um ein zunächst geschlossenes Forschungsfeld (vgl. Flick 2009, S. 333). Um einen Zugang zum Forschungsfeld der Institution Schule zu erhalten, bedarf es eines Antrags auf Genehmigung einer wissenschaftlichen Untersuchung. Die vorliegende Forschung wurde im Bundesland Rheinland-Pfalz umgesetzt. In Rheinland-Pfalz ist die Aufsichts- und Dienstleistungsdirektion (ADD) für eine eben solche Genehmigung wissenschaftlicher Untersuchungen an Schulen zuständig.

Der Antrag auf Genehmigung einer wissenschaftlichen Untersuchung wurde im Januar 2019 an die zuständige Aufsichts- und Dienstleistungsdirektion übermittelt. Der Forschungsantrag enthielt Informationen zur Untersuchungsleitung, eine Schilderung des Ablaufs, des Umfangs und der Zielsetzung des Forschungsprojekts sowie eine Beschreibung der geplanten Auswertung und Ergebnisrückmeldung. Darüber hinaus mussten dem Forschungsantrag unter Berücksichtigung datenschutzrechtlicher Vorgaben folgende Unterlagen beigefügt werden:

- Informationsschreiben für Erziehungsberechtigte
- Einverständniserklärung für Erziehungsberechtigte

- Informationsschreiben für Lehrkräfte, Schulsozialarbeiter:innen und Schulbegleiter:innen
- Einverständniserklärung für Lehrkräfte
- Einverständniserklärung für Schulsozialarbeiter:innen und Schulbegleiter:innen
- Informationsschreiben für Schüler:innen

Im Februar 2019 wurde der Antrag von der Aufsichts- und Dienstleistungsdirektion genehmigt. Auf dieser Grundlage fand eine erste Kontaktaufnahme (telefonisch und/oder per E-Mail) mit insgesamt 42 Schulleitungen von Schwerpunktschulen in Rheinland-Pfalz statt. Insgesamt meldeten sich vier der 42 kontaktierten Schulleitungen auf die Anfrage zurück und gaben an, keine zeitlichen Ressourcen für eine solche Untersuchung zur Verfügung zu haben. Anschließend fand eine persönliche Kontaktaufnahme (persönliches Erscheinen der Forscherin im Sekretariat der jeweiligen Schulen) mit sieben städtischen Grundschulen in Rheinland-Pfalz statt. Sechs der sieben besuchten Grundschulen waren nicht bereit, die vorgestellte Untersuchung in ihrer Institution umzusetzen. Die Schulleitung einer der sieben persönlich besuchten städtischen Schwerpunktschulen erklärte sich bereit, das Forschungsvorhaben zu unterstützen und im Anschluss an eine Lehrer:innenkonferenz eine Rückmeldung zu geben, inwiefern auch die infrage kommenden Lehrkräfte und Schulbegleitungen bereit wären, sich an der Forschung zu beteiligen. Bei einem ersten Gespräch mit der Schulleitung wurde von Seiten der Forscherin darauf hingewiesen, dass bei der Fallauswahl (nach Möglichkeit) darauf geachtet werden sollte, dass die Fälle verschiedene Dimensionen von Schulbegleitung (in Bezug auf bspw. Konstellation, Klassenstufe und sonderpädagogischen Förderschwerpunkt der zu begleitenden Schüler:innen) abbilden.

Im Mai 2019 gab die Schulleitung die Rückmeldung, dass zwei Lehrerinnen sowie die in der jeweiligen Klasse tätigen Schulbegleiterinnen damit einverstanden seien, die Untersuchung in ihren Klassen umzusetzen. Nach einer weiteren Rücksprache mit der Schulleitung sicherte diese zu, im Anschluss an die Sommerferien 2019 erneut eine Anfrage an das Kollegium zu stellen, um – wie im Forschungsdesign vorgesehen – die Möglichkeit zur Datenerhebung in einer weiteren Klasse zu schaffen. Im November 2019 erklärte sich eine Lehrerin gemeinsam mit dem in der Klasse tätigen Schulbegleiter dazu bereit, die Untersuchung in ihrer Klasse ebenfalls umzusetzen.

5.1.2 Sampling

Nachfolgend wird das Sampling der vorliegenden empirischen Arbeit vorgestellt. Ausgehend von den methodischen Grundlagen der Objektiven Hermeneutik als Auswertungsmethode, auf die im anschließenden Kapitel 5.2 dezidiert eingegangen wird, wurden auf Basis des beschriebenen Feldzugangs und der Kooperation mit einer städtischen Schwerpunktschule in Rheinland-Pfalz drei Fälle von Schulbegleitung videographisch erhoben. Der Erhebungszeitraum umfasst in allen drei Fällen zwei zusammenhängende – durch eine kleine Pause (5 Minuten) getrennte – Unterrichtsstunden (à 45 Minuten), welche von der jeweiligen Klassenleitung gestaltet und umgesetzt wurden.

Fall 1	1:1 Konstellation (Schulbegleiterin und Schüler)	2. Klasse einer städtischen Schwerpunktschule in Rheinland-Pfalz	1. und 2. Schulstunde	Juli 2019
Fall 2	1:2 Konstellation (Schulbegleiterin und Schülerin und Schüler)	2. Klasse einer städtischen Schwerpunktschule in Rheinland-Pfalz	3. und 4. Schulstunde	Juli 2019
Fall 3	1:1 Konstellation (Schulbegleiter und Schüler)	1. Klasse einer städtischen Schwerpunktschule in Rheinland-Pfalz	1. und 2. Schulstunde	Januar 2020

Im Anschluss werden die drei Phasen des Erhebungsprozesses (Vorbereitung, Durchführung, Nachbereitung) der vorliegenden empirischen Arbeit skizziert.

5.1.3 Datenerhebung

Der Prozess der Datenerhebung gliedert sich in drei Phasen: Vorbereitung, Durchführung und Nachbereitung. Diese drei Phasen werden nachfolgend forschungsmethodisch gerahmt auf den konkreten Erhebungsprozess der vorliegenden empirischen Arbeit bezogen.

Die *Vorbereitung* auf die Datenerhebung umfasste die Auswahl des Erhebungsfokus und Erhebungsausschnittes, die Ausstattung und Überprüfung der technischen Aufnahmegeräte sowie die Interaktion mit dem Untersuchungsfeld (vgl. Dinkelaker/Herrle 2009, S. 22f.). Im *Erhebungsfokus* der vorliegenden Forschung steht die schulbegleitende Praxis im schulischen Unterricht, welche mittels videographischer Aufzeichnungen erfasst werden soll. Durch das bereits räumlich (Klassenraum) und auch zeitlich (Unterrichtsstunden, Pausenzeiten) strukturierte Forschungsfeld konnte bereits zu Beginn der Vorbereitung auf die Datenerhebung der zeitliche und räumliche Rahmen der Erhebung definiert werden. Der *Erhebungsausschnitt* wurde pro Fall von Schulbegleitung auf zwei zusammenhängende – durch eine kleine Pause (5 Minuten) getrennte – Unterrichtsstunden (à 45 Minuten), welche von der jeweiligen Klassenleitung gestaltet und umgesetzt wurden, festgelegt. Eine vorgelagerte und eine sich an die zu erhebende Doppelstunde anschließende große Pause (à 15 Minuten), in der die Schüler:innen und gegebenenfalls auch die Klassenlehrerin sowie die Schulbegleitung den Klassenraum verlassen, ermöglichen zum einen einen ungestörten Auf- und Abbau der technischen Aufnahmegeräte. Zum anderen kann der Beginn der Aufzeichnung so gewählt werden, dass er nicht in eine sich bereits vollziehende Praxis hineinfällt (vgl. Trescher 2016, S. 191). Darüber hinaus stellen das Ende der zweiten erhobenen Unterrichtsstunde sowie die sich daran anschließende große Pause eine bereits zeitlich vorstrukturierte Zäsur dar, die ein weitestgehend natürliches Ende der Erhebung bedeutet/ermöglicht.

Die *Ausstattung und Überprüfung der technischen Aufnahmegeräte* sind bei videographischen Aufzeichnungen von zentraler Bedeutung, um Datenverluste zu vermeiden. In der vorliegenden Forschung wurden insgesamt zwei Kameras (Camcorder und Systemkamera) mit Stativ verwendet, um den Klassenraum vollständig abbilden zu können. Der eingesetzte Camcorder erlaubte sowohl in Bezug auf die Speicherkapazität als auch hinsichtlich der Akkulaufzeit eine durchgängige Aufzeichnung des vorgesehenen Erhebungsausschnittes. In der Vorbereitung auf die Durchführung der Erhebung stellte sich in Bezug auf die Systemkamera heraus, dass die enthaltene Videofunktion lediglich die Aufnahme von knapp 30-minütigen Videos ermöglicht.[61] Um die Aufnahme nach jeweils 30 Minuten manuell erneut zu starten und auf eventuelle technische Probleme spontan reagieren zu können, entschied die Forscherin, zum Zeitpunkt der Datenerhebung im Klassenraum anwesend zu sein. Neben den beiden eingesetzten Kameras war vorgesehen, ein Diktiergerät am Sitzplatz des zu begleitenden Kindes/der zu begleitenden Kinder zu installieren, um Interaktionen und Gespräche, die von den Mikrofonen der Kameras nicht erfasst werden können, aufzeichnen und im Nachgang die jeweilige Tonspur ergänzen zu können. Details und Informationen zur Ausrichtung und Positionierung der Kameras sowie der Forscherin im Raum folgen im nächsten Abschnitt, der sich mit der Durchführung der Datenerhebung befasst.

Im Anschluss an die Auswahl des Erhebungsfokus und Erhebungsausschnittes sowie Überprüfung der technischen Aufnahmegeräte stand die *Interaktion mit dem Untersuchungsfeld* im Fokus der Vorbereitung. Auf Basis der Rückmeldung der Schulleitung, dass sich zunächst zwei Klassenlehrerinnen und Schulbegleiterinnen und einige Monate später eine weitere Klassenlehrerin und ein Schulbegleiter bereit erklärt haben, die Forschung in ihrer Klasse umzusetzen (vgl. Kapitel 5.1.1), wurde via E-Mail jeweils ein Termin zum organisatorischen Vorgespräch pro Klasse mit der Klassenlehrerin und der dort eingesetzten Schulbegleitung vereinbart. Im Rahmen des Vorgesprächs wurde zum einen auf das Forschungsinteresse (schulbegleitende Praxis) hingewiesen und zum anderen der vorgesehene und geplante Ablauf der Erhebung (zeitlicher Rahmen, technische Geräte und Platzierung im Raum, Anwesenheit der Forscherin im Raum) skizziert. Darüber hinaus erhielten die Schulbegleiter:innen das Informationsblatt sowie die Einverständniserklärung für Schulbegleitungen. Den Klassenlehrerinnen wurden alle weiteren notwendigen Unterlagen (Informationsblätter und Einverständniserklärungen für Lehrer:innen, Schüler:innen und Erziehungsberechtigte) ausgehändigt. Die Klassenlehrerinnen fungierten damit als Gatekeeper, die die Beteiligten im Feld auf der Grundlage der Informationsblätter und der Einholung der schriftlichen Einverständnisse zur Datenerhebung auf die videographische Aufzeichnung vorbereiteten (vgl. Dinkelaker/Herrle 2009, S. 23). Am Ende des Gesprächs wurden weitere Schritte (Übermittlung aller Unterlagen an die Beteiligten im Feld durch die Klassenlehrerinnen, Rückmeldung der Klassenlehrerinnen an die Forscherin in Bezug auf den

---

[61] Die Aufnahmedauer von Fotokameras wie die der eingesetzten Systemkamera war zum Zeitpunkt der Datenerhebung (2019) standardmäßig und künstlich auf 29 Minuten maximale Aufnahmedauer begrenzt, weil sie sonst von der Europäischen Union als Videokameras eingestuft wurden und einem entsprechenden Zollsatz unterlagen.

Rücklauf der Einverständniserklärungen) besprochen sowie ein Termin für die Datenerhebung festgelegt.

Die **Durchführung** der Datenerhebung umfasste die Positionierung der einzelnen Aufnahmegeräte im Raum, Beginn und Dauer der Aufnahme sowie die Interaktion der Forscherin mit dem Untersuchungsfeld (vgl. ebd., S. 24ff.).

Auf Grundlage der im vorangegangenen Abschnitt explizierten Vorüberlegungen und Planungen zum Einsatz und der *Positionierung der einzelnen Aufnahmegeräte,* musste die konkrete Umsetzung vor Ort in Bezug auf die individuellen räumlichen Bedingungen und Sichtverhältnisse der insgesamt drei Klassenzimmer angepasst werden. Dabei ist die Wahl der Kameraperspektive und Kameraposition sowohl von aufnahmetechnischen (Lichtverhältnisse) als auch von erhebungsmethodischen Überlegungen abhängig. Mit dem Ziel, den zu untersuchenden Ausschnitt, in diesem konkreten Fall das gesamte Klassenzimmer, möglichst vollständig zu erfassen, wurden die beiden eingesetzten Kameras zweiperspektivisch angeordnet. Ausgehend von zwei festen Kamerapositionen, wurden die beiden Kameras auf jeweils einem Stativ fixiert. Das Diktiergerät/die Diktiergeräte wurden nach Rücksprache mit der jeweiligen Klassenlehrerin unter dem Tisch des zu begleitenden Kindes/der zu begleitenden Kinder angebracht, um zu erfassen, was gegebenenfalls von den Mikrophonen der Kameras nicht oder nur in minderer Qualität aufgenommen werden kann (vgl. ebd.). Die Forscherin positionierte sich während der Datenerhebung unmittelbar neben der Systemkamera, um die Aufnahme nach jeweils 30 Minuten manuell erneut zu starten und bei Bedarf eine Anpassung der Kameraausrichtung vorzunehmen. Die nachfolgenden Abbildungen zeigen Positionierung und Ausrichtung der Kameras und Diktiergeräte in Bezug auf die drei erhobenen Fälle.

Abbildung 12: Fall 1 (Schulbegleiterin Anna | Samuel) – Positionierung und Ausrichtung der Kameras und des Diktiergeräts im Klassenraum.

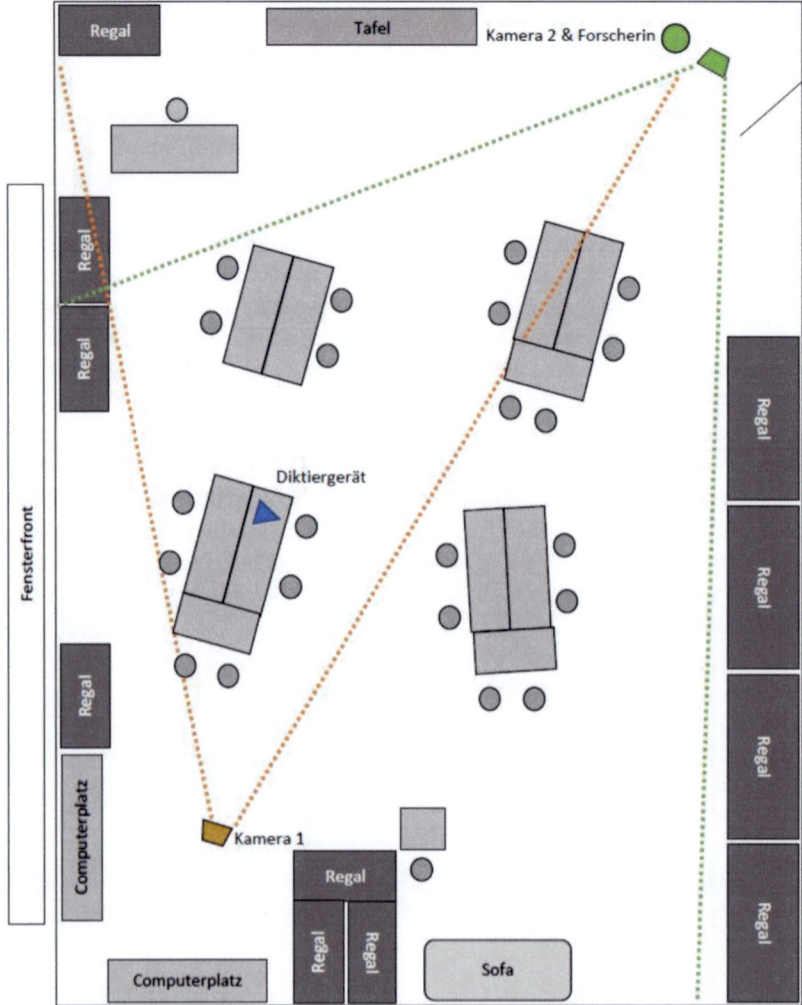

Quelle: Eigene Darstellung

Abbildung 13: Fall 2 (Schulbegleiterin Frau Walter | Dilara und Tom) – Positionierung und Ausrichtung der Kameras und der Diktiergeräte im Klassenraum.

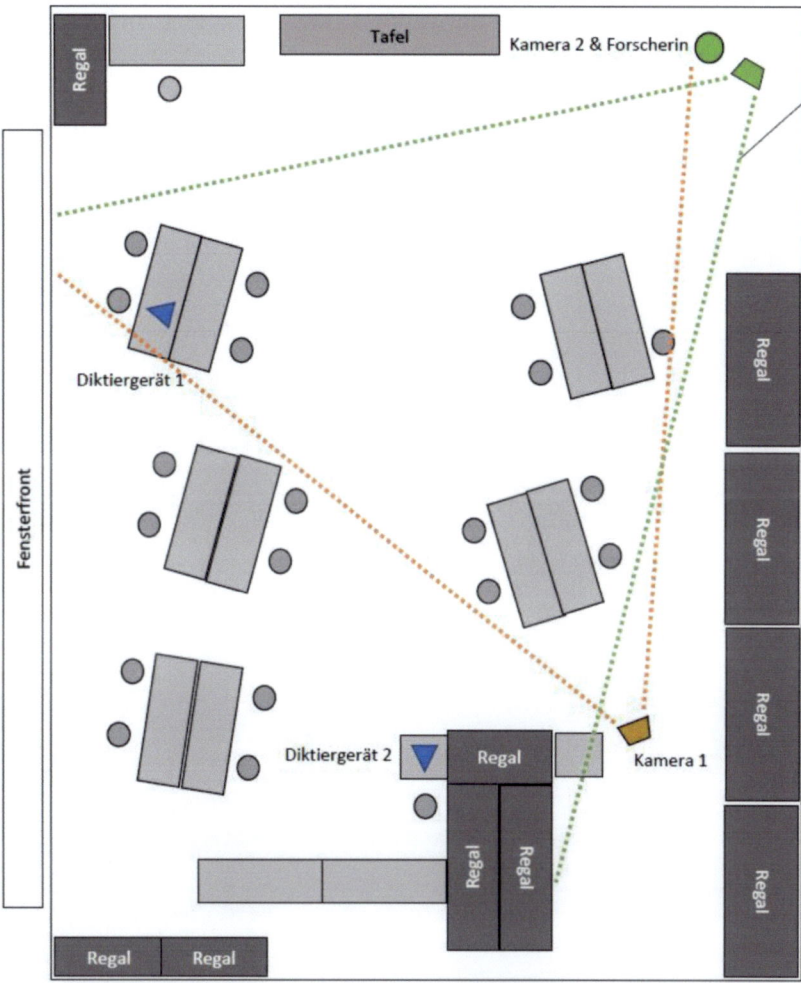

Quelle: Eigene Darstellung

Abbildung 14: Fall 3 (Schulbegleiter Jan | Mustafa) – Positionierung und Ausrichtung der Kameras und des Diktiergeräts im Klassenraum.

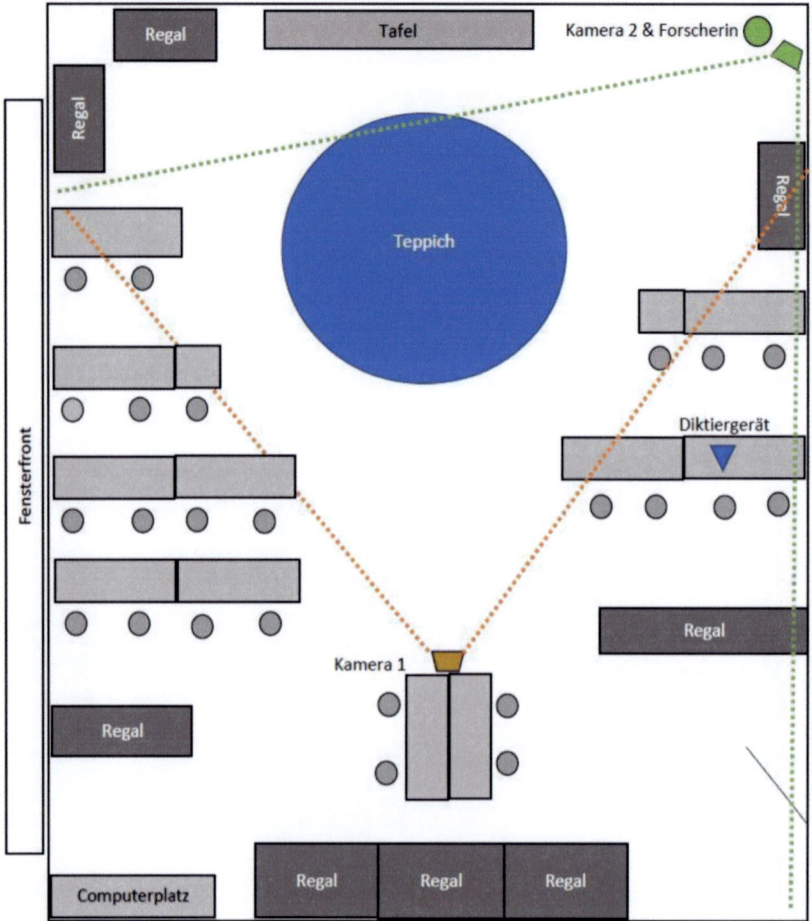

Quelle: Eigene Darstellung.

In Bezug auf *Beginn und Dauer der Aufnahme* wurde darauf geachtet, die beiden Kameras bereits einige Minuten (ca. 3 – 5 Minuten) vor dem Eintreffen der Schüler:innen im Klassenzimmer aufzustellen und anzuschalten und die Aufnahme erst dann zu beenden, wenn die Schüler:innen den Klassenraum wieder verlassen haben. Grundsätzlich muss hinsichtlich der Interaktion der Forscherin mit dem Untersuchungsfeld berücksichtigt werden, dass die gesamte Aufnahmesituation und auch die Anwesenheit der Forscherin während der Datenerhebung „zweifelsohne zu einer Veränderung der forschungslogisch interessierenden Praxis [führen]" (Wernet 2021, S. 75). Dabei kann jedoch festgehalten werden, dass diese Veränderung nicht die Struktur und Dynamik der Interaktionen und Beziehungen betrifft (vgl. ebd.). Während der gesamten Datenerhebung saß die Forscherin auf einem Stuhl in einer Ecke des Klassenzimmers und nahm „die Haltung einer gelassenen, mäßig interessierten Emotionslosigkeit [ein]" (Dinkelaker/Herrle 2009, S. 28).

Im Anschluss an die Durchführung der Datenerhebung erfolgte die **Nachbereitung**, welche neben der Datensicherung in erster Linie die Verschriftlichung der Videodaten (Transkription) umfasste. In jedem der drei Fälle von Schulbegleitung lagen im Anschluss an die Durchführung der Datenerhebung insgesamt zwei Videodateien (Bild- und Tonspuren der Systemkamera und des Camcorders) sowie eine (Fall 1 und Fall 3) bzw. zwei (Fall 2) Tonspuren der zwei erhobenen Unterrichtsstunden (inklusive einer jeweils 5-minütigen Pause) vor. Um diese Bild- und Tonspuren einer sequenzanalytischen Auswertung zugänglich zu machen, bedarf es einer *Verschriftlichung der Videodaten (Transkription)*. Die Objektive Hermeneutik, die der vorliegenden empirischen Arbeit als sequenzanalytische Auswertungsmethode zugrunde liegt, sieht keine eigenen Regeln der Verschriftlichung vor, sondern legt den Fokus auf eine gut lesbare Wiedergabe und richtet den Detaillierungsgrad der Transkription „nach den Notwendigkeiten, die sich aus der Fragestellung ergeben" (Sammet/Erhard 2018, S. 37).[62] Dabei muss stets berücksichtigt werden, dass die Strukturrekonstruktion im Auswertungsprozess „keine ‚vollständigen' Protokolle der Wirklichkeit [benötigt]; sie benötigt Protokolle, die einen empirischen Zugriff auf die sinnstrukturelle Verfasstheit der Wirklichkeit ermöglichen" (Wernet 2021, S. 87).

Die erhobenen Daten der drei Fälle von Schulbegleitung wurden vollständig transkribiert.[63] Der Fokus der Transkription lag, ausgehend von der zugrundeliegenden Forschungsfrage, auf der Praxis von Schulbegleitung. Demnach lag das Hauptaugenmerk im Transkriptionsprozess auf den drei Schulbegleiter:innen sowie den zu begleitenden Schüler:innen. Da sich die schulbegleitende Praxis immer auch im unterrichtlichen (Interaktions-)Geschehen vollzieht, bedurfte es auch der rahmenden Protokollierung der unterrichtlichen Gesamtszene. Um diese Aspekte im Protokoll systematisch abbilden zu können, wurde das Transkript in tabellarischer Form angefertigt.

---

[62] Gängige Transkriptionssysteme sind TIQ (Talk in Qualitative Social Research), MoViQ (Movies and Videos in Qualitative Social Research) und GAT (Gesprächsanalytisches Transkriptionssystem) (vgl. Przyborski/Wohlrab-Sahr 2014).

[63] Häufig werden im Prozess videographischer Forschung nur diejenigen Datenausschnitte aufbereitet, die auch einer Analyse unterzogen werden sollen (vgl. Dinkelaker/Herrle 2009). Im Fall der vorliegenden Forschung wurden die erhobenen Daten vollständig transkribiert, um eine fundierte Grundlage für die anschließende sequenzanalytische Auswertung zu liefern.

In den protokollierten Fällen 1 und 3 (jeweils eine Schulbegleitung und ein zu begleitendes Kind) besteht die tabellarische Darstellung der Transkription aus drei Spalten.

TC Nr. der Sequenz	Protokoll	Währenddessen/Stills

In der ersten Spalte werden der Timecode (TC) sowie die Nummer der Sequenz erfasst. In
der zweiten Spalte liegt der Fokus auf der Protokollierung der schulbegleitenden Praxis. In
der dritten Spalte können parallel/zeitgleich verlaufende Interaktionen protokolliert und
sogenannte Stills eingefügt werden. Stills „erlauben es, den Informationsgehalt von Bildern
zu nutzen, der über das sprachlich Darstellbare hinausgeht" (Dinkelaker/Herrle 2009, S. 37).
Mit Stills werden demnach Momentaufnahmen des Interaktionsgeschehens erzeugt. Diese
Einzelbilder, die aus der fortlaufenden Bildspur des Videos extrahiert werden, bilden die
Körperhaltungen und ggf. Gesichtsausdrücke der Beteiligten, ihre Kleidung, verwendete
Utensilien sowie ihre Positionierung im Raum und zu anderen beteiligten Personen ab (vgl.
ebd., S. 37f.).[64]

Im protokollierten Fall 2 (Schulbegleiterin Frau Walter | Dilara und Tom) besteht die
tabellarische Darstellung der Transkription aus vier Spalten.

TC	Protokoll Fokus Gesamtszene	Protokoll Fokus Schulbegleiterin und Kind 1	Protokoll Fokus Schulbegleiterin und Kind 2

In der ersten Spalte werden der Timecode sowie die Nummer der Sequenz erfasst. In der
zweiten Spalte liegt der Fokus auf der Protokollierung der unterrichtlichen Gesamtszene. In
der dritten Spalte liegt der Fokus auf Kind 1 und der schulbegleitenden Praxis. In der vierten
Spalte liegt der Fokus auf Kind 2 und der schulbegleitenden Praxis. Stills werden in den
jeweiligen Spalten eingefügt werden.

Durch die tabellarische Darstellung der Transkription kann der Komplexität und Vielschichtigkeit der schulbegleitenden Praxis und der unterrichtlichen Gesamtszene begegnet
werden. Dass den drei protokollierten Fällen zwei sich leicht unterscheidende tabellarische
Strukturen zugrunde liegen, ist eine notwendige forschungsmethodische Reaktion auf die
Individualität und Komplexität der erhobenen Fälle von Schulbegleitung.

Im Rahmen dieser Transkriptionsraster werden sowohl Äußerungsinhalte (was gesagt
wird) als auch Äußerungsformen (wie etwas gesagt wird) gefasst. Darüber hinaus werden
diese durch ein Beobachtungsprotokoll ergänzt, welches auf Grundlage des auf dem Video
dokumentierten Geschehens erstellt wird (vgl. Dinkelaker/Herrle 2009; Hussy et al. 2013).[65]

---

[64] Aus Datenschutzgründen werden die Stills der vorliegenden Forschung nicht veröffentlicht.

[65] „Im Unterschied zu Beobachtungsprotokollen, die auf der Grundlage teilnehmender Beobachtung erstellt
wurden, können Beobachtungsprotokolle auf der Grundlage von Videographien bei Bedarf jederzeit ergänzt
oder korrigiert werden, falls im Rahmen der Analyse nicht beschriebene Aspekte des Geschehens eine größere
Bedeutung erlangen oder falls Unstimmigkeiten auftreten" (Dinkelaker/Herrle 2009, S. 37).

Das Beobachtungsprotokoll orientiert sich dabei in erster Linie an „W"-Fragen (Wann? Wer? Wie? Wo? Was?), um eine möglichst sachliche Darstellung der aufgezeichneten Unterrichtsstunden zu ermöglichen (vgl. Argelander 1991, S. 17).

Abbildung 15: Notationssystem.

Paraverbale Elemente	
Lautstärke Schüler *(leise)*: „Auf welcher Seite was die Aufgabe nochmal?" Schülerin *(laut)*: „Können wir das Fenster zu machen?"	Die Lautstärke der nachfolgenden wörtlichen Rede ist merklich lauter/leiser
Pausen Schulbegleiterin: „Robin *(kurze Pause)* hörst du mir zu?" Schulbegleiter: „Ich frage mich *(Pause)* hatten wir das nicht schon letzte Woche?"	< 3 Sekunden ≥ 3 Sekunden
Unverständlichkeit Schülerin: (unverständlich) Schüler: „Hanna, du sollst (unverständlich) wegbringen."	Aus technischen oder sprachlichen Gründen unverständliche verbale Äußerung
Nonverbale Elemente	
Lehrerin *(lachend)*: „Ich erinnere mich."	sprachbegleitende Äußerungen
Lehrerin: „Und dann schreibt ihr alle *(zeigt auf die Tafel)* diese Wörter in euer Heft."	sprachbegleitende Handlungen

Quelle: Eigene Darstellung.

Hinsichtlich der Äußerungsformen wird zwischen paraverbalen Elementen (Stimmlage, Laustärke, Versprecher, Pausen) und nonverbalen Elementen (bspw. Gähnen, Lachen, Husten, Nicken, Kopfschütteln usw.) unterschieden. Verbale Äußerungen werden in der vorliegenden empirischen Arbeit in literarischer Umschrift (Versprecher, Dialekt usw. bleiben erhalten) wiedergegeben und orientieren sich damit nah an der gesprochenen Sprache (vgl. Hussy et al. 2013, S. 246f.).

Para- und nonverbale Elemente werden in Protokollen in der Regel durch spezielle Symbole oder Codes wiedergegeben und in Transkriptionssystemen zusammengefasst dargestellt. Transkriptionen stehen dabei immer auch in einem Spannungsfeld von Authentizität und Lesbarkeit. Die Authentizität eines Transkripts wird beeinträchtigt, wenn Informationen ausgespart, also beispielsweise para- und nonverbale Elemente nicht in das Protokoll aufgenommen werden. Je mehr para- und nonverbale Informationen in einem Transkript enthalten sind, desto schwerer ist gleichermaßen häufig auch die Lesbarkeit (vgl. ebd., S. 247). Ausgehend von dem Anspruch an eine gut lesbare Wiedergabe sowie eine möglichst genaue Abbildung der realen Kommunikations- und Interaktionssituation, wurden in den Protokollen der vorliegenden empirischen Arbeit para- und nonverbale Informationen nicht als Codes, sondern als ausgeschriebene Ergänzungen zu sprachlichen Äußerungen aufgenommen sowie sprachbegleitende Handlungen ergänzt.

Darüber hinaus wurden bei der Transkription alle Informationen, die Rückschlüsse auf konkrete Personen erlauben, anonymisiert; Namen von Personen, Orten oder Institutionen wurden durch Pseudonyme ersetzt.

Die Ergebnisse der Datenerhebung der vorliegenden empirischen Arbeit sind demnach drei auf der Grundlage videographischer Aufzeichnungen vollständig transkribierte, naturwüchsige Protokolle schulbegleitender Praxis im unterrichtlichen Geschehen. Diese Protokolle sind im Sinne der Objektiven Hermeneutik *Ausdrucksgestalten*[66], auf deren Grundlage die Rekonstruktion von Strukturen und Dynamiken der professionalisierungsbedürftigen Praxis von Schulbegleitung vorgenommen werden kann.

5.2 Auswertungsverfahren: Objektive Hermeneutik

Um den Strukturen und Dynamiken der professionalisierungsbedürftigen Praxis von Schulbegleitung auf die Spur zu kommen, bedarf es einer Auswertungsmethode, die es ermöglicht die Gesetzmäßigkeiten/Strukturen, nach denen lebenspraktisch Entscheidungen getroffen werden, herauszuarbeiten. Hierfür bietet sich die Objektive Hermeneutik als Auswertungsmethode an, da sie Rekonstruktion von Sinn- und Entscheidungsstrukturen (Fallstrukturen) innerhalb einer sozialen Praxis als zentrale Aufgabe einer empirischen Sozialwissenschaft versteht (vgl. Fertsch-Röver 2015a, S. 269).

Die Objektive Hermeneutik als sequenzanalytisches Auswertungsverfahren geht dabei grundlegend von der Sinnstrukturiertheit sozialer Wirklichkeit aus:

> „Die grundlagentheoretische Voraussetzung für eine Strukturanalyse an Protokollen sozialer Wirklichkeit bildet die Annahme, dass die Wirklichkeit sinnstrukturiert verfasst ist und dass diese sinnstrukturelle Verfasstheit sich in Protokollen zum Ausdruck bringt, sich in diesen Protokollen niederschlägt" (Wernet 2021, S. 22).

Die videographisch aufgezeichneten und anschließend transkribierten Protokolle schulbegleitender Praxis stellen Protokolle sozialer Interaktionen und damit Protokolle von Ausdrucksgestalten von Schulbegleitung dar, deren Analyse die Rekonstruktion der sinnstrukturierten Verfasstheit schulbegleitender Praxis ermöglicht. Neben dieser ersten *Prämisse des Sinnverstehens* (*Hermeneutik*) folgt die Auswertungsmethode einer zweiten zentralen Annahme, nämlich der des *objektiven* Verstehens, also der Entschlüsselung von objektivem bzw. „latentem Sinn" (vgl. Przyborski/Wohlrab-Sahr 2014, S. 248). *Sinn* wird im Rahmen der Objektiven Hermeneutik nicht darauf beschränkt, was Personen ihrem Handeln und ihrer Kommunikation selbst an (subjektivem) Sinn zuschreiben: „Vielmehr zielt die Objektive Hermeneutik darauf, dass der *objektive* bzw. *latente* Sinn von Äußerungen und Handlungen herausgearbeitet wird" (Sammet/Erhard 2018, S. 23; Hervorhebungen im Original). Es geht also um die Unterscheidung zwischen subjektivem/manifestem Sinn auf der einen und objektiven/latenten Sinnstrukturen auf der anderen Seite: „Die Plausibilität dieser Unterscheidung lässt sich am einfachsten durch die alltägliche Erfahrung, dass das Gesagte von

---

[66]   „Das Gesamt an Daten, in denen sich die erfahrbare Welt der Sozial-, Geistes- und Kulturwissenschaften präsentiert und streng methodisch – im Unterschied zu: praktisch – zugänglich wird, in denen also die sinnstrukturierte menschliche Praxis in allen ihren Ausprägungen erforschbar wird" (Oevermann 2002, S. 3).

dem Gemeinten abweichen kann, vor Augen führen" (Wernet 2021, S. 27). Dabei geht es im Auswertungsprozess nicht darum, ausschließlich die latenten Sinnstrukturen aufzudecken. Vielmehr steht die Differenz, manchmal sogar Widersprüchlichkeit zwischen manifest (Gemeintem) und latent (Gesagtem) im forschungslogischen Fokus (vgl. Wernet 2021, S. 33).

Zum Grundverständnis der objektiven Hermeneutik gehört darüber hinaus die Annahme, dass soziales Handeln nicht nur sinnstrukturiert, sondern immer auch *regelgeleitet* ist. [67] So steht im Zentrum der Analyse immer auch die Explikation derjenigen Regeln, die in einer bestimmten Praxis zur Anwendung kommen (vgl. Przyborski/Wohlrab-Sahr 2014, S. 249).

An dieser Stelle kann in Bezug auf die Methodologie der objektiven Hermeneutik die Unterscheidung von subjektivem/manifestem und objektivem/latentem Sinn festgehalten werden. Dabei liegt der Anspruch auf Objektivität darin begründet,

> „dass nicht innere Wirklichkeiten untersucht werden, sondern das, was sich objektiviert und protokollierbare Spuren hinterlässt. Er gründet weiter im Verweis darauf, dass soziales Handeln regelerzeugtes Handeln ist und sich diese Regelhaftigkeit anhand des zu interpretierenden Handlungs- und Interaktionsprotokolls aufzeigen lässt" (ebd., S. 251).

Aus diesen theoretischen Grundannahmen zur Objektiven Hermeneutik als Auswertungsmethode lassen sich konkrete methodische Konsequenzen und Prinzipien ableiten. Nachfolgend werden diese methodischen Prinzipien der Auswertungsmethode sowie die Bedeutung von Fallstrukturgeneralisierung und Typenbildung als zentrale Gegenstände der rekonstruktiven Auswertung in Bezug auf die vorliegende Forschung erläutert.

---

[67] Zur Verdeutlichung der Regelgeleitetheit sozialen Handelns werden häufig sogenannte Krisenexperimente mit dem Auftrag, sich systematisch „regelwidrig" zu verhalten, angeführt (vgl. Garfinkel 2004 – nach Przyborski & Wohlrab-Sahr, S. 249). Als eines der bekanntesten Beispiele gilt, auf einen Gruß nicht zu antworten. Dieser Verstoß gegen eine soziale Norm „folgt der grundlegenden Regel, dass ein Gruß auf die Eröffnung eine gemeinsamen sozialen Praxis zielt und von daher die Möglichkeit des Grüßens oder der Verweigerung des Grußes beim Gegenüber (also des tatsächlichen Eingehens oder der Verweigerung einer gemeinsamen Praxis) eröffnet und dass jede der beiden Optionen die Situation in spezifischer Weise definiert und entsprechende Konsequenzen nach sich zieht" (Przyborski/Wohlrab-Sahr 2014, S. 249).

5.2.1 Methodische Prinzipien

Die Rekonstruktion der Sinnstrukturen einer sozialen Praxis, in diesem konkreten Fall der Praxis von Schulbegleitung, auf Basis von verschriftlicht vorliegenden Protokollen basiert auf fünf Prinzipien der objektiv-hermeneutischen Textinterpretation. Diese fünf methodischen Prinzipien werden nachfolgend der Reihe nach erläutert.

Abbildung 16: Methodische Prinzipien der objektiv-hermeneutischen Textinterpretation.

Sequenzialität

Kontextfreiheit

Wörtlichkeit

Extensivität

Sparsamkeit

Quelle: Eigene Darstellung.

Zentrales Merkmal der Objektiven Hermeneutik ist das *Prinzip der Sequenzialität*, also die *sequenzielle Betrachtung* des protokollierten sozialen Geschehens (vgl. Trescher 2016, S. 184). Ausgehend von der Annahme, dass soziales Handeln regelgeleitet und damit sequenziell verfasst und organisiert ist, wird Sequenzialität in diesem Zusammenhang nicht im Sinne eines bloßen Nacheinanders, sondern vielmehr als *Grund-Folge-Beziehung* verstanden:

> „Jedes scheinbare Einzelhandeln ist sequenziell im Sinne wohlgeformter, regelhafter Verknüpfungen an ein vorausgehendes Handeln angeschlossen worden und eröffnet seinerseits einen Spielraum für wohlgeformte, regelmäßige Anschlüsse. An jeder Sequenzstelle eines Handlungsverlaufs wird also einerseits aus den Anschlussmöglichkeiten, die regelmäßig durch die vorausgehenden Sequenzstellen eröffnet wurden, eine schließende Auswahl getroffen und andererseits ein Spielraum zukünftiger Anschlussmöglichkeiten eröffnet" (Oevermann 2000, S. 64).

Das Besondere eines Falls kann demnach dann verstanden werden, wenn man sich vor Augen hält, welche anderen (Handlungs-)Möglichkeiten auch denkbar gewesen wären (vgl. Przyborski/Wohlrab-Sahr 2014, S. 253).

Abbildung 17: Sequenzialität von Handlungen.

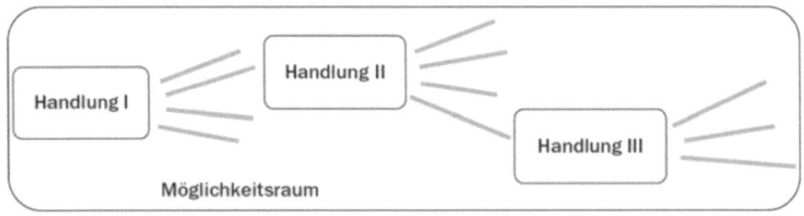

Quelle: Sammet/Erhard 2018, S. 32.

In der sequenzanalytischen Analyse des Protokolls kann dann ein fallspezifischer Selektionsprozess rekonstruiert werden:

> „Das heißt, bestimme Handlungsmöglichkeiten werden durch vollzogene Auswahlen ausgeschlossen, anderen dagegen nahegelegt. Wenn sich in der Analyse des Falles bzw. Protokolls wiederholt ein bestimmtes Selektionsmuster nachweisen lässt, hat man seine *Reproduktionsgesetzlichkeit* bzw. seine *Fallstruktur* rekonstruiert" (Sammet/Erhard 2018, S. 33; Hervorhebungen im Original).

Für das methodische Vorgehen bedeutet das *Prinzip der Sequenzialität*, dass die Rekonstruktion der Sinnstrukturen streng dem Verlauf des Protokolls folgen muss. Das Protokoll wird also Sinneinheit für Sinneinheit analysiert (vgl. Fertsch-Röver 2015b, S. 273). Der Eröffnung der protokollierten Praxis kommt dabei eine zentrale Bedeutung zu, da diese Eröffnungssequenzen von sozialer Praxis in der Regel sehr aussagekräftig sind (vgl. ebd.). Darüber hinaus stellen in der vorliegenden Arbeit all diejenigen Sequenzen den Datenkorpus eines Falles dar, in denen die schulbegleitende Praxis protokolliert ist.[68] Ausgehend von der Annahme, dass sich eine Fallstruktur innerhalb eines Textes reproduziert, werden zur Überprüfung einer an einer Sequenzposition explizierten Fallstrukturhypothese zwischen zwei und vier weiteren Sequenzen herangezogen (vgl. Oevermann 2000, S. 97; Wernet 2021, S. 103f.).

Das *Prinzip der Kontextfreiheit* unterscheidet zunächst zwischen äußerem und innerem Kontext. Die Kontextfreiheit bezieht sich in erster Linie auf den *äußeren Kontext*. Mit dem Ziel, den Fall und seine Gesetzmäßigkeiten aus sich heraus zu verstehen, wird die zu analysierende Sequenz zunächst (gedanklich) aus ihrem tatsächlichen (äußeren) Kontext herausgelöst, um anschließend gedankenexperimentell mit einer Haltung der Naivität passende Kontexte zu formulieren (vgl. Fertsch-Röver 2015b, S. 274; Trescher 2016, S. 187; Wernet 2021, S. 39). So können subsumtionslogische Schlüsse weitestgehend ausgeklammert und möglichst alle Bedeutungsaspekte expliziert werden: „Die so gewonnen Bedeutungsaspekte einer Sequenzstelle nennt man *Lesarten*" (Fertsch-Röver 2015b, S. 274; Hervorhebungen im Original).

---

[68] Durch die videographische Aufzeichnung schulbegleitender Praxis im Rahmen unterrichtlicher Interaktion sind in den drei vorliegenden Protokollen jeweils zahlreiche Sequenzen enthalten, in denen die unterrichtliche Interaktion im Allgemeinen protokolliert wird, die Praxis der Schulbegleitung jedoch nicht zum Ausdruck kommt.

„Das Prinzip der kontextfreien Interpretation bedeutet nicht, dass der Kontext keine Rolle spielt. Es bedeutet vielmehr, dass die Einbeziehung des Kontextes erst dann eine gehaltvolle und strukturerschließende, methodisch kontrollierte Operation darstellt, wenn zuvor eine kontextunabhängige Bedeutungsexplikation vorgenommen wurde" (Wernet 2009, S. 22).

Durch das sequenzielle Voranschreiten in der Analyse des Protokolls können immer mehr Informationen über den Fall gewonnen werden; es bildet sich nach und nach ein *innerer Kontext* heraus, der als interpretativer Referenzpunkt für weitere/nachfolgende Sequenzen zur Verfügung steht. Durch die schrittweise Analyse des Protokolls und der daraus resultierenden Entwicklung eines inneren Kontexts bildet sich eine „Strukturhypothese zur spezifischen Selektivität des vorliegendes Falls" (Sammet/Erhard 2018, S. 34) heraus.

Neben dem äußeren und inneren Kontext eines Falls unterscheidet die Objektive Hermeneutik die Ebene des *allgemeinen Regel- und Weltwissens*: „Damit wird Wissen bezeichnet, über das wir als kompetente Gesellschaftsmitglieder verfügen. Es bezieht sich auf die allgemeinen sowie kultur- und milieuspezifischen Regeln, die bei Handlungen wirksam sind und die [...] deren objektive Bedeutung konstituieren" (ebd.). Dieses allgemeine Regel- und Weltwissen kann und muss zur Analyse der einzelnen Sequenzen von den Interpret:innen der Protokolle herangezogen und genutzt werden.

Das *Prinzip der Wörtlichkeit* zielt darauf ab, dass jede Interpretation am Protokoll nachzuweisen sein muss (vgl. Przyborski/Wohlrab-Sahr 2014, S. 259). Diese Vorgabe richtet sich damit gegen das freie Assoziieren oder Phantasieren (vgl. Garz/Raven 2015, S. 145). Die Analyse wird durch das Prinzip der Wörtlichkeit sowie das Prinzip der Kontextfreiheit an das Protokoll selbst gebunden (vgl. Oevermann 2000, S. 103). Das Prinzip der Wörtlichkeit ermöglicht darüber hinaus einen unmittelbaren „interpretatorischen Zugang zur Explikation der Differenz zwischen manifesten Sinngehalten und latenten Sinnstrukturen eines Protokolls" (Wernet 2009, S. 25). Damit stellt das Prinzip der Wörtlichkeit eine forschungsmethodische Antwort auf die im vorangegangenen Kapitel zu methodischen Grundlagen bereits erläuterte Unterscheidung von manifestem und latentem Sinn dar.

Forschungspraktisch fordert das *Prinzip der Extensivität,* dass im Rahmen der sequenzanalytischen Auswertung kein Textelement unberücksichtigt gelassen werden darf. In der sequenzanalytischen Feinanalyse muss demnach jeder einzelne Bestandteil des Textes analysiert werden, wobei hier nicht das Protokoll im vollumfänglichen Sinne, sondern vielmehr die extensive Feinanalyse einzelner Sequenzen gemeint ist. Dabei impliziert das Prinzip der Extensivität nicht nur die Vollständigkeit hinsichtlich der Interpretation der einzelnen Textelemente, sondern auch die Vollständigkeit in Bezug auf die Lesarten des Textes (vgl. ebd.).

Das *Prinzip der Sparsamkeit* kann als forschungsökonomisches Gegengewicht zum Prinzip der Extensivität eingeordnet werden und leitet sich aus den bisher erläuterten Prinzipen ab. Dabei schreibt es vor, „dass nur solche Lesarten gebildet werden dürfen, die ohne weitere Zusatzannahmen über den Fall von dem zu interpretierenden Text erzwungen sind" (ebd., S. 35). Das Prinzip der Sparsamkeit stellt gemeinsam mit dem der Wörtlichkeit die Verbindung zwischen Gedankenexperimenten und vorliegendem Text sicher (vgl. Przyborski/Wohlrab-Sahr, S. 260).

Die gedankenexperimentelle Konstruktion und diskursive Überprüfung von Lesarten als zentraler Bestandteil des objektiv hermeneutischen Auswertungsprozesses erfordert die Interpretationsarbeit in einer *Interpretationsgruppe*. Die Auswertung im Rahmen einer solchen Interpretationsgruppe trägt grundlegend dazu bei, möglichst unterschiedliche Lesarten zu entwickeln, ein entsprechend breiteres allgemeines Regel- und Weltwissen zur Verfügung zu haben und die aufgestellten Lesarten mit Bezug auf das vorliegende Protokoll so lange zu diskutieren, zu verteidigen und zu begründen, bis diese tatsächlich aus entsprechenden Gründen beibehalten oder ausgeschlossen werden können. Dadurch werden die Ergebnisse der Interpretation valider (vgl. Przyborski/Wohlrab-Sahr 2014, S. 261; Sammet/Erhard 2018, S. 43). Im Rahmen der vorliegenden Arbeit wurde die Auswertung der Protokolle in einer Interpretationsgruppe von insgesamt vier Personen mit unterschiedlichen erziehungswissenschaftlichen, sonderpädagogischen, psychoanalytischen und soziologischen Ausbildungs- und Berufshintergründen im Zuge von regelmäßig stattfindenden Forschungsgruppentreffen vorgenommen.[69]

In Bezug auf die methodischen Prinzipien der Objektiven Hermeneutik bleibt abschließend darauf hinzuweisen, dass es in der Analyse und Interpretation der Protokolle und Ausdrucksgestalten schulbegleitender Praxis nicht um eine normative Bewertung einzelner Personen als Individuen oder die Einstufung einer bestimmten Praxis gegenüber ein anderen als „besser" oder „schlechter" geht. Vielmehr stellen *die protokollierten Fälle von Schulbegleitung Repräsentant:innen schulbegleitender Praxis* dar. Der Fokus der Analyse und Interpretation bezieht sich auf das, „was sich in ihrem Verhalten an sozialer Regelhaftigkeit dokumentiert" (Przyborski/Wohlrab-Sahr 2014, S. 254).

5.2.2 Fallstruktur, Generalisierung und Typenbildung

Die Objektive Hermeneutik stellt einen Gegenentwurf zu sogenannten subsumtionslogischen/hypothesenprüfenden Forschungsansätzen dar, da es ihr nicht darum geht, Ergebnisse an zu Forschungsbeginn formulierten Hypothesen zu überprüfen oder Charakteristika eines Phänomens in ein bereits festgelegtes Kategoriensystem einzuordnen (vgl. Trescher 2016, S. 185). Ziel der objektiv hermeneutischen Analyse ist vielmehr, wie weiter oben bereits erläutert wurde, die Rekonstruktion der sogenannten Fallstruktur, also „die Offenlegung der Charakteristik der je konkret gewählten Handlungsoptionen in der je konkreten Lebenspraxis" (ebd.). Die Objektive Hermeneutik geht dabei grundlegend davon aus, dass der „analysierte Fall immer schon besonders und allgemein zugleich" (Wernet 2009, S. 19) ist und bietet damit ein entsprechendes Konzept der Generalisierung von Forschungsergebnissen.[70] Ausgehend von der Frage, welche Einsichten und Erkenntnisse über den einzelnen

---

[69] Die Sitzungen der Forschungsgruppentreffen wurden unter Zustimmung der Gruppe mittels einer Tonaufzeichnung protokolliert. Diese Aufzeichnungen wurden im weiteren Verlauf der Analyse und Interpretation als „Abgleichs- und Überprüfungselement der schriftlichen Interpretation" (Wernet 2021, S. 151) herangezogen.

[70] „Diese wechselseitige Verwiesenheit (Dialektik) von Allgemeinem und Besonderem stellt ein allgemeines Prinzip sozial- oder kulturwissenschaftlicher Forschung und Theoriebildung dar, dem die Methode der Objektiven Hermeneutik ‚nur' folgt" (Wernet 2012, S. 128).

Fall hinaus gewonnen werden können, erklärt Wernet (2021): „Eine Fallrekonstruktion weist *immer* über den konkreten Fall hinaus. Der konkrete Fall wird nie als Einzelfall, sondern immer als *token* eines *type* verstanden. Er stellt immer die *besondere* Antwort auf ein *allgemeines* Strukturproblem dar" (Wernet 2021, S. 127; Hervorhebungen im Original). Durch die Entwicklung einer Fallstrukturhypothese ist damit eine erste Ebene der Generalisierung, nämlich eine fallbezogene Generalisierung, erreicht (vgl. Sammet/Erhard 2018, S. 43).

Durch das Heranziehen weiterer Fälle kann eine gezielte Kontrastierung der untersuchten Praxis vorgenommen werden, „um so auf Varianten, aber auch Spezifizierungen gestoßen zu werden, die im ersten Fall noch nicht abgebildet waren" (ebd., S. 52). In den vorangegangenen Kapiteln zu allgemeinen Grundlagen der Maßnahme Schulbegleitung (vgl. Kapitel 2) und den Ausführungen zu Schulbegleitung als professionalisierungsbedürftige Praxis (vgl. Kapitel 3) wurde die Heterogenität der einzelnen Maßnahmen bezogen auf die Schulbegleiter:innen (u. a. Qualifikationen, persönliche und berufliche Hintergründe die zu begleitenden Schüler:innen (u. a. sonderpädagogische Förderbedarfe) und auch die Rahmenbedingungen (u. a. rechtliche und administrative Rahmungen, institutionelle Vorgaben von Leistungsträgern und Schulen, Aufgaben und Tätigkeitsfelder) der Maßnahme deutlich. Um dieser Heterogenität forschungsmethodisch begegnen zu können, werden in der vorliegenden Arbeit drei kontrastive Fälle analysiert und interpretiert (vgl. Kapitel 5.1.2). Mit Blick auf die zugrundeliegende Forschungsfrage ermöglicht die Objektive Hermeneutik als Auswertungsverfahren durch ihren mikrologischen Forschungszugriff und die fallstrukturelle Tiefenbohrung einen adäquaten Zugang zu den Strukturen und Dynamiken der professionalisierungsbedürftigen Praxis von Schulbegleitung (vgl. Wernet 2021, S. 90). Indem mehrere Fälle aufeinander bezogen und die unterschiedlichen Fallstrukturen miteinander verglichen werden, kann darüber hinaus die Bildung von (fallübergreifenden) Typen und Erkenntnissen ermöglicht werden (vgl. Sammet/Erhard 2018, S. 52).

Abschließend muss an dieser Stelle darauf hingewiesen werden, dass der Forschungsertrag einer oder mehrerer Fallrekonstruktionen, ihrer Generalisierung und Kontrastierung nicht ausschließlich darin besteht, konkrete Antworten auf bestehende Fragen zu finden. Vielmehr besteht der Forschungsertrag auch oder sogar wesentlich darin, Erkenntnis- und Verstehensfragen, die im Zusammenhang mit der untersuchten Praxis stehen, in diesem konkreten Fall die Praxis der Schulbegleitung, aufzuwerfen (vgl. Wernet 2021, S. 135).

6 Empirische Untersuchung

Die folgende Analyse untersucht auf der Basis videographisch aufgezeichneter und anschließend transkribierter schulbegleitender Praxis im Unterricht objektiv hermeneutisch, welche Strukturen und Dynamiken der professionalisierungsbedürftigen Praxis von Schulbegleitung zugrunde liegen. Die Analyse und Interpretation der Protokolle zielen zu keinem Zeitpunkt auf die normative Bewertung einzelner Personen oder Individuen bzw. die Einstufung einer bestimmten schulbegleitenden Praxis als „besser" oder „schlechter" ab. Vielmehr stellen die protokollierten Fälle von Schulbegleitung Repräsentant:innen schulbegleitender Praxis dar. Aus forschungsethischen Gründen wurden sämtliche personen- oder ortsbezogene Daten anonymisiert.

Grundsätzlich besteht hinsichtlich der nachfolgenden Darstellung der empirischen Untersuchung die Herausforderung, einerseits den Auswertungsprozess detailliert und intersubjektiv nachvollziehbar abzubilden und andererseits eine ergebnisfokussierte und leser:innenfreundliche Darstellung der Fallrekonstruktionen zu ermöglichen. Dieser Herausforderung wird in der vorliegenden Arbeit dahingehend begegnet, als dass die drei dieser Untersuchung zugrundeliegenden Fälle von Schulbegleitung ergebnisfokussiert den Prozess der Auswertung hinsichtlich der in der Analyse herausgearbeiteten Lesarten und Fallstrukturen vor- und darstellen.

6.1 Fallrekonstruktionen

Ausgehend von dem Ziel, sich von der Praxis her zeigen zu lassen, welche Strukturen und Dynamiken der professionalisierungsbedürftigen Praxis von Schulbegleitung zugrunde liegen, wird auf die Darstellung expliziter, fallbezogener, biografischer Daten im Sinne einer detaillierten Fallbeschreibung der Schulbegleiter:innen und der zu begleitenden Schüler:innen verzichtet. Es bleibt lediglich anzumerken, dass sich alle drei untersuchten Schulbegleiter:innen zum Zeitpunkt der Erhebung in einem erziehungswissenschaftlichen oder sozialpädagogischen Studium befanden, zwischen 20 und 26 Jahre alt und im Rahmen der jeweiligen Maßnahmen als Nicht-Fachkräfte angestellt waren. In Bezug auf die vier Kinder, die in den drei untersuchten Fällen von Schulbegleiter:innen begleitet wurden, sind die sonderpädagogischen Förderschwerpunkte geistige Entwicklung (Dilara) sowie soziale und emotionale Entwicklung (Samuel | Mustafa | Tom) vertreten.

Die drei nun folgenden Fallrekonstruktionen (Schulbegleiterin Anna mit Samuel | Schulbegleiterin Frau Walter mit Dilara und Tom | Schulbegleiter Jan mit Mustafa)[71]

---

[71] In den Titeln der drei Fallrekonstruktionen wird eine unterschiedliche Praxis in Bezug auf das Siezen und Duzen der Schulbegleiter:innen deutlich. Im Fall der Schulbegleiterin Anna sowie im Fall des Schulbegleiters Jan duzten die zu begleitenden und auch die anderen Schüler:innen der Klasse die jeweilige Schulbegleitung. Im Fall der Schulbegleiterin Frau Walter sprachen sowohl die zu begleitenden Schüler:innen als auch die anderen Schüler:innen der Klasse die Schulbegleitung mit „Sie" und ihrem Nachnamen an. In allen drei Fällen wurden die Lehrerinnen der jeweiligen Klassen durchgängig von allen Schüler:innen gesiezt. Die Auseinandersetzung mit der Praxis des Siezens oder Duzens könnte in Bezug auf die Position und Rolle der

beinhalten jeweils die sequenzielle Feinanalyse systematisch ausgewählter Sequenzen aus dem Protokoll, die sequenzielle Darstellung der fallspezifischen Dynamik, die Entwicklung und Darstellung von Hypothesen zur individuellen Fallstruktur sowie eine abschließende Fallstrukturgeneralisierung im Sinne einer ersten theoriebildenden Verallgemeinerung. Die im Verlauf der Analyse aufgekommenen (weiterführenden) Erkenntnis- und Verstehens-fragen werden in Form von Fußnoten protokolliert. Im Anschluss an die drei fallspezifi-schen Rekonstruktionen werden die Fälle im Rahmen einer Kontrastierung und Typenbil-dung miteinander in Bezug gesetzt.

6.1.1 Schulbegleiterin Anna | Samuel

Die videographische Aufzeichnung der beiden Unterrichtsstunden findet im ersten unter-suchten Fall der Schulbegleiterin Anna, die den Schüler Samuel begleitet, in der ersten und zweiten Schulstunde statt. Nachfolgend werden insgesamt vier Sequenzen der transkribier-ten videographischen Aufzeichnung der beiden Unterrichtsstunden objektiv hermeneu-tisch analysiert.

6.1.1.1 „Wer fehlt denn jetzt?"

Die Lehrerin befindet sich zu Beginn des Protokolls allein im Klassenzimmer (vgl. Seq. 1 – 2). Nach und nach kommen einzelne Schüler:innen im Klassenraum an, stellen ihre Ruck-säcke an Gruppentischen ab, verlassen den Raum wieder, kommen zurück, unterhalten sich mit der Lehrerin und setzen sich auf die freien Plätze an den Gruppentischen im Klassen-raum (vgl. Seq. 3 – 20 . Nach einigen Minuten des Ankommens ertönt ein Gong (vgl. Seq. 21). Im Anschluss an den Gong begrüßt die Lehrerin die anwesenden Schüler:innen mit einem „Okay meine Lieben. Eeeinen schönen guten Morgen." (vgl. Seq. 24). Nach einer kurzen Unterhaltung zwischen der Lehrerin und einzelnen Schüler:innen über die Anwesenheit der beiden Kameras ereignet sich die nachfolgende Sequenz.

| #00:12:18-6# | Die Lehrerin schaut durch das Klassenzimmer. | |
| 29 | Lehrerin: „Wer fehlt denn jetzt? *(zeigt auf die leeren Plätze an den Grup-pentischen)* Semhar ist drüben, Ipal ist drüben, Samuel kommt gleich *(Pause)*, Kemal."| |

Die Lehrerin schaut durch das Klassenzimmer.
Lehrerin: „Wer fehlt denn jetzt?

Die Lehrerin lässt ihren Blick durch die Klasse schweifen. Durch die im Anschluss daran gestellte Informationsfrage „Wer fehlt denn jetzt?" wird deutlich, dass sie sich einen Überblick über die zu diesem Zeitpunkt („jetzt") im Klassenraum Anwesenden verschafft. Zunächst bleibt unklar, ob die gestellte Frage rhetorischer Natur ist oder ob die Lehrerin diese Frage

---

Schulbegleitung (im Klassengefüge) über die vorliegende Arbeit hinaus von erkenntnistheoretischem Inte-resse sein.

(auch) an die anwesenden Schüler:innen richtet. Indem die Lehrerin das Pronomen „Wer?"
verwendet, fragt sie unmittelbar nach einer oder mehreren konkreten Person(en). Anscheinend muss die Lehrerin nicht überlegen, ob jemand fehlt, sondern vielmehr, welche Per-
son(en) fehlen.

> Lehrerin: „Wer fehlt denn jetzt? *(zeigt auf die leeren Plätze an den Gruppentischen)*

Die Lehrerin deutet auf freie Plätze an den Gruppentischen im Klassenraum. Durch diese
Zeigegeste erzeugt die Lehrerin eine Verknüpfung zwischen der (möglicherweise rhetorisch
gestellten) Frage „Wer fehlt denn jetzt?" und dem Klassenraum bzw. den freien Plätzen an
den Gruppentischen. Aus dieser Verknüpfung lässt sich die Annahme ableiten, dass die
freien Plätze im Sinne einer Sitzordnung an konkrete Personen geknüpft sind.

> Lehrerin: „Wer fehlt denn jetzt? *(zeigt auf die leeren Plätze an den Gruppentischen)* Semhar ist
> drüben, Ipal ist drüben, Samuel kommt gleich *(Pause)*, Kemal."

Mit dieser Aufzählung liefert die Lehrerin eine Antwort auf die zuvor von ihr selbst gestellte
Frage „Wer fehlt denn jetzt?". Die Lehrerin zählt insgesamt vier Personen mit ihren Vornamen auf, wobei sie den Aufenthaltsort der beiden erstgenannten Personen (Semhar und
Ipal) mit dem lokalen Adverb „drüben" zunächst unbestimmt lässt. Aus dem Protokoll wird
an dieser Stelle nicht ersichtlich, aus welchem Grund und wie lange Semhar und Ipal „drüben" sind und wo genau „drüben" ist. Die dritte Person, die an dieser Stelle aufgezählt wird,
ist Samuel. Durch die Verwendung des Indikativs drückt die Lehrerin eine Gewissheit und
Sicherheit darüber aus, dass Samuel „gleich kommen" wird. Es ist unklar, ob es im Laufe
des Vormittags bereits eine Begegnung zwischen der Lehrerin und Samuel gab und sie demnach sicher weiß, dass er gleich (wieder) kommt oder ob Samuel wohlmöglich (angekündigt
oder regelmäßig) später eintrifft. Zunächst bleibt erklärungsbedürftig, wo Samuel zum jet-
zigen Zeitpunkt ist und woher die Lehrerin (sicher) weiß, dass er „gleich kommen" wird.
Die vierte und letzte Person, die von der Lehrerin an dieser Stelle aufgezählt wird, ist Kemal.
Im Gegensatz zu Semhar, Ipal und Samuel wird in Bezug auf Kemal keine zeitliche oder
räumliche Einordnung vorgenommen. Es bleibt erklärungsbedürftig, in welchen Zusammenhängen Kemal an dieser Stelle aufgezählt wird und wo Kemal sich zum aktuellen Zeitpunkt befindet.

| #00:12:56-1# 30 | Ein Junge betritt den Raum, hält einen Schulranzen in der Hand, bleibt stehen und blickt in Richtung der Kamera neben der Tafel. Die Schulbegleiterin läuft hinter ihm her in den Raum: „Hallo, Mor-gen." Lehrerin: „Morgen. Cool, oder Samuel?" Samuel läuft zu einem freien Platz. Die Schulbegleiterin und die Lehrerin nicken sich lächelnd zu. | |

Ein Junge betritt den Raum, hält einen Schulranzen in der Hand, bleibt stehen und blickt in Richtung der Kamera neben der Tafel.

Im Protokoll entsteht ein Bruch. Während die Lehrerin soeben noch vier Personen aufgezählt hat, die fehlen, betritt nun ein Junge mit einem Schulranzen in der Hand den Klassenraum. Zunächst ist unklar, wer der Junge ist. Möglicherweise handelt es sich hier um den in der vorangegangenen Sequenz angekündigten Samuel („kommt gleich") oder Kemal. Es folgt eine Ausführung der Situation. Der Junge bleibt – zunächst ohne erkennbaren äußeren Grund – im Raum stehen und schaut in Richtung der Kamera, die neben der Tafel platziert ist. Der Blick des Jungen in Richtung der Kamera neben der Tafel kann dabei zweierlei bedeuten: (1) Der Junge nimmt die Anwesenheit der Kamera zur Kenntnis. Oder (2) der Junge ist von der Anwesenheit der Kamera irritiert.

Der Junge betritt nach dem Gong (vgl. Seq. 21) und nach der Begrüßung der Lehrerin (vgl. Seq. 24) das Klassenzimmer. Durch den Gong und die Begrüßung der Lehrerin wurde ein (offizieller/formeller) Anfang des Unterrichts markiert, was darauf hinweist, dass der Junge zu spät zum Unterricht erscheint. Als Anschluss ist demnach eine Entschuldigung oder Einordnung des Zuspätkommens von Seiten des Jungen denkbar. Alternativ könnte auch die Lehrerin auf sein Zuspätkommen Bezug nehmen.

Die Schulbegleiterin läuft hinter ihm her in den Raum:

Die vorangegangene Situation wird zunächst nicht weiter ausgeführt. Es entsteht erneut ein Bruch im Protokoll und eine neue Situation wird eingeführt. Hinter dem Jungen betritt die Schulbegleiterin – in Bezug auf den bereits markierten Unterrichtsanfang ebenfalls verspätet – das Klassenzimmer. In ihrer Antwort auf die Frage „Wer fehlt denn jetzt?" verwies die Lehrerin neben Semhar und Ipal in der vorangegangenen Sequenz lediglich auf Samuel mit „kommt gleich" und Kemal (ohne weitere Konkretisierung). Die allgemeine Formulierung der Lehrerin „Wer" schließt im Gegensatz zur Frage „Welche Schüler:innen fehlen denn jetzt?" rein formell auch die Schulbegleiterin als fehlende Person mit ein. Es ist also erklärungsbedürftig, warum die Lehrerin die Schulbegleiterin nicht als fehlend aufgezählt oder ebenfalls mit „kommt gleich" angekündigt hat. Diesbezüglich bestehen zwei Möglichkeiten: (1) Die Lehrerin hat im Zeigen auf die leeren Plätze an den Gruppentischen die fehlenden Schüler:innen benannt und die Schulbegleiterin (unausgesprochen) mitbedacht oder (2) die Lehrerin hat die Schulbegleiterin in ihrer Aufzählung der Fehlenden vergessen und wird von ihrem Eintreffen möglicherweise irritiert/überrascht sein. In Bezug auf das Zuspätkommen des Jungen und der Schulbegleiterin ist erneut eine Entschuldigung oder Einordnung des Zuspätkommens durch den Jungen und/oder die Schulbegleiterin als Anschluss denkbar. Alternativ könnte auch die Lehrerin auf das Zuspätkommen der beiden Bezug nehmen.

„Hallo, Morgen."

Die Schulbegleiterin sagt beim Ankommen im Klassenzimmer „Hallo, Morgen." und verwendet damit eine kurze, knappe und eher saloppe Begrüßung. Diese wenig förmliche Anrede erweckt den Eindruck einer routinierten und in der Tendenz eher vertrauten Begrüßung. Für den Moment ist nicht klar, ob die Schulbegleiterin ihre Begrüßung an eine bestimmte Person richtet. Der zuvor vermutete Anschluss einer Entschuldigung oder Einordnung für das Zuspätkommen findet weiterhin nicht statt.

Lehrerin: „Morgen.

Die Lehrerin scheint sich von der Begrüßung der Schulbegleiterin adressiert zu fühlen. Das „Morgen." der Lehrerin stellt einen Gegengruß und damit eine Reaktion und Antwort auf die Begrüßung der Schulbegleiterin dar. Die Lehrerin begrüßt die Schulbegleiterin, ebenfalls kurz und knapp, floskelartig mit „Morgen.", was im Sinne einer automatisierten, mündlichen Äußerung als Routineformel eingeordnet werden kann. Es stellt sich die Frage, wie die Lehrerin mit der Situation weiter verfährt. Wird sie die Schulbegleiterin und/oder Samuel auf ihr Zuspätkommen aufmerksam machen oder anderweitig auf die beiden Eintreffenden eingehen? Alternativ wäre der Anschluss denkbar, dass sich die Lehrerin (wieder) der Klasse/den bereits anwesenden Schüler:innen zuwendet und mit dem Unterricht beginnt.

Lehrerin: „Morgen. Cool, oder Samuel?"

Es entsteht ein Bruch im Protokoll. Während sich das „Morgen." der Lehrerin als erwartbare Reaktion auf die Begrüßung „Hallo, Morgen." der Schulbegleiterin einordnen lässt, entsteht durch die anschließende Aussage „Cool, oder Samuel?" eine Situation, die in hohem Maße erklärungsbedürftig ist. Während sich die Lehrerin mit dem „Morgen." auf die Schulbegleiterin und deren Begrüßung bezieht, bezieht sie sich mit „Cool, oder Samuel?" umgehend (ohne Pause oder Begrüßung) auf den gerade eingetroffenen Jungen. Zwischen Samuel, der in der vorangegangenen Sequenz mit „kommt gleich" bereits angekündigt wurde, und der Lehrerin fand zuvor keine erkennbare verbale oder nonverbale (bspw. Zunicken, Hand heben, Winken) Begrüßung statt. Dies kann in zweierlei Hinsicht verstanden werden: (1) Es kam bereits zuvor (bspw. auf dem Flur) zu einer Begegnung/Begrüßung zwischen der Lehrerin und Samuel oder (2) die Begrüßung der Lehrerin „Morgen." stellt über die Reaktion auf die Begrüßung der Schulbegleiterin hinaus auch eine an Samuel gerichtete Begrüßung dar. Weder die Schulbegleiterin noch Samuel werden von der Lehrerin auf ihr Zuspätkommen aufmerksam gemacht. Im Gegenteil: die (saloppe) Äußerung „Cool, oder Samuel?" verweist – losgelöst vom äußeren Kontext – auf ein eher lockeres/freundschaftliches/informelles Verhältnis zwischen Fragestellerin und Adressat. Es ist im ersten Moment unklar, auf welchen Sachverhalt oder auf welche Situation sich die Nachfrage „Cool, oder Samuel?" der Lehrerin bezieht. Betrachtet man die Ausdrucksweise „Cool" auf einer semantischen Ebene, ist festzustellen, dass damit etwas als „in hohem Maße gefallend", „der Idealvorstellung entsprechend" oder auch „keinen, kaum Anlass zur Klage gebend", „durchaus annehmbar", „in Ordnung"[72] einzuordnen ist. Durch die Formulierung „oder Samuel?" wird die Nachfrage zu einer rhetorischen. Das „oder" drückt an dieser Stelle aus, dass ein Einwand von Samuel möglich ist, eigentlich aber seine Zustimmung erwartet wird. In Rückbezug auf das Protokoll kommt dabei lediglich eine Situation in Frage, auf welche sich die Aussage der Lehrerin „Cool, oder Samuel?" beziehen könnte: Ein Junge betritt den Raum, bleibt stehen und blickt in Richtung der Kamera neben der Tafel. So ist zu fragen, warum die Lehrerin Samuel mit ihrer rhetorisch formulierten Frage die Anwesenheit der Kameras als etwas „Cooles"/Gutes/Positives vermitteln möchte. Aus Samuels Verhalten (blickt in Richtung der Kamera neben der Tafel) ist zunächst keine „Notwendigkeit" einer derartigen Reaktion oder

---

[72]   Diese und nachfolgende semantische Einordnungen im Sinne der Explikation der Wortbedeutung entstammen allesamt der Internetseite des Duden (www.duden.de).

Einordnung von Seiten der Lehrerin abzuleiten. Als Reaktion auf Samuels vermutete und offenbar von der Lehrerin wahrgenommene Irritation bezüglich der aufgestellten Kamera wäre eine informative Einordnung über den Grund und die Dauer der Anwesenheit der Kameras als Anschluss eher denkbar gewesen: „Samuel, du wunderst dich über die aufgestellte Kamera? Die beiden Kameras stehen heute in den ersten zwei Schulstunden hier im Klassenzimmer und nehmen auf, was hier so passiert, wie ihr lernt und wie wir den Unterricht gemeinsam gestalten." Offenbar entscheidet sich die Lehrerin jedoch nicht für eine neutrale Information über die Anwesenheit der Kameras. Vielmehr entscheidet sie sich dazu, Samuels vermutete Irritation über die Kamera aufzugreifen, indem sie deren Präsenz salopp und informell und dabei positiv besetzt als „Cool" rhetorisch fragend einordnet und damit kommentiert.

Der denkbare/erwartete Anschluss an das Zuspätkommen (Kommentierung des Zuspätkommens durch die Lehrerin) von Samuel und der Schulbegleiterin findet nicht statt. Es ist weder eine Irritation der Lehrerin über die verspätete Ankunft von Samuel noch über das (ebenfalls verspätete) Eintreffen der Schulbegleiterin erkennbar, was in der Verknüpfung mit der Ankündigung „Samuel kommt gleich" darauf hindeutet, dass zumindest die Verspätung von Samuel entweder im Vorfeld bekannt war, angekündigt wurde oder regelmäßig stattfindet und demnach an dieser Stelle nicht explizit kommentiert werden muss. Dass die Lehrerin vom Eintreffen der Schulbegleiterin nicht irritiert ist, kann als Hinweis darauf verstanden werden, dass die Lehrerin die Schulbegleiterin bei ihrer Aufzählung der noch fehlenden Personen mitbedacht hat.[73]

> Samuel läuft zu einem freien Platz.

Erneut lässt sich im Protokoll ein Bruch feststellen. Samuel zeigt keine erkennbare Reaktion auf die rhetorisch gestellte Frage der Lehrerin. Dass Samuel der Lehrerin nicht antwortet oder anderweitig auf ihre Frage „Cool, oder Samuel?" eingeht, scheint aufgrund ihrer rhetorischen Natur zunächst nicht in besonderem Maße verwunderlich. Indem Samuel sich in Bewegung setzt und einen freien Platz im Klassenzimmer ansteuert, beschließt er (für sich) die vorangegangene Situation und setzt sein (verspätetes) Ankommen weiterhin wortlos fort. Jegliche Interaktion in Bezug auf das Ankommen von Schulbegleiterin und Samuel fand bislang zwischen der Schulbegleiterin und der Lehrerin statt. Auch, wenn die Lehrerin eine rhetorische Frage an Samuel richtete („Cool, oder Samuel?") kam es zwischen den beiden zu keiner Interaktion im Sinne eines aufeinander bezogenen Handelns zweier Personen.

> Die Schulbegleiterin und die Lehrerin nicken sich lächelnd zu.

Die Lehrerin geht vorerst nicht weiter auf Samuel ein. Stattdessen ergibt sich eine neue Situation zwischen der Schulbegleiterin und der Lehrerin. Die beiden nicken sich lächelnd zu. Der nonverbale Akt des Zunickens und Zulächelns ist erklärungsbedürftig. Aufgrund der Tatsache, dass sich die beiden bereits mit einem gegenseitigen „Morgen." begrüßt haben,

---

[73] Über die der Arbeit zugrundeliegende Forschungsfrage hinaus ist es in Bezug auf die Teilhabe und Partizipation der einzelnen Schüler:innen, deren Schulbesuch durch den Einsatz einer Schulbegleitung ermöglicht wird, von großem Erkenntnisinteresse, welche Strukturen und Dynamiken der Beziehung/dem Arbeitsbündnis der Schüler:innen mit Schulbegleitung und den jeweiligen Lehrkräften (auch im Unterschied zu Schüler:innen ohne Schulbegleitung) zugrunde liegen.

muss davon ausgegangen werden, dass das nicken sich lächelnd zu an dieser Stelle des Protokolls demnach keine Form der nonverbalen Begrüßung darstellt. Das Nicken deutet in diesem Zusammenhang vielmehr auf eine Form der Zustimmung oder Bestätigung hin, während die Ergänzung lächelnd als Anzeichen für eine freundliche und zugewandte Haltung eingeordnet werden kann. Eine mögliche Lesart dieses nonverbalen Akts könnte sein, dass es sich bei nicken sich lächelnd zu (stellvertretend für Samuel) um eine zustimmende/bestätigende Reaktion auf die zuvor rhetorisch gestellte Frage der Lehrerin handelt.

Hypothese zur Fallstruktur

In den bislang analysierten Sequenzen drückt sich eine Dynamik aus, die auf eine Verbindung zwischen Samuel und der Schulbegleiterin hinweist, in der die beiden gemeinsam, im Sinne einer diffusen Einheit, bedacht und wahrgenommen werden und auch als Einheit agieren: In der Antwort auf die Frage der Lehrerin „Wer fehlt denn jetzt noch?" wird die Schulbegleiterin nicht explizit aufgeführt, aber in der Ankündigung „Samuel kommt gleich" mitbedacht. In der Begrüßungssequenz findet eine explizite Begrüßung („Hallo, Morgen." | „Morgen.") zwischen der Schulbegleiterin und der Lehrerin statt, die über die Begrüßung zwischen den beiden Frauen hinaus auch eine stellvertretende Begrüßung zwischen Samuel und der Lehrerin darstellt. Die Schulbegleiterin reagiert, stellvertretend für Samuel, auf die rhetorisch gestellte Frage („Cool, oder Samuel?") der Lehrerin.

Die Schulbegleiterin und Samuel werden als diffuse Einheit bedacht/wahrgenommen und agieren auch als solche/nehmen sich selbst als solche wahr.

6.1.1.2 „So Samuel, ausschneiden, aufkleben, schreiben."

| #00:25:57-2#
65 | Die Lehrerin läuft langsam zu Samuel und legt ihm ein Arbeitsblatt hin. Die Schulbegleiterin steht hinter Samuel, die Lehrerin steht rechts von Samuel an der Tischecke.
Lehrerin *(tippt auf das Arbeitsblatt) (zeigt mit ausgestrecktem Zeigefinger auf das Arbeitsblatt):* „Was ist das?"
Samuel: (unverständlich)
Lehrerin: „Nein. *(tippt auf eine andere Stelle auf dem Arbeitsblatt)* Und was ist das?"
Samuel: (unverständlich).
Lehrerin: „Und zusammen ist das?"
Samuel schaut die Lehrerin an.
Lehrerin: „Ein Fuß und ein Ball ist ein?"
Samuel schaut die Lehrerin an.
Schulbegleiterin *(klatscht neben Samuel einmal in die Hände):* „Sind ein? *(Pause)* Fuß *(hebt ihren linken Daumen hoch)* und Ball *(hebt ihren rechten Daumen hoch)* gibt *(bringt beide Daumen zusammen)?"*
Samuel: „Ball." | |

| | Die Schulbegleiterin steht hinter Samuel und stützt sich an seiner Lehne mit beiden Armen ab. Lehrerin *(macht eine Kickbewegung in die Luft, schnalzt mehrmals mit der Zunge)*: „Ja genau und was für einer?" Samuel schaut auf die Füße der Lehrerin. Schulbegleiterin *(macht eine Kickbewegung in die Luft)*: „Was spielt ihr in der Pause?" | |

Die Lehrerin läuft langsam zu Samuel und legt ihm ein Arbeitsblatt hin. Die Schulbegleiterin steht hinter Samuel, die Lehrerin steht rechts von Samuel an der Tischecke.
Lehrerin *(tippt auf das Arbeitsblatt) (zeigt mit ausgestrecktem Zeigefinger auf das Arbeitsblatt)*: „Was ist das?"

Samuel wird von der Lehrerin ein Arbeitsblatt vorgelegt. Sowohl die Lehrerin als auch die Schulbegleiterin befinden sich stehend in unmittelbarer Nähe (Die Schulbegleiterin steht hinter Samuel, die Lehrerin steht rechts von Samuel an der Tischecke) zu Samuel. Die Lehrerin stellt in dieser Sequenz durch *(tippt auf das Arbeitsblatt)* und *(zeigt mit ausgestrecktem Zeigefinger auf das Arbeitsblatt)* nonverbal einen Aufgabenbezug her. Der sich unmittelbar anschließende Sprechakt „Was ist das?" unterstreicht den Aufgabenbezug; es ergibt sich in dieser Sequenz ein didaktisches Dreieck (Samuel | Lehrerin | Aufgabe/Thema). Der Sprechakt „Was ist das?" enthält einen unmittelbaren Aufforderungscharakter: Die Lehrerin fragt nach etwas, dessen Nennung oder Bezeichnung erwartet oder gefordert wird. Auffällig ist, dass die Lehrerin den Aufgabenbezug hier ohne jegliche Rahmung oder Einleitung herstellt. Erwartbarer wäre bspw. eine direkte Ansprache Samuels, eine Einführung oder Erläuterung der nun zu bearbeitenden Aufgabe gewesen.

Samuel: (unverständlich)
Lehrerin: „Nein.

Samuel sagt etwas. Im Protokoll wird zunächst nicht deutlich (unverständlich), ob er sich mit einer inhaltlichen Antwort auf die von der Lehrerin gestellte Frage bezieht oder etwas anderes verbal äußert. Die Lehrerin entgegnet Samuels Äußerung mit einem „Nein.". Das „Nein." der Lehrerin kann an dieser Stelle entweder (1) als Ablehnung von Samuels Gesagten (Samuel antwortet inhaltlich auf die Frage der Lehrerin, seine Antwort ist falsch) oder (2) als verneinende Antwort auf eine von Samuel gestellte Entscheidungsfrage (Samuel stellt der Lehrerin eine Entscheidungsfrage in Bezug auf das Arbeitsblatt | Samuel stellt der Lehrerin eine Entscheidungsfrage in Bezug auf etwas, das nichts mit der Aufgabe zu tun hat) eingeordnet werden. Was alle Lesarten verbindet, ist die Annahme, dass das „Nein." der Lehrerin als Hinweis darauf zu verstehen ist, dass Samuel nicht die gewünschte oder erwartete Antwort auf die Frage „Was ist das?" der Lehrerin gegeben hat. Im Anschluss an ihr „Nein." wäre demnach erwartbar, dass die Lehrerin implizit (bspw. durch schweigendes Abwarten) oder explizit (indem sie Samuel die gestellte Frage erneut, möglicherweise alternativ formuliert, stellt oder ihm eine rahmende Einführung oder anderweitige Informationen zum Arbeitsblatt gibt) Bezug auf die eingangs gestellte Frage „Was ist das?" nimmt.

Lehrerin: „Nein. *(tippt auf eine andere Stelle auf dem Arbeitsblatt)* Und was ist das?"

Es entsteht ein Bruch im Protokoll. Die Lehrerin nimmt weder implizit noch explizit Bezug auf die eingangs gestellte, bislang nicht (korrekt) beantwortete Frage und geht auch nicht in anderer Art und Weise auf die unverständliche Äußerung von Samuel ein. Vielmehr richtet die Lehrerin den Fokus nun *auf eine andere Stelle auf dem Arbeitsblatt.* Dabei ist auffällig, dass die Lehrerin sowohl nonverbal (auf das Arbeitsblatt tippen) als auch verbal (identische Formulierung und identischer Aufbau der Frage „Was ist das?") wiederholt, was zuvor offenbar nicht zu einem gewünschten/intendierten Ergebnis (Samuel beantwortet die Frage richtig) führte. Das „Und", welches in dieser Sequenz vor dem „Was ist das?" steht, deutet eine (vermeintliche) Verbindung zu etwas Vorangegangenem an; woran genau wird an dieser Stelle im Protokoll nicht ersichtlich.

Samuel: (unverständlich).
Lehrerin: „Und zusammen ist das?"

Samuel sagt etwas. Erneut wird im Protokoll zunächst nicht deutlich (unverständlich), ob er sich mit einer inhaltlichen Antwort auf die von der Lehrerin gestellte Frage bezieht oder etwas anderes verbal äußert. Die anschließende Frage der Lehrerin wird erneut mit einem „Und" eröffnet, was darauf hinweist, dass sie an Samuels Äußerung anknüpft. Die Frage „Und zusammen ist das?" impliziert (mindestens) zwei Bestandteile, die als Gesamtheit zusammengefasst werden. In Verknüpfung mit den vorangegangenen Sequenzen scheint die Lehrerin auf die beiden (intendierten) Antworten auf die Fragen „Was ist das?" und „Und was ist das?" abzuzielen und Samuel in der vorliegenden Sequenz dazu aufzufordern, diese zusammenzubringen und damit als Gesamtheit zusammenzufassen. Die Frage „Und zusammen ist das?" ist dabei in hohem Maße erklärungsbedürftig, wenn weiterhin davon auszugehen ist, dass Samuel (mindestens) die erste „Was ist das?"-Frage nicht (korrekt) beantwortet hat und ihm somit (mindestens) ein wesentlicher Bestandteil, nämlich die Hälfte der Informationen zur Beantwortung der Frage „Und zusammen ist das?" fehlt. Demnach ist nicht zu erwarten, dass Samuel diese Frage im Anschluss (richtig) beantworten wird.

Samuel schaut die Lehrerin an.

Samuel wendet sich vom Aufgabenblatt ab, hin zur Lehrerin. Er schaut die Lehrerin an und äußert sich zunächst nicht verbal. Diese Sequenz deutet darauf hin, dass Samuel nicht im Stande ist, die Frage der Lehrerin zu beantworten. Dass Samuel seine Aufmerksamkeit vom Arbeitsblatt weg hin zur Lehrerin bewegt, kann als Hinweis auf eine dynamische Veränderung im didaktischen Dreieck eingeordnet werden: Während die Lehrerin durch das Tippen auf das Arbeitsblatt und die gestellten Fragen („Was ist das?" | „Und was ist das" | „Und zusammen ist das?") einen Aufgabenbezug hergestellt hat bzw. versucht hat, einen Aufgabenbezug herzustellen, deutet sich hier (von Samuel aus) eine Bewegung weg vom Aufgabenbezug hin zum Beziehungsbezug an.

Lehrerin: „Ein Fuß und ein Ball ist ein?"

Erneut findet ein Bruch im Protokoll statt. Die Lehrerin geht nicht auf Samuels Blick/vermuteten Beziehungsbezug ein, sondern stellt abermals eine aufgabenbezogene Frage. Während die drei vorangegangenen Fragen durch die Verwendung des auf der manifesten Ebene des Protokolls unbestimmten „das" einen eher abstrakten Charakter hatten, ist in der von der Lehrerin gestellten Frage „Ein Fuß und ein Ball ist ein?" ein konkreter Inhalt/Hinweis auf die Lösung der Aufgabenstellung erkennbar. Dabei verwendet die Lehrerin in ihrer Frage „Ein Fuß und ein Ball [konjugiertes Verb]" die Konjugation der 3. Person Singular (ist) anstelle der korrekten Konjugation 3. Person Plural (sind).

Die beiden angeführten Substantive „Ein Fuß und ein Ball" können dabei jeweils als Antwort auf die erste („Was ist das?" – ein Fuß) und die zweite Frage („Und was ist das" – ein Ball) eingeordnet werden, welche in der Zusammenführung („Und zusammen ist das?") das (neue) Substantiv Fußball ergeben. Die Lehrerin entscheidet sich an dieser Stelle also dafür, Samuel die Antworten auf die beiden Ausgangsfragen („Was ist das?" | „Und was ist das?") in ihrer Frage „Ein Fuß und ein Ball ist ein?" zu geben, mit dem Ziel, dass Samuel auf dieser Grundlage die Frage „Und zusammen ist das?" selbstständig beantworten kann. Das Vorgehen der Lehrerin verweist in der vorliegenden Sequenz durchgängig darauf, dass für sie an dieser Stelle lediglich das Ergebnis (die richtige Antwort auf die Frage „Und zusammen ist das?") von Bedeutung ist. Wie Samuel zu diesem Ergebnis kommt, scheint dabei zunächst weniger bedeutsam/zweitrangig zu sein. Die erwartbare Antwort auf die Frage der Lehrerin „Ein Fuß und ein Ball ist ein?" wäre, wie bereits weiter oben aufgezeigt, das Substantiv „Fußball".

Samuel schaut die Lehrerin an.

Samuel zeigt (erneut) keine erkennbare Reaktion auf die Fragestellung der Lehrerin und schaut diese (weiterhin) an. Wie bereits expliziert scheint die Lehrerin das Ziel zu verfolgen, dass Samuel das Substantiv „Fußball" aus den beiden Worten „Fuß" und „Ball" zusammensetzt. Indem sie in der vorangegangenen Sequenz die Frage „Ein Fuß und ein Ball ist ein?" formulierte, hat sie auf dieser Ebene maximal konkrete Hinweis auf die Antwort gegeben. Wenn Samuel auf dieser Grundlage die Frage nicht beantworten und demnach die Antwort nicht geben kann, gerät die aufgabenbezogene Kommunikation zwischen der Lehrerin und Samuel zunehmend in eine Krise[74].

Schulbegleiterin *(klatscht neben Samuel einmal in die Hände)*: „Sind ein? *(Pause)*

Es entsteht ein Bruch im Protokoll. Die Schulbegleiterin, die bislang nicht in die Kommunikation und Interaktion zwischen Samuel und der Lehrerin involviert war, *(klatscht neben Samuel einmal in die Hände)* und tritt damit in der vorliegenden Sequenz erstmals aktiv in Erscheinung. Das einmalige In-die-Hände-Klatschen der Schulbegleiterin kann entweder dahingehend eingeordnet werden, dass die Schulbegleiterin mit dieser Geste Samuels Aufmerksamkeit auf sich selbst oder (wieder) auf die Frage der Lehrerin lenken möchte. Durch die anschließende Äußerung „Sind ein?" wiederholt die Schulbegleiterin die Fragestruktur der Lehrerin. Sie bietet keine alternative Frage- oder Hilfestellung für Samuel an. In Bezug auf die sich an das einmalige In-die-Hände-klatschen anschließende Äußerung der Schulbegleiterin „Sind ein?" gibt es zwei unterschiedliche Lesarten: (1) Die Schulbegleiterin wendet sich – (rhetorisch) fragend – an die Lehrerin und verbessert explizit deren Fehler in der Konjugation (s. oben) oder (2) die Schulbegleiterin nimmt wahr, dass die Kommunikation zwischen Lehrerin und Samuel zunehmend in die Krise zu geraten droht und entscheidet

---

74   Krise als Gegenteil von Routine (vgl. Oevermann 2000).

sich deshalb, zu intervenieren. Dabei richtet sie das „Sind ein?" als Frage an Samuel und verfolgt die Fragestruktur der Lehrerin; mit dem Unterschied, dass sie im Gegensatz zur Lehrerin, anknüpfend an deren vorausgegangene Frage „Ein Fuß und ein Ball ist ein?", mit „Sind ein?" die korrekte Konjugation verwendet und damit eine implizite Korrektur der Lehrerin vornimmt.

> Schulbegleiterin *(klatscht neben Samuel einmal in die Hände)*: „Sind ein? *(Pause)* Fuß *(hebt ihren linken Daumen hoch)* und Ball *(hebt ihren rechten Daumen hoch)* gibt *(bringt beide Daumen zusammen)*?"

Die sich an die Frage der Schulbegleiterin anschließende *(Pause)* deutet auf ein abwartendes Moment auf Seiten der Schulbegleiterin hin. Im Anschluss an die *(Pause)* fährt die Schulbegleiterin fort. Angelehnt an die Fragestruktur der Lehrerin „Ein Fuß und ein Ball ist ein?" fragt die Schulbegleiterin – erneut an die Fragestruktur der Lehrerin angelehnt – „Fuß […] und Ball […] gibt?". Ergänzend zu ihrer verbalen Äußerung verknüpft die Schulbegleiterin die einzelnen Bestandteile der Frage jeweils mit einer Geste. Das Substantiv „Fuß" wird von der Geste *(hebt ihren Linken Daumen hoch)* begleitet. Im weiteren Verlauf der Frage schließt die Schulbegleiterin an die beiden Worte „und Ball" die Geste *(hebt ihren rechten Daumen hoch)* an. Die Schulbegleiterin *(bringt beide Daumen zusammen)*, als sie das die Frage abschließende Wort „gibt" sagt. Die Schulbegleiterin greift in dieser Sequenz in die zunehmend krisenhafte Kommunikation zwischen der Lehrerin und Samuel ein. Dabei verfolgt sie, wie aufgezeigt, die Frage- und Kommunikationsstruktur der Lehrerin und ergänzt diese durch den Einsatz von Gesten, um die Struktur der Aufgabenstellung visuell zu verdeutlichen: Es gibt zwei Worte („Fuß" – linker Daumen | „Ball" - rechter Daumen) und diese beiden Worte müssen, ähnlich wie die beiden Daumen, zu einer neuen Einheit („Fußball") zusammengebracht werden. Es ist erklärungsbedürftig, warum die Schulbegleiterin an dieser Stelle und in dieser Art und Weise interveniert.

> Samuel: „Ball."

Samuel sagt das Wort „Ball". Samuel beantwortet damit die von der Schulbegleiterin gestellte Frage („Fuß und Ball gibt?") nicht korrekt, vielmehr wiederholt er das Wort „Ball". Die Antwort von Samuel „Ball." unterstreicht die Lesart, dass Samuel zuvor lediglich die zweite Hälfte der Aufgabenstellung („Und was ist das?") richtig beantwortet und demnach als Grundlage zur Lösung der „eigentlichen" Aufgabe („Und zusammen ist das?") zur Verfügung hat.

> Die Schulbegleiterin steht hinter Samuel und stützt sich an seiner Lehne mit beiden Armen ab.

Die Schulbegleiterin, die bislang hinter Samuel stand und weiterhin steht, stützt sich mit beiden Armen an der Stuhllehne von Samuel ab. Die sich abstützende Geste kann in zweierlei Hinsicht verstanden werden: (1) Die Schulbegleiterin drückt im Abstützen eine gewisse Ermüdung/Erschöpfung über den eher schleppend und krisenhaft verlaufenden Fortschritt in der Beantwortung der Aufgabe aus oder (2) die Schulbegleiterin wendet sich Samuel mit dem Abstützen auf der Stuhllehne körperlich zu, stellt damit eine gewisse Nähe und (symbolisch gesprochen) eine „Rückendeckung" her.

Lehrerin *(macht eine Kickbewegung in die Luft, schnalzt mehrmals mit der Zunge)*: „Ja genau und was für einer?"

Im Anschluss an die kurze Interaktion zwischen der Schulbegleiterin und Samuel sowie Samuels Äußerung „Ball.", *macht die Lehrerin eine Kickbewegung in die Luft* und schnalzt mehrmals mit der Zunge. Die Kickbewegung in die Luft kann als pantomimischer Hinweis auf „kicken", „gegen einen Ball treten", „schießen" oder „Fußball" verstanden werden, das Schnalzen der Zunge stellt möglicherweise eine akustische Untermalung der Kickbewegung dar. Mit der pantomimischen Darstellung – möglicherweise angeregt von der Gestik der Schulbegleiterin – und dem kurzen, knallenden Laut des Schnalzens der Lehrerin scheint ein weiterer Versuch unternommen zu werden, Samuel das Wort „Fußball" sozusagen zu entlocken. Die Kickbewegung und das Schnalzen leiten die Frage „Ja genau und was für einer?" ein. Das „Ja genau" bezieht sich dabei mutmaßlich auf Samuels zuvor gegebene korrekte (Teil-)Antwort „Ball." wobei der zweite Teil der Frage „und was für einer?" auf die für Samuel anscheinend (weiterhin) unklare andere/erste Hälfte der Aufgabenstellung (Fuß) abzuzielen scheint. Die pantomimische (Kickbewegung) und auditive (Schnalzen) Einleitung der Frage „und was für einer?" verweist auf den nicht mehr vorhandenen Aufgabenbezug (das Arbeitsblatt/die Aufgabenstellung). Das (unausgesprochene) Ziel der Lehrerin scheint es zu sein, Samuel das Wort „Fußball" und damit zumindest formell – aber nur äußerlich sich vollziehend, ohne eigentlichen Wert – die Lösung der ursprünglich gestellten Aufgabe zu entlocken. Dass Samuel die Struktur der Aufgabe versteht und auf dieser Grundlage die Aufgabenstellung auf dem Arbeitsblatt bearbeiten kann, scheint in dieser Interaktion nicht (mehr) im Fokus zu stehen oder von Interesse zu sein.[75]

Samuel schaut auf die Füße der Lehrerin.

Samuel zeigt (erneut) keine erkennbare Reaktion auf die Fragestellung der Lehrerin und schaut auf ihre Füße. Die Kickbewegung der Lehrerin scheint Samuels (visuelle) Aufmerksamkeit endgültig von der Fragestellung weg, hin zur Person der Lehrerin gelenkt zu haben.

Schulbegleiterin *(macht eine Kickbewegung in die Luft)*: „Was spielt ihr in der Pause?"

Die Schulbegleiterin *macht eine Kickbewegung in die Luft*. Erneut greift die Schulbegleiterin in die Interaktion zwischen Samuel und der Lehrerin ein. Erneut übernimmt sie dabei einen unmittelbar vorangegangenen Impuls der Lehrerin, in dieser Sequenz die *Kickbewegung in die Luft*. So wie die Lehrerin leitet auch die Schulbegleiterin pantomimisch die sich

---

[75]   Die analysierte Sequenz muss als Anlass genommen werden, um sich (an anderer Stelle) mit der Frage auseinanderzusetzen, welche Annahmen dem Handeln der Lehrerin in Bezug auf Samuels Lernen und Verstehen zugrunde liegen. In der vorliegenden Sequenz wird kein Versuch unternommen, Samuel tatsächlich dahingehend zu befähigen (vgl. Kap. 2.6), dass er die Aufgabenstellung auf dem Arbeitsblatt in einer Weise versteht, dass er sie im Anschluss selbstständig oder mit Unterstützung der Schulbegleiterin bearbeiten kann. Die Aktionen und Interventionen der Lehrerin zielen alle auf die formelle Nennung des Wortes „Fußball" ab. So kommt zum einen die Frage auf, inwiefern die Lehrerin Samuel das Verstehen der Aufgabenstellung überhaupt zutraut und zum anderen inwiefern sich die Lehrerin darauf verlässt, dass sich die Schulbegleiterin (später) um das Lernen von Samuel kümmert, sodass die Interaktion in der vorliegenden Sequenz für die Lehrerin lediglich einen formellen Akt darstellt.

anschließende Frage ein. Sie fragt „Was spielt ihr in der Pause?" und trägt damit weiter zur vollständigen Abkehr vom Aufgabenbezug bei. Durch die von der Lehrerin und der Schulbegleiterin verursachte Abkehr vom Aufgabenbezug entsteht eine triadische Dynamik zwischen der Lehrerin, der Schulbegleiterin und Samuel. In dieser Szene agieren die Lehrerin und die Schulbegleiterin sowohl in Bezug auf ihre Körpersprache als auch auf inhaltlicher und struktureller Ebene der verbalen Kommunikation kongruent.

Hypothese zur Fallstruktur

In der analysierten Sequenz kommt es an zwei Stellen zu erklärungsbedürftigen Interventionen der Schulbegleiterin, wobei sich die Erklärungsbedürftigkeit sowohl auf den Zeitpunkt als auch auf die Art und Weise der Interventionen der Schulbegleiterin bezieht.

Aus der Dynamik, die sich in der vorliegenden Sequenz entwickelt hat, lässt sich die Hypothese ableiten, dass die Schulbegleiterin die Handlungserwartung, die die Lehrerin an Samuel stellt (stellvertretend) auch als Handlungserwartung an sich selbst wahrnimmt. Sobald also die Kommunikation zwischen Samuel und der Lehrerin in eine Krise gerät/zu geraten droht (bspw., weil Samuel nicht im Stande ist, die Fragen der Lehrerin zu beantworten), empfindet die Schulbegleiterin einen gesteigerten Handlungsdruck, dem sie in der vorliegenden Sequenz durch ihre Interventionen nachgeht/nachgibt und damit der vermuteten impliziten Handlungserwartung der Lehrerin nachkommt. Die an dieser Sequenz entwickelte Hypothese stellt dabei eine Facette der Fallstrukturhypothese, die sich auf die diffuse Einheit von Samuel und der Schulbegleiterin bezieht, dar: Die Schulbegleiterin nimmt sich und Samuel als diffuse Einheit wahr und agiert auch als solche.

Die Schulbegleiterin nimmt die Erwartung/Handlungserwartung, die die Lehrerin an Samuel richtet, (stellvertretend) auch als Erwartung/Handlungserwartung an sich selbst wahr.

Hypothese zur Fallstruktur

Beide Interventionen der Schulbegleiterin orientieren sich jeweils in Bezug auf Inhalt und Struktur nahezu identisch an den unmittelbar vorangegangenen Handlungen der Lehrerin. Dabei stellt sich die Frage, ob die Schulbegleiterin (bspw. aufgrund fehlender didaktischer oder unterrichtlich-pädagogischer Grundlagen) keine Handlungsalternativen zur Lehrerin hat und/oder sich darüber hinaus in ihrer Rolle als Schulbegleiterin nicht in der Position sieht, die didaktische Vorgehensweise der Lehrerin durch einen alternativen Handlungsansatz in Frage zu stellen. Der Einsatz der Daumen-Gesten in der ersten Intervention der Schulbegleiterin kann jedoch als Hinweis darauf verstanden werden, dass die Schulbegleiterin zumindest eine grobe Idee davon hat, was Samuel brauchen könnte, um die Aufgabenstellung (besser) zu verstehen. Demnach verweist das Handeln der Schulbegleiterin in der Tendenz auf einen Loyalitätskonflikt: Auf der einen Seite verspürt die Schulbegleiterin einen gesteigerten Handlungsdruck in Bezug auf

Samuels Nicht-Verstehen der Aufgabe, auf der anderen Seite soll die vorgenommene Intervention das (didaktische) Handeln der Lehrerin nicht (zu sehr) in Frage stellen. Diesem vermuteten Loyalitätskonflikt begegnet die Schulbegleiterin in der analysierten Sequenz mit einem Kompromiss: Die Schulbegleiterin orientiert sich in Struktur und Inhalt an der (didaktischen) Vorgehensweise der Lehrerin und ergänzt diese durch den Einsatz von Gesten, die die Aufgabenstellung für Samuel visuell verdeutlichen sollen.

Die Schulbegleiterin befindet sich in einem Loyalitätskonflikt in Bezug auf Samuels Bedarf und die (didaktische) Vorgehensweise der Lehrerin.

#00:26:39-3# 66	Samuel streichelt der Schulbegleiterin mit seiner Hand über ihren rechten Unterarm. Die Schulbegleiterin nimmt beide Arme von der Stuhllehne.	

Samuel streichelt der Schulbegleiterin mit seiner Hand über ihren rechten Unterarm.

Es entsteht ein Bruch im Protokoll. Samuel nimmt Körperkontakt mit der Schulbegleiterin auf, indem er mit seiner Hand über ihren rechten Unterarm streichelt. Der sanfte, liebevolle, zärtliche Charakter des Streichelns verweist zunächst – unabhängig vom äußeren Kontext – auf eine diffus-intime Dynamik, wie sie in einer familiären oder partnerschaftlichen (Liebes-)Beziehung zu vermuten wäre. Samuels körperliche Kontaktaufnahme (Streicheln) mit der Schulbegleiterin kann dabei als Versuch eines Beziehungsbezugs mit der Schulbegleiterin eingeordnet werden. Dabei ist erklärungsbedürftig, weshalb Samuel genau an dieser Stelle im Protokoll die Beziehung zur Schulbegleiterin sucht. In Rückbezug auf die vorangegangene Sequenz können dabei zum einen die zunehmend krisenhafte und misslingende Kommunikation und Interaktion zwischen Samuel und der Lehrerin und zum anderen die unmittelbar vor dem Streicheln entstandene triadische Dynamik (Lehrerin | Schulbegleiterin | Samuel – im Sinne einer Störung der vermuteten diffusen Einheit zwischen Samuel und der Schulbegleiterin) als mögliche Auslöser für Samuels Beziehungsbezug angeführt werden. In beiden Fällen kann Samuels Streicheln als diffus-intime Beziehungsaufnahme mit der Schulbegleiterin im Sinne eines Regulationsversuch in Bezug auf eine für ihn als krisenhaft erlebte Situation eingeordnet werden.

Die Schulbegleiterin nimmt beide Arme von der Stuhllehne.

Die Schulbegleiterin reagiert auf Samuels Streicheln, indem sie ihre beiden Arme von der Stuhllehne entfernt. Diese Reaktion der Schulbegleiterin ist erklärungsbedürftig. Samuels Versuch einen Beziehungsbezug, der sich in der körperlichen Kontaktaufnahme (Streicheln) ausdrückt, zur Schulbegleiterin herzustellen, wird unterbunden. Somit wird an dieser Stelle auch die Herstellung einer dyadischen Beziehungsdynamik von der Schulbegleiterin unterbunden. Die Reaktion der Schulbegleiterin kann in zweierlei Hinsicht gelesen werden: (1) Der diffus-intime Beziehungsbezug des Streichelns bringt die Schulbegleiterin in einen Rollenkonflikt, den sie durch das Wegziehen ihrer Arme auf ihre spezifische Rolle bezogen löst. (2) Die Schulbegleiterin gerät durch die körperliche Kontaktaufnahme von Samuel erneut in einen Loyalitätskonflikt: Verbindet sie sich (dyadisch) mit Samuel indem sie auf seine körperliche Kontaktaufnahme eingeht, schließt sie damit die Lehrerin aus der Beziehung aus. Unterbindet sie die körperliche Kontaktaufnahme von Samuel, hält sie die triadische Dynamik mit der Lehrerin aufrecht. Durch das Wegziehen der Arme erhält die Schulbegleiterin die triadische Dynamik aufrecht und unterbindet den Versuch Samuels, eine dyadische Beziehung herzustellen.

Hypothese zur Fallstruktur

In der analysierten Sequenz drückt sich eine Dynamik aus, die darauf verweist, dass Samuel auf krisenhafte Situationen reagiert, indem er versucht, einen Beziehungsbezug (im Sinne eines Regulationsversuchs) herzustellen. In der analysierten Sequenz verlässt Samuel durch das Streicheln des Unterarms der Schulbegleiterin seine spezifische Rolle als Schüler und wendet sich der Schulbegleiterin auf Basis einer diffus-intimen Beziehungslogik zu. Die Schulbegleiterin geht durch das Wegziehen ihrer Arme nicht auf den Versuch einer körperlichen/diffus-intimen Beziehungsaufnahme von Samuel ein, wobei an dieser Stelle im Protokoll nicht ersichtlich wird, ob dies auf einen Rollenkonflikt oder einen Loyalitätskonflikts mit der Lehrerin zurückzuführen ist.

Samuel reagiert auf eine krisenhafte Situation, indem er versucht, einen diffus-intimen Beziehungsbezug zur Schulbegleiterin herzustellen. Die Schulbegleiterin geht aufgrund eines vermuteten Rollenkonflikts oder eines Loyalitätskonflikts mit der Lehrerin nicht auf den körperlichen/diffus-intimen Beziehungsbezug Samuels ein.

| #00:26:45-5# 67 | Lehrerin: „So Samuel, ausschneiden, aufkleben, schreiben." Die Lehrerin geht von Samuel und der Schulbegleiterin weg, läuft durch die Klasse und verteilt Blätter an einzelne Schüler:innen. | |

Lehrerin: „So Samuel, ausschneiden, aufkleben, schreiben."

Es findet ein Bruch im Protokoll statt. Die Situation zwischen der Schulbegleiterin und Samuel wird nicht weiter ausgeführt, sondern durch eine direkte Ansprache von Samuel durch die Lehrerin unterbrochen. Das „So Samuel," stellt eine Zäsur dar, die signalisiert, dass eine vorangegangene Handlung/Interaktion von der Lehrerin als abgeschlossen erachtet wird. Dabei bleibt zunächst unklar, ob sich diese Zäsur auf die unmittelbar vorangegangene Situation zwischen Samuel und der Schulbegleiterin (Streicheln) oder auf die in die Krise geratene Interaktion zwischen der Lehrerin und Samuel/die Interaktion zwischen der Lehrerin, Samuel und der Schulbegleiterin bezieht.

Das die wörtliche Rede der Lehrerin einleitende „So Samuel" bildet neben dem Signal, dass eine vorangegangene Handlung/Interaktion von der Lehrerin als abgeschlossen erachtet wird, den Auftakt zur nachfolgenden Anweisung „ausschneiden, aufkleben, schreiben.". Die Lehrerin unternimmt mit der Aufzählung „ausschneiden, aufkleben, schreiben" den Versuch, den Aufgabenbezug wiederherzustellen. Die Aufzählung als rhetorisches Mittel hat an dieser Stelle einen absoluten Charakter. Sie vermittelt den Eindruck, dass alles gesagt, besprochen und verstanden wurde. Die Anweisung der Lehrerin ist dabei in hohem Maße erklärungsbedürftig, da in der Analyse der vorangegangenen Sequenzen deutlich wurde, dass Samuel die Aufgabenstellung nicht verstanden hat und in der Folge auch nicht im Stande sein wird, das von der Lehrerin vorgelegte Arbeitsblatt (selbstständig) zu bearbeiten. Wer hingegen gezeigt hat, dass sie die Aufgabenstellung verstanden hat, ist die Schulbegleiterin: Durch ihre erste Intervention „Fuß [...] und Ball [...] gibt?" wurde (für die Lehrerin) deutlich, dass zumindest die Schulbegleiterin das Prinzip der Aufgabenstellung verstanden hat. Demnach ist die Anweisung „ausschneiden, aufkleben, schreiben" der Lehrerin trotz der direkten Ansprache „So Samuel," auf der latenten Ebene im Protokoll an die Schulbegleiterin gerichtet. An dieser Stelle reproduziert sich die erste Fallstrukturhypothese: Samuel und die Schulbegleiterin werden als diffuse Einheit wahrgenommen. Die Lehrerin spricht Samuel direkt an und erteilt ihm auf manifester Ebene des Protokolls einen Arbeitsauftrag. In der Analyse wird jedoch deutlich, dass dieser Arbeitsauftrag auf einer latenten Ebene weniger an Samuel, sondern vielmehr an die Schulbegleiterin gerichtet ist.

> Die Lehrerin geht von Samuel und der Schulbegleiterin weg, läuft durch die Klasse und verteilt Blätter an einzelne Schüler:innen.

Die Lehrerin verlässt die Situation und wendet sich einzelnen anderen Schüler:innen der Klasse zu, indem sie ihnen Blätter austeilt. Erneut entsteht ein Bruch im Protokoll. Während auf der manifesten Ebene des Protokolls erwartbar wäre, dass die Lehrerin der Schulbegleiterin vor ihrem Weggang (didaktische) Hinweise in Bezug auf das weitere Vorgehen hinsichtlich der Bearbeitung der Aufgabenstellung/des Arbeitsblatts gibt, wurde auf latenter Ebene in der Analyse der vorangegangenen Sequenz deutlich, dass sie dies mit der Anweisung „ausschneiden, aufkleben, schreiben" implizit schon getan hat. Durch ihren Weggang überträgt die Lehrerin nun also die (didaktische/unterrichtlich-pädagogische) Verantwortung in Bezug auf die Bearbeitung der Aufgabenstellung auf dem Arbeitsblatt auf die Schulbegleiterin, die im Anschluss an den Weggang der Lehrerin damit konfrontiert ist, Samuel die Aufgabenstellung zu erklären, ihn ggf. bei der Umsetzung der Aufgabe zu begleiten und damit der Anweisung der Lehrerin „ausschneiden, aufkleben, schreiben" (stellvertretend) Rechnung zu tragen.

Hypothese zur Fallstruktur

In der analysierten Sequenz wird eine Dynamik zwischen der Lehrerin und der Schulbegleiterin deutlich, die eine Facette der ersten Hypothese zur Fallstruktur, die sich auf die diffuse Einheit von Samuel und der Schulbegleiterin bezieht, darstellt: Die Schulbegleiterin und Samuel werden als diffuse Einheit wahrgenommen. Indem die Lehrerin die Erwartung/Handlungserwartung („ausschneiden, aufkleben, schreiben.") auf manifester Ebene an Samuel, auf latenter Ebene als Erwartung/Handlungserwartung an die Schulbegleiterin richtet, entsteht eine Dynamik, die impliziert, dass die Schulbegleiterin für die Bearbeitung der Aufgabenstellung (mit)verantwortlich ist.

> **Eine von der Lehrerin explizit an Samuel gerichtete Erwartung/Handlungserwartung, stellt implizit auch eine an die Schulbegleiterin gerichtete Erwartung/Handlungserwartung dar.**

6.1.1.3 „Ich lass dich kurz allein."

| #00:54:11-8# 162 | Samuel kippelt mit seinem Stuhl mehrfach nach vorne auf die beiden vorderen Stuhlbeine. Schulbegleiterin *(übt mit ihrer linken Hand Druck auf Samuels Stuhllehne aus, sodass alle vier Beine von Samuels Stuhl den Boden berühren, steht von ihrem Stuhl auf und bleibt neben Samuel stehen)*: „Ich lass dich kurz allein." Samuel: „Nein." Schulbegleiterin: „Du holst deinen Bleistift und..." Samuel *(greift die Schulbegleiterin an ihrem linken Unterarm)*: „Neeein." Schulbegleiterin: „Doch, du holst einen Bleistift und dann *(tippt auf das Arbeitsblatt)* schreibst du des." Neben ihm stehend streichelt die Schulbegleiterin Samuel über die Schulter. Schulbegleiterin: „Hol deinen Bleistift und schreib. Weil wenn du nur Quatsch machst, dann muss ich weggehen." Samuel kramt in seinem Mäppchen. Die Schulbegleiterin setzt sich wieder neben Samuel. | |

> Samuel kippelt mit seinem Stuhl mehrfach nach vorne auf die beiden vorderen Stuhlbeine.

Samuel verlagert sein Gewicht und schaukelt/kippelt mit seinem Stuhl mehrfach nach vorne auf die beiden vorderen Stuhlbeine. In Samuels Stuhlkippeln drückt sich möglicherweise eine motorische Unruhe, Aufregung, Nervosität, Langeweile oder Anspannung aus. Als mögliche Reaktion auf das Stuhlkippeln und damit als potenzieller Anschluss an diese Sequenz ist die an Samuel gerichtete Aufforderung der Lehrerin und/oder der Schulbegleiterin, das Stuhlkippeln einzustellen/zu beenden (ggf. mit dem Hinweis auf die Gefahren, die mit dem Stuhlkippeln verbunden sind), erwartbar.

> Schulbegleiterin *(übt mit ihrer linken Hand Druck auf Samuels Stuhllehne aus, sodass alle vier Beine von Samuels Stuhl den Boden berühren,*

Es findet eine Intervention durch die Schulbegleiterin statt. Entgegen dem erwarteten Anschluss, dass Samuel von der Lehrerin oder der Schulbegleiterin aufgefordert wird, das Stuhlkippeln einzustellen, beendet die Schulbegleiterin das Kippeln eigenmächtig und kommentarlos, indem sie *mit ihrer linken Hand Druck auf Samuels Stuhllehne aus[übt], sodass alle vier Beine von Samuels Stuhl den Boden berühren.* Mit dieser Intervention greift die Schulbegleiterin, anscheinend regulierend, in Samuels Verhalten ein. Die Möglichkeit zur Selbstregulation (bspw. durch die Aufforderung/Bitte, das Kippeln einzustellen) bleibt Samuel durch das eigenmächtige und kommentarlose Eingreifen der Schulbegleiterin verwehrt.

> Schulbegleiterin *(übt mit ihrer linken Hand Druck auf Samuels Stuhllehne aus, sodass alle vier Beine von Samuels Stuhl den Boden berühren, steht von ihrem Stuhl auf und bleibt neben Samuel stehen):* „Ich lass dich kurz allein."

Im Anschluss an den, anscheinend regulierenden, Eingriff in Samuels Verhalten (Stuhlkippeln) steht die Schulbegleiterin *von ihrem Stuhl auf, bleibt neben Samuel stehen* und sagt „Ich lass dich kurz allein.". Die Schulbegleiterin kündigt an dieser Stelle sowohl nonverbal durch das Aufstehen vom Stuhl als auch verbal durch die Ankündigung „Ich lass dich kurz allein." ihren Weggang an. Das „kurz" verweist in der Ankündigung darauf, dass sie sich für eine geringe zeitliche Dauer von Samuel entfernen wird und verweist dabei implizit auf ihre „baldige" Wiederkehr. Die Formulierung „allein" scheint an dieser Stelle im Protokoll erklärungsbedürftig. Aus einer semantischen Perspektive deutet die Formulierung „allein" darauf hin, „ohne die Anwesenheit, Gegenwart eines anderen oder anderer, getrennt von anderen" zu sein. Auf der konkreten Ebene im Protokoll befindet sich Samuel in einer unterrichtlichen Situation und demnach über die Schulbegleiterin hinaus umgeben von anderen Personen (Mitschüler:innen und Lehrerin). In der Formulierung „Ich lass dich kurz allein." reproduziert sich die erste Fallstrukturhypothese der diffusen Einheit zwischen Samuel und der Schulbegleiterin, welche durch den (kurzen) Weggang von der Schulbegleiterin aufgelöst und Samuel in der Konsequenz „allein", im Sinne von von der Schulbegleiterin getrennt, sein/gelassen wird. Im Protokoll wird zunächst nicht ersichtlich, was den Anlass für den angekündigten Weggang der Schulbegleiterin darstellt. Die Ankündigung kann dabei in zweierlei Hinsicht gelesen werden: (1) „Ich lass dich kurz allein, weil ich etwas (anderes) tun/erledigen muss." (2) „Ich lass dich kurz allein." als Reaktion auf die vorangegangene Sequenz des Stuhlkippelns bzw. möglicher anderer vorangegangener Situationen.

> Samuel: „Nein."

Samuel reagiert auf die Äußerung/Ankündigung der Schulbegleiterin mit einem „Nein.". Durch das „Nein." drückt Samuel zum einen seine Ablehnung in Bezug auf die Ankündigung „Ich lass dich kurz allein." aus. Zum anderen vermittelt Samuels „Nein." den Anschein, als würde sich sein „Nein." als Antwort auf eine zuvor von der Schulbegleiterin gestellte Entscheidungsfrage beziehen.

> Schulbegleiterin: „Du holst deinen Bleistift und..."

Es entsteht ein Bruch im Protokoll. Die Schulbegleiterin setzt ihren angekündigten und durch das Aufstehen vom Stuhl bereits eingeleiteten Weggang nicht um. Auf Samuels – in Bezug auf ihren angekündigten Weggang ablehnendes – „Nein." reagiert sie mit der Aufforderung „Du holst deinen Bleistift und...". Während die vorangegangene Aussage der Schulbegleiterin „Ich lass dich kurz allein." auf der Beziehungsebene zu verorten ist, verweist die sich unmittelbar anschließende Aufforderung der Schulbegleiterin auf einen Aufgabenbezug („Du holst deinen Bleistift"). Das „und", welches die Schulbegleiterin an ihre Aufforderung „Du holst deinen Bleistift" anschließt, kann als Hinweis darauf eingeordnet werden, dass sie ihren Satz noch nicht beendet hat. Der plötzliche Abbruch der Äußerung der Schulbegleiterin ist damit erklärungsbedürftig.

Samuel *(greift die Schulbegleiterin an ihrem linken Unterarm)*: „Neeein."

Es entsteht ein Bruch im Protokoll. Samuel scheint die Schulbegleiterin zu unterbrechen, indem er ihren linken Unterarm greift. Die Formulierung *greift* zeigt an, dass Samuel den Unterarm der Schulbegleiterin nicht nur anfasst, sondern vielmehr festhält. In Verknüpfung mit dem sich unmittelbar anschließenden (betonten) „Neeein." scheint Samuel in der vorliegenden Sequenz weniger, wie aus der Abfolge der Äußerungen möglicherweise zunächst annehmbar, auf die Anweisung „Du holst deinen Bleistift" als vielmehr (erneut) auf den eingangs angekündigten Weggang der Schulbegleiterin zu reagieren. Durch das Unterbrechen der Schulbegleiterin, die körperliche Kontaktaufnahme (greift die Schulbegleiterin an ihrem linken Unterarm) im Sinne eines Festhaltens der Schulbegleiterin und das betonte „Neeein." drückt Samuel seinen Widerwillen hinsichtlich der Aussage „Ich lass dich kurz allein." und den damit verbundenen angekündigten Weggang der Schulbegleiterin in gesteigerter/vehementer Art und Weise aus. Es stellt sich die Frage, inwiefern die hier explizierte Ablehnung bzw. vielmehr der deutlich gewordene Widerwille ein Ausdruck Samuels innerer Not – im Sinne einer Angst vor dem Alleinsein/dem Getrenntsein von der Schulbegleiterin – darstellt.

Schulbegleiterin: „Doch, du holst einen Bleistift und dann *(tippt auf das Arbeitsblatt)* schreibst du des."

Die Schulbegleiterin reagiert auf Samuel zunächst mit einem „Doch,", welches als Opposition zu seinem „Neeein." eingeordnet werden kann; die Schulbegleiterin widerspricht Samuel. Dabei wird unter Einbezug der Ausführung „Doch, du holst einen Bleistift und dann *(tippt auf das Arbeitsblatt)* schreibst du des." deutlich, dass die Schulbegleiterin – mutmaßlich aus der chronologischen Abfolge der Äußerungen („Du holst deinen Bleistift und…" – „Neeein.") – ableitet, dass das „Neeein." Samuels Ablehnung/Widerwillen in Bezug auf die Anweisung „Du holst deinen Bleistift und…" ausdrückt. Auf Grundlage der vorangegangenen Analyse wurde jedoch deutlich, dass sich Samuels „Neeein." nicht auf die Aufforderung „Du holst deinen Bleistift und…", sondern vielmehr (weiterhin/erneut) auf die Ankündigung „Ich lass dich kurz allein." bezieht. Es kommt also zu einem Missverständnis im Sinne einer falschen Deutung der Aussage von Samuel. Die falsche Deutung von Samuels „Neeein." stellt dabei nicht nur ein Missverständnis auf inhaltlicher Ebene dar. Vielmehr kommt es auch bzw. in erster Linie zu einem Missverständnis auf der Beziehungsebene: Die Schulbegleiterin scheint nicht wahrzunehmen oder misszuverstehen, welche innere Not, Angst vor dem Alleinsein oder vor dem Getrenntsein von der Schulbegleiterin sie mit ihrer Aussage „Ich lass dich kurz allein." bei Samuel auslöst. In ihrer Äußerung „du holst einen Bleistift und dann *(tippt auf das Arbeitsblatt)* schreibst du des." ist sowohl auf verbaler („du holst einen Bleistift und dann […] schreibst du des.") als auch auf nonverbaler (tippt auf das Arbeitsblatt) Ebene eine konkrete Handlungsaufforderung im Sinne eines Aufgabenbezugs enthalten.

Neben ihm stehend streichelt die Schulbegleiterin Samuel über die Schulter.

Die Schulbegleiterin steht (weiterhin) neben Samuel und streichelt ihm über die Schulter. Es entsteht ein Bruch im Protokoll. Während die Schulbegleiterin mit ihrer vorangegangenen Aussage „du holst einen Bleistift und dann *(tippt auf das Arbeitsblatt)* schreibst du des." den Versuch unternommen hat, einen Arbeitsbezug herzustellen, entsteht durch das Streicheln von Samuels Schulter eine Verlagerung hin zum Beziehungsbezug. Dabei ist das Streicheln von Samuels Schulter durch die Schulbegleiterin in hohem Maße erklärungsbedürftig. Die vorangegangene Analyse wies zunächst darauf hin, dass die Schulbegleiterin die Auswirkungen (Samuels Angst vor dem Alleinsein/vor dem Getrenntsein von der Schulbegleiterin) ihrer Aussage „Ich lass dich kurz allein." nicht wahrgenommen hat. Der sich durch das Streicheln von Samuels Schulter abzeichnende Beziehungsbezug verweist jedoch darauf, dass die Schulbegleiterin Samuels innere Not doch wahrzunehmen scheint. Das Streicheln von Samuels Schulter kann dahingehend als Versuch der Beruhigung oder (Fremd-)Regulation Samuels innerer Not verstanden werden. Der sanfte, liebevolle, zärtliche Charakter des Streichelns verweist dabei – unabhängig vom äußeren Kontext, wie in einer weiter oben analysierten Sequenz bereits aufgezeigt – auf eine diffus-intime Dynamik, wie sie in einer familiären oder partnerschaftlichen (Liebes-)Beziehung zu kontextualisieren wäre.

> Schulbegleiterin: „Hol deinen Bleistift und schreib. Weil wenn du nur Quatsch machst, dann muss ich weggehen."

Die Schulbegleiterin formuliert die Aufforderung „Hol deinen Bleistift und schreib.". und wiederholt damit in verkürzter und zunehmend direktiver Form zum dritten („Du holst deinen Bleistift" | „Doch, du holst deinen Bleistift" | „Hol deinen Bleistift") bzw. zum zweiten („und dann […] schreibst du des." | „und schreib.") Mal innerhalb der vorliegenden Sequenz, was Samuel nun tun soll. Die häufige Wiederholung der Handlungsaufforderung in kurzer Zeit verweist auf einen (zunehmenden) Handlungsdruck auf Seiten der Schulbegleiterin.

Die sich anschließende Äußerung der Schulbegleiterin „Weil wenn du nur Quatsch machst, dann muss ich weggehen." ist in hohem Maße erklärungsbedürftig. Das einleitende „Weil" deutet zunächst auf semantischer Ebene auf die Einleitung eines kausalen/begründenden Gliedsatzes hin, dessen Inhalt besonders gewichtig ist und nachdrücklich hervorgehoben werden soll und stellt damit eine Verknüpfung zu etwas Vorangegangenem dar. Dabei wird erst durch die anschließende Ausführung deutlich, worauf sich das einleitende „Weil", sowohl in der Begründung als auch in der Kausalität, zu beziehen scheint: „Weil wenn du nur Quatsch machst, dann muss ich weggehen." Die Schulbegleiterin unternimmt an dieser Stelle im Protokoll den Versuch, ihren zu Beginn der Sequenz angekündigten Weggang „Ich lass dich kurz allein." zu begründen. Durch die Formulierung „wenn […], dann […]" führt sie einen kausalen Zusammenhang als Begründung an: „wenn du nur Quatsch machst, dann muss ich weggehen." Diese Aussage der Schulbegleiterin impliziert, dass ihre einzige Möglichkeit auf Samuels „Quatsch machen" zu reagieren der Weggang (bzw. die Androhung des Weggangs) und damit der situative Ausstieg aus der Beziehung ist. Dabei bleibt unbestimmt, was genau die Schulbegleiterin unter „Quatsch machen" versteht. Die Schulbegleiterin scheint also keine andere Handlungsgrundlage oder Alternative als Intervention in Bezug auf Samuels „Quatsch machen" zu haben, als ihm mit ihrem Weggang und dem damit verbundenen Ausstieg aus der Beziehung zu drohen.[76] Der Ausstieg aus der Beziehung

---

[76] Die vorliegende Sequenz verdeutlicht den pädagogischen Gehalt der Maßnahme Schulbegleitung. Die Schulbegleiterin befindet sich hier in einer Situation, in der sie auf Samuels „Quatsch machen" reagiert/reagieren muss. Dabei ist es von Bedeutung, Samuels „Quatsch machen" ausgehend von der Frage „Kann er nicht, weiß er nicht oder will er nicht?" (Ellinger/Hechler 2021, S. 130) sinnverstehend einzuordnen und eine entsprechende pädagogisch begründete Intervention, die auf das Lernen von Samuel abzielt, abzuleiten. Die

bzw. die Androhung dessen stellt hierbei keine rollenspezifische, sondern vielmehr eine dif-fuse (auf die Beziehung bezogene) Intervention von Seiten der Schulbegleiterin dar und markiert darüber hinaus die asymmetrische Struktur der Beziehung. Verknüpft man die asymmetrische Beziehungsstruktur mit der diffus-intimen Beziehungsdynamik zwischen der Schulbegleiterin und Samuel wird zunehmend deutlich, dass sich hier zunehmend eine diffus-intime Beziehungslogik im familiären (nicht im partnerschaftlichen) Sinne heraus-kristallisiert.

> Samuel kramt in seinem Mäppchen.

Samuel kramt, anscheinend nach etwas suchend, in seinem Mäppchen und scheint damit der wiederholten Aufforderung der Schulbegleiterin „Hol deinen Bleistift" nachzukommen. Samuels Kramen im Mäppchen kann dabei als Reaktion auf die vorangegangene „Erklä-rung" der Schulbegleiterin verstanden werden: „Wenn du Quatsch machst/meinen Auffor-derungen nicht nachkommst, dann muss ich weggehen und dich alleine lassen." Samuel kommt der Aufforderung der Schulbegleiterin in der Sequenz also nicht aufgrund des ur-sprünglichen Aufgabenbezugs nach. Samuel begibt sich vielmehr auf die Suche nach seinem Bleistift, um den Weggang der Schulbegleiterin zu verhindern, denn die vorangegangene „Begründung" der Schulbegleiterin impliziert auch: „Wenn du dich ordnungsgemäß/ge-mäß meinen Aufforderungen verhältst, dann bleibe ich bei dir und verlasse die Beziehung nicht." Aus Angst davor, dass die Schulbegleiterin Samuel in dieser Situation verlassen und aus der Beziehung aussteigen könnte, kommt Samuel der Anweisung „Hol deinen Bleistift" nach.

> Die Schulbegleiterin setzt sich wieder neben Samuel.

Die Schulbegleiterin beendet ihr Stehen und setzt sich wieder neben Samuel. Durch das Hin-setzen als scheinbare Reaktion auf Samuels im Mäppchen Kramen, signalisiert die Schulbe-gleiterin nonverbal den Abbruch/die Abkehr von ihrer Ankündigung „Ich lass dich kurz al-lein". Auf dieser Grundlage konkretisiert sich die Lesart, dass die Schulbegleiterin ihre An-kündigung „Ich lass dich kurz allein." zu Beginn der Sequenz möglicherweise nicht umsetzen wollte, sondern diese Aussage vielmehr ein (emotionales Druck-)Mittel zum Zweck (Sa-muel „dazu bringen", Bleistift herauszuholen und etwas zu schreiben) und damit weniger eine Ankündigung als eher eine Androhung auf Beziehungsebene darstellte. Die Schulbe-gleiterin droht Samuel auf der Beziehungsebene ihren Weggang an, mit der Vermutung oder möglicherweise auf Basis von (Erfahrungs-)Wissen darüber, dass Samuel aus Angst vor dem Weggang/dem Getrenntsein von der Schulbegleiterin ihrer Aufforderung nach-kommen wird.

Schulbegleiterin steht unter einem entsprechenden Handlungs- und Entscheidungsdruck, welchem sie (auf-grund einer mangelhaften Begründungsbasis) zwangsläufig hinsichtlich einer persönlichen Alltagstheorie be-gegnen muss.

Hypothese zur Fallstruktur

In der analysierten Sequenz lässt sich eine Dynamik erkennen, die darauf verweist, dass die Schulbegleiterin in krisenhaften Situationen ihre spezifische Rolle als Schulbegleitung verlässt und auf einer diffus-intimen familiären Beziehungsebene agiert/interveniert. In der vorliegenden Sequenz sendet die Schulbegleiterin auf der Beziehungsebene darüber hinaus widersprüchliche Botschaften an Samuel und agiert ambivalent: Auf der einen Seite droht sie Samuel ihren Weggang an, ausgehend der Annahme, dass dieser aus Angst vor dem Verlassenwerden oder Getrenntsein von der Schulbegleiterin ihrer ursprünglichen Aufforderung nachkommen wird. Auf der anderen Seite wendet sie sich Samuel durch das Streicheln an der Schulter liebevoll, zärtlich, beruhigend zu, was in einem Widerspruch zum vorher angedrohten Weggang steht.

In krisenhaften Situationen verlässt die Schulbegleiterin ihre spezifische Rolle und agiert/interveniert aus einer diffus-intimen familiären Beziehungslogik heraus ambivalent.

6.1.1.4 „So, jetzt müssen wir mal abwarten, was wir machen."

#01:20:54-7# 227	Schulbegleiterin *(legt ihren Arm hinter Samuel auf seiner Stuhllehne ab)*: „So, jetzt müssen wir mal abwarten, was wir machen." Die Schulbegleiterin fährt Samuel mit ausgestrecktem Arm durch die Haare. Samuel greift den Unterarm der Schulbegleiterin und bewegt diesen hin und her.

Schulbegleiterin *(legt ihren Arm hinter Samuel auf seiner Stuhllehne ab)*:

Die Schulbegleiterin legt ihren Arm auf Samuels Stuhllehne ab. Diese Geste ist – ungeachtet des äußeren Kontexts – in symmetrischen (Liebes-)Beziehungen (zwischen Freund:innen, Liebespaaren, Eltern und ihren Kindern) zu verorten und deutet erneut auf eine intim-diffuse Beziehungslogik hin. Durch das Ablegen ihres Arms auf seiner Stuhllehne stellt die Schulbegleiterin eine exklusive Situation mit Samuel her und verlässt dabei ihre spezifische Rolle.

„So, jetzt müssen wir mal abwarten, was wir machen."

Das „So," der Schulbegleiterin markiert etwas Vorangegangenes (bspw. Handlung/Interaktion) als abgeschlossen und bildet den Auftakt zu der nachfolgenden Ankündigung „jetzt müssen wir mal abwarten, was wir machen." Das in der ersten Satzhälfte verwendete „mal" verleiht der Äußerung der Schulbegleiterin eine gewisse Beiläufigkeit. Durch die Verwendung des Pronomens „wir" markiert die Schulbegleiterin (verstärkt durch die vorangegangene Geste) die Verbindung/Zusammengehörigkeit/Einheit von ihr und Samuel. In der ersten Satzhälfte („jetzt müssen wir mal abwarten") weist die Schulbegleiterin Samuel darauf hin, dass Samuel und die Schulbegleiterin „jetzt" im Sinne von „in diesem Moment" oder „in diesem Augenblick" beide/gemeinsam („wir") auf das Eintreffen oder Eintreten von etwas warten. In der zweiten Satzhälfte „was wir machen." führt die Schulbegleiterin aus, worauf sie (gemeinsam mit Samuel) wartet. Dabei bleibt unbestimmt was unter der Äußerung „was wir machen." zu erwarten ist oder sein wird. Möglicherweise bezieht sich diese Äußerung auf einen (auch für die Schulbegleiterin noch unbestimmten) erwarteten Impuls oder Auftrag der Lehrerin. Dabei reproduziert sich in der zweiten Satzhälfte „was wir machen." die Hypothese zur Fallstruktur, die sich auf die diffuse Einheit zwischen Samuel und der Schulbegleiterin bezieht: Die Schulbegleiterin fasst Samuel und sich in einer diffusen Einheit („wir") zusammen, obwohl sich unabhängig von der sich anschließenden Aufgabe/dem sich anschließenden Impuls aufgrund der unterschiedlichen Rollen (Schulbegleiterin, Schüler) unterschiedliche Handlungsanweisungen/Konsequenzen ergeben.

Die Schulbegleiterin fährt Samuel mit ausgestrecktem Arm durch die Haare.

Der nonverbale Akt des durch die Haare Streichens ist in hohem Maße erklärungsbedürftig. Unabhängig vom äußeren Kontext entspricht eine solche Geste (ausschließlich) einer diffus-intimen Beziehungsdynamik (Liebespaar/familiale Konstellation). Die Schulbegleiterin verlässt in dieser Situation ihre spezifische Rolle und wendet sich Samuel in einer diffus-intimen Beziehungslogik zu. Durch die Asymmetrie der Situation und der Beziehung (Schulbegleiterin als Erwachsene, Samuel als Kind) wird die Übergriffigkeit im Verhalten der Schulbegleiterin in dieser Situation deutlich. Es ist gänzlich unklar, warum die Schulbegleiterin Samuel an dieser Stelle im Protokoll durch die Haare fährt. Wenn die Schulbegleiterin Samuel eine derartige Nähe und Intimität anbietet, stellt dies für Samuel eine familiale Szene dar, mit der umgegangen werden muss.

Samuel greift den Unterarm der Schulbegleiterin und bewegt diesen hin und her.

Samuel fasst die Schulbegleiterin am Unterarm und bewegt diesen hin und her. Diese Handlung kann als Reaktion auf das vorangegangene durch die Haare Streichen der Schulbegleiterin eingeordnet werden. Durch die vorangegangenen Handlungen der Schulbegleiterin (Arm auf die Stuhllehne hinter Samuel legen, Samuel durch die Haare streichen) stellt diese etwas Familiales her, mit dem Samuel hier umgeht/umgehen muss. Dabei kann seine Reaktion in zweierlei Hinsicht gelesen werden: (1) Dass Samuel nach dem Unterarm der Schulbegleiterin greift und diesen hin und her bewegt, kann als möglicher Indikator für das übergriffige Verhalten der Schulbegleiterin eingeordnet werden. Das hin und her Bewegen des Unterarms kann in diesem Zusammenhang als Form gedeutet werden, die (möglicherweise) unangenehme und grenzüberschreitende Nähe zu ertragen, eine gewisse Distanz zu wahren und aus der Passivität (Samuel wird durch die Haare gestreichelt) in eine Form der Aktivität und damit auch der Kontrolle (Samuel bewegt den Unterarm der Schulbegleiterin und kontrolliert damit die Bewegung) zu kommen. (2) Dass Samuel nach dem Unterarm der Schulbegleiterin greift und diesen hin und her bewegt kann als möglicher Indikator für einen positiven Affekt Samuels in Bezug auf die körperliche, zärtliche Zuwendung durch die Schulbegleiterin eingeordnet werden. Indem Samuel den Arm der Schulbegleiterin greift, hält er diesen fest/an Ort und Stelle und deutet durch das hin und her Bewegen an, dass und auch in welcher Art und Weise die Schulbegleiterin mit dem durch die Haare Streichen weitermachen soll.

Hypothese zur Fallstruktur

In der analysierten Sequenz zeigt sich eine Dynamik, in der die Schulbegleiterin ihre spezifische Rolle verlässt und hinsichtlich einer diffus-intimen familiären Beziehungslogik handelt. Die Sequenz verweist auf die Exklusivität der Beziehung zwischen der Schulbegleiterin und Samuel, welche hier nicht von Samuel, sondern von der Schulbegleiterin ausgeht und initiiert wird (asymmetrische Beziehung). Zum anderen verweist die Sequenz auf eine Überbetonung von körperlicher Nähe in der Beziehung zwischen Samuel und der Schulbegleiterin.

Die Schulbegleiterin verlässt ihre spezifische Rolle und stellt auf der Grundlage einer asymmetrischen diffus-intimen familiären Beziehungslogik und einer Überbetonung körperlicher Nähe eine exklusive Beziehung zwischen sich und Samuel her.

6.1.1.5 Fallstrukturgeneralisierung

Auf Basis der im Verlauf der vorangegangenen sequenziellen Feinanalyse herausgearbeiteten Hypothesen zur Fallstruktur wird nachfolgend die strukturelle Gesetzmäßigkeit des Falls in Form einer Fallstrukturhypothese herausgearbeitet und anschließend eine Strukturgeneralisierung im Sinne einer ersten theoriebildenden Verallgemeinerung vorgenommen. Wie sich in der Analyse des Protokolls und in der Gesamtschau der entwickelten Hypothesen zeigt, betrifft die Fallstruktur eine *Beziehungsstruktur*, nämlich primär die Schulbegleiterin-Schüler-Beziehung und sekundär die Schulbegleiterin-(Schüler)-Lehrerin-Beziehung.[77]

Die **Schulbegleiterin-Schüler-Beziehung** zeichnet sich im analysierten Fall grundlegend durch eine diffus-intime familiäre Beziehungsdynamik aus, welche insbesondere durch die Strukturmerkmale einer asymmetrischen Beziehungsgestaltung, einer nahezu absoluten Exklusivität, einer (emotionalen) Abhängigkeit des Schülers von der Schulbegleiterin, der Überbetonung körperlicher Nähe sowie einem ambivalenten Verhalten der Schulbegleiterin geprägt ist.

Die **Schulbegleiterin-(Schüler)-Lehrerin-Beziehung** ist zum einen strukturlogisch durch Loyalitätskonflikte auf Seiten der Schulbegleiterin und zum anderen durch implizite (stellvertretende) Erwartungs-/Handlungserwartungshaltungen der Lehrerin in Bezug auf die Schulbegleiterin gekennzeichnet. Ähnlich wie in der Schulbegleiterin-Schüler-Beziehung lassen sich auch hinsichtlich der Beziehung zwischen Schulbegleiterin und Lehrerin diffuse Tendenzen in der Beziehungsdynamik verzeichnen. Der Loyalitätskonflikt der Schulbegleiterin sowie die herausgearbeiteten impliziten Erwartungs-/Handlungserwartungshaltungen der Lehrerin verweisen darauf, dass es in der Zusammenarbeit zwischen der Lehrerin und der Schulbegleiterin keine transparenten, klar kommunizierten und auf

---

[77]   Der Schüler wird im vorliegenden Fall in der Bezeichnung *Schulbegleiterin-(Schüler)-Lehrerin-Beziehung* in Klammern gesetzt, um (schriftsprachlich) zu markieren, dass in erster Linie die Beziehungsdynamik zwischen der Schulbegleiterin und der Lehrerin im Fokus steht, diese Beziehungsdynamik jedoch immer auch den Schüler als gemeinsamen Anlass/Bezugspunkt bzw. als verbindendes Element enthält.

die spezifische Rolle (Lehrerin | Schulbegleiterin) bezogenen Zuständigkeiten, Aufgaben und Verantwortlichkeiten zu geben scheint. Die beiden Personen begegnen sich in einer diffusen in der Tendenz symmetrischen Beziehungsdynamik.

Auf Grundlage der zwei ineinander verwobenen Fallstrukturhypothesen lässt sich über den analysierten Fall hinaus die *Überbetonung diffuser Beziehungsanteile*, sowohl in Bezug auf die Schulbegleiterin-Schüler-Beziehung (diffus-intim familiär) als auch die Schulbegleiterin-(Schüler)-Lehrerin-Beziehung als erste theoriebildende Verallgemeinerung im Sinne einer Strukturgeneralisierung formulieren.

6.1.2 Schulbegleiterin Frau Walter | Dilara und Tom

Die videographische Aufzeichnung der beiden Unterrichtsstunden findet im zweiten untersuchten Fall der Schulbegleiterin Frau Walter, welche die beiden Schüler:innen Dilara und Tom begleitet (Pool-Maßnahme), in der dritten und vierten Schulstunde statt. Nachfolgend werden insgesamt fünf Sequenzen der transkribierten videographischen Aufzeichnung der beiden Unterrichtsstunden objektiv hermeneutisch analysiert.

6.1.2.1 „Ne, des ist der falsche Stuhl, Dilara!"

| #00:00:01-6# 1 | Im Klassenraum befinden sich 16 Schüler:innen. Diese sind auf insgesamt 5 Gruppentische (4er-Tische) und einen Einzeltisch verteilt. Vor den anwesenden Schüler:innen liegen einzelne Arbeitsblätter und Mäppchen auf den Tischen. Die Lehrerin befindet sich im vorderen Teil des Klassenzimmers, neben der Tafel, vor einem Computer stehend. Auf dem Boden liegt ein Hund. | | |

> Im Klassenraum befinden sich 16 Schüler:innen. Diese sind auf insgesamt 5 Gruppentische (4er-Tische) und einen Einzeltisch verteilt. Vor den anwesenden Schüler:innen liegen einzelne Arbeitsblätter und Mäppchen auf den Tischen.

In der vorliegenden Sequenz wird ein Setting innerhalb eines Klassenraums beschrieben. Es wird angegeben, wie viele Schüler:innen sich im Klassenraum befinden (16 Schüler:innen) und wie diese im Raum verteilt sind (auf insgesamt fünf Gruppentische und einen Einzeltisch). Dabei ist auffällig, dass lediglich ein Kind an einem Einzeltisch sitzt und alle anderen Kinder auf 4er-Tische verteilt sind. Darüber hinaus wird deutlich, dass die anwesenden Schüler:innen einzelne Arbeitsblätter sowie Mäppchen vor sich liegen haben. Die Arbeitsblätter auf den Tischen lassen vermuten, dass die Schüler:innen im weiteren Verlauf etwas damit tun sollen (bspw. wegräumen/abheften, bearbeiten).

> Die Lehrerin befindet sich im vorderen Teil des Klassenzimmers, neben der Tafel, vor einem Computer stehend. Auf dem Boden liegt ein Hund.

Neben den 16 Schüler:innen befindet sich auch die Lehrerin im Klassenzimmer. Sie steht neben der Tafel vor einem Computer. Aus der vorliegenden Sequenz wird zunächst nicht deutlich, ob sie mit der Tafel und/oder dem Computer beschäftigt ist oder ob sie lediglich an diesem Ort im Klassenzimmer steht. Dass im beschriebenen Setting neben den Schüler:innen und der Lehrerin auch ein Hund im Klassenraum anwesend ist, stellt einen ersten Bruch im Protokoll dar. Aus der vorliegenden Sequenz wird nicht ersichtlich, zu wem der Hund gehört und was es mit seiner Anwesenheit im Klassensetting auf sich hat. In Bezug auf die Anwesenheit des Hundes gibt es drei Lesarten: (1) Der Hund ist aufgrund eines Anlasses in der Klasse anwesenden und wird nachfolgend zum Gegenstand/Thema des Unterrichts (bspw. Sachkundeunterricht) oder (2) der Hund ist als Assistenzhund eines Schülers oder einer Schülerin Teil des Klassensettings oder (3) der Hund ist als Schulhund/Klassenhund/Therapiehund anwesend und gehört der Lehrerin oder einer anderen erwachsenen Person im Klassen- oder Schulgefüge.

| #00:00:06-0# 2 | Lehrerin: „Und zwar kommt jetzt als erstes eine Aufgabe, *(beginnt langsamer zu sprechen und betont jedes nachfolgende Wort)* die *(kurze Pause)* kann *(kurze Pause)* man *(kurze Pause)* gar *(kurze Pause)* nicht *(kurze Pause)* falsch *(kurze Pause)* machen." | Die Schulbegleiterin und eine Schülerin betreten die Klasse. Die Schülerin läuft vor der Schulbegleiterin auf einen der beiden vorderen Gruppentischen, an dem ein Platz noch frei ist, zu. Die Schulbegleiterin läuft mit ein bis zwei Metern Abstand hinter ihr her. | |

Lehrerin: „Und zwar kommt jetzt als erstes eine Aufgabe, (beginnt langsamer zu sprechen und betont jedes nachfolgende Wort) die (kurze Pause) kann (kurze Pause) man (kurze Pause) gar (kurze Pause) nicht (kurze Pause) falsch (kurze Pause) machen."

Die Lehrerin leitet in der vorliegenden Sequenz eine Aufgabe ein, die man – ihrer Aussage nach – „gar (kurze Pause) nicht (kurze Pause) falsch (kurze Pause) machen" kann. Mit der Formulierung „Und zwar" leitet die Lehrerin eine Erläuterung zu einer (unmittelbar) vorher gemachten Äußerung oder Handlung ein. Diese Formulierung stellt einen Hinweis darauf dar, dass es bereits vor Beginn der Aufzeichnung/des Protokolls eine Situation, Interaktion oder eine Äußerung der Lehrerin gab, auf die die Lehrerin nun Bezug nimmt. In Verknüpfung mit der zuvor analysierten Sequenz könnte sich die Lehrerin mit ihrer Aussage auf die bereits auf den Tischen liegenden Arbeitsblätter beziehen. Die sich anschließende Äußerung „kommt jetzt als erstes eine Aufgabe" verweist darauf, dass die Aufgabe, die „jetzt" – im Sinne von in diesem Moment – als „erstes" „kommt" – im Sinne von gestellt wird – in einer Reihe oder Folge von Aufgaben den Anfang bildet. Durch das langsamere, betonte Sprechen sowie die eingebauten kurzen Pausen zwischen den einzelnen Worten hebt die Lehrerin den Inhalt ihrer Aussage „die (kurze Pause) kann (kurze Pause) man (kurze Pause) gar (kurze Pause) nicht (kurze Pause) falsch (kurze Pause) machen." [78] (als etwas Besonderes) hervor. Durch die

---

[78] Die Aussage der Lehrerin „Und zwar kommt jetzt als erstes eine Aufgabe, (beginnt langsamer zu sprechen und betont jedes nachfolgende Wort) die (kurze Pause) kann (kurze Pause) man (kurze Pause) gar (kurze Pause) nicht (kurze Pause) falsch (kurze Pause) machen." ist aus der Perspektive eines auf den Unterricht und die Lehrkraft bezogenen Forschungsinteresses von (didaktischer) Bedeutung. Aufgrund der Fragestellung der vorliegenden Arbeit, die sich auf die

hier analysierte Äußerung der Lehrerin wird der Anfang einer Unterrichtsstunde/eines neuen Abschnitts im Unterricht markiert und ein Aufgabenbezug hergestellt.

> WÄHRENDDESSEN
> Die Schulbegleiterin und eine Schülerin betreten die Klasse. Die Schülerin läuft vor der Schul-
> begleiterin auf einen der beiden vorderen Gruppentische, an dem ein Platz noch frei ist, zu.
> Die Schulbegleiterin läuft mit ein bis zwei Metern Abstand hinter ihr her.

Während die Lehrerin in der vorliegenden Sequenz eine Aufgabe einleitet, betreten die Schulbegleiterin und eine Schülerin die Klasse, wobei die Schülerin anscheinend zielstrebig einen freien Platz an einem der beiden vorderen Gruppentische ansteuert. Ausgehend von dem gleichzeitigen Eintreffen der beiden und der weiteren Ausführung der Sequenz (Die Schulbegleiterin läuft mit ein bis zwei Metern Abstand hinter ihr her.) **kann davon ausgegangen werden, dass eine Verbindung zwischen der Schulbegleiterin und dem Mädchen besteht.**

Mit Blick auf das Protokoll ist die Gleichzeitigkeit der beiden Situationen (Die Lehrerin leitet eine Aufgabe ein | Schulbegleiterin und Schülerin betreten den Klassenraum) erklärungsbedürftig. Die Lehrerin beginnt mit dem Unterricht – in der konkreten Situation mit der Einleitung einer Aufgabenstellung – obwohl noch nicht alle Schüler:innen/Personen anwesend sind. Durch das verspätete Eintreffen des Mädchens und der Schulbegleiterin entsteht für diese eine gewisse unterrichtliche Verzögerung: Während die Lehrerin die Aufgabenstellung einleitet, sind das Mädchen und auch die Schulbegleiterin noch mit dem Ankommen im Klassenraum beschäftigt. Darüber hinaus wird in der analysierten Sequenz weder eine Irritation über das verspätete Eintreffen der Schulbegleiterin und des Mädchens auf Seiten der Lehrerin noch eine Entschuldigung oder Erklärung für die Verspätung auf Seiten des Mädchens und/oder der Schulbegleiterin ersichtlich.[79]

#00:00:09-8# 3		Die Schülerin, die eben den Klassensaal betreten hat, schiebt einen Stuhl mit vier Rollen an den Stuhlbeinen, welcher im vorderen Teil des Klassenzimmers in der Nähe der Tafel steht, in Richtung eines freien Platzes an einem der vorderen Gruppentische, an dem bereits ein Stuhl steht. Die drei Schüler:innen, die bereits am Gruppentisch sitzen, sitzen auf kleineren Stühlen ohne Rollen an den Stuhlbeinen.

Praxis der Schulbegleitung bezieht, wird an dieser Stelle im Protokoll jedoch nicht weiter auf die gewählte und erklärungsbedürftige Äußerung der Lehrerin eingegangen.

[79] Auch in der Analyse des Falls der Schulbegleiterin Anna und des Schülers Samuel kam es zu einem verspäteten Eintreffen der Schulbegleitung und des zu begleitenden Schülers. Ähnlich wie im vorliegenden Fall war auch im ersten analysierten Fall keine Irritation über die Verspätung auf Seiten der Lehrerin oder eine einordnende Erklärung durch die Schulbegleitung oder den zu begleitenden Schüler erkennbar. In beiden Fällen entsteht der Eindruck, als sei die Verspätung der jeweiligen Personen nichts Besonderes/Erwähnenswertes. So stellt sich zum einen die Frage, was zu den jeweiligen Verspätungen führt und zum anderen, inwiefern der offizielle Beginn des Unterrichts für die Schulbegleitungen (und auch für die zu begleitenden Schüler:innen) weniger verbindlich ist, als für die anderen Akteur:innen im Klassengefüge.

> Die Schülerin, die eben den Klassensaal betreten hat, schiebt einen Stuhl mit vier Rollen an den Stuhlbeinen, welcher im vorderen Teil des Klassenzimmers in der Nähe der Tafel steht, in Richtung eines freien Platzes an einem der vorderen Gruppentische, an dem bereits ein Stuhl steht. Die drei Schüler:innen, die bereits am Gruppentisch sitzen, sitzen auf kleineren Stühlen ohne Rollen an den Stuhlbeinen.

In der vorliegenden Sequenz wird das Ankommen der Schülerin im Klassenraum weiter beschrieben. Im Anschluss an die vorangegangene Sequenz wäre erwartbar gewesen, dass die Schülerin ihr Ankommen dahingehend fortsetzt, dass sie sich an den freien Platz am Gruppentisch, auf den sie in der vorangegangenen Sequenz zugelaufen war, setzt. Stattdessen schiebt sie einen Stuhl mit vier Rollen an den Stuhlbeinen, welcher im vorderen Teil des Klassenzimmers in der Nähe der Tafel steht, in Richtung eines freien Platzes an einem der vorderen Gruppentische, an dem bereits ein Stuhl steht. Durch die anschließende Ergänzung im Protokoll Die drei Schüler:innen, die bereits am Gruppentisch sitzen, sitzen auf kleineren Stühlen ohne Rollen an den Stuhlbeinen. wird deutlich, dass die Stühle, die für die Schüler:innen an den Gruppentischen vorgesehen sind, nicht der Art Stuhl entsprechen, für die sich die Schülerin in der vorliegenden Sequenz interessiert. Aus dem Protokoll geht hervor, dass sich der Stuhl, den die Schülerin gerade in Richtung des Gruppentischs schiebt, in zweierlei Hinsicht von den Stühlen der bereits sitzenden Schüler:innen unterscheidet: Zum einen scheint er größer zu sein als die Stühle der Schüler:innen und zum anderen unterscheiden ihn die vier Rollen an den Stuhlbeinen von den Stühlen, auf denen die Schüler:innen an den Gruppentischen sitzen. Die Konstruktion des Stuhls deutet darauf hin, dass dieser eher eine Sitzmöglichkeit für größere Personen/Erwachsene darstellt. Dass die Schülerin den Stuhl auf Rollen, welcher schätzungsweise für erwachsene Personen vorgesehen ist, nun an den freien Platz am Gruppentisch schiebt, an dem, laut Protokoll, bereits ein Stuhl vorhanden ist, ist erklärungsbedürftig. In Bezug auf das Heranziehen des Stuhls mit vier Rollen an den Stuhlbeinen gibt es drei Lesarten: (1) Die Schülerin hat wahrgenommen, dass an dem freien Platz am Gruppentisch bereits ein Stuhl (für sie) steht. Durch das Heranziehen des Stuhls mit den Rollen möchte sie der Schulbegleiterin (als erwachsene Person) eine Sitzmöglichkeit in ihrer Nähe/in der Nähe des Gruppentischs anbieten bzw. sicher gehen, dass die Schulbegleiterin in ihrer Nähe sitzt. (2) Die Schülerin hat nicht wahrgenommen, dass an dem freien Platz am Gruppentisch bereits ein Stuhl steht und beschafft sich durch das Heranziehen des Stuhls mit vier Rollen an den Stuhlbeinen eine Sitzgelegenheit für sich selbst. (3) Die Schülerin hat wahrgenommen, dass an dem freien Platz am Gruppentisch bereits ein Stuhl vorhanden ist, möchte jedoch lieber auf dem Stuhl mit vier Rollen an den Stuhlbeinen Platz nehmen.

| #00:00:11-5# 4 | | Schulbegleiterin *(hält der Schülerin mit ausgestrecktem Arm den Zeigefinger ihrer linken Hand entgegen und bewegt diesen von links nach rechts)*: „Ne, des ist der falsche Stuhl, Dilara! Den brauchen wir nicht!"
 Dilara zieht den Stuhl, der an dem freien Platz am Gruppentisch steht, leicht vom Tisch weg und setzt sich auf den freien Platz, an dem ein Mäppchen liegt. Der Stuhl auf Rollen steht schräg hinter ihr. Schulbegleiterin *(beugt sich zu Dilara)*: „Bringst du ihn wieder zurück?" | |

> Schulbegleiterin *(hält der Schülerin mit ausgestrecktem Arm den Zeigefinger ihrer linken Hand entgegen und bewegt diesen von links nach rechts)*: „Ne, des ist der falsche Stuhl, Dilara! Den brauchen wir nicht!"

Die Schulbegleiterin bezieht sich sowohl nonverbal *(hält der Schülerin mit ausgestrecktem Arm den Zeigefinger ihrer linken Hand entgegen und bewegt diesen von links nach rechts)* als auch verbal („Ne, des ist der falsche Stuhl, Dilara! Den brauchen wir nicht!") auf die Schülerin Dilara, die gerade dabei ist, den Stuhl mit den Rollen in Richtung des freien Platzes am Gruppentisch zu schieben. Mit der Geste des erhobenen Zeigefingers unterstreicht die Schulbegleiterin nonverbal den anschließenden direktiven und ermahnenden Hinweis „Ne, des ist der falsche Stuhl Dilara". Das „Ne," kann hier als Ablehnung in Bezug auf die Handlung der Schülerin Dilara (Stuhl auf Rollen in Richtung des Gruppentischs schieben) eingeordnet werden. Mit der sich anschließenden Aussage „des ist der falsche Stuhl, Dilara." führt die Schulbegleiterin ihr „Ne," begründend aus und spricht die Schülerin unter Verwendung des Vornamens direkt an. Die Formulierung „falscher Stuhl" weist darauf hin, dass es einen „richtigen Stuhl" zu geben scheint. Aus der vorliegenden Sequenz wird zunächst nicht ersichtlich, worauf sich das „Falsche" bezieht. Die sich unmittelbar anschließende Äußerung der Schulbegleiterin „Den brauchen wir nicht!" stellt eine weitere/ergänzende Begründung für die Ablehnung („Ne,") in Bezug auf die Handlung der Schülerin Dilara (Stuhl auf Rollen in Richtung des Gruppentischs schieben) dar. Die Schulbegleiterin drückt durch den Gebrauch des Pronomens „wir" auf manifester Ebene aus, dass weder sie noch die Schülerin Dilara Verwendung für den Stuhl auf Rollen haben. Das Pronomen „wir" kann an dieser Stelle jedoch auch dahingehend gelesen werden, dass die Schulbegleiterin im Sinne eines Pluralis benevolentiae (Plural des Wohlwollens) zwar „wir" sagt, aber „du" meint.

> Dilara zieht den Stuhl, der an dem freien Platz am Gruppentisch steht, leicht vom Tisch weg und setzt sich auf den freien Platz an dem ein Mäppchen liegt. Der Stuhl auf Rollen steht schräg hinter ihr.

Dilara lässt den Stuhl auf Rollen stehen, nimmt auf dem Stuhl, der am freien Platz am Gruppentisch steht Platz und kommt damit zunehmend (physisch) im unterrichtlichen Setting an. Auf dem Tisch liegt bereits ein Mäppchen. Dass Dilara vom Schieben des Stuhls auf Rollen abläßt und sich auf den Stuhl am Gruppentisch setzt, kann als Reaktion auf die vorangegangene (ermahnende) Äußerung der Schulbegleiterin eingeordnet werden.

> Schulbegleiterin *(beugt sich zu Dilara)*: „Bringst du ihn wieder zurück?"

Die Schulbegleiterin wendet sich der mittlerweile sitzenden Dilara körperlich zu *(beugt sich zu Dilara)* und fordert sie durch die Frage „Bringst du ihn wieder zurück?" auf, den Stuhl auf Rollen, der zum aktuellen Zeitpunkt schräg hinter Dilara steht, an den Ausgangspunkt/an seinen Platz zurückzubringen. Die gestellte Frage scheint dabei mehr eine rhetorische Frage im Sinne einer impliziten Aufforderung („Bring den Stuhl zurück.") als eine Entscheidungsfrage (gibt es tatsächlich die Möglichkeit, dass Dilara die Frage mit einem „Nein." beantwortet und die Schulbegleiterin diese Antwort akzeptiert?) zu sein. Angesichts der bereits eingeleiteten Aufgabenstellung der Lehrerin und der verspäteten Ankunft von Schulbegleiterin und Dilara stellt sich die Frage, inwiefern das Aufräumen des Stuhls auf Rollen an dieser Stelle tatsächlich Priorität hat oder möglicherweise vielmehr einem persönlichen Prinzip der Schulbegleiterin entspricht.

| #00:00:17-8# 5 | | Dilara zeigt mit ausgestrecktem Arm auf den Stuhl mit Rollen und gibt einen Laut von sich (unverständlich). Schulbegleiterin: „Ja, der muss wieder weg." Dilara gibt dem Stuhl auf Rollen einen Schubs, sodass er ungefähr einen Meter weit rollt. Schulbegleiterin: „Genau." Die Schulbegleiterin schiebt einen Stuhl mit vier Rollen an den Stuhlbeinen, der neben der Heizung am Rand des Klassenzimmers steht, näher an Dilara und den Gruppentisch und nimmt darauf Platz. | |

Dilara zeigt mit ausgestrecktem Arm auf den Stuhl mit Rollen und gibt einen Laut von sich (unverständlich). Schulbegleiterin: „Ja, der muss wieder weg."

Dilara bezieht sich zunächst nonverbal auf den Stuhl mit Rollen (zeigt mit ausgestrecktem Arm auf den Stuhl mit Rollen) und gibt anschließenden einen unverständlichen Laut von sich. Die darauffolgende Äußerung der Schulbegleiterin „Ja, der muss wieder weg." stellt durch das einleitende „Ja," eine Zustimmung hinsichtlich Dilaras unverständlichem Laut dar. Mit der Ausführung „Ja, der muss wieder weg." deutet die Schulbegleiterin den vorangegangenen unverständlichen Laut von Dilara entweder als Äußerung, die sich auf den konkreten Stuhl („Dieser Stuhl muss wieder weg?") oder auf die Aufforderung des Zurück-/Wegbringens („Ich soll den Stuhl zurückbringen?") bezog.

Dilara gibt dem Stuhl auf Rollen einen Schubs, sodass er ungefähr einen Meter weit rollt.

Dilara kommt der Aufforderung der Schulbegleiterin nach, indem sie, weiterhin sitzend, dem Stuhl auf Rollen einen Schubs gibt und dieser ungefähr einen Meter weit rollt. Aus dem Protokoll geht nicht hervor, ob der Stuhl damit wieder an seiner Ausgangsposition steht und damit zurück – im Sinne von an seinen ursprünglichen Platz/an seinen Ausgangspunkt – gebracht oder ob er lediglich um einige Zentimeter/einen Meter weiter „weg" von Dilara geschoben wurde.

Schulbegleiterin: „Genau."

Die Schulbegleiterin reagiert auf Dilaras Wegschubsen des Stuhls auf Rollen mit der Äußerung „Genau." und drückt damit ihre bestätigende Zustimmung aus. Dabei stellt sich die Frage, inwiefern die neue Position des Stuhls auf Rollen tatsächlich dem entspricht, was die Schulbegleiterin sich zuvor unter „Bringst du ihn wieder zurück?" und „Ja, der muss wieder weg." vorgestellt hatte oder ob es für die Schulbegleiterin in erster Linie von Bedeutung war, dass Dilara (unabhängig von der schlussendlichen Ausführung) ihrer Aufforderung überhaupt nachgekommen ist. Die Situation/Interaktion scheint durch das „Genau." der Schulbegleiterin zunächst abgeschlossen zu sein.

> Die Schulbegleiterin schiebt einen Stuhl mit vier Rollen an den Stuhlbeinen, der neben der Heizung am Rand des Klassenzimmers steht, näher an Dilara und den Gruppentisch und nimmt darauf Platz.

Die Schulbegleiterin schiebt im Anschluss an das Wegbringen/Wegschubsen des Stuhls auf Rollen durch Dilara einen (anderen) Stuhl mit vier Rollen an den Stuhlbeinen, der neben der Heizung am Rand des Klassenzimmers steht, näher an Dilara und den Gruppentisch und nimmt darauf Platz. Die Schulbegleiterin beschafft sich in dieser Sequenz einen Stuhl, der in Art und Weise demjenigen Stuhl entspricht, den Dilara in der vorangegangenen Sequenz 3 in Richtung des Gruppentischs geschoben hatte und nimmt darauf Platz. So konkretisiert sich die Lesart, dass sich die Schulbegleiterin mit der Aussage „Ne, des ist der falsche Stuhl, Dilara." darauf bezog, dass zwar die Art und Weise des Stuhls (Stuhl mit Rollen) die richtige ist, dass jedoch genau dieser eine konkrete Stuhl, den Dilara an den Gruppentisch schob „der falsche Stuhl" war und der Stuhl mit vier Rollen an den Stuhlbeinen, der neben der Heizung am Rand des Klassenzimmers steht, „der richtige Stuhl" ist. Geht man weiter davon aus, dass die Schulbegleiterin in der Regel während des Unterrichts auf einem Stuhl mit Rollen sitzt, bestätigt die vorliegende Sequenz die oben formulierte Lesart, dass Dilara durch das Heranziehen des Stuhls mit Rollen der Schulbegleiterin eine Sitzmöglichkeit in ihrer Nähe/in der Nähe des Gruppentischs anbieten wollte bzw. sicher gehen wollte, dass die Schulbegleiterin in ihrer Nähe sitzt.

In der Analyse der ersten Sequenzen des Protokolls wird eine Dynamik deutlich, in der die Schülerin Dilara sich darum kümmert/darum bemüht ist, der Schulbegleiterin einen (Sitz-)Platz in ihrer Nähe zu verschaffen. Dieser Bemühung begegnet die Schulbegleiterin in einer bestimmenden, direktiven, stellenweise ermahnenden Art und Weise.

6.1.2.2 „Ihr nehmt jetzt zwei Stifte. Lieblingsfarbe, Doofi-Farbe."

| #00:00:21-4# 6 | Lehrerin *(zur Klasse) (laut)*: „So! Ihr braucht zwei Farben. Eine Lieblingsfarbe *(hält ihre rechte Hand flach nach oben)* und eine Doofi-Farbe *(hält ihre linke Hand flach nach oben)*. *(kurze Pause)* Ihr nehmt jetzt zwei Stifte. Lieblingsfarbe, Doofi-Farbe. Und dann gibts noch die Möglichkeit gar keine Farbe, das is, wenn ihr euch nich entscheiden könnt." | Schulbegleiterin zu Dilara: „(unverständlich) holst das jetzt raus." Die Schulbegleiterin zieht mehrere Blätter aus dem Fach unter Dilaras Platz hervor und legt sie auf den Tisch. Dilara hebt ein Blatt kurz an, legt sich mit dem Oberkörper kurz auf den Tisch, tippt auf das Blatt, schiebt ein Blatt bei Seite, setzt sich kurz auf, steht vom Stuhl auf, schiebt ihren Stuhl von links nach rechts. Schulbegleiterin *(beugt sich zu Dilara und zeigt ihr zwei Finger)*: „Zwei Stifte brauchst du!" Dilara setzt sich auf ihren Stuhl und rückt damit an den Tisch. | |

Lehrerin *(zur Klasse) (laut)*: „So! Ihr braucht zwei Farben. Eine Lieblingsfarbe *(hält ihre rechte Hand flach nach oben)* und eine Doofi-Farbe *(hält ihre linke Hand flach nach oben). (kurze Pause)* Ihr nehmt jetzt zwei Stifte. Lieblingsfarbe, Doofi-Farbe. Und dann gibts noch die Möglichkeit gar keine Farbe, das is, wenn ihr euch nich entscheiden könnt."

Die Lehrerin spricht mit lauter Stimme zu den Schüler:innen der Klasse und markiert mit dem „So!" etwas Vorangegangenes (möglicherweise das Ankommen von Dilara und der Schulbegleiterin) als abgeschlossen und bildet gleichermaßen den Auftakt zu der nachfolgenden Ankündigung. Die Ankündigung enthält die Informationen, dass „Ihr" zwei Farben braucht. Mit der Anrede „Ihr" werden die Schüler:innen der Klasse als eine Gruppe von Personen angesprochen. Dabei bleibt zunächst unklar, worauf sich die abstrakte Formulierung „Farben" bezieht: Buntstifte, Filzstifte, Wassermalfarben o. Ä.. Die Information „Ihr braucht zwei Farben." wird anschließend von der Lehrerin weiter ausgeführt und durch den Einsatz von Gesten unterstützt: „Eine Lieblingsfarbe (hält ihre rechte Hand flach nach oben) und eine Doofi-Farbe (hält ihre linke Hand flach nach oben)." Offenbar ist die Farbe der beiden Stifte in Bezug auf das individuelle und subjektive Empfinden der Schüler:innen von Bedeutung. Die Schüler:innen sollen also zwei Farben auswählen: eine Farbe, die ihnen persönlich gut gefällt/die sie mögen („Lieblingsfarbe") und eine Farbe, die sie persönlich „doof" finden/die sie nicht mögen („Doofi-Farbe"). Im Anschluss an die erste Ankündigung wiederholt die Lehrerin die Information, formuliert einen Auftrag und konkretisiert diesen unter Verwendung der Bezeichnung „Stifte": „Ihr nehmt jetzt zwei Stifte. Lieblingsfarbe, Doofi-Farbe." Der hier formulierte Auftrag stellt möglicherweise die Einleitung oder Vorbereitung auf eine sich anschließende Aufgabenstellung dar. Durch die sich anschließende Aussage „Und dann gibts noch die Möglichkeit gar keine Farbe, das is, wenn ihr euch nich entscheiden könnt." entsteht ein Bruch im Protokoll. Die erste Satzhälfte „Und dann gibts noch die Möglichkeit gar keine Farbe," stellt einen Moment der Irritation dar. Zuvor wurde zwei Mal der Auftrag „Ihr braucht zwei Farben." formuliert und ausgeführt („Lieblingsfarbe" | „Doofi-Farbe"), nun wird die Möglichkeit „gar keine Farbe" eröffnet. Durch die sich anschließende Ausführung „das is, wenn ihr euch nich entscheiden könnt." wird deutlich, dass die Lehrerin an dieser Stelle einen ersten Hinweis oder eine erste Erklärung zur Aufgabenstellung gibt. Offenbar wird anschließend eine Aufgabe gestellt, in der sich die angesprochenen Personen entscheiden müssen. Ausgehend von der Aufforderung eine „Lieblingsfarbe" und eine „Doofi-Farbe" zu wählen, kann die Lesart formuliert werden, dass die Schüler:innen sich entscheiden müssen, ob ihnen etwas gefällt („Lieblingsfarbe") oder nicht gefällt („Doofi-Farbe") und dass dabei auch die Option besteht, „gar keine Farbe" zu wählen, wenn sich die Schüler:innen nicht entscheiden können. Bislang ist nicht deutlich geworden, worauf sich die angekündigte Entscheidung bezieht. Es kann jedoch davon ausgegangen werden, dass die nachfolgende Aufgabe auf eine subjektive und individuelle Einschätzung und Entscheidung der Schüler:innen abzielt.

WÄHRENDDESSEN
Schulbegleiterin zu Dilara: „(unverständlich) holst das jetzt raus."

Auf Grundlage des Protokolls wird deutlich, dass sich zwei Interaktionen gleichzeitig/parallel ereignen. Während die Lehrerin den soeben formulierten Auftrag an die Schüler:innen der Klasse richtet, spricht die Schulbegleiterin zur gleichen Zeit Dilara an und formuliert ebenfalls einen Auftrag „(unverständlich) holst das jetzt raus." Es wird auf Grundlage der vorliegenden Sequenz, möglicherweise auch aufgrund der unverständlichen ersten Satzhälfte, zunächst nicht ersichtlich, worauf sich das „das" bezieht, was Dilara „jetzt" im Sinne von in diesem Moment, in diesem Augenblick „rausholen" soll. In Verknüpfung mit der bereits analysierten Sequenz 1 wird deutlich, dass die von Beginn des Protokolls an anwesenden Schüler:innen bereits ein Arbeitsblatt vor sich auf dem Tisch liegen hatten. Möglicherweise hat Dilara, aufgrund ihrer Verspätung, noch kein Arbeitsblatt erhalten/diese Vorbereitung noch nicht getroffen und muss dies noch nachholen. Dieser Lesart folgend, könnte sich das „das" in der vorliegenden Sequenz auf ein Arbeitsblatt beziehen.

> Die Schulbegleiterin zieht mehrere Blätter aus dem Fach unter Dilaras Platz hervor und legt sie auf den Tisch.

Es entsteht ein Bruch im Protokoll. Während die Schulbegleiterin in der vorangegangenen Sequenz Dilara mit der Aussage „(unverständlich) holst das jetzt raus." dazu aufforderte, etwas (der weiter oben formulierten Lesart folgend ein Arbeitsblatt) „rauszuholen" ist es in der vorliegenden Sequenz nun die Schulbegleiterin selbst, die „mehrere Blätter aus dem Fach unter Dilaras Platz hervor[zieht]" und sie anschließend auf den Tisch legt. Zunächst wird aus dem Protokoll nicht ersichtlich, ob die Blätter das „das" aus dem vorangegangenen Auftrag „(unverständlich) holst das jetzt raus." darstellen und warum Dilara die Blätter nicht selbst hervorholt.

> Dilara hebt ein Blatt kurz an, legt sich mit dem Oberkörper kurz auf den Tisch, tippt auf das Blatt, schiebt ein Blatt bei Seite, setzt sich kurz auf, steht vom Stuhl auf, schiebt ihren Stuhl von links nach rechts.

Im Anschluss an das Hervorholen der Blätter durch die Schulbegleiterin findet zunächst keine weitere Ausführung im Sinne eines konkreten Arbeitsauftrags oder einer Erklärung zu den Arbeitsblättern durch die Schulbegleiterin statt. Dilaras beschriebenes Verhalten verweist auf eine gewisse Verwirrung, Unruhe, Desorientierung, Irritation. Es entsteht der Eindruck, dass Dilara nicht weiß, was es mit dem vor ihr liegenden Blatt auf sich hat bzw. was sie mit diesem Blatt tun soll (Dilara hebt ein Blatt kurz an, […] tippt auf das Blatt, schiebt ein Blatt bei Seite […]). **Indem Dilara sich mit dem Oberkörper kurz auf den Tisch [legt] drückt sie eine gewisse Erschöpfung/Ermüdung aus.** Die am Ende der Sequenz beschriebene motorische Unruhe (setzt sich kurz auf, steht vom Stuhl auf, schiebt ihren Stuhl von links nach rechts.) kann als Hinweis auf Dilaras Unlust/Abwehr/Ängstlichkeit/Bewegungsdrang/innere Unruhe/fehlende Konzentration/Desorientierung eingeordnet werden. In der vorliegenden Sequenz deutet sich also auf unterschiedliche (nonverbale) Art und Weise eine Desorientierung Überforderung bei Dilara an. Ausgehend von dem verspäteten Eintreffen von Dilara und der Schulbegleiterin kann die Lesart gebildet werden, dass die durch das verspätete Eintreffen entstandene Verzögerung in Bezug auf den Unterricht und die Gleichzeitigkeit der Interaktionen zu einer Desorientierung/Überforderung bei Dilara führen, welcher sie in dem in dieser Sequenz beschriebenen Verhalten Ausdruck verleiht.

> Schulbegleiterin *(beugt sich zu Dilara und zeigt ihr zwei Finger)*: „Zwei Stifte brauchst du!"

Die Schulbegleiterin geht nicht explizit auf Dilaras vermutete Verwirrung/Unruhe/Desorientierung/Irritation ein, sondern wiederholt den Auftrag, den die Lehrerin einige

Augenblicke zuvor an die Klasse gerichtet hatte („Zwei Stifte brauchst du!"). Die Schulbeglei-terin stellt in der vorliegenden Sequenz einen konkreten Aufgabenbezug her, wendet sich dabei Dilara körperlich zu *(beugt sich zu Dilara)* und begleitet das Gesagte durch eine Geste *(zeigt ihr zwei Finger)*. Dabei geht die Schulbegleiterin zunächst nicht auf die durch die Lehre-rin vorgenommene Konkretisierung („Lieblingsfarbe" | „Doofi-Farbe") ein.

> Dilara setzt sich auf ihren Stuhl und rückt damit an den Tisch.

Im Anschluss an die Aufforderung der Schulbegleiterin setzt sich Dilara auf ihren Stuhl und rückt damit an den Tisch. Mit dieser Handlung signalisiert Dilara im Gegensatz zu der voran-gegangenen vermuteten Verwirrung/Unruhe/Desorientierung/Irritation eine gewisse Be-reitschaft, sich mit der Aufforderung der Schulbegleiterin auseinanderzusetzen/dieser nachzukommen.

#00:00:44-7# 7		Schulbegleiterin *(legt ein Mäppchen direkt vor Dilara, zeigt ihr zwei Finger)*: „Zwei Stifte." Dilara nimmt das Mäppchen in die Hand. Die Schulbegleiterin steht von ihrem Platz auf und läuft in den hinteren Teil des Klassenzimmers zu dem Jungen, der am Einzeltisch sitzt.

> Schulbegleiterin *(legt ein Mäppchen direkt vor Dilara, zeigt ihr zwei Finger)*: „Zwei Stifte." Dilara nimmt das Mäppchen in die Hand.

Die Schulbegleiterin signalisiert Dilara sowohl nonverbal *(legt ein Mäppchen direkt vor Dilara, zeigt ihr zwei Finger)* als auch verbal, dass Dilara „Zwei Stifte." aus dem Mäppchen hervorholen soll. Auch in der vorliegenden Sequenz wird die Konkretisierung („Lieblingsfarbe" | „Doofi-Farbe"), die ein erwartbarer, wesentlicher Bestandteil der nachfolgenden Aufgabe sein wird (vgl. Analyse Seq. 6) von der Schulbegleiterin nicht an Dilara weitergegeben. Somit hat Dilara zum jetzigen Zeitpunkt im Protokoll lediglich die Information/den Auftrag, dass sie „Zwei Stifte." aus ihrem Mäppchen hervorholen soll. Im Anschluss an die Aufforderung der Schulbegleiterin, nimmt Dilara das Mäppchen in die Hand, wodurch der Eindruck entsteht, dass sie die Aufforderung der Schulbegleiterin wahrgenommen hat und dieser nun nach-kommen wird.

Dass die Schulbegleiterin Dilara die Konkretisierung („Lieblingsfarbe" | „Doofi-Farbe") nicht kommuniziert ist erklärungsbedürftig. Diesbezüglich können zwei Lesarten gebildet werden: (1) Dilara (ggf. begleitet) eine „Lieblingsfarbe" und eine „Doofi-Farbe" aussuchen zu lassen, würde in den Augen der Schulbegleiterin – ggf. auch mit Blick auf das verspätete Eintreffen und die daraus entstandene Verzögerung – (zu viel) Zeit in Anspruch nehmen und (möglicherweise) zu einer weiteren Verzögerung in Bezug auf das unterrichtliche Vo-ranschreiten der Lehrerin führen oder (2) die Schulbegleiterin hat aufgrund der zur Auffor-derung der Lehrerin gleichzeitig verlaufenden Interaktion mit Dilara lediglich die Auffor-derung „Ihr braucht zwei Farben." bzw. „Ihr nehmt jetzt zwei Stifte." und nicht die Konkretisie-rung („Lieblingsfarbe" | „Doofi-Farbe") wahrgenommen und kann diese demnach auch nicht an Dilara weitergeben.

In beiden Lesarten wird deutlich, dass es zwei unterschiedliche Zeitschienen zu geben scheint: Die Zeitschiene der Lehrkraft (in der Kommunikation mit der Klasse) auf der einen und die Zeitschiene von Schulbegleiterin und Dilara auf der anderen Seite.

> Die Schulbegleiterin steht von ihrem Platz auf und läuft in den hinteren Teil des Klassenzimmers zu dem Jungen, der am Einzeltisch sitzt.

Es entsteht ein Bruch im Protokoll. In dem Moment, in dem Dilara im Begriff ist, der Aufforderung „Zwei Stifte." aus ihrem Mäppchen herauszuholen, nachzukommen, steht die Schulbegleiterin (unkommentiert) von ihrem Platz auf und läuft von Dilara weg in den hinteren Teil des Klassenzimmers zu dem Jungen, der am Einzeltisch sitzt. Der wortlose Weggang der Schulbegleiterin/Beziehungsabbruch ist dabei in hohem Maße erklärungsbedürftig. In der Analyse der vorangegangenen Sequenzen wurde deutlich, dass Dilara das Ankommen in der Klasse die Orientierung im unterrichtlichen Geschehen in der Tendenz eher schwerfällt (vgl. Seq. 3-5; insbesondere Seq. 6), was zunächst auf einen Bedarf an entsprechender Begleitung (durch die Schulbegleiterin) hinweist. In der vorliegenden Sequenz wird dieser Bedarf jedoch entweder (1) von der Schulbegleiterin nicht wahrgenommen oder (2) wahrgenommen aber nicht auf ihn eingegangen, im Gegenteil: Die Schulbegleiterin verlässt (zunächst ohne erkennbaren Grund) die Situation, lässt Dilara mit der Aufforderung „Zwei Stifte." allein und läuft in den hinteren Teil des Klassenzimmers zu dem Jungen, der am Einzeltisch sitzt. Es bleibt abzuwarten, wie Dilara im Anschluss an den Weggang der Schulbegleiterin mit der Aufforderung „Zwei Stifte." umgehen wird: Wird sie der Aufforderung nachkommen und aus dem Mäppchen zwei Stifte hervorholen oder sorgt der Weggang der Schulbegleiterin dafür, dass Dilara dieser Aufforderung nicht nachkommt/nachkommen kann.

| #00:00:54-5# 8 | Lehrerin *(schaut durch den Klassenraum)*: „Habt ihrs? *(Pause)* *(läuft, weiterhin mit erhobenen Händen, zum hinteren Teil des Klassenzimmers)* So. Hat jeder zwei Stifte in der Hand?" Einige Schüler:innen: „Ja." Lehrerin: „Dann möchte ich, dass ihr jetzt alle den Superstift mit der Lieblingsfarbe in die Luft haltet." | Als die Schulbegleiterin fast bei dem Jungen angekommen ist, steht Dilara von ihrem Platz auf, hält ihr Mäppchen in der Hand, schaut in Richtung der Schulbegleiterin, setzt sich auf den Stuhl, auf dem die Schulbegleiterin zuvor saß, schaut auf ihr Mäppchen, schaut zur Schulbegleiterin. | Schulbegleiterin: „Tom, deine Lieblingsfarbe musst du rausholen." Tom kramt in seinem Mäppchen. Schulbegleiterin: „Was magst du am liebsten?" Tom: „Rot." Schulbegleiterin: „Und jetzt eine, die du nich so schön findest." Tom kramt weiterhin in seinem Mäppchen und holt nach einigen Sekunden einen roten Stift hervor. |

> Als die Schulbegleiterin fast bei dem Jungen angekommen ist, steht Dilara von ihrem Platz auf, hält ihr Mäppchen in der Hand, schaut in Richtung der Schulbegleiterin, setzt sich auf den Stuhl, auf dem die Schulbegleiterin zuvor saß, schaut auf ihr Mäppchen, schaut zur Schulbegleiterin.

Dilara reagiert auf den wortlosen Weggang der Schulbegleiterin, indem sie sich, mit dem Mäppchen in der Hand und nach der Schulbegleiterin schauend, auf den Stuhl der Schulbegleiterin setzt. Auf diesem Stuhl angekommen, schaut Dilara erneut auf das Mäppchen und ein weiteres Mal in Richtung der Schulbegleiterin. Dilara scheint eine Verbindung zwischen dem Stuhl der Schulbegleiterin, der Schulbegleiterin selbst und dem Mäppchen in ihrer Hand herzustellen/herstellen zu wollen. Anknüpfend an die Lesart, dass der Stuhl auf vier Rollen für Dilara symbolisch für die Schulbegleiterin steht (vgl. Seq. 3), kann Dilaras Platznehmen auf diesem Stuhl als Suche nach bzw. Identifizierung mit der Schulbegleiterin eingeordnet werden. Dass Dilara ihr Mäppchen weiterhin in der Hand hält, zur Schulbegleiterin schaut, auf ihr Mäppchen schaut und wieder den Blick in Richtung der Schulbegleiterin richtet, deutet darauf hin, dass Dilara versucht, einen Zusammenhang zwischen der Schulbegleiterin und dem Mäppchen, welches für Dilara möglicherweise mit der Aufforderung „Zwei Stifte." verknüpft ist, herzustellen. Dass Dilara dieser Aufforderung in der vorliegenden Sequenz nicht nachkommt, kann als Hinweis darauf verstanden werden, dass die Aufgabenstellung/Aufforderung etwas zu tun (Zwei Stifte aus dem Mäppchen zu holen) für Dilara eng mit der Person und der Anwesenheit der Schulbegleiterin verknüpft ist.

WÄHRENDDESSEN
Schulbegleiterin: „Tom, deine Lieblingsfarbe musst du rausholen."

Die Schulbegleiterin spricht den Jungen am Einzeltisch bei seinem Vornamen („Tom") an und weist ihn unverzüglich darauf hin, dass er seine „Lieblingsfarbe" „rausholen" muss. Die vorliegende Sequenz falsifiziert damit die weiter oben in Bezug auf die Interaktion zwischen der Schulbegleiterin und Dilara gebildete Lesart, dass die Schulbegleiterin die Konkretisierung der Lehrerin („Lieblingsfarbe" | „Doofi-Farbe") möglicherweise nicht wahrgenommen und deshalb nicht an Dilara kommuniziert hat.

Es deutet sich an, dass sich die Schulbegleiterin neben Dilara auch für Tom verantwortlich fühlt bzw. dass sie auch für Tom verantwortlich ist.[80] Die Art und Weise, wie die Schulbegleiterin Tom an dieser Stelle anspricht (direkte Ansprache beim Vornamen, unverzüglich, ohne Nachfrage „Kommst du zurecht?"/„Brauchst du Hilfe?") verweist auf einen gewissen Handlungsdruck auf Seiten der Schulbegleiterin. In Verknüpfung mit der vorangegangenen Sequenz, in der die Schulbegleiterin kommentarlos und ohne im Protokoll erkennbaren äußeren Grund (bspw. eine Bitte um Hilfe/ein Signal von Tom oder der

---

[80] In diesem Zusammenhang ist die räumliche Positionierung der drei Personen (Schulbegleiterin | Dilara | Tom) im Klassenraum erklärungsbedürftig. Offenbar ist die Schulbegleiterin für zwei Schüler:innen in einer Klasse verantwortlich. Auf Grundlage des Protokolls wurde deutlich, dass Dilara und Tom an unterschiedlichen Tischen an unterschiedlichen Stellen im Klassenzimmer (Dilara an einem der vorderen Gruppentische, Tom – als einziger – an einem Einzeltisch einige Meter von Dilaras Gruppentisch entfernt) sitzen. Die Schulbegleiterin kann demnach aufgrund der Sitzplatzverteilung im Klassenraum sowohl physisch als auch mit ihrer Aufmerksamkeit nur bei einem der beiden zu begleitenden Schüler:innen präsent sein. So stellt sich die Frage, wie die Sitzplatzverteilung zustande gekommen ist und inwiefern hier die räumliche Anordnung der Sitzplätze der Schüler:innen mit Schulbegleitung in einer Pool-Maßnahme berücksichtigt wurde.

Lehrerin) von Dilara weg hin zu Tom geht, kann die Lesart gebildet werden, dass die Schulbegleiterin davon ausgeht/weiß, dass Tom ohne ihre unmittelbare Unterstützung nicht im Stande sein würde, der Aufforderung der Lehrerin (vgl. Seq. 6) nachzukommen. Die Äußerung der Schulbegleiterin „Tom, deine Lieblingsfarbe musst du rausholen." kann darüber hinaus als Hinweis darauf verstanden werden, dass Tom der Aufforderung der Lehrerin (mindestens in Bezug auf die Auswahl seiner Lieblingsfarbe) bislang nicht nachgekommen ist.

> Tom kramt in seinem Mäppchen.

Tom reagiert auf den Hinweis der Schulbegleiterin, indem er in seinem Mäppchen „kramt", damit der Aufforderung der Schulbegleiterin nachzukommen scheint und sich auf die Suche nach einem Stift mit seiner Lieblingsfarbe begibt. Der Ausdruck „kramt" deutet an, dass Tom eine gewisse Zeit mit dem Durchsuchen seines Mäppchens beschäftigt ist und nicht unmittelbar einen Stift hervorholt.

> Schulbegleiterin: „Was magst du am liebsten?"

Die Schulbegleiterin spricht Tom, der weiterhin in seinem Mäppchen zu kramen scheint, erneut an und fragt ihn danach, was er „am liebsten" mag. Diese Frage kann in Verknüpfung mit dem vorangegangenen Hinweis „Tom, deine Lieblingsfarbe musst du rausholen." als Unterstützung zur Ausführung der Aufforderung („Tom, deine Lieblingsfarbe musst du rausholen.") eingeordnet werden. Dabei drückt sich in der Frage „Was magst du am liebsten?" erneut ein gesteigerter Handlungsdruck der Schulbegleiterin aus. Die Schulbegleiterin lässt Tom offenbar nicht zu Ende „kramen" und eine Auswahl treffen, sondern unterbricht seine Suche mit einer scheinbar unterstützenden, eigentlich aber drängenden/Druck ausübenden Frage „Was magst du am liebsten?". Mit Blick auf die Gleichzeitigkeit der Situationen und Interaktionen wird deutlich, dass die Lehrerin bereits das Ende der Stiftauswahl-Zeit einleitet („Habt ihrs?" | „Hat jeder zwei Stifte in der Hand?"). Weder Tom noch Dilara haben zu diesem Zeitpunkt zwei Stifte („Lieblingsfarbe" | „Doofi-Farbe") ausgewählt und aus ihrem Mäppchen geholt.

> Tom: „Rot."

Tom beantwortet die Frage der Schulbegleiterin mit „Rot.". Rot scheint also die Lieblingsfarbe von Tom zu sein. Damit hat Tom die Frage der Schulbegleiterin „Was magst du am liebsten?" beantwortet, jedoch noch nicht den Auftrag/die Aufforderung „Tom, deine Lieblingsfarbe musst du rausholen." ausgeführt. Somit wäre erwartbar, dass die Schulbegleiterin, bevor sie fortfährt, abwartet, bis Tom nun auch einen roten Stift aus seinem Mäppchen hervorholt.

> Schulbegleiterin: „Und jetzt eine, die du nich so schön findest."

Es entsteht ein Bruch im Protokoll. Die Schulbegleiterin lässt Tom nicht die Zeit, einen roten Stift aus seinem Mäppchen herauszuholen. Vielmehr formuliert sie unmittelbar die nächste Aufforderung „Und jetzt eine, die du nich so schön findest.", welche sich auf die Auswahl einer „Doofi-Farbe" zu beziehen scheint. Die Verwendung des Adverbs „jetzt" verweist in diesem Zusammenhang auf die Dringlichkeit der Aufforderung: In diesem Moment, in diesem Augenblick („jetzt"). In der Analyse der vorangegangenen Sequenz wurde deutlich, dass Tom zwar seine Lieblingsfarbe („Rot.") benannt, jedoch noch keinen dazu passenden Stift ausgewählt hat, wonach die vorliegende Äußerung der Schulbegleiterin erklärungsbedürftig ist. In der Art und Weise, wie die Schulbegleiterin Tom in der vorliegenden Sequenz auffordert, eine Farbe auszuwählen, die er „nich so schön" findet, vermittelt sich erneut ein ungeduldiges, drängelndes/unter Druck setzendes Moment, was ein weiteres Mal auf einen gesteigerten Handlungsdruck der Schulbegleiterin verweist.

In der vorliegenden Sequenz wird darüber hinaus ersichtlich, dass Tom – bis zur Interaktion mit der Schulbegleiterin – dem Auftrag der Lehrerin noch nicht (weder in Bezug auf die „Lieblingsfarbe" noch in Bezug auf die „Doofi-Farbe") nachgekommen zu sein scheint. Offenbar benötigt Tom die Schulbegleiterin bzw. eine direkte Ansprache und Begleitung, um sich mit dem Auftrag der Lehrerin auseinanderzusetzen.

> Tom kramt weiterhin in seinem Mäppchen und holt nach einigen Sekunden einen roten Stift hervor.

Tom scheint immer noch, auch jetzt noch („weiterhin") damit beschäftigt zu sein, in seinem Mäppchen zu kramen. Es stellt sich die Frage, inwiefern Tom die zweite Aufforderung der Schulbegleiterin („Und jetzt eine, die du nich so schön findest.") überhaupt wahrgenommen hat. Das „weiterhin" deutet an, was sich durch die zweite Hälfte der vorliegenden Sequenz („und holt nach einigen Sekunden einen roten Stift hervor.") bestätigt: Tom war bis hierhin mit der Auswahl eines Stifts in seiner Lieblingsfarbe („Rot.") beschäftigt, während die Schulbegleiterin in ihrer Aufforderung bereits einen Schritt weiter (bei der Auswahl der „Doofi-Farbe.") war.

> WÄHRENDDESSEN
> Lehrerin *(schaut durch den Klassenraum)*: „Habt ihrs? *(Pause) (läuft, weiterhin mit erhobenen Händen, zum hinteren Teil des Klassenzimmers)* So. Hat jeder zwei Stifte in der Hand?"

Die Lehrerin lässt ihren Blick durch das Klassenzimmer schweifen und stellt die Frage „Habt ihrs?". Es ist anzunehmen, dass sich die Lehrerin mit dieser Frage danach erkundigt, ob die Schüler:innen dem Auftrag „Ihr nehmt jetzt zwei Stifte. Lieblingsfarbe, Doofi-Farbe." umgesetzt und zu Ende ausgeführt haben und demnach jeweils einen Stift in ihrer individuell favorisierten Farbe („Lieblingsfarbe") und einen Stift in einer Farbe, die sich nicht mögen oder schön finden („Doofi-Farbe") ausgewählt haben. Sowohl dich sich an die Frage „Habt ihrs?" anschließende Pause als auch der Gang durch das Klassenzimmer deuten zum einen darauf hin, dass die Lehrerin den Schüler:innen noch einige Augenblicke Zeit gibt, um den Auftrag zu Ende auszuführen und sich für zwei Farben/Stifte zu entscheiden. Zum anderen kann sich die Lehrerin mit ihrem Gang durch den Klassenraum einen Überblick über die Situation in der Klasse verschaffen. Das darauffolgende „So." signalisiert, dass die Lehrerin ihr Warten abgeschlossen hat und bildet den Auftakt zu der Frage „Hat jeder zwei Stifte in der Hand?". Die Lehrerin erkundigt sich mit dieser Frage explizit danach, ob alle Schüler:innen der Klasse ohne Ausnahme („jeder") zwei Stifte in der Hand haben.

Einige Schüler:innen: „Ja."

Eine unbestimmte kleinere Anzahl („Einige") von Schüler:innen beantwortet die Frage der Lehrerin zustimmend mit einem „Ja.". Aus dem Protokoll wird an dieser Stelle nicht ersichtlich, inwiefern die anderen Schüler:innen, die nicht explizit zustimmend verbal (bspw. mit einem „Ja.") oder auch nonverbal (bspw. durch Nicken mit dem Kopf) auf die Frage der Lehrerin reagiert haben, ebenfalls zwei Stifte in den Händen halten.

Lehrerin: „Dann möchte ich, dass ihr jetzt alle den Superstift mit der Lieblingsfarbe in die Luft haltet."

Die Lehrerin reagiert auf die zustimmende Antwort einzelner Schüler:innen, indem sie den Wunsch („möchte ich") äußert, dass „jetzt alle den Superstift [...] mit der Lieblingsfarbe in die Luft" halten. Die Lehrerin leitet ihren Wunsch, der im Subtext eine Aufforderung zu sein scheint, mit dem Adverb „Dann" ein. Das „Dann" bezieht sich im Sinne von „unter diesen Umständen" oder „unter dieser Voraussetzung" auf das vorangegangene „Ja." einzelner Schüler:innen als Antwort auf die Frage „Hat jeder zwei Stifte in der Hand?": Unter diesen Umständen, dass „jeder zwei Stifte in der Hand" hat, wünscht sich die Lehrerin/fordert die Lehrerin die Schüler:innen dazu auf, dass „jetzt alle den Superstift mit der Lieblingsfarbe in die Luft"[81] halten.

#00:00:54-5# 9		Alle Kinder bis auf Dilara und Tom strecken einen Stift in die Höhe.	

Alle Kinder bis auf Dilara und Tom strecken einen Stift in die Höhe.

Bis auf eine Schülerin (Dilara) und einen Schüler (Tom) kommen alle Kinder der Klasse dem Wunsch/der Aufforderung der Lehrerin nach und strecken einen Stift in die Höhe. Damit wird in der vorliegenden Sequenz zunächst auf optischer/manifester Ebene eine Differenz zwischen den Schüler:innen der Klasse, die einen Stift in die Höhe strecken und Dilara und Tom, die keinen Stift die Höhe strecken, deutlich: Dilara und Tom, die beiden Schüler:innen mit Schulbegleitung, kommen der Aufforderung/dem Wunsch der Lehrerin nicht nach bzw. können ihm nicht nachkommen. Ausgehend von der Lesart, dass die Schulbegleiterin ihre Interventionen am Ziel ausrichtet, dass Dilara und Tom dem unterrichtlichen Takt der Lehrerin folgen können, impliziert diese Sequenz auch ein „Scheitern" der Schulbegleiterin. Es ist ihr nicht gelungen, weder Dilara noch Tom auf eine Art und Weise bzw. in einem Tempo zu begleiten, welche(s) dazu führte, dass sie am von der Lehrerin vorgegebenen Unterrichtsfortschritt teilhaben lässt.

---

[81] Die Formulierung der Lehrerin „den Superstift mit der Lieblingsfarbe" könnte aus einer auf den Unterricht und die (Didaktik der) Lehrkraft bezogenen Forschungsperspektive von Interesse sein. Aufgrund der Fragestellung der vorliegenden Arbeit, die sich auf die Praxis der Schulbegleitung bezieht, wird an dieser Stelle im Protokoll jedoch nicht weiter auf die gewählte Formulierung der Lehrerin eingegangen.

Hypothese zur Fallstruktur

In den analysierten Sequenzen zeichnet sich eine Dynamik ab, welche auf einen gesteigerten Handlungsdruck auf Seiten der Schulbegleiterin verweist. In der Analyse wurde
deutlich, dass sowohl Dilara als auch Tom die Schulbegleiterin deren direkte Anspra-
che/die 1:1-Konstellation benötigen, um sich dem Arbeitsauftrag/der Aufforderung der
Lehrerin widmen zu können. Nur dann, wenn die Schulbegleiterin sich Dilara oder Tom
direkt/unmittelbar/exklusiv zuwendet, kann sie oder kann er die Aufgabe oder Aufforderung der Lehrerin bearbeiten. Ist die Schulbegleiterin (aufgrund der doppelten Zuständigkeit für Dilara oder Tom) nicht unmittelbar (in der 1:1-Konstellation) präsent, können der Arbeitsauftrag oder die Aufforderung der Lehrerin weder von Dilara noch von
Tom alleine umgesetzt werden. Darüber kristallisiert sich eine Dynamik heraus, die darauf verweist, dass die Schulbegleiterin ihre Handlungen und Interventionen nicht an
den Bedarfen der zu begleitenden Schüler:innen sondern vielmehr am unterrichtlichen
Takt und Voranschreiten der Lehrerin ausrichtet.

**Sowohl Dilara als auch Tom benötigen die direkte Ansprache und Begleitung der
Schulbegleiterin (1:1-Konstellation), um sich den Aufforderungen und Aufgaben der
Lehrerin und den Inhalten des Unterrichts zuwenden zu können. Ist die Schulbegleiterin aufgrund der doppelten Zuständigkeit für Dilara oder Tom nicht unmittelbar
(in der 1:1-Konstellation) präsent, können der Arbeitsauftrag oder die Aufforderung
der Lehrerin weder von Dilara noch von Tom selbstständig umgesetzt werden. Gemeinsam mit dem scheinbaren Ziel der Schulbegleiterin, dem unterrichtlich Takt
und Voranschreiten der Lehrerin zu folgen, entsteht ein gesteigerter Handlungsdruck auf Seiten der Schulbegleitern.**

6.1.2.3 „Was habt ihr für n Streit?"

#00:39:20-6# 119			Tom blättert durch sein Heft. Die Schulbegleiterin sitzt neben ihm und schaut ihm zu.

Tom blättert durch sein Heft. Die Schulbegleiterin sitzt neben ihm und schaut ihm zu.

Tom blättert durch sein Heft, während die Schulbegleiterin neben ihm sitzt und ihm dabei
zuschaut. Im ersten Satz der Sequenz (Tom blättert durch sein Heft.) wird deutlich, dass Tom
einzelne Seiten in seinem Heft umschlägt, voraussichtlich mit dem Ziel, eine bestimmte
Seite zu finden und aufzuschlagen. Dabei bleibt zunächst unklar, ob der Sequenz eine Aufgabenstellung der Schulbegleiterin oder der Lehrerin vorausging. Dass die Schulbegleiterin
neben Tom sitzt und ihm beim Blättern in seinem Heft zuschaut, verweist auf ein abwartendes Moment auf Seiten der Schulbegleiterin.

#00:39:47-6# 120			Tom *(mit zittriger Stimme)*: „Ich find jetzt gar nich raus wo das war, weil du umgeblättert hast." Schulbegleiterin: „Ach du willst jetzt doch die Seite? *(Pause)* Wo wir warn? Wir waaarn *(kurze Pause) (die Schulbegleiterin schlägt eine Doppelseite im Aufgabenheft auf).*" Tom *(mit gepresster, zittriger Stimme)*: „Nicht diiie!" Schulbegleiterin: „Aber des is die, die ich aufgeblättert hatte."

Tom *(mit zittriger Stimme)*: „Ich find jetzt gar nich raus wo das war, weil du umgeblättert hast."

Tom spricht mit zittriger Stimme eine Person („du") – schätzungsweise die Schulbegleiterin – an und äußert zunächst in der ersten Satzhälfte, dass er „jetzt gar nich" rausfindet, „wo das war". Hier wird deutlich, dass Tom auf der Suche nach einer bestimmten Sache/Stelle/Seite im Heft ist („das") wobei er diese zuvor offenbar bereits gesehen/gefunden hatte („war") und diese Sache/Stelle/Seite gerade in diesem Moment/Augenblick („jetzt") „gar nich" – durch das „gar" verstärkend im Sinne von „wirklich nicht", „tatsächlich nicht" – findet. Dass Tom *mit zittriger Stimme* spricht, deutet auf eine gewisse Verunsicherung, Beunruhigung, Ängstlichkeit, Wut hin. Tom schließt in der zweiten Satzhälfte die Begründung („weil") an „weil du umgeblättert hast." Tom drückt in dieser Sequenz also aus, dass er in diesem Augenblick aufgrund des Umblätterns der anderen Person – der Schulbegleiterin – die von ihm gesuchte Stelle nicht finden kann und formuliert damit einen Vorwurf: „Weil du umgeblättert hast, kann ich das jetzt nicht mehr finden."

Schulbegleiterin: „Ach du willst jetzt doch die Seite? *(Pause)* Wo wir warn? Wir waaarn *(kurze Pause) (die Schulbegleiterin blättert durch das Heft und schlägt eine Doppelseite im Aufgabenheft auf).*"

Die Annahme, dass Tom die Schulbegleiterin mit „du" angesprochen hat, scheint sich zu bestätigen. Die Schulbegleiterin reagiert auf Toms Äußerung/Vorwurf, indem sie mit dem einleitenden „Ach" zunächst eine gewisse Verwunderung/Überraschung/Erstaunen ausdrückt. In der weiteren Ausführung der Äußerung der Schulbegleiterin wird deutlich, worauf sich diese Verwunderung bezieht: „du willst jetzt doch die Seite?" Die Schulbegleiterin fragt Tom, ob er in diesem Augenblick, in diesem Moment („jetzt") nun „doch" „die Seite" will. Aus dieser Frage gehen zwei Dinge hervor: Das „doch" verweist darauf, dass es zuvor eine Verneinung oder Ablehnung auf Seiten von Tom gegeben hat, welche sich auf eine konkrete Seite („die Seite") zu beziehen schien. Die Schulbegleiterin fragt Tom also, ob er, entgegen einer scheinbar vorangegangenen Äußerung, „jetzt" „doch" diese eine ganz konkrete Seite „will". In der Frage der Schulbegleiterin vermittelt sich darüber hinaus, dass es sich bei „die Seite" nicht um eine von der Schulbegleiterin oder Lehrerin vorgegebene Seite handelt, sondern dass es scheinbar darum geht, welche Seite Tom auswählt („willst"). Im Anschluss an eine *(Pause)* fragt die Schulbegleiterin „Wo wir warn?". Diese Frage kann als Anknüpfung an die vorangegangene Äußerung von Tom („Ich find jetzt gar nich raus wo das war, weil du umgeblättert hast.") eingeordnet werden. Die Nachfrage der Schulbegleiterin „Wo wir warn?" kann als konkretisierende, rhetorische Nachfrage im Sinne von „Meinst du die Seite, auf der wir („wo") wir bereits waren?" eingeordnet werden. Indem die Schulbegleiterin in dieser konkretisierenden Nachfrage das Personalpronomen „wir" verwendet, zeigt sie an,

dass sie und Tom gemeinsam („wir") bereits auf der angesprochenen Seite „warn". Die vermutete rhetorische Natur der Nachfrage bestätigt sich, indem die Schulbegleiterin nachfolgend selbst eine Antwort auf die zuvor gestellte Frage liefert. Die Aussage „Wir waaarn" leitet
verbal den anschließenden nonverbalen, suchenden Akt *(die Schulbegleiterin blättert durch das
Heft und schlägt eine Doppelseite im Aufgabenheft auf)* ein, wobei die Schulbegleiterin den Satz
verbal nicht weiter ausführt. Vielmehr beendet sie den Satz nonverbal durch das Aufschlagen einer Doppelseite und drückt damit aus: „Wir waren auf dieser Seite." An dieser Stelle
im Protokoll wird noch nicht ersichtlich, inwiefern es sich bei der aufgeschlagenen Doppelseite auch tatsächlich um die Seite im Heft handelt, die Tom im Sinn hat.

> Tom *(mit gepresster, zittriger Stimme)*: „Nicht diiie!"

Tom spricht erneut mit zittriger Stimme, wobei sowohl die Ergänzung *(mit gepresster, zittriger
Stimme)* als auch das betonte „die" („diiie") als Steigerung der bereits weiter oben gedeuteten
Verunsicherung/Beunruhigung/Ängstlichkeit/Wut eingeordnet werden kann. Tom teilt
der Schulbegleiterin (nachdrücklich und emotional aufgeladen) mit, dass es sich bei der von
ihr aufgeschlagenen Doppelseite nicht um diejenige Seite handelt, nach der er auf der Suche
ist („Nicht diiie!"). Dabei wird ersichtlich, dass die Schulbegleiterin Tom (erneut) nicht versteht. Im Anschluss an diese Sequenz wäre erwartbar, dass die Schulbegleiterin Tom (fragend) eine Hilfestellung gibt (bspw. „Welche Seite meinst du denn? Weißt du noch, was auf
der Seite zu sehen oder geschrieben war?" | „Wie können wir jetzt gemeinsam herausfinden,
nach welcher Seite du genau suchst?") und/oder (anderweitig) auf seine scheinbar zunehmende Verunsicherung/Beunruhigung/Ängstlichkeit/Wut/Frustration eingeht.

> Schulbegleiterin: „Aber des is die, die ich aufgeblättert hatte."

Die Schulbegleiterin entgegnet Toms ablehnender und emotional aufgeladener Reaktion
mit einem Einwand: „Aber des is die, die ich aufgeblättert hatte." Die Schulbegleiterin geht
dabei nicht unterstützend/helfend/begleitend auf Tom ein, sondern rechtfertigt vielmehr
die aufgeschlagene Doppelseite, indem sie darauf hinweist, dass es sich um diejenige Seite
handelt, die sie (irgendwann) zuvor aufgeblättert hatte („des is die, die ich aufgeblättert
hatte."). Die Interaktion zwischen der Schulbegleiterin und Tom scheint zunehmend in eine
Krise zu geraten.

#00:39:53-6# 121			Lehrerin: „Stopp! *(geht vor Tom in die Hocke und legt beide Arme auf Toms Tisch ab)* Deine Kreischerei macht mich ner-vös!" Tom *(leise)*: „OK." Lehrerin: „Was habt ihr für n Streit?" Tom *(zeigt auf das Heft)*: „Das will ich nich." Lehrerin *(zu Tom)*: „Sondern? Haste dir n Wort ausgesucht, das du hinschreibst?" Schulbegleiterin *(leise)*: „Es geht um den Satz." Lehrerin *(zu Tom)*: „Ja und welchen Satz hast du dir ausge-sucht?" Tom *(blättert durch das Heft)*: „Da war einer und ich weiß nich wo er is."

			Lehrerin *(zur Schulbegleiterin)*: „Hat er gar keinen gefunden gehabt oder wollte er…" Schulbegleiterin: „Er hat gar keinen gefunden." Tom *(schlägt eine Doppelseite im Heft auf)*: „Die hier." Lehrerin *(zu Tom)*: „Und welchen nimmste von den Sätzen? Du brauchst nur einen." Tom *(leise)*: (unverständlich) Lehrerin: „So pass auf, ich mach dir hier n Kleber rein, damit de deine Seite immer wieder findest, weil du musst ja immer hier hin zurück klappen, ne?" Tom: „Mh Mh." Lehrerin: „Des is ja okay. Wenn ihr euch jetzt auf den Satz einigt, solls mir recht sein! *(in Richtung Schulbegleiterin)* Aber das is ja so nervig, wenn der da immer so rumkreischt."

Lehrerin: „Stopp!

Es entsteht ein Bruch im Protokoll. Die Lehrerin unterbricht die Interaktion zwischen der Schulbegleiterin und Tom mit einem „Stopp!", was im Sinne von „Aufhören!" oder „Halt, Stopp!" als Ermahnung oder Maßregelung gelesen werden kann, wobei die Intervention der Lehrerin sowohl in Bezug auf die vorangegangene Sequenz als auch in ihrer Art und Weise in höchstem Maße erklärungsbedürftig ist. In der vorausgehenden Analyse wurde herausgearbeitet, dass die Interaktion zwischen Tom und der Schulbegleiterin zunehmend in eine Krise zu geraten drohte und dass Tom sich auf der Suche nach einer konkreten Seite mit steigender Tendenz verunsichert, beunruhigt, ängstlich, frustriert fühlt. Versteht man das „Stopp!" der Lehrerin als Reaktion auf die vorangegangene Sequenz, wird zunächst nicht ersichtlich, worauf sich die Lehrerin mit ihrem ermahnenden und maßregelnden Ausruf („Stopp!") bezieht.

Darüber hinaus ist die Art und Weise, wie die Lehrerin in die Interaktion zwischen der Schulbegleiterin und Tom eingreift bzw. diese unterbricht, erklärungsbedürftig. Indem die Lehrerin ermahnend/maßregelnd in die Interaktion zwischen Tom und der Schulbegleiterin eingreift, wird die superiore Position[82] der Lehrerin in einer asymmetrischen Beziehungsdynamik gekennzeichnet. Während die asymmetrische Beziehungsgestaltung zwischen der Lehrerin und Tom in der Lehrer-Schüler-Beziehung begründet ist, ist die superiore Stellung der Lehrerin in einer asymmetrischen Beziehungsdynamik, die sich in der Intervention der Lehrerin auch in Bezug auf die Schulbegleiterin andeutet, unklar und erklärungsbedürftig. Auch, wenn aus der vorliegenden Sequenz (noch) nicht hervorgeht, an wen die Lehrerin den Ausruf „Stopp!" richtet (Tom | Schulbegleiterin | Tom und Schulbegleiterin) wird die superiore Stellung der Lehrerin in einer asymmetrischen Beziehungsgestaltung sowohl gegenüber Tom als auch gegenüber der Schulbegleiterin, ggf. in unterschiedlichem Maße, deutlich oder zumindest angedeutet.

---

[82] Um die Stellung/Position der Personen innerhalb einer asymmetrischen Beziehungsdynamik wertfrei zu fassen, werden die Begrifflichkeiten inferiore (unterlegene) Stellung/Position und superiore (überlegene) Stellung/Position verwendet.

> Lehrerin: „Stopp! *(geht vor Tom in die Hocke und legt beide Arme auf Toms Tisch ab)* Deine Kreischerei macht mich nervös!"

Im Anschluss an den Ausruf „Stopp!" wendet sich die Lehrerin Tom sowohl nonverbal *(geht vor Tom in die Hocke und legt beide Arme auf Toms Tisch ab)* als auch verbal („Deine Kreischerei macht mich nervös!") zu. Indem sie sich auf die Raumebene von Tom (Augenhöhe) begibt, hebt sie die Asymmetrie in dieser Geste kurz auf. Das vorangegangenen „Stopp!" scheint (zumindest auf manifester Ebene im Protokoll) an Tom gerichtet zu sein. Die Lehrerin drückt aus, dass Toms „Kreischerei" sie „nervös" mache, was in Verknüpfung mit dem vorangegangenen „Stopp!" zum einen, eine implizite Aufforderung, mit der „Kreischerei" aufzuhören und zum anderen einen Vorwurf („Mit deiner Kreischerei machst du mich nervös!") darstellt. Die Aussage/Aufforderung der Lehrerin ist erklärungsbedürftig. Es wird im Protokoll weiterhin nicht ersichtlich, worauf sich die Lehrerin mit ihrer Intervention und ihrer Aussage („Deine Kreischerei macht mich nervös!") bezieht. In der Analyse der vorangegangenen Sequenz wurde herausgearbeitet, dass Tom *mit zittriger Stimme* und *mit gepresster/zittriger Stimme* spricht (vgl. Seq. 120), was jedoch nicht auf (übermäßig) laute/helle/misstönende, schrille Geräusche *(„Kreischerei")* verweist. Die Formulierung „nervös" verweist darauf, dass die Lehrerin sich durchs Tom „Kreischerei" nervlich – im Sinne von reizbar/unruhig – belastet fühlt. Davon ausgehend ist auch die Vehemenz der Intervention der Lehrerin (keine Nachfrage | unmittelbares „Stopp!" | Vorwurf | extreme Formulierungen „Kreischerei"; „nervös") erklärungsbedürftig.

> Tom *(leise)*: „OK."

Tom reagiert auf die Maßregelung und den Vorwurf der Lehrerin mit einem leisen „OK.". Mit dem „OK." drückt Tom aus, dass er die Äußerung der Lehrerin wahrgenommen hat und dieser nichts entgegensetzt. Dass Tom *leise* spricht, verweist zum einen auf eine mögliche Verlegenheit/Beschämung und stellt zum anderen einen Gegensatz zum von der Lehrerin formulierten Vorwurf der „Kreischerei" dar. Durch Toms „OK." scheint die Interaktion mit der Lehrerin zunächst abgeschlossen zu sein: Die Lehrerin hat ihre Maßregelung formuliert, Tom hat diese wahrgenommen und hat ihr nichts weiter entgegengesetzt.

> Lehrerin: „Was habt ihr für n Streit?"

Es entsteht ein Bruch im Protokoll. Entgegen der vorangegangenen Annahme, dass die Intervention der Lehrerin/die Interaktion zwischen der Lehrerin und Tom beendet sein könnte, wird diese durch die Lehrerin fortgesetzt. Betrachtet man die vorliegende Sequenz zunächst ohne äußeren Kontext, können in Bezug auf die Frage „Was habt ihr für n Streit?" folgende Gedankenexperimente angestellt werden: (1) Ein Elternteil spricht (mindestens) zwei (Geschwister-)Kinder an. (2) Ein:e Erzieher:in/Pädagog:in spricht (mindestens) zwei Kinder oder Jugendliche an. (3) Eine Lehrkraft spricht (mindestens) zwei Schüler:innen an. In Bezug auf alle Gedankenexperimente wäre als Anschluss an die Frage „Was habt ihr für n Streit?" erwartbar, dass die angesprochenen Kinder oder Jugendlichen ihre jeweils persönliche und individuelle Position in Bezug auf den Streit als Antwort auf die gestellte Frage darlegen können. Was allen Gedankenexperimenten übereinstimmend zugrunde liegt, ist zum einen eine asymmetrische Beziehungsdynamik (Eltern – Kinder | Erzieher:in/Pädagog:in – Kinder/Jugendliche | Lehrkraft – Schüler:innen) und zum anderen die superiore

Stellung der fragenden Person (Eltern | Erzieher:in/Pädagog:in | Lehrkraft). Betrachtet man die vorliegende Sequenz nun mit Blick auf den äußeren Kontext (die Lehrerin stellt die vorliegende Frage an Tom und die Schulbegleiterin) wird deutlich, dass die Lehrerin ihre superiore Position hinsichtlich einer asymmetrischen Beziehungsdynamik sowohl in Bezug auf Tom als auch in Bezug auf die Schulbegleiterin gleichermaßen markiert. Darüber hinaus adressiert die Lehrerin Tom und die Schulbegleiterin auf die gleiche Art und Weise und schreibt der Schüler-Schulbegleiterin-Beziehung an dieser Stelle eine Symmetrie zu.

> Tom *(zeigt auf das Heft)*: „Das will ich nich."

Tom antwortet auf die von der Lehrerin gestellte Frage, indem er auf das vor ihm liegende Heft zeigt, „Das will ich nich." sagt und damit zum Ausdruck bringt, dass die aufgeschlagene Seite/Stelle im Heft nicht seinem Wunsch entspricht. Tom äußert an dieser Stelle also seine Sichtweise auf den von der Lehrerin vermuteten Streit.

> Lehrerin: „Sondern? Haste dir n Wort ausgesucht, das du hinschreibst?"

Die Lehrerin reagiert auf Toms Aussage mit zwei Nachfragen. Mit der Formulierung „Sondern?" drückt die Lehrerin zunächst fragend aus: „Wenn du das nicht willst, was willst du dann?". Dabei schließt sie dieser Nachfrage ohne Pause/abwartendes Moment unmittelbar eine weitere Frage an, die sich auf die (vermeintliche) Aufgabenstellung zu beziehen scheint: „Haste dir n Wort ausgesucht, das du hinschreibst?" Mit dieser Frage versucht die Lehrerin sicher zu stellen, dass Tom die Aufgabenstellung (Ein Wort aussuchen und anschließend schreiben) richtig verstanden und/oder abzufragen, inwiefern Tom möglicherweise bereits ein Wort ausgewählt hat, welches er (im Anschluss) schreiben wird.

> Schulbegleiterin *(leise)*: „Es geht um den Satz."

Es entsteht ein Bruch im Protokoll. Die Lehrerin hat in der Sequenz zuvor zwei Fragen „Sondern? Haste dir n Wort ausgesucht, das du hinschreibst?" an Tom gerichtet, wonach zu erwarten gewesen wäre, dass Tom auf die Frage(n) der Lehrerin reagiert/diese beantwortet. Stattdessen spricht nun die Schulbegleiterin. Sie sagt *(leise)*, dass es „um den Satz" ginge. Die vorliegende Äußerung der Schulbegleiterin kann in zweierlei Hinsicht gelesen werden: (1) Die Schulbegleiterin antwortet nach dem Prinzip „In unserem Streit geht es um den Satz" hier auf die Frage der Lehrerin „Was habt ihr für einen Streit?". In dieser Lesart verhält sich die Schulbegleiterin gemäß der asymmetrischen Beziehungsdynamik mit der Lehrerin (die Lehrerin in der superioren Stellung) und der symmetrischen Beziehungsdynamik mit Tom. (2) Die Schulbegleiterin weist die Lehrerin gemäß dem Prinzip „Es geht nicht um die Auswahl eines Wortes, sondern um die Auswahl eines Satzes" darauf hin, dass es sich in der Bearbeitung der Aufgabe nicht, wie die Lehrerin in der vorangegangenen Frage angenommen hatte, um die Auswahl eines Wortes handelt, sondern um die Auswahl eines Satzes. In dieser Lesart unternimmt die Schulbegleiterin den Versuch, eine Symmetrie in der Beziehungsdynamik mit der Lehrerin und eine Asymmetrie in der Beziehungsdynamik mit Tom (Schulbegleiterin in der superioren Position) herzustellen. In der weiteren Analyse der Sequenz gilt es, diese beiden Lesarten zu überprüfen und zu konkretisieren.

Lehrerin *(zu Tom)*: „Ja und welchen Satz hast du dir ausgesucht?"

Es entsteht erneut ein Bruch im Protokoll. Die Lehrerin spricht zu Tom, wobei sich der erste Teil der Äußerung „Ja und" noch auf die vorangegangene Aussage der Schulbegleiterin („Es geht um den Satz.") zu beziehen scheint: Das „Ja und" zeigt an, dass die Lehrerin den Hinweis der Schulbegleiterin wahrgenommen hat („Ja") und sich daran anknüpfend („und") mit dem zweiten Teil der Äußerung („welchen Satz hast du dir ausgesucht?") nun fragend an Tom wendet. Die Lehrerin möchte also nun von Tom wissen, welchen Satz er ausgewählt hat.

Tom *(blättert durch das Heft)*: „Da war einer und ich weiß nich wo er is."

Tom antwortet auf die Frage der Lehrerin, dass er bereits einen konkreten Satz gefunden hatte („Da war einer") und diesen nun aber scheinbar nicht wiederfindet („und ich weiß nich wo er is."). Dass Tom in der vorliegenden Sequenz durch das Heft blättert, lässt vermuten, dass er sich auf die Suche nach dem konkreten Satz im Heft begibt.

Lehrerin *(zur Schulbegleiterin)*: „Hat er gar keinen gefunden gehabt oder wollte er..."

Die Lehrerin reagiert nicht direkt auf Toms vorangegangene Aussage, sondern wendet sich der Schulbegleiterin fragend zu und erkundigt sich bei ihr, ob Tom („er") „gar keinen" – im Sinne von „tatsächlich keinen" (in Verknüpfung mit den vorangegangenen Sequenzen scheint sich das „keinen" auf „einen Satz" zu beziehen) – gefunden hat und schließt daran „oder wollte er…" als vermeintlichen Beginn der zweiten Satz-/Fragehälfte und der Eröffnung einer weiteren Möglichkeit an. Dass die Lehrerin die zweite Hälfte des Satzes/der Frage nicht zu Ende ausführt ist erklärungsbedürftig. Die Nichtvollendung des Satzes/der Frage kann in mehrerlei Hinsicht gelesen werden: (1) Die Nichtvollendung stellt eine Anspielung auf etwas dar, in das die Schulbegleiterin und die Lehrerin gleichermaßen eingeweiht sind und das deshalb nicht explizit ausgesprochen werden muss. (2) Die Lehrerin eröffnet die zweite Satz-/Fragehälfte und erwartet implizit von der Schulbegleiterin, dass sie diese zu Ende führt. (3) Die Lehrerin wird unterbrochen und führt den Satz/die Frage deshalb nicht weiter aus.

Indem die Lehrerin die Schulbegleiterin an dieser Stelle der Interaktion anspricht/konsultiert, unternimmt sie den Versuch, der im Gegensatz zur Eingangsfrage der Sequenz („Was habt ihr für n Streit?") steht, eine Symmetrie zwischen sich und der Schulbegleiterin herzustellen: Die Lehrerin stellt Toms Aussage/Glaubwürdigkeit in Frage, schließt ihn durch die Verwendung der 3. Person („er") aus der Interaktion (zumindest kurzfristig) aus und signalisiert der Schulbegleiterin damit, dass diese „besser" beurteilen kann, inwiefern Tom „gar keinen gefunden gehabt [hat]" bzw. inwiefern es andere Umstände gab („oder wollte er"), die zur aktuellen Situation im Allgemeinen und möglicherweise dem „Streit" im Besonderen führten.

Schulbegleiterin: „Er hat gar keinen gefunden."

Die Schulbegleiterin antwortet auf die Frage der Lehrerin und knüpft in ihrer Antwort an die vorangegangene konkrete Nachfrage der Lehrerin („Hat er gar keinen gefunden gehabt") an, sodass weiterhin unklar bleibt, was es mit der zweiten Satz-/Fragehälfte der Lehrerin auf sich hat. Aus dem Protokoll wird an dieser Stelle nicht eindeutig ersichtlich, ob die

Schulbegleiterin die Lehrerin möglicherweise unterbricht. In ihrer Antwort spricht die
Schulbegleiterin, wie auch die Lehrerin in der Sequenz zuvor, in der 3. Person über Tom
(„Er"). Weiter widerspricht die Schulbegleiterin der vorangegangenen Aussage von Tom („Da
war einer und ich weiß nich wo er is.") und sagt/behauptet, dass Tom bislang keinen Satz gefunden hätte. Durch die Formulierung „gar" wird die vorliegende Aussage/Behauptung der
Schulbegleiterin im Sinne von „Er hat wirklich keinen gefunden." verstärkt. Indem die
Schulbegleiterin die Aussage von Tom negiert, markiert sie eine Asymmetrie in ihrer Beziehung zu Tom und unternimmt den Versuch eine Symmetrie in ihrer Beziehung zur Lehrerin herzustellen.

> Tom (schlägt eine Doppelseite im Heft auf): „Die hier."

Es entsteht ein Bruch im Protokoll. Die Interaktion zwischen der Lehrerin und der Schul-
begleiterin wird von Tom unterbrochen. Tom geht dabei nicht (direkt) auf die Aussage/Be-
hauptung der Schulbegleiterin ein, vielmehr schlägt er im Doppelheft eine Seite auf und sagt
„Die hier.". Zunächst bleibt unklar, worauf sich der Artikel „Die" bezieht. Als Antwort auf die
Frage der Lehrerin „Ja und welchen Satz hast du dir ausgesucht?" wäre gemäß „der Satz" die
Antwort „Den (Satz) hier." erwartbar gewesen. Möglicherweise bezieht sich Tom mit dem
„Die" jedoch auf „Die (Seite) hier." oder „Die (Stelle) hier.". Indem Tom unmittelbar im Anschluss an die vorangegangene Äußerung der Schulbegleiterin („Er hat gar keinen gefunden.")
eine konkrete Seite/Stelle im Heft aufschlägt, entkräftet widerlegt er die Aussage der Schulbegleiterin.

> Lehrerin (zu Tom): „Und welchen nimmste von den Sätzen? Du brauchst nur einen."

Die Lehrerin knüpft an Toms Äußerung an („Und") und fragt ihn, welchen der abgedruckten
Sätze er auswählen möchte („welchen nimmste von den Sätzen?"). Die vorangegangene Äußerung der Schulbegleiterin „Er hat gar keinen gefunden." bleibt von der Lehrerin unkommentiert. An ihre Frage schließt die Lehrerin den Hinweis dann, dass Tom nur einen der
abgedruckten Sätze benötigt („Du brauchst nur einen."). Als Anschluss an die vorliegende Sequenz ist demnach erwartbar, dass Tom einen der abgedruckten Sätze auswählt und seine
Auswahl der Lehrerin mitteilt.

> Tom (leise): (unverständlich)
> Lehrerin: „So pass auf, ich mach dir hier n Kleber rein, damit de deine Seite immer wieder
> findest, weil du musst ja immer hier hin zurück klappen, ne?"
> Tom: „Mh Mh."

Tom äußert sich im Anschluss an die Frage und den Hinweis der Lehrerin leise und unverständlich. Aus der sich daran anschließenden Äußerung der Lehrerin wird nicht eindeutig
ersichtlich, inwiefern Tom der Lehrerin tatsächlich einen konkreten Satz auf der aufgeschlagenen Seite im Arbeitsheft benannt hat. Das Adverb „So", welches die Äußerung der Lehrerin einleitet, deutet lediglich darauf hin, dass die Lehrerin die vorangegangene Interak-
tion/Handlung (Toms Suche nach einer Seite/einem Satz im Arbeitsheft) als abgeschlossen
erachtet. Mit dem sich anschließenden „pass auf" signalisiert die Lehrerin Tom „gib Acht"
und leitet damit den anschließenden Hinweis/die anschließende Hilfestellung ein: „ich mach
dir hier n Kleber rein, damit de deine Seite immer wieder findest, weil du musst ja immer hier hin

zurück klappen, ne?" Die hier von der Lehrerin gewählte Formulierung „deine Seite" verweist darauf, dass Tom nun zumindest eine Seite ausgewählt hat. Ob er auf dieser Seite auch bereits einen Satz ausgewählt hat, bleibt vorläufig unklar. Um zu verhindern, dass Tom die ausgewählte Seite/den ausgewählten Satz (erneut) verliert, gibt die Lehrerin ihm eine Hilfestellung: Sie markiert mit einem „Kleber" (möglicherweise einem Post-it o. Ä.) die ausgewählte Seite. In der weiteren Ausführung der Äußerung der Lehrerin deutet sich an, dass Tom in der Bearbeitung der Aufgabe nicht ausschließlich auf dieser Seite arbeiten wird, sondern dass er „ja immer hier hin zurück klappen" muss, was als Hinweis darauf verstanden werden kann, dass es eine weitere Stelle im Arbeitsheft zu geben scheint, die zur Bearbeitung der Aufgabe herangezogen werden muss. Die Lehrerin schließt ihre Äußerung mit einem fragenden „ne?" ab, welches als eine Bekräftigung des vorher Gesagten im Sinne von „nicht wahr?" und/oder als (rhetorische) Nachfrage im Sinne von „verstehst du?" eingeordnet werden kann.

Tom: „Mh Mh."

Tom reagiert auf die Äußerung der Lehrerin mit einem „Mh Mh.", welches eine mögliche Antwort auf das abschließende „ne?" der Lehrerin im Sinne von „nicht wahr?"/„verstehst du?" eingeordnet werden kann, wobei an dieser Stelle im Protokoll in keiner Weise ersichtlich wird (bspw. durch Kopfschütteln oder Nicken), inwiefern es sich hier um ein ablehnendes oder ein zustimmendes „Mh Mh." handelt. Ordnet man das „Mh Mh." von Tom als Ablehnung in Bezug auf das vorher Gesagte der Lehrerin ein, wäre ein Anschluss der Lehrerin und/oder der Schulbegleiterin erwartbar (bspw. Nachfrage, alternative Hilfestellung, erneutes Erklären), wohingegen eine Zustimmung in Bezug auf das vorher Gesagte der Lehrerin für ein Ende/den Abschluss der Interaktion sprechen würde.

Lehrerin: „Des is ja okay. Wenn ihr euch jetzt auf den Satz einigt, solls mir recht sein!

Die Lehrerin reagiert auf Toms „Mh Mh." mit der Aussage „Des is ja okay.", wobei sie mit dieser Äußerung auf der einen Seite eine Legitimation hinsichtlich Toms „Mh Mh." ausdrückt. Auf der anderen Seite impliziert die Aussage der Lehrerin durch das eingeschobene „ja" eine gewisse Einschränkung, welche ein explizites oder implizites „aber" der Lehrerin als Anschluss erwarten lässt. Weiter enthält die Reaktion der Lehrerin einen Hinweis darauf, dass Toms „Mh Mh." eher eine Ablehnung als eine Zustimmung enthielt, andernfalls würde es keines legitimierenden Moments der Lehrerin („Des is ja okay.") bedürfen. Dabei bleibt unklar, inwiefern sich Toms Ablehnung und die (eingeschränkte) Legitimation der Lehrerin auf die vorangegangene Hilfestellung der Lehrerin „ich mach dir hier n Kleber rein" und/oder auf die Ausführung „weil du musst ja immer hier hin zurück klappen, ne?" bezieht. Die sich anschließende Äußerung der Lehrerin „Wenn ihr euch jetzt auf den Satz einigt, solls mir recht sein!" enthält die bereits weiter oben erwartete Einschränkung/Bedingung der Legitimation im Sinne von „Das ist ja okay, aber ihr müsst euch auf einen Satz einigen!". Es entsteht ein Bruch im Protokoll. Während es zuvor um Toms Auswahl eines Satzes im Arbeitsheft ging, werden in der vorliegenden Äußerung plötzlich Tom und die Schulbegleiterin („ihr") angesprochen. Die Lehrerin fordert die beiden zu einer Einigung auf. Eine Aufforderung zur Einigung impliziert grundsätzlich, dass die angesprochenen Personen, die jeweils unterschiedliche Ansichten zur gleichen Sache haben – sonst würde es keiner

Einigung bedürfen – zu einer Übereinstimmung kommen. Hier stellt sich die Frage, warum es in den Augen der Lehrerin an dieser Stelle einer Einigung zwischen Tom und der Schulbegleiterin bedarf. Weiter oben wurde deutlich, dass Tom sich einen konkreten Satz im Arbeitsheft aussuchen soll, sodass in hohem Maße erklärungsbedürftig ist, weshalb es diesbezüglich nun zu einer Einigung mit der Schulbegleiterin in der Auswahl des Satzes kommen soll. Betrachtet man diese Äußerung („Wenn ihr euch jetzt auf den Satz einigt, solls mir recht sein!") ohne äußeren Kontext können die folgenden Gedankenexperimente angestellt werden: (1) Ein Elternteil ermahnt seine (mindestens) zwei Kinder, sich bspw. beim Schreiben einer Grußkarte auf einen Satz zu einigen. (2) Eine Lehrkraft weist (mindestens) zwei Schüler:innen darauf hin, dass sie sich im Rahmen einer Gruppen- oder Paararbeit auf einen Satz einigen sollen. (3) Eine pädagogische Fachkraft weist (mindestens) zwei Jugendliche im Rahmen eines Projekts/einer Wohngruppe darauf hin, dass sie sich bspw. beim Formulieren von Gruppenregeln auf einen Satz einigen sollen. Was allen Gedankenexperimenten gleichermaßen zugrunde liegt, ist eine asymmetrische Beziehungsstruktur (Elternteil – Kinder | Lehrkraft – Schüler:innen | Pädagogische Fachkraft – Jugendliche) wobei die superiore Position bei der zur Einigung auffordernden Person liegt. Betrachtet man die vorliegende Sequenz nun mit Blick auf den äußeren Kontext (die Lehrerin fordert Tom und die Schulbegleiterin auf, sich auf einen Satz zu einigen) wird deutlich, dass die Lehrerin ihre superiore Stellung hinsichtlich einer asymmetrischen Beziehungsdynamik sowohl in Bezug auf Tom als auch in Bezug auf die Schulbegleiterin gleichermaßen markiert. Darüber hinaus adressiert die Lehrerin Tom und die Schulbegleiterin auf eine Art und Weise, die der Schüler-Schulbegleiterin-Beziehung erneut eine Symmetrie zuschreibt.

> Lehrerin: „Des is ja okay. Wenn ihr euch jetzt auf den Satz einigt, solls mir recht sein! *(in Richtung Schulbegleiterin)* Aber das is ja so nervig, wenn der da immer so rumkreischt."

Im Anschluss an die Aufforderung, dass Tom und die Schulbegleiterin sich auf einen Satz einigen sollen, wendet sich die Lehrerin zur Schulbegleiterin und sagt „Aber das is ja so nervig, wenn der da immer so rumkreischt.", wodurch erneut ein Bruch im Protokoll entsteht. Die an die Schulbegleiterin gerichtete Aussage der Lehrerin ist in hohem Maße erklärungsbedürftig. Die Lehrerin eröffnet ihre Äußerung mit einem „Aber", welches einen Einwand in Bezug auf etwas Vorangegangenes ausdrückt. Dieser Einwand wird mit einer Feststellung („das is ja so nervig") ausgeführt, wobei das „ja" im Sinne von „wirklich" („das is wirklich so nervig") zur Bekräftigung/Verstärkung des Gesagten dient. In der zweiten Satzhälfte wird deutlich, worauf sich das zunächst unbestimmte „das" bezieht: „wenn der da immer so rumkreischt." Die Lehrerin wiederholt an dieser Stelle, in leicht veränderten Worten, gesteigerter Form („immer so") und in diesem Fall nicht an Tom, sondern an die Schulbegleiterin gerichtet, was sie zu Beginn der Sequenz („Deine Kreischerei macht mich nervös!") bereits äußerte: „Toms Kreischerei ist nervig!" Die Lehrerin spricht hier in der 3. Person über Tom, während dieser unmittelbar vor ihr/neben der Schulbegleiterin sitzt und bis vor wenigen Augenblicken noch Teil der Interaktion war. Die Verwendung der 3. Person („der") in Toms Anwesenheit sowie die Wortwahl („nervig" | „immer so" | „rumkreischt") verleihen der Äußerung der Lehrerin einen abfälligen und herablassenden Charakter, schließen Tom aus der Interaktion aus und stellen damit ein verbindendes Moment zwischen der Lehrerin und der Schulbegleiterin her. Indem die Lehrerin in der analysierten Art und Weise zur Schulbegleiterin spricht, stellt sie eine Symmetrie in der Beziehungsdynamik her. Die Lehrerin spricht zur Schulbegleiterin, wie sie auch zu einer Kollegin sprechen würde.

In Bezug auf die analysierte Äußerung der Lehrerin lässt sich also sowohl eine asymmetrische Beziehungsdynamik in der Lehrerin-Schulbegleiterin-Schüler-Beziehung („Wenn ihr euch jetzt auf den Satz einigt, solls mir recht sein!") mit der Lehrerin in der superioren Position als auch der Ansatz einer symmetrischen Beziehungsgestaltung in der Lehrerin-Schulbegleiterin-Beziehung („Aber das is ja so nervig, wenn der da immer so rumkreischt.") rekonstruieren.

Hypothese zur Fallstruktur

In den analysierten Sequenzen kristallisiert sich eine Dynamik heraus, die auf eine Vermischung/Spannung/Irritation/Unklarheit hinsichtlich der asymmetrischen und symmetrischen Beziehungsgestaltung in den unterschiedlichen Beziehungsstrukturen zwischen der Lehrerin, der Schulbegleiterin und Tom (ausgenommen die asymmetrische Beziehung zwischen der Lehrerin und Tom) verweist.

In der Analyse wurde deutlich, dass die Lehrerin der Beziehung zwischen der Schulbegleiterin und Tom eine Symmetrie zuschreibt („Was habt ihr für einen Streit?" | „Wenn ihr euch jetzt auf den Satz einigt, solls mir recht sein!"), welche wiederum eine Asymmetrie in der Lehrerin-Schulbegleiterin-Beziehung (mit der Lehrerin in der superioren Position) impliziert. Im Gegensatz zu dieser asymmetrischen Beziehungsdynamik versucht die Lehrerin an einzelnen Stellen, eine Symmetrie in der Beziehung mit der Schulbegleiterin ähnlich der zu einer Kollegin herzustellen („Hat er gar keinen gefunden gehabt oder wollte er …?" | „Aber das is ja so nervig, wenn der da immer so rumkreischt.").

In der Interaktion zwischen der Schulbegleiterin und Tom deutet sich (auch durch die erwähnte Zuschreibung der Lehrerin) die Tendenz einer symmetrischen Beziehungsgestaltung an, wobei die Schulbegleiterin durch die Verbindung mit der Lehrerin/Herstellung einer Symmetrie mit der Lehrerin vereinzelt versucht („Es geht um den Satz." | „Er hat gar keinen gefunden.") eine Asymmetrie in ihrer Beziehung zu Tom herzustellen. Diese Dynamik bzw. Hypothese muss im weiteren Verlauf des Protokolls überprüft und konkretisiert werden. Auch muss überprüft werden, wie sich die Dynamik der asymmetrischen und symmetrischen Beziehungsgestaltung zwischen der Schulbegleiterin und Tom (sowie zwischen der Schulbegleiterin und Dilara) gestaltet, wenn die Lehrerin nicht Teil der Interaktion ist.

Die Beziehung zwischen der Schulbegleiterin und der Lehrerin ist sowohl durch asymmetrische als auch durch symmetrische Beziehungsdynamiken geprägt. In Interaktionen zwischen der Lehrerin, Tom und der Schulbegleiterin schreibt die Lehrerin der Schulbegleiterin-Schüler-Beziehung eine Symmetrie zu und markiert damit ihre superiore Position in der Beziehungskonstellation (Asymmetrie). Stellenweise unternimmt die Lehrerin den Versuch, unter Ausschluss von Tom, eine Symmetrie mit der Schulbegleiterin herzustellen.

> **Die Beziehung zwischen der Schulbegleiterin und Tom ist in der Tendenz durch symmetrische Beziehungsdynamiken geprägt, wobei die Schulbegleiterin vereinzelt versucht, durch eine Verbindung mit der Lehrerin/Herstellung einer Symmetrie mit der Lehrerin eine Asymmetrie in ihrer Beziehung mit Tom herzustellen.**

6.1.2.4 „Des is mein Platz! Du musst dir einen andern Platz suchen!"

| #00:45:53-8# 129 | | Dilara sitzt auf dem Stuhl, auf dem zuvor die Schulbegleiterin saß. Die Schulbegleiterin kommt gerade bei Dilara an. Schulbegleiterin: „Willst du auf den Drehstuhl? *(Pause)* Du darfst auf den Drehstuhl. *(Pause) (zeigt in Richtung Tom/hinteren Teil des Klassenzimmers)* Du darfst auf so n großen Stuhl." Die Schulbegleiterin steht leicht nach vorne gebeugt vor Dilara, Dilara streicht der Schulbegleiterin mit ausgestrecktem Arm über den Kopf. Schulbegleiterin: „Ja? *(Pause)* Komm! Des is mein Platz! Du musst dir einen andern Platz suchen. Du darfst auf den *(zeigt wieder in Richtung Tom/hinteren Teil des Klassenzimmers)* Stuhl beim Tom. Den Drehstuhl." Dilara bleibt sitzen. Die Schulbegleiterin setzt sich auf die Kante des Stuhls, auf dem Dilara gerade sitzt, fasst Dilara am Oberkörper an und schiebt Dilara mit ihrer Hüfte langsam vom Stuhl. Schulbegleiterin: „Komm, runter." Dilara steht vom Stuhl auf. Die Schulbegleiterin setzt sich. | |

> Dilara sitzt auf dem Stuhl, auf dem zuvor die Schulbegleiterin saß. Die Schulbegleiterin kommt gerade bei Dilara an.

In der vorliegenden Sequenz wird eine Situation beschrieben, in der Dilara auf einem Stuhl sitzt, auf welchem zuvor offenbar die Schulbegleiterin saß. Möglicherweise handelt es sich hier um den Platz/Stuhl der Schulbegleiterin. Aus der vorliegenden Sequenz geht dabei nicht hervor, aus welchem Grund Dilara auf diesem und nicht auf einem anderem/ihrem eigenen Stuhl sitzt. Dass die Schulbegleiterin gerade bei Dilara ankommt, deutet darauf hin, dass sie zuvor an einem anderen Ort im Klassenzimmer oder auch außerhalb des Klassenzimmers war, wobei nicht klar wird, was sie dort getan hat.

> Schulbegleiterin: „Willst du auf den Drehstuhl?

Die Schulbegleiterin spricht Dilara an und fragt sie, ob sie auf „den Drehstuhl" will. Dabei deutet die Entscheidungsfrage der Schulbegleiterin darauf hin, dass es sich um einen konkreten („den" nicht „einen") Drehstuhl handelt und Dilara weiß, von welchem Drehstuhl die Schulbegleiterin spricht, da es zunächst keine weitere Konkretisierung oder Ausführung (bspw. „den Drehstuhl da vorne"/„den Drehstuhl, der neben dem Regal steht") hierzu gibt. Grundsätzlich ist erklärungsbedürftig, was es mit der Frage der Schulbegleiterin bzw. mit dem Drehstuhl auf sich hat. Hierzu können zwei Lesarten gebildet werden: (1) Die Schulbegleiterin möchte auf ihrem Stuhl, auf dem gerade noch Dilara sitzt, Platz nehmen und sucht nach einem Weg, dass Dilara von diesem Stuhl aufsteht und sich auf einen anderen Stuhl setzt. (2) Die Schulbegleiterin möchte, dass Dilara sich auf „den Drehstuhl" setzt, weil dieser für den weiteren Fortgang des Geschehens/des Unterrichts von Bedeutung ist. In beiden Lesarten deutet sich an, dass der gestellten Frage „Willst du auf den Drehstuhl?" eine bestimmte Intention der Schulbegleiterin zugrunde liegt und auch, dass implizit erwartet wird, dass Dilara die Frage positiv/mit „Ja." beantwortet, wodurch in Frage gestellt werden muss, inwiefern es sich hier tatsächlich um eine Entscheidungsfrage mit offenem Ausgang handelt.

> Schulbegleiterin: „Willst du auf den Drehstuhl? *(Pause)* Du darfst auf den Drehstuhl.

Die sich an die Frage anschließende Pause deutet darauf hin, dass die Schulbegleiterin eine Reaktion/Antwort von Dilara abwartet. Diese bleibt jedoch zunächst aus. Die Schulbegleiterin erteilt Dilara im Anschluss an die Pause bzw. die nicht gegebene Antwort auf die Frage die Erlaubnis/Berechtigung/Autorisierung: „Du darfst auf den Drehstuhl.". Was auf der manifesten Ebene im Protokoll eine Form der Freiwilligkeit („Du darfst, wenn du willst") enthält, deutet auf der latenten Ebene in der Verknüpfung mit der vorangegangenen Sequenz auf eine Aufforderung („Du sollst auf den Drehstuhl.") hin. An dieser Stelle scheint sich die weiter oben formulierte Lesart zu bestätigen, dass die Schulbegleiterin eine positive Antwort/ein „Ja." von Dilara erwartet hat. Die Schulbegleiterin hätte die ausgebliebene Antwort von Dilara auch als ein „Nein." deuten und mit etwas anderem fortfahren können. Dass sie jedoch das Thema des Drehstuhls weiterverfolgt, stellt einen Hinweis darauf dar, dass Dilara sich nicht nur auf den Drehstuhl setzen darf, sondern dass sie sich vielmehr auf den Drehstuhl setzen soll oder muss.

> Schulbegleiterin: „Willst du auf den Drehstuhl? *(Pause)* Du darfst auf den Drehstuhl. *(Pause)* *(zeigt in Richtung Tom/hinteren Teil des Klassenzimmers)* Du darfst auf so n großen Stuhl."

Erneut schließt sich eine Pause im Sinne eines abwartenden Moments an. Erneut bleibt eine Reaktion von Dilara aus. Die Schulbegleiterin schließt an die Pause eine Zeigegeste in Richtung von Tom bzw. in Richtung des hinteren Teils des Klassenzimmers an. In Verknüpfung mit der sich anschließenden Äußerung „Du darfst auf so n großen Stuhl." deutet sich an, dass der „große Stuhl", im hinteren Teil des Klassenzimmers und dabei offenbar in der Nähe von Tom steht. Dabei bleibt zunächst unklar, ob es sich bei dem „großen Stuhl" um „den Drehstuhl" handelt oder ob die Schulbegleiterin Dilara einen anderen Stuhl („n großen Stuhl") anbietet. Durch die identische Satzstruktur des Angebots („Du darfst auf den Drehstuhl." | „Du darfst auf so n großen Stuhl.") ist davon auszugehen, dass es sich bei dem „großen Stuhl" nicht um eine Alternative zum Drehstuhl, sondern vielmehr um eine andere Bezeichnung für „den Drehstuhl" handelt. Durch die Aussage „Du darfst auf so n großen Stuhl." und die Verwendung der Formulierung/Betonung davon, dass es sich um einen „großen" Stuhl möglicherweise im Sinne von „besonderen"/für Dilara „attraktiveren" Stuhl handelt, entsteht der Eindruck, dass die Schulbegleiterin Dilara für den „großen Stuhl" bzw. „den Drehstuhl" begeistern will. Die Lesart, dass Dilara nicht nur auf „den Drehstuhl" bzw. den „großen Stuhl" darf, sondern dass sie vielmehr auf diesen soll oder muss, bestätigt sich hier. Dabei stellt sich die Frage nach der Intention der Schulbegleiterin. Möchte die Schulbegleiterin, dass Dilara näher bei Tom sitzt und versucht Dilara mit einem „Drehstuhl" bzw. einem „großen Stuhl" dahin zu locken? Möchte die Schulbegleiterin lediglich einen Weg finden, dass Dilara vom Stuhl der Schulbegleiterin aufsteht, sodass sie selbst wieder darauf Platz nehmen kann? Warum formuliert die Schulbegleiterin an dieser Stelle nicht, was es mit dem intendierten Umzug auf „den Drehstuhl" bzw. den „großen Stuhl" auf sich hat?

> Die Schulbegleiterin steht leicht nach vorne gebeugt vor Dilara, Dilara streicht der Schulbegleiterin mit ausgestrecktem Arm über den Kopf.

Die Schulbegleiterin ist Dilara körperlich zugewandt (steht leicht nach vorne gebeugt vor Dilara) wobei diese Körperhaltung sowohl einen zugewandten/freundlichen/zugeneigten als auch einen ermahnenden/auffordernden/eindringlichen Charakter haben kann. Dilara wendet sich der Schulbegleiterin ebenfalls körperlich zu, indem sie ihr mit ausgestrecktem Arm über den Kopf [streicht]. Mit dieser zärtlichen/liebevollen Geste des Streichens oder Streichelns stellt Dilara einen diffus-intimen Beziehungsbezug zur Schulbegleiterin her.

> Schulbegleiterin: „Ja? *(Pause)* Komm!

Die Schulbegleiterin reagiert auf Dilaras Streicheln mit einem nachfragenden „Ja?" was darauf hinweist, dass sie Dilaras Streicheln als Zustimmung in Bezug auf die vorangegangene „Einladung" oder vielmehr Aufforderung, auf einem „Drehstuhl" bzw. „großen Stuhl" im hinteren Teil des Klassenzimmers Platz zu nehmen, deutet. Im Anschluss an eine Pause, welche erneut als abwartendes Moment eingeordnet werden kann, fordert die Schulbegleiterin Dilara mit „Komm!" im Sinne von „Auf geht's!" auf, in die Handlung zu kommen, wobei die Aufforderung durch die Verwendung des Imperativs auch einen befehlenden Charakter erhält.

> Schulbegleiterin: „Ja? *(Pause)* Komm! Des is mein Platz! Du musst dir einen andern Platz suchen.

Im Protokoll entsteht ein Bruch. Dilara scheint der Aufforderung der Schulbegleiterin weiterhin nicht nachzukommen. Die Schulbegleiterin äußert unmittelbar im Anschluss an die Aufforderung „Komm!", dass dies („des") ihr Platz sei und Dilara sich einen anderen Platz suchen müsse. Diese Äußerung der Schulbegleiterin („Des is mein Platz! Du musst dir einen andern Platz suchen!") ist in hohem Maße erklärungsbedürftig. Betrachtet man die Äußerung zunächst ohne den konkreten äußeren Kontext können exemplarisch folgende Gedankenexperimente angestellt werden: (1) Zwei Geschwister streiten sich um einen Platz im Auto. (2) Zwei Kinder streiten sich in der Kindertagesstätte um einen Platz am Essenstisch. (3) Zwei Jugendliche streiten sich um einen Platz am Tischkicker. Was allen Gedankenexperimenten gleichermaßen zugrunde liegt, ist zum einen eine symmetrische und zum anderen eine diffuse im Sinne einer nicht auf eine spezifische Rolle bezogene Beziehungsdynamik zwischen den beteiligten Personen. Es wird eine Art Machtkampf ausgetragen, wobei beide Parteien scheinbar einen ähnlichen Anspruch auf den Platz zu haben scheinen. Setzt man die Äußerung „Des is mein Platz! Du musst dir einen andern Platz suchen." mit dem äußeren Kontext in Bezug wird deutlich, dass die Schulbegleiterin in der vorliegenden Sequenz nicht in ihrer spezifischen Rolle als Schulbegleiterin, sondern vielmehr diffus als ganze Person in einer symmetrischen Beziehungsdynamik mit Dilara interagiert, wobei das Einfordern/Behaupten des Sitzplatzes durch die Schulbegleiterin im Sinne eines Machtkampfs, der von der Schulbegleiterin initiiert wird/ausgeht, als Versuch zur Herstellung einer Asymmetrie innerhalb der Beziehungsdynamik gedeutet werden kann. Durch die Aussage „Du musst dir einen andern Platz suchen." stellt die Schulbegleiterin darüber hinaus etwas Trennendes/eine Distanz im Sinne von „Das ist mein Platz, geh hier weg!" her. Die analysierte Äußerung der Schulbegleiterin steht dabei im Gegensatz zur vorangegangenen Nähe herstellenden/zärtlichen/liebevollen Kontaktaufnahme von Dilara.

> Schulbegleiterin: „Ja? *(Pause)* Komm! Des is mein Platz! Du musst dir einen andern Platz suchen. Du darfst auf den *(zeigt wieder in Richtung Tom/hinteren Teil des Klassenzimmers)* Stuhl beim Tom. Den Drehstuhl."

Es entsteht ein Bruch im Protokoll. Die Schulbegleiterin, erteilt Dilara erneut die „Erlaubnis" („Du darfst auf den […] Stuhl beim Tom.") sich auf den Stuhl in der Nähe von Tom zu setzen. In Verknüpfung mit der vorangegangenen Analyse wird jedoch deutlich, dass es sich hier weniger um eine „Erlaubnis" als vielmehr um eine direktive Aufforderung handelt. Der Bruch entsteht durch die wechselnde Art der Ansprache: Während die Schulbegleiterin in den beiden vorangegangenen Sätzen („Des is mein Platz! Du musst dir einen andern Platz suchen.") aus einer symmetrischen diffusen Beziehungsdynamik heraus agierte, verweist die anschließende Formulierung „Du darfst" erneut auf die Erteilung einer Erlaubnis, was den Anschein erweckt/den Versuch der Schulbegleiterin darstellt, auf ihre Position als erlaubniserteilende Person zu verweisen und damit ein Moment der Asymmetrie herzustellen. Dass die Schulbegleiterin an dieser Stelle mit lediglich leicht veränderten Worten den kurz zuvor formulierten Hinweis „Du darfst auf den Drehstuhl.", der offenbar nicht zum gewünschten Ergebnis führte, wiederholt, verweist darauf, dass die Schulbegleiterin in der vorliegenden Sequenz keine Handlungsalternative hat. Durch die nachgeschobene konkretisierende Äußerung „Den Drehstuhl." scheint die Schulbegleiterin erneut den Versuch zu unternehmen, Dilara für den Platzwechsel mit der Aussicht auf einen „Drehstuhl" zu motivieren/zu begeistern. Indem die Schulbegleiterin Dilara sowohl verbal als auch nonverbal auf „den Stuhl beim Tom" *im hinteren Teil des Klassenzimmers* verweist, schickt sie Dilara vom aktuellen Ort des Geschehens und damit auch vom Platz der Schulbegleiterin/der Schulbegleiterin selbst weg, was das trennende/distanzierende Moment zwischen Dilara und der Schulbegleiterin, welches sich in der vorangegangenen Sequenz bereits andeutete, weiter verstärkt.

> Dilara bleibt sitzen. Die Schulbegleiterin setzt sich auf die Kante des Stuhls, auf dem Dilara gerade sitzt, fasst Dilara am Oberkörper an und schiebt Dilara mit ihrer Hüfte langsam vom Stuhl.

Dilara kommt der wiederholten Aufforderung der Schulbegleiterin weiterhin nicht nach und bleibt auf dem Stuhl sitzen. In der gesamten Sequenz ist ein starker Widerstand/eine starke Passivität von Dilara zu verzeichnen. Bis auf das Streicheln der Schulbegleiterin („Dilara streicht der Schulbegleiterin mit ausgestrecktem Arm über den Kopf.") scheint Dilara keine Reaktionen auf die Äußerungen und Aufforderungen der Schulbegleiterin zu zeigen. Die Schulbegleiterin reagiert auf Dilaras Widerstand/Sitzenbleiben in der vorliegenden Sequenz ausschließlich nonverbal/körperlich, indem sie sich auf die Kante des Stuhls setzt,

Dilara am Oberkörper anfasst und sie mit der Hüfte vom Stuhl schiebt. Sie setzt in der vorliegenden Sequenz also ihre körperliche Überlegenheit gegenüber Dilara ein, um diese dazu
zu bringen/„zu bewegen", vom Stuhl der Schulbegleiterin aufzustehen, was einen Hinweis
darauf darstellt, dass die Schulbegleiterin sich „nicht mehr anders zu helfen weiß" und demnach keine Handlungsalternative zum Einsatz ihrer körperlichen Überlegenheit zu haben
scheint. In der vorliegenden Sequenz zeichnet sich ein Macht-Ohnmacht-Konflikt zwischen
Dilara und der Schulbegleiterin ab.

An dieser Stelle im Protokoll unternimmt die Schulbegleiterin den Versuch, durch den
Einsatz ihrer körperlichen Überlegenheit eine Asymmetrie in einer in der Tendenz symmetrisch gestalteten Beziehungsdynamik herzustellen. Auch hier wird die Asymmetrie
nicht auf Basis der spezifischen Rolle als Schulbegleiterin begründet, sondern vielmehr diffus als ganze Person erwirkt.

> Schulbegleiterin: „Komm, runter."

Die Schulbegleiterin fordert Dilara im Sinne von „Auf geht's!" erneut verbal auf („Komm,")
vom Stuhl aufzustehen („runter."). Die Aufforderung „Komm" formulierte die Schulbeglei-
rin schon einmal, nämlich unmittelbar vor der Äußerung „Des is mein Platz! Du musst dir
einen andern Platz suchen.". In Verknüpfung mit der vorangegangenen Sequenz wird Dilara
nun also sowohl nonverbal/körperlich als auch verbal dazu aufgefordert/dazu ge-
bracht/dazu gedrängt, vom Stuhl der Schulbegleiterin aufzustehen. Das Körperlich-Werden
der Schulbegleiterin sowie die sich mehrfach wiederholenden Aufforderungen verweisen
zum einen auf einen Handlungsdruck auf Seiten der Schulbegleiterin und deuten zum anderen darauf hin, dass die Schulbegleiterin keine Handlungsalternativen zu haben scheint.

> Dilara steht vom Stuhl auf. Die Schulbegleiterin setzt sich auf den Stuhl.

Dilara steht wortlos vom Stuhl auf, die Schulbegleiterin setzt sich auf den freigewordenen
Stuhl. Dass Dilara vom Stuhl aufsteht, scheint unter Einbezug der vorangegangenen Analyse keine (freiwillige) Entscheidung von Dilara, sondern vielmehr Ausdruck ihres Sich-
Fügens zu sein. Dilara fügt sich hier dem (körperlich) vom Stuhl verdrängt werden durch
die Schulbegleiterin und widersetzt sich weder dem Verdrängen noch den vorangegangenen Aufforderungen der Schulbegleiterin. Die vorliegende Sequenz stellt darüber hinaus
das Ergebnis des zuvor ausgeführten Machtkampfs der Schulbegleiterin und des Macht-
Ohnmacht-Konflikts zwischen der Schulbegleiterin und Dilara dar: Indem Dilara vom
Stuhl aufsteht und die Schulbegleiterin sich auf den Stuhl setzt, „gewinnt" die Schulbegleiterin den Machtkampf und markiert gleichermaßen auch ein Moment der Asymmetrie in
der Beziehungsdynamik mit Dilara. Aus der vorliegenden Sequenz heraus wird abschließend nicht ersichtlich, ob Dilara der Aufforderung/dem Drängen der Schulbegleiterin
nachkommt und sich auf den Drehstuhl im hinteren Teil des Klassenzimmers/in der Nähe
von Tom setzt.

Hypothese zur Fallstruktur

In der analysierten Sequenz kristallisiert sich eine Struktur heraus, die auf eine symmetrische Beziehungsdynamik zwischen der Schulbegleiterin und Dilara verweist („Des is mein Platz! Du musst dir einen andern Platz suchen!"), wobei die Schulbegleiterin stellenweise versucht, diese symmetrische Beziehungsdynamik zu unterbrechen und eine Asymmetrie in der Beziehung mit Dilara herzustellen. Die Asymmetrie wird dabei nicht auf Basis der spezifischen Rolle als Schulbegleiterin hergestellt. Vielmehr entsteht aus der symmetrischen Beziehungsdynamik heraus auf Seiten der Schulbegleiterin ein Machtkampf, welcher unter Einsatz der körperlichen Überlegenheit der Schulbegleiterin (Die Schulbegleiterin setzt sich auf die Kante des Stuhls, auf dem Dilara gerade sitzt, fasst Dilara am Oberkörper an und schiebt Dilara mit ihrer Hüfte langsam vom Stuhl.) und einer daraus resultierenden diffusen asymmetrischen Dynamik aufgelöst wird. Die Schulbegleiterin handelt hier nicht in ihrer spezifischen Rolle als Schulbegleiterin, sondern diffus als ganze Person.

Die Beziehung zwischen der Schulbegleiterin und Dilara ist in erster Linie durch symmetrische Beziehungsdynamiken geprägt, wobei die Schulbegleiterin stellenweise versucht, diese symmetrische Beziehungsdynamik zu unterbrechen und eine Asymmetrie in der Beziehung mit Dilara herzustellen. Die Asymmetrie stellt sie dabei nicht auf Basis ihrer spezifischen Rolle als Schulbegleiterin, sondern hinsichtlich ihrer Involvierung als ganze Person (diffus) her.

6.1.2.5 „Die Frau Klein möcht, dass ich den Umriss mach, weil die Frau Schumacher des dann tragen muss vor den ganzen Lehrern."

#01:05:11-1# 161			Schulbegleiterin: „So Tom, du musst des T-Shirt jetzt ganz grade halten. Weil guck mal so sind ja jetzt Falten drin. *(streicht das T-Shirt glatt)* Guck, so musst dus halten. Ja? Okay?" Tom: „Wieso kann ich des nich machen?" Schulbegleiterin: „Die Frau Klein möcht, dass ich den Umriss mach, weil die Frau Schumacher des dann tragen muss vor den ganzen Lehrern. Okay?"

Schulbegleiterin: „So Tom, du musst des T-Shirt jetzt ganz grade halten. Weil guck mal so sind ja jetzt Falten drin. *(streicht das T-Shirt glatt)* Guck, so musst dus halten. Ja? Okay?"

Durch die Einleitung „So Tom," markiert die Schulbegleiterin eine vorangegangene Handlung oder Interaktion als abgeschlossen und bildet gleichermaßen den Auftakt für die anschließende Anweisung („du musst des T-Shirt jetzt ganz gerade halten."). Die Formulierung „ganz gerade" deutet darauf hin, dass Tom das T-Shirt „sehr gerade" bzw. „überaus gerade" halten soll. Offenbar ist es von Bedeutung, dass Tom das T-Shirt nicht nur gerade hält; er soll es „ganz gerade" halten. Im Anschluss zeigt die Schulbegleiterin Tom den Grund für die vorangegangene Anweisung auf („Weil guck mal"). Sie erklärt Tom, dass durch die Art und Weise („so") wie er das T-Shirt in diesem Augenblick („jetzt") hält, Falten entstehen („sind"). Sie entfernt die Falten aus dem T-Shirt (streicht das T-Shirt glatt) und weist Tom darauf hin („Guck"), dass er das T-Shirt auf diese Art und Weise, wie sie es soeben (vor-)bereitet hat („so"), halten soll („musst dus halten."). Abschließend drückt die Schulbegleiterin durch das fragende „Ja? Okay?" zum einen eine Erwartung auf eine zustimmende Antwort oder Reaktion von Tom aus. Zum anderen kann die Nachfrage auch als Bitte oder als Ausdruck leisen Zweifels gelesen werden. Die Schulbegleiterin stellt in der vorliegenden Sequenz einen ersten Aufgabenbezug her, wobei zunächst unklar bleibt, was es mit dem T-Shirt auf sich hat/welche konkrete Aufgabe mit dem T-Shirt verbunden sein wird.

Tom: „Wieso kann ich des nich machen?"

Es entsteht ein Bruch im Protokoll. Tom erfüllt die Erwartung der Schulbegleiterin auf eine zustimmende Antwort oder Reaktion zunächst nicht; vielmehr stellt er eine Nachfrage: Er interessiert sich dafür, aus welchem Grund („Wieso") er „des" nicht machen kann, wobei aus der vorliegenden Sequenz nicht ersichtlich wird, worauf konkret Tom sich mit „des" bezieht. Die Handlung der Schulbegleiterin wird durch Toms Nachfrage unterbrochen; die Schulbegleiterin gerät unter Begründungsdruck. Toms Nachfrage enthält dabei verschiedene zu berücksichtigende Dimensionen. Zum einen impliziert seine Frage unter Betonung des „ich", warum nicht er, sondern eine andere Person „des" machen kann. Zum anderen bezieht sich seine Nachfrage auf das zunächst noch unbestimmte „des". Tom möchte offenbar erfahren, warum er in Anknüpfung an die vorangegangene Anweisung der Schulbegleiterin das T-Shirt halten soll und nicht „des" machen kann. Toms Nachfrage weist grundlegend darauf hin, dass es auf seiner Seite zu einer Irritation in Bezug auf die Aufgabe/die Aufforderung der Schulbegleiterin gekommen ist, weshalb er der Aufforderung nicht unmittelbar nachkommt, sondern seiner Irritation mit der Frage nach dem Grund Ausdruck verschafft.

Schulbegleiterin: „Die Frau Klein möcht, dass ich den Umriss mach,

Die Schulbegleiterin antwortet Tom auf seine Frage, wobei ein Bruch im Protokoll entsteht. Als Grund dafür, dass Tom „des nich machen [kann]" führt die Schulbegleiterin keine eigene Begründung, sondern den Wunsch der Lehrerin an („Die Frau Klein möcht,"), dass die Schulbegleiterin „den Umriss" zeichnet/malt („mach"). In dieser ersten Satzhälfte deutet sich an, dass es sich bei dem „des" in der vorangegangenen Frage von Tom um „den Umriss" zu handeln scheint. Aus der Antwort der Schulbegleiterin wird dabei nicht ersichtlich, inwiefern es auch der Wunsch/Auftrag der Lehrerin war, dass Tom das T-Shirt festhält oder ob diese Entscheidung auf eine Initiative der Schulbegleiterin zurückzuführen ist. Die erklärungsbedürftige Antwort der Schulbegleiterin auf Toms Frage kann in zweierlei Hinsicht gelesen werden: (1) Die Schulbegleiterin ist mit dem Wunsch/Auftrag der Lehrerin nicht einverstanden, sieht sich selbst jedoch nicht in der Position, der Lehrerin zu widersprechen und führt die Begründung „Die Frau Klein möcht, dass ich den Umriss mach" Tom gegenüber rechtfertigend/bedauernd im Sinne von „Meine Entscheidung war das nicht." an. (2) Die Schulbegleiterin ist mit dem Wunsch/Auftrag der Lehrerin einverstanden/hinterfragt diesen nicht und leitet die Anweisung der Lehrerin als Begründung „Die Frau Klein möcht, dass ich den Umriss mach" im Sinne einer feststehenden Tatsache/Gesetzmäßigkeit an Tom weiter.

In beiden Lesarten zeichnet sich implizit eine asymmetrische Beziehungsdynamik zwischen der Lehrerin und der Schulbegleiterin ab, wobei in beiden Lesarten auch die Tendenz zu einer symmetrischen Beziehungsdynamik zwischen Tom und der Schulbegleiterin erkennbar ist: Die Schulbegleiterin ordnet sich der Anweisung der Lehrerin unter (asymmetrisch) und agiert im Sinne einer Gruppen- oder Paararbeit auf einer Ebene mit Tom (symmetrisch).

> Schulbegleiterin: „Die Frau Klein möcht, dass ich den Umriss mach, weil die Frau Schumacher des dann tragen muss vor den ganzen Lehrern. Okay?"

In der weiteren Ausführung des Satzes führt die Schulbegleiterin den Grund an, warum nicht Tom, sondern die Schulbegleiterin den Umriss auf das T-Shirt malen soll („weil die Frau Schumacher des dann tragen muss vor den ganzen Lehrern."). Aus der zweiten Satzhälfte geht zum einen hervor, dass das T-Shirt („des") für „Frau Schumacher" gestaltet wird und sie dieses T-Shirt „vor den ganzen Lehrern [tragen muss]." Durch die Verwendung des Verbes „müssen" vermittelt sich, dass Frau Schumacher keine Wahl zu haben scheint, sondern aus bislang unbekannten Gründen/Zwängen/Verpflichtungen das T-Shirt bei einer konkreten Gelegenheit/Veranstaltung („dann" | „vor den ganzen Lehrern") tragen „muss". An dieser Stelle im Protokoll bleibt unklar, wer „Frau Schumacher" ist, welche Rolle (bspw. Lehrerin, Schulbegleiterin, Referendarin, Verwaltungskraft, Hausmeisterin, Mutter) sie im Klassen- oder Schulgefüge hat und um welchen Anlass („dann" | „vor den ganzen Lehrern") es sich handelt.

Der angegebene Grund dafür, dass die Schulbegleiterin den Umriss auf das T-Shirt malen soll, ist dabei in hohem Maße erklärungsbedürftig. Offenbar geht es in der Aufgabe, einen Umriss auf ein T-Shirt zu malen, nicht um Tom, seine Kreativität, seine Motorik, kurz seine Bedarfe und sein Lernen, sondern vielmehr um die Außenwirkung, die das von Frau Schumacher getragene T-Shirt „vor den ganzen Lehrern" haben wird. Die von der Schulbegleiterin angegebene Begründung („weil die Frau Schumacher des dann tragen muss vor den ganzen Lehrern.") verweist auf ein Moment der Rivalität und Konkurrenz, in welchem die Überlegenheit der Schulbegleiterin markiert („Die Frau Klein möcht, dass ich den Umriss mach, weil") und damit möglicherweise der Versuch der Schulbegleiterin zur Herstellung einer Asymmetrie in der Beziehung zu Tom unternommen wird. Das Moment der Konkurrenz oder Rivalität um die Frage, wer von beiden (Schulbegleiterin | Tom) den Umriss auf das T-Shirt malen darf, stellt dabei vielmehr einen Verweis auf die zugrundliegende symmetrische Beziehungsdynamik dar.

Darüber hinaus deutet die Aussage „Die Frau Klein möcht, dass ich den Umriss mach, weil die Frau Schumacher des dann tragen muss vor den ganzen Lehrern." darauf hin, dass das T-Shirt/die Gestaltung des T-Shirts nicht für sich selbst, sondern vielmehr symbolisch für etwas anderes steht. Die Art und Weise, wie das T-Shirt gestaltet/der Umriss gemalt wird, scheint symbolisch für die Arbeit der Lehrerin und möglicherweise auch für die Arbeit der Schulbegleiterin zu stehen.

Das abschließende „Okay?" der Schulbegleiterin kann als Nachfrage im Sinne von „einverstanden?" oder „in Ordnung?" eingeordnet werden, wobei fraglich ist, inwiefern eine ablehnende Reaktion oder ein „Nein" von Tom akzeptiert werden würde bzw. inwiefern die Frage der Schulbegleiterin „Okay?" in erster Linie rhetorischer Natur ist.

Hypothese zur Fallstruktur

In der analysierten Sequenz kristallisiert sich eine Struktur heraus, welche die Hypothese der symmetrischen Beziehungsdynamik zwischen der Schulbegleiterin und Tom als zu begleitendes Kind erneut verifiziert. Es wurde deutlich, dass die Schulbegleiterin den Ansätzen, Impulsen und Aufträgen der Lehrerin folgt, was darauf verweist, dass sie sich entweder nicht in der Position sieht, der Lehrerin zu widersprechen oder dass sie die Anweisungen der Lehrerin zu ihrer eigenen Begründungsbasis werden lässt („Die Frau Klein möchte, dass ich den Umriss mach"). Beide Lesarten weisen zum einen auf die asymmetrische Beziehungsstruktur zwischen der Lehrerin und der Schulbegleiterin und zum anderen auf eine nicht ausreichende/mangelhafte eigene Begründungsbasis der Schulbegleiterin hin.

Die Beziehung zwischen der Schulbegleiterin und Tom ist in erster Linie durch symmetrische Beziehungsdynamiken geprägt, wobei die Schulbegleiterin stellenweise versucht, diese symmetrische Beziehungsdynamik zu unterbrechen und eine Asymmetrie in der Beziehung mit Tom herzustellen. Die Asymmetrie stellt sie dabei nicht auf Basis ihrer spezifischen Rolle als Schulbegleiterin, sondern hinsichtlich ihrer Involvierung als ganze Person (diffus) her.

6.1.2.6 Fallstrukturgeneralisierung

Auf Basis der im Verlauf der vorangegangenen sequenziellen Feinanalyse herausgearbeiteten Hypothesen zur Fallstruktur wird nachfolgend die strukturelle Gesetzmäßigkeit des Falls in Form einer Fallstrukturhypothese herausgearbeitet und anschließend eine Strukturgeneralisierung im Sinne einer ersten theoriebildenden Verallgemeinerung vorgenommen.

Wie sich in der Analyse des Protokolls und in der Gesamtschau der entwickelten Hypothesen zeigt, betrifft die Fallstruktur eine *Beziehungsstruktur*, nämlich primär die Schulbegleiterin-Schüler-Beziehung/die Schulbegleiterin-Schülerin-Beziehung und sekundär die Schulbegleiterin-Lehrerin-Beziehung.

Sowohl die **Schulbegleiterin-Schüler-Beziehung** als auch die **Schulbegleiterin-Schülerin-Beziehung** zeichnet sich im analysierten Fall zunächst durch den hohen Bedarf an direkter und exklusiver Ansprache und Begleitung (1:1-Konstellation) durch die Schulbegleiterin und einer damit einhergehenden Passivität der beiden Schüler:innen sowie deren Abhängigkeit von der Schulbegleiterin aus. Darüber hinaus ist sowohl die Schulbegleiterin-Schüler-Beziehung als auch die Schulbegleiterin-Schülerin-Beziehung von einer symmetrischen Beziehungsdynamik geprägt, wobei die Schulbegleiterin kontinuierlich Versuche unternimmt, eine Asymmetrie in der Beziehung herzustellen. Die Asymmetrie gründet sie dabei nicht auf Basis einer funktionalen oder professionellen Position/ihrer spezifischen Rolle als Schulbegleiterin, sondern hinsichtlich ihrer Involvierung als ganze Person (diffus). Demnach sind die zu begleitenden Schüler:innen mit einer ambivalenten Beziehungsgestaltung (Symmetrie vs. Asymmetrie) durch die Schulbegleiterin konfrontiert.

Die **Schulbegleiterin-Lehrerin-Beziehung** ist strukturlogisch durch eine asymmetrische Beziehungsdynamik gekennzeichnet, in der die Lehrerin auf der einen Seite aus einer superioren Stellung heraus die Schulbegleiterin stellenweise adressiert, als sei sie eine Schülerin. Auf der anderen Seite unternehmen sowohl die Lehrerin als auch die Schulbegleiterin vereinzelt Versuche, eine (kollegiale) Symmetrie herzustellen. Demnach ist auf die Beziehungsdynamik zwischen der Schulbegleiterin und der Lehrerin ambivalent (Symmetrie vs. Asymmetrie). Die asymmetrische Beziehungsdynamik zwischen der Schulbegleiterin und der Lehrerin drückt sich dabei sowohl in der direkten Interaktion zwischen den beiden als auch im gesteigerten Handlungsdruck der Schulbegleiterin aus, welche die Begleitung der beiden Schüler:innen nicht an deren Bedarfen, sondern in erster Linie am unterrichtlichen Takt/Tempo der Lehrerin ausrichtet.

Auf Grundlage der zwei herausgearbeiteten Fallstrukturhypothesen lässt sich über den analysierten Fall hinaus die Tendenz zu einer *diffusen symmetrischen Beziehungsdynamik* in der Schulbegleiterin-Schüler-Beziehung und Schulbegleiterin-Schülerin-Beziehung sowie die Tendenz zu einer *asymmetrischen Beziehungsdynamik* in der Schulbegleiterin-Lehrerin-Beziehung mit der Lehrerin in der superioren Position als theoriebildende Verallgemeinerung im Sinne einer Strukturgeneralisierung formulieren. Dabei unternimmt die Schulbegleiterin kontinuierlich Versuche, die jeweiligen Beziehungsdynamiken zu durchbrechen (eine Asymmetrie in die symmetrische Beziehung mit der Schülerin und dem Schüler zu bringen | eine Symmetrie mit der Lehrerin herzustellen), was in der Konsequenz zu *ambivalenten Beziehungsdynamiken* führt.

6.1.3 Schulbegleiter Jan | Mustafa

Die videographische Aufzeichnung der beiden Unterrichtsstunden findet im dritten untersuchten Fall des Schulbegleiters Jan und dem zu begleitenden Schüler Mustafa in der ersten und zweiten Schulstunde statt. Nachfolgend werden insgesamt vier Sequenzen der transkribierten videographischen Aufzeichnung der beiden Unterrichtsstunden objektiv hermeneutisch analysiert.

6.1.3.1 „Ich war da auch nich da."

| #00:07:07-6# 20 | Die Lehrerin schreibt das Wort „Nachfolger" an die Tafel. Einige Schüler:innen *(langsam und gezogen):* „Naaaccchhhfffooolllgggeeerrr." Lehrerin: „Und hier kommt ja der *(schreibt das Wort „Vorgänger" an die Tafel)* Vorgänger." Einige Schüler:innen *(langsam und gezogen):* „Vooorrrgggäaännnggggeeerrr." Lehrerin: „Erinnert ihr euch? Das ham wir doch mal gehabt, oder?" Einige Schüler:innen: „Nein!" | |

Die Lehrerin schreibt das Wort „Nachfolger" an die Tafel.
Einige Schüler:innen *(langsam und gezogen)*: „Naaaccchhhffffooolllgggeeerrr."

In der vorliegenden Sequenz wird eine Situation beschrieben, in der die Lehrerin an der Tafel steht und das Wort „Nachfolger" an die Tafel schreibt. Ausgehend von dem Wort „Nachfolger" kann zunächst auf einen Kontext der Unterrichtsfächer Sachkunde oder Religion (ein Nachfolger im Sinne einer Person) bzw. Mathematik (ein Nachfolger im Sinne einer Zahl) geschlossen werden. Eine unbestimmte kleinere Menge Schüler:innen (Einige) verbalisiert das von der Lehrerin angeschriebene Wort *langsam und gezogen*. Die Art und Weise *(langsam und gezogen)* deutet darauf hin, dass die Schüler:innen Leseanfänger:innen sind und/oder dass sie das Wort „Nachfolger" im Tempo der Anschrift durch die Lehrerin vorlesen/ablesen.

Lehrerin: „Und hier kommt ja *(schreibt das Wort „Vorgänger" an die Tafel)* der Vorgänger."
Einige Schüler:innen *(langsam und gezogen)*: „Vooorrrgggääännngggeeerrr."

Die Lehrerin knüpft mit der Konjunktion „Und" an die vorangegangene verbale Äußerung einiger Schüler:innen („Naaaccchhhffffooolllgggeeerrr.") und/oder an ihre Tafelanschrift des Wortes „Nachfolger" an. Durch die Formulierung „hier kommt ja" kündigt die Lehrerin an, dass an dieser Stelle („hier") etwas an der Reihe ist/folgt („kommt"), was bekannt zu sein scheint („ja"). Während des Sprechakts schreibt die Lehrerin *das Wort „Vorgänger" an die Tafel* und sagt währenddessen/im Anschluss „Vorgänger". Erneut verbalisiert eine unbestimmte kleinere Menge Schüler:innen (Einige) das von der Lehrerin angeschriebene Wort *langsam und gezogen*. Die Art und Weise *(langsam und gezogen)* deutet darauf hin, dass die Schüler:innen Leseanfänger:innen sind und/oder dass sie das Wort „Vorgänger" im Tempo der Anschrift durch die Lehrerin vorlesen/ablesen. Ausgehend von den beiden Worten „Nachfolger" und „Vorgänger" kann weiterhin auf einen Kontext der Unterrichtsfächer Sachkunde oder Religion (Nachfolger/Vorgänger im Sinne von Personen) bzw. Mathematik (Nachfolger/Vorgänger im Sinne von Zahlen) geschlossen werden.

Lehrerin: „Erinnert ihr euch? Das ham wir doch mal gehabt, oder?"
Einige Schüler:innen: „Nein!"

Im Anschluss an die Tafelanschrift und an das Verbalisieren/Vorlesen des angeschriebenen Wortes „Vorgänger" durch einige Schüler:innen wendet sich die Lehrerin einer Gruppe (Schüler:innen)/der ganzen Klasse zu („euch") und fragt diese, ob sie sich erinnern. Die Frage nach der Erinnerung scheint sich in der Verknüpfung mit der vorangegangenen Sequenz auf die beiden Worte „Vorgänger" und „Nachfolger" zu beziehen. Die Lehrerin deutete in ihrer vorangegangenen Äußerung durch die Verwendung des Partikels „ja" bereits an, dass (mindestens) der Gegenstand „Vorgänger" bekannt sei. Die Nachfrage der Lehrerin „Erinnert ihr euch?" kann dabei in zweierlei Hinsicht gelesen werden: (1) In der Nachfrage drückt sich ein Moment des Zweifels bzw. der Ungewissheit aus. Die Lehrerin möchte erfahren, ob sich die angesprochenen Personen tatsächlich an „Vorgänger" (und „Nachfolger") erinnern. (2) Die Nachfrage drückt eine Einladung/Aufforderung aus, dass sich die angesprochenen Personen an „Vorgänger" (und „Nachfolger") (zurück)erinnern sollen. An diese Nachfrage schließt die Lehrerin unmittelbar eine weitere Frage an: „Das ham wir doch mal gehabt, oder?". In dieser Fragestellung bezieht sich die Lehrerin erneut fragend auf den durch den

Tafelanschrieb eingeführten Gegenstand („Nachfolger" | „Vorgänger") („Das"), wobei sie sich durch die Verwendung des Pronomens „wir" nun selbst in die Frage einschließt und sich nicht mehr, wie zuvor, ausschließlich an die Klasse/einige Schüler:innen/anwesenden Personen wendet. Indem die Lehrerin in ihrem Fragesatz das Partikel „doch" verwendet, drückt sie die Hoffnung auf eine Zustimmung durch die angesprochenen Personen aus, dass sie („wir") den eingeführten Gegenstand („Das") in der Vergangenheit bereits besprochen/behandelt hätten („mal gehabt"). Durch das abschließende „oder?" drückt die Lehrerin aus, dass ein Einwand der angesprochenen Personen zwar möglich ist, eigentlich aber ihre Zustimmung erwartet wird. Durch die zweite, sich unmittelbar anschließende Nachfrage scheint sich die erste gebildete Lesart zu bestätigen. Eine unbestimmte kleinere Menge Schüler:innen (Einige) reagiert auf die beiden Fragen der Lehrerin mit einem „Nein!", wodurch sich der bereits angedeutete Zweifel der Lehrerin bestätigt. Während die Lehrerin also der Auffassung war, dass der Gegenstand „Vorgänger" | „Nachfolger" bereits in der Vergangenheit in der Klasse besprochen/behandelt wurde, weist die Rückmeldung der/einiger Schüler:innen („Nein!") darauf hin, dass dem nicht so ist.

| #00:07:17-8# 21 | Lehrerin *(dreht sich zur Klasse)*: „Das müssen wir doch gehabt haben. Ham wir nie gehabt?"
 Einige Schüler:innen *(laut)*: „Nein!"
 Die Lehrerin schaut zum Schulbegleiter.
 Schulbegleiter: „Ich war da auch nich da."
 Lehrerin *(dreht sich zur Tafel und zeichnet eine Tabelle) (lacht leicht)*: „Schade, dann hab ich das geträumt. Na das macht nix, dann lernt ihrs halt heute!"
 Die Lehrerin zeichnet an der Tafel die Tabelle zu Ende und dreht sich zur Klasse. | |

Lehrerin *(dreht sich zur Klasse)*: „Das müssen wir doch gehabt haben. Ham wir nie gehabt?"
Einige Schüler:innen *(laut)*: „Nein!"

Die Lehrerin dreht sich zur Klasse, was darauf hindeutet, dass sie zuvor aufgrund des Tafelanschriebs noch zur Tafel gewandt war. Sich der Klasse zuwendend, stellt die Lehrerin fest „Das müssen wir doch gehabt haben." und drückt damit ihre Verwunderung/Entrüstung („doch") darüber aus, dass der Gegenstand „Vorgänger" | „Nachfolger" („Das") bereits von der Lehrerin und der Klasse („wir") in der Vergangenheit behandelt worden sein müsste („gehabt haben."). Im Anschluss an dieser Aussage wendet sich die Lehrerin erneut fragend, dieses Mal in verkürzter Form, an die Klasse („Ham wir nie gehabt?"), um zu erfahren, ob der bereits mehrfach angesprochene Gegenstand kein einziges Mal/zu keiner Zeit/überhaupt nicht („nie") in der Klasse (die Lehrerin eingeschlossen | „wir") behandelt/besprochen wurde. Erneut antwortet eine kleinere Menge an Schüler:innen (Einige) mit einem „Nein!", wobei die Schüler:innen sich *laut* äußern und damit ihrer Antwort einen gewissen Nachdruck verleihen. Die Lehrerin hat nun zwei Mal die anwesenden Schüler:innen hinsichtlich des Gegenstands „Vorgänger" | „Nachfolger" befragt. Jedes Mal hat eine kleinere Menge an Schüler:innen zum Ausdruck gebracht, dass der angesprochene Gegenstand entgegen der Einschätzung/Erinnerung/Vermutung der Lehrerin in der Klasse noch nicht behandelt wurde. Es stellt sich die Frage, wie die Lehrerin mit dieser Situation umgehen wird, ob sie der

Rückmeldung der Schüler:innen Vertrauen schenkt oder auf ihrer eigenen (jedoch auch mit Zweifel versehenen) Erinnerung/Einordnung beharrt. Der von der Lehrerin vorgesehene/geplante Unterrichtsverlauf scheint an dieser Stelle im Protokoll in eine Krise zu geraten.

> Die Lehrerin schaut zum Schulbegleiter.
> Schulbegleiter: „Ich war da auch nich da."

Es entsteht ein Bruch im Protokoll. Die Lehrerin richtet ihre Aufmerksamkeit weg von den Schüler:innen hin zum Schulbegleiter (Die Lehrerin schaut zum Schulbegleiter.), wobei sich die Frage stellt, mit welcher Intention sie zum Schulbegleiter schaut. In Verknüpfung mit der vorangegangenen Sequenz schaut die Lehrerin im Anschluss an das/als Reaktion auf das zweite „Nein!" einiger Schüler:innen zum Schulbegleiter, sodass sich die Frage stellt, inwiefern sie vom Schulbegleiter ebenfalls eine Antwort auf ihre zuvor gestellten Fragen erhofft/erbittet/verlangt. Der Schulbegleiter scheint den Blick der Lehrerin als Aufforderung zu verstehen, sich zu den Aussagen und Fragen der Lehrerin („Erinnert ihr euch? Das ham wir doch mal gehabt, oder?" | „Das müssen wir doch gehabt haben. Ham wir nie gehabt?") zu äußern. Die Antwort/Äußerung des Schulbegleiters („Ich war da auch nich da.") ist dabei in hohem Maße erklärungsbedürftig. Auf der manifesten Ebene im Protokoll drückt der Schulbegleiter mit seiner Aussage aus, dass er zu dem Zeitpunkt in der Vergangenheit, an dem der Gegenstand „Vorgänger" | „Nachfolger" behandelt wurde („da"), ebenfalls („auch") nicht anwesend („da") war. Die Aussage des Schulbegleiters impliziert dabei, dass der Gegenstand „Vorgänger" | „Nachfolger" bereits behandelt wurde, dass jedoch er selbst und einige Schüler:innen („auch") „da […] nich da" waren. Auf der einen Seite verbindet sich der Schulbegleiter also durch die Verwendung des Partikels „auch" mit der Ansicht der/einiger Schüler:innen, auf der anderen Seite verhält er sich der Lehrerin gegenüber loyal, indem er nicht sagt: „Wir haben ‚Vorgänger' und ‚Nachfolger' noch nie behandelt." Vielmehr eröffnet er durch seine Aussage den Möglichkeitsraum, dass die Lehrerin recht haben könnte, der Gegenstand bereits behandelt wurde und er (und einige Schüler:innen) zu diesem Zeitpunkt lediglich nicht anwesend waren. Die Antwort des Schulbegleiters kann demnach im Sinne eines Loyalitätskonflikts der Lehrerin gegenüber gelesen werden.

> Lehrerin *(dreht sich zur Tafel und zeichnet eine Tabelle) (lacht leicht)*: „Schade, dann hab ich das geträumt. Na das macht nix, dann lernt ihrs halt heute!"
> Die Lehrerin zeichnet an der Tafel die Tabelle zu Ende und dreht sich zur Klasse.

Die Lehrerin reagiert nicht explizit auf die Äußerung des Schulbegleiters, vielmehr dreht sie sich vom Schulbegleiter und der Klasse weg hin zur Tafel und *zeichnet eine Tabelle* an. Leicht lachend drückt sie ihr Bedauern darüber aus, dass der Gegenstand „Vorgänger" | „Nachfolger" entgegen ihrer Erinnerung in der Klasse noch nicht besprochen/behandelt wurde („Schade"). Durch die Aussage „dann hab ich das geträumt." erkennt die Lehrerin ihren Irrtum an und erklärt/weist darauf hin, dass die Behandlung des Gegenstands „Vorgänger" | „Nachfolger" („das") in diesem Fall/unter diesen Umständen („dann") eine Fantasievorstellung/Illusion/ein Traum („geträumt") ihrerseits („ich") gewesen sein muss. Diese Aussage der Lehrerin kann dabei sowohl humorvoll *(lacht leicht)* als auch zynisch/ironisch *(lacht leicht)* gelesen werden. Die sich anschließende Interjektion „Na" geht der unmittelbar darauffolgenden Äußerung voraus und bildet damit den (emotionalen) Übergang von etwas, was als Geschehen/Gesprochenes (der Gegenstand „Vorgänger" | „Nachfolger" wurde entgegen der Einschätzung/Erinnerung der Lehrerin in dieser Klasse noch nicht behandelt) vorausgegangen ist, zu einer sich daraus ergebenden Äußerung, die persönliche Gefühle enthalten kann. Mit der sich anschließenden Äußerung „das macht nix" drückt die Lehrerin zunächst aus, dass der besprochene Sachverhalt kein Problem darstelle und sich die Schüler:innen (und der Schulbegleiter?) („ihrs") in diesem Fall/unter diesen Umständen („dann") offensichtlich, unabänderlich („halt") an diesem Tag („heute") Wissen/Kenntnisse/Fähigkeiten in Bezug auf den Gegenstand „Vorgänger" | „Nachfolger" aneignen („lernt") werden. Wie bereits weiter oben angedeutet stellt sich die Frage, welche Personen mit dem „ihr" der Lehrerin angesprochen werden. Richtet sich diese Ansprache ausschließlich an die anwesenden Schüler:innen oder wird hier auch der Schulbegleiter, der ebenfalls in die vorangegangene Interaktion und Klärung des Sachverhalts involviert war, angesprochen? Die Aussage der Lehrerin stellt in der sequenziellen Abfolge des Protokolls zunächst eine unmittelbare Reaktion auf die Äußerung des Schulbegleiteris („Ich war da auch nich da.") dar, was darauf hindeuten würde, dass er zumindest implizit im „ihr" der Lehrerin enthalten ist. Aufgrund der Tatsache, dass die Lehrerin während der gesamten Sequenz zur Tafel gewandt ist und eine Tabelle anzeichnet[83], wird auch für die anwesenden Schüler:innen und den Schulbegleiter nicht ersichtlich, wen die Lehrerin hier („ihr") tatsächlich anspricht. Erst im Anschluss an die Vollendung der Tabelle (Die Lehrerin zeichnet an der Tafel die Tabelle zu Ende) wendet sich die Lehrerin zur Klasse, wobei auch hier im Protokoll nicht ersichtlich wird, inwiefern sich die Lehrerin der Klasse im Sinne der Gruppe von Schüler:innen oder der Klasse im Sinne des Raumes und damit auch dem anwesenden Schulbegleiter zuwendet.

Hypothese zur Fallstruktur

In der analysierten Sequenz kristallisiert sich eine Dynamik heraus, die auf einen Loyalitätskonflikt des Schulbegleiters in Bezug auf die Lehrerin verweist. Auf der einen Seite, verbindet sich der Schulbegleiter mit der Auffassung einiger Schüler:innen, dass der von der Lehrerin angesprochene Gegenstand („Vorgänger" | „Nachfolger") noch nicht behandelt wurde, auf der anderen Seite eröffnet der Schulbegleiter in seiner Reaktion den Möglichkeitsraum, dass die Lehrerin Recht haben könnte und das Thema „Vorgänger" | „Nachfolger" in der Vergangenheit bereits Gegenstand des Unterrichts war („Ich war da auch nich da.").

Der Schulbegleiter befindet sich in einem Loyalitätskonflikt mit einigen Schüler:innen der Klasse und der Lehrerin.

---

[83]   Der Umstand, dass die Lehrerin in der vorliegenden Sequenz während ihrer Aussage „Schade, dann hab ich das geträumt. Na das macht nix, dann lernt ihrs halt heute!" dauerhaft der Tafel und nicht den anwesenden Personen im Klassenraum zugewandt ist, ist erklärungsbedürftig. Aufgrund des Forschungsinteresses der vorliegenden Arbeit muss dieser Erklärungsbedürftigkeit jedoch an einer anderen Stelle nachgegangen werden.

6.1.3.2 „Also darf ich kurz intervenieren?"

#00:18:32-5# 63	Lehrerin: „Und die 15. Nachfolger Nachfolger. 15. Nachfolger Nachfolger."	
	Das Mädchen mit der Nummer 15 steht auf und stellt sich nach vorne. Das Mädchen mit der Nummer 16 stellt sich neben sie. Der Junge mit der Nummer 14 stellt sich neben das Mädchen mit der Nummer 15.	Toni: „Frau Bäcker?" Lehrerin: „Jaaa?" Toni: „Ähm warum geht nich die Jalousie runter? Es ist doch ziemlich hell." Lehrerin: „Bei Sonne müssen wir die Jalousien runter machen aber *(zeigt auf einen anderen Platz im Sitzkreis)* setz dich doch einfach in den Schatten."
	Lehrerin zu den Schüler:innen, die vorne stehen: „So und durchzählen bitte!" Schüler *(Zettel 14)*: „14." Schülerin *(Zettel 15)*: „15." Schülerin *(Zettel 16)*: „16."	

Lehrerin: „Und die 15. Nachfolger Nachfolger. 15. Nachfolger Nachfolger."

Die Lehrerin knüpft an etwas Vorangegangenes an („Und") und nennt eine konkrete Zahl („die 15"). Im Anschluss an die Zahl sagt sie zwei Mal das Wort „Nachfolger". Durch die Nennung einer Zahl in Kombination mit dem Begriff „Nachfolger" bestätigt sich die eingangs formulierte Lesart, dass es sich im vorliegenden Protokollausschnitt um eine Situation im Mathematikunterricht handelt. Die Lehrerin wiederholt die formulierten Worte in unveränderter Art und Weise („15. Nachfolger Nachfolger."). Durch die Wiederholung erhält die Aussage der Lehrerin einen Aufforderungscharakter.

Das Mädchen mit der Nummer 15 steht auf und stellt sich nach vorne. Das Mädchen mit der Nummer 16 stellt sich neben sie. Der Junge mit der Nummer 14 stellt sich neben das Mädchen mit der Nummer 15.

Aus der vorliegenden Sequenz geht zunächst hervor, dass unterschiedlichen Schüler:innen unterschiedliche Nummern zugeteilt wurden (Das Mädchen mit der Nummer 15 | Das Mädchen mit der Nummer 16 | Der Junge mit der Nummer 14). In Verknüpfung mit der vorangegangenen Sequenz und der Aussage der Lehrerin („15. Nachfolger Nachfolger.") scheinen die Schüler:innen in der vorliegenden Sequenz auf eine implizite Aufforderung der Lehrerin zu reagieren. Sowohl die Äußerung der Lehrerin als auch das sich daran anschließende Handeln der Schüler:innen verweist auf eine gewisse Routine. Das eingangs formulierte „Und" der Lehrerin, welches eine Anknüpfung an etwas Vorangegangenes darstellt, kann dabei als Hinweis darauf eingeordnet werden, dass diese Art der Kommunikation/Übung bereits zuvor mindestens einmal oder sogar mehrfach stattgefunden hat: Die Lehrerin nennt eine Zahl und schließt einmal oder mehrmals das Wort „Nachfolger" (in Verknüpfung mit der vorangegangenen Analyse möglicherweise alternativ auch „Vorgänger") an und die Schüler:innen, denen die entsprechenden Zahlen zugeordnet sind, reagieren darauf und positionieren sich im Raum. Die Schülerin mit der Nummer 15 steht also als erste Person auf und positioniert sich im Raum (stellt sich nach vorne.). Im Anschluss daran steht das Mädchen mit der Nummer 16 auf und stellt sich neben die Schülerin mit der Nummer 15. Abschließend positioniert sich der Junge mit der Nummer 14 ebenfalls neben dem Mädchen mit der Nummer 15. Es stehen nun also insgesamt drei Schüler:innen mit den Nummern 14, 15 und 16 vorne. In Verknüpfung mit der eingangs analysierten Formulierung der Lehrerin „15. Nachfolger Nachfolger." scheint hier jedoch ein Fehler vorzuliegen. Die Zahl 14 stellt den Vorgänger zur Zahl 15 und keinen Nachfolger dar. „15. Nachfolger Nachfolger." müsste an dieser Stelle bedeuten, dass sich neben dem Mädchen mit der Nummer 15 das Mädchen mit der Nummer 16 sowie der Schüler oder die Schülerin mit der Nummer 17 platzieren.

> WÄHRENDDESSEN
> Toni: „Frau Bäcker?"
> Lehrerin: „Jaaa?"
> Toni: „Ähm warum geht nich die Jalousie runter? Es ist doch ziemlich hell."
> Lehrerin: „Bei Sonne müssen wir die Jalousien runter machen aber *(zeigt auf einen anderen Platz im Sitzkreis)* setz dich doch einfach in den Schatten."

Während sich die Schüler:innen mit den Nummern 14, 15 und 16 im Raum positionieren, spricht Toni die Lehrerin fragend bei ihrem Nachnamen an „Frau Bäcker?". Die Lehrerin reagiert auf die Ansprache von Toni mit einem ebenfalls fragenden und langgezogenen „Jaaa?" und signalisiert damit, dass sie Tonis Anrede wahrgenommen hat und bereit ist, sein Anliegen/seine Frage/seine Anmerkung im Sinne von „Was gibt's denn?" anzuhören. Toni fragt die Lehrerin, warum die Jalousie, nicht ausfährt („Ähm warum geht nich die Jalousie runter?") und merkt anschließend an, dass es „doch ziemlich hell" sei. Die Lehrerin reagiert auf Tonis Frage und Anmerkung mit der Feststellung, dass „wir die Jalousie runter machen [müssen]", wenn die Sonne scheint, wobei unklar bleibt, welche Personen genau die Lehrerin unter dem Pronomen „wir" zusammenfasst. Die Jalousien scheinen sich also nicht automatisch bei Sonne zu schließen, sondern müssen offenbar händisch „runter gemacht" werden. Die Lehrerin drückt durch die sich anschließende Konjunktion „aber" ihren Einwand gegen das „Heruntermachen der Jalousie" aus und schlägt Toni, indem sie auf einen anderen Platz im Sitzkreis zeigt, vor, dass er sich „doch einfach in den Schatten" setzen könne.

> Lehrerin zu den Schüler:innen, die vorne stehen: „So und durchzählen bitte!"
> Schüler *(Zettel 14)*: „14."
> Schülerin *(Zettel 15)*: „15."
> Schülerin *(Zettel 16)*: „16."

Die Lehrerin wendet sich den Schüler:innen, die vorne stehen zu, und signalisiert unter Verwendung des Adverbs „So", dass die vorangegangene Interaktion mit Toni nun abgeschlossen ist und fordert die drei Schüler:innen auf/bittet sie, durchzuzählen („und durchzählen bitte!"). Die Schüler:innen kommen der Aufforderung nach und nennen entsprechend der Nummer, die ihnen zugeordnet wurde, die jeweilige Zahl der Reihe nach. In Verknüpfung mit der vorangegangenen Sequenz scheint der Lehrerin, möglicherweise aufgrund der Unterbrechung/Ablenkung durch die Interaktion mit Toni, der Fehler in Bezug auf die

Ausführung der Aufgabenstellung/Aufforderung „15. Nachfolger Nachfolger." nicht aufzufallen.

| #00:18:56-4# 64 | Lehrerin: „Okay und ein letztes Mal." Die Schüler:innen mit den Nummern 14, 15 und 16 machen sich auf den Weg zurück auf ihre Plätze. Schulbegleiter *(unterbricht die Lehrerin in ihren letzten Worten)*: „Also darf ich kurz intervenieren? Der Nachfolger *(kurze Pause)* da sollten zwei Nachfolger von der 15 gefunden werden und nicht der Vorgänger." Lehrerin: „Wenn wir den Jan nich hätten. Ich war bei der Jalousie. Was hab ich gesagt?" Schulbegleiter: „Nachfolger Nachfolger." Lehrerin: „Ah. Welche Zahl? Um welche Zahl gings?" Schulbegleiter: „Ähm die 15." Lehrerin: „Und Jan nochmal?" Schulbegleiter: „Nachfolger Nachfolger." Lehrerin: „Nachfolger Nachfolger. *(Pause)* Wenn wir den Jan nich hätten, Nachfolger Nachfolger." Die beiden Schülerinnen mit den Nummern 15 und 16 laufen nach vorne und stellen sich auf. Mustafa steht mit der Nummer 17 in der Hand von seinem Platz auf, geht nach vorne und stellt sich neben das Mädchen mit der Nummer 16. | |

Lehrerin: „Okay und ein letztes Mal."
Die Schüler:innen mit den Nummern 14, 15 und 16 machen sich auf den Weg zurück auf ihre Plätze.

Die Lehrerin drückt ihre Zustimmung/Bestätigung in Bezug auf das Durchzählen der drei Schüler:innen aus und kündigt „ein letztes Mal." an. Die Formulierung „ein letztes Mal." deutet, wie bereits weiter oben vermutet, darauf hin, dass die Übung bereits einige Male zuvor in der hier dargelegten Art und Weise durchgeführt wurde. Im Anschluss an und offenbar auch als Reaktion auf die Aussage der Lehrerin bewegen sich die Schüler:innen mit den Nummern 14, 15 und 16 auf ihre Plätze. Erneut entsteht der Eindruck einer routinierten Abfolge einzelner Schritte. Als Anschluss ist demnach im Fortlauf des Protokolls zu erwarten, dass die Lehrerin ein weiteres Mal/„ein letztes Mal" eine Zahl nennt und anschließend angibt, ob für diese Zahl ein oder mehrere „Vorgänger" | „Nachfolger" gesucht werden.

Schulbegleiter *(unterbricht die Lehrerin in ihren letzten Worten)*: „Also darf ich kurz intervenieren? Der Nachfolger, da sollten zwei Nachfolger von der 15 gefunden werden und nicht der Vorgänger."

Es entsteht ein Bruch im Protokoll. Die Lehrerin setzt den Unterricht/die Interaktion mit den Schüler:innen nicht wie erwartet fort. Vielmehr meldet sich der Schulbegleiter zu Wort und *unterbricht die Lehrerin in ihren letzten Worten,* wobei die Unterbrechung des Schulbegleiters sowie seine Äußerung in hohem Maße erklärungsbedürftig sind. Durch den Partikel „Also" signalisiert der Schulbegleiter, dass er einen unterbrochenen Gedanken aufgreifen/weiterführen/fortsetzen möchte. Aus dem Protokoll wird dabei zunächst nicht ersichtlich, woran der Schulbegleiter anknüpft/was der Schulbegleiter weiter ausführen/fortsetzen möchte. In der vorangegangenen Interaktion war er bislang nicht (erkennbar) beteiligt. Im Anschluss an das „Also" stellt der Schulbegleiter die Frage, ob er „intervenieren" dürfe, bittet unter Verwendung des Verbes „dürfen" also (die Lehrerin?) um Erlaubnis, wobei die Frage offensichtlich rhetorischer Natur ist: Durch das Unterbrechen der Lehrerin und die hier gestellte Frage, interveniert der Schulbegleiter bereits. Die Frage des Schulbegleiters „Also darf ich kurz intervenieren?" im Allgemeinen sowie die Formulierung „intervenieren" im Besonderen sind dabei erklärungsbedürftig. Der Frage des Schulbegleiters ist kein Streit/keine Meinungsverschiedenheit zwischen zwei oder mehreren Personen vorausgegangen, auf welchen sich der Schulbegleiter durch die Formulierung „intervenieren" vermittelnd oder schlichtend beziehen könnte. Demnach schaltet sich der Schulbegleiter mit der Formulierung „intervenieren" korrigierend bzw. protestierend in den aktuell ablaufenden Vorgang der Lehrerin in der Interaktion mit den Schüler:innen ein. Der Schulbegleiter meldet hier also gegen etwas, möglicherweise gegen den bereits analysierten Fehler in der Ausführung der Aufgabe „15. Nachfolger Nachfolger.", Protest an. Aufgrund der Tatsache, dass der Schulbegleiter die Lehrerin unterbricht und darüber hinaus zuvor nicht Teil des Vorgangs oder der Interaktion zwischen der Lehrerin und den Schüler:innen war, erhält seine Intervention etwas Dringliches/Dramatisches/Vehementes. Dass der Schulbegleiter die Reaktion der Lehrerin oder einer anderen Person erst gar nicht abzuwarten scheint, sondern ohne Pause oder andere Unterbrechung sein Anliegen ausführt, bestätigt die Lesart, dass die Frage „Also darf ich kurz intervenieren?" rhetorischer Natur ist. Der Schulbegleiter schließt an seine rhetorische Frage eine Feststellung an: „Der Nachfolger (kurze Pause) da sollten zwei Nachfolger von der 15 gefunden werden und nicht der Vorgänger." Er beginnt seinen Satz mit „Der Nachfolger" und weist damit auf einen einzelnen, konkreten Nachfolger („Der") hin. In Verknüpfung mit der Analyse der vorangegangenen Sequenz kann darüber nachgedacht werden, ob der Schulbegleiter hier auf den fehlenden Nachfolger („15. Nachfolger Nachfolger"), also auf die Zahl 17, aufmerksam machen möchte. Die sich anschließende *kurze Pause* stellt eine Unterbrechung der Äußerung des Schulbegleiters dar. Im Anschluss knüpft der Schulbegleiter nicht an den Beginn seiner Aussage („Der Nachfolger") an, sondern formuliert einen neuen Satz („da sollten zwei Nachfolger von der 15 gefunden werden und nicht der Vorgänger."), in welchem er darauf hinweist, dass zwei (und nicht wie fälschlicherweise zuvor von den Schüler:innen ausgeführt ein) Nachfolger und nicht der Vorgänger der Zahl 15 gefunden werden sollten. Wie bereits weiter oben erwähnt, stellt der Schulbegleiter den Fehler fest. Es wäre auch denkbar/möglich gewesen, dass er sich fragend und damit eher zurückhaltend im Sinne von „War nicht die ursprüngliche Aufgabe, zwei Nachfolger zu finden?" erkundigt. Erneut zeichnet sich hier eine gewisse Vehemenz/Dringlichkeit in der Intervention und Aussage des Schulbegleiters ab. Indem der Schulbegleiter an dieser Stelle und auf die analysierte Art und Weise die Interaktion unterbricht und auf den vorangegangenen Fehler hinweist, weist er nur bedingt auf den Fehler des Schülers mit der Nummer 14, welcher fälschlicherweise als Vorgänger aufstand und des Schülers oder der Schülerin mit der Nummer 17, welche:r fälschlicherweise als eigentlich angesprochener „Nachfolger Nachfolger." der Nummer 15 nicht reagierte, hin. Der Schulbegleiter intervenierte nicht in dem Moment, in dem sich die Schüler:innen mit den Nummern 14, 15 und 16 positionierten. Der Schulbegleiter intervenierte erst, nachdem die Lehrerin der „Lösung" der Aufgabe durch ihr „Okay und ein letztes Mal." zustimmte und fortfahren wollte. In erster Linie korrigiert der Schulbegleiter also die Lehrerin, welche, möglicherweise aufgrund der Interaktion mit Toni, den Fehler der Schüler:innen nicht bemerkte. Die Intervention des Schulbegleiters und auch seine Korrektur/sein Protest beziehen sich damit auf die Lehrerin. Der Schulbegleiter bringt die Lehrerin durch seine Intervention in eine Begründungs- und Erklärungsnot.

Dabei bleibt die Intention/Motivation der Intervention des Schulbegleiters unter Berücksichtigung der analysierten Vehemenz weiterhin erklärungsbedürftig. Die Intervention des Schulbegleiters kann demnach in zweierlei Hinsicht gelesen werden: (1) Der Schulbegleiter interveniert, weil er den von den Schüler:innen gemachten und von der Lehrerin nicht entdeckten/erkannten Fehler korrigieren möchte. Die Intervention des Schulbegleiters verfolgt in erster Linie den Aspekt der formellen Korrektur und erfüllt demnach einen Selbstzweck. (2) Der Schulbegleiter interveniert im Sinne des weiter oben angedeuteten Protests, weil der von ihm begleitete Schüler Mustafa in irgendeiner Art und Weise von dem von den Schüler:innen gemachten und von der Lehrerin nicht entdeckten/erkannten Fehler betroffen ist. Die Intervention des Schulbegleiters verfolgt in erster Linie das Lernen/die Teilhabe/die Perspektive des zu begleitenden Schülers.

Lehrerin: „Wenn wir den Jan nich hätten. Ich war bei der Jalousie. Was hab ich gesagt?"

Die Lehrerin reagiert auf die Intervention des Schulbegleiters mit der Aussage „Wenn wir den Jan nich hätten.", wobei ihre Reaktion/Aussage erklärungsbedürftig ist. Indem die Lehrerin in diesem Zusammenhang das Pronomen „wir" verwendet, spricht sie nicht nur von sich („Wenn ich den Jan nich hätte."), sondern schließt die anwesenden Schüler:innen mit ein. Die Lehrerin stellt also eine Einheit/Verbindung zwischen sich und den Schüler:innen her („wir"). Darüber hinaus spricht die Lehrerin den Schulbegleiter nicht direkt an („Wenn wir <u>dich</u> nich hätten."), sondern spricht in der 3. Person unter Verwendung seines Vornamens („den Jan") vielmehr über ihn. Mit der Äußerung der Lehrerin wird im Sinne von „für den Fall, dass"/„falls" („Wenn") lediglich etwas angedeutet, aber im Sinne von „Wenn | dann" nicht weiter ausgeführt oder konkretisiert. Was wäre dann, „Wenn wir den Jan nich hätten"? Die Antwort auf der manifesten Ebene im Protokoll würde lauten, dass der Unterricht „Wenn wir den Jan nich hätten." aller Voraussicht nach an dieser Stelle ohne Unterbrechung/Irritation weiter verlaufen, der Fehler (außer durch einen aufmerksamen Schüler oder eine aufmerksame Schülerin) nicht aufgedeckt worden und die Lehrerin nicht in eine Begründungs- und Erklärungsnot gekommen wäre.[84]

Die Äußerung der Lehrerin („Wenn wir den Jan nich hätten.") kann auf dieser Grundlage in zweierlei Hinsicht gelesen werden: (1) Die Lehrerin nimmt die Intervention des Schulbegleiters als störend/Angriff/unangebracht/übergriffig wahr und drückt in der vorliegenden Aussage auf ironisch gefärbte Art und Weise ihren Unmut über die Intervention des Schulbegleiters aus. Das in der Äußerung verwendete „wir" stellt in dieser Lesart eine Verbindung/Einheit zwischen der Lehrerin und den Schüler:innen der Klasse her, in welcher der Schulbegleiter („der Jan") nicht enthalten ist. (2) Die Lehrerin ist dankbar, dass der

---

[84]   An dieser Stelle muss auch die Anwesenheit der Kameras und der Forscherin im Klassensetting berücksichtigt werden. Der Schulbegleiter korrigiert die Lehrerin hier nicht nur in Anwesenheit der Schüler:innen, sondern vielmehr vor einer durch die Kameras und die Forscherin repräsentierten Öffentlichkeit.

Schulbegleiter den Fehler bemerkt und sie darauf hingewiesen/korrigiert hat, so können sie und die Schüler:innen („wir") den Fehler korrigieren. Das in der Äußerung verwendete „wir" stellt in dieser Lesart die Bedeutsamkeit des Schulbegleiters für alle Personen (Lehrerin und Schüler:innen der Klasse) dar: Der Schulbegleiter macht für alle Anwesenden einen wertvollen/grundlegenden Unterschied.

Die sich daran anschließende Aussage der Lehrerin liefert die (erwartete/notwendige) Erklärung oder Rechtfertigung („Ich war bei der Jalousie."), wobei auch in diesem Zusammenhang lediglich eine kurze Andeutung aber keine Ausführung oder Konkretisierung im Sinne von „Ich war [mit meiner Aufmerksamkeit?] bei der Jalousie und habe deshalb nicht aufgepasst/den Fehler nicht bemerkt." stattfindet. Nachfolgend erkundigt sich die Lehrerin danach, was sie zuvor gesagt hat („Was hab ich gesagt?"), wobei aus dem Protokoll nicht eindeutig hervor geht, an wen sie diese Frage richtet. Zum einen wäre denkbar, dass die Lehrerin diese Frage an die Schüler:innen richtet: Der Schulbegleiter hat die Lehrerin auf den Fehler aufmerksam gemacht und dargelegt, worin der Fehler bestand („da sollten zwei Nachfolger von der 15 gefunden werden und nicht der Vorgänger."). Die Lehrerin richtet sich auf dieser Grundlage anschließend mit ihrer Frage („Was hab ich gesagt?") an die Schüler:innen der Klasse, um mit ihnen gemeinsam den Fehler aufzuklären und zu korrigieren. Zum anderen wäre denkbar, dass die Lehrerin ihre Frage („Was hab ich gesagt?") an den Schulbegleiter richtet, weil sie aufgrund der Interaktion mit Toni („Jalousie") abgelenkt war und sich nicht mehr (sicher) an ihre ursprüngliche Aufgabenstellung („15. Nachfolger Nachfolger") erinnert. Durch die für sie unerwartete/überraschende Intervention des Schulbegleiters, konnte sie den Einzelheiten seiner Äußerung („da sollten zwei Nachfolger von der 15 gefunden werden und nicht der Vorgänger.") möglicherweise zunächst nicht in Gänze folgen. Es bleibt demnach abzuwarten, welche Person(en) auf die Frage der Lehrerin reagiert/reagieren.

> Schulbegleiter: „Nachfolger Nachfolger."
> Lehrerin: „Ah. Welche Zahl? Um welche Zahl gings?"

Es ist der Schulbegleiter, der sich von der Frage der Lehrerin angesprochen fühlt und mit den beiden Worten „Nachfolger Nachfolger." darauf antwortet. Dabei ist erklärungsbedürftig, warum der Schulbegleiter der Lehrerin lediglich diesen Teil der Aufgabenstellung als Antwort auf ihre Frage gibt. Erwartbar wäre eher die Wiederholung aller Informationen der ursprünglichen Aufgabenstellung („15. Nachfolger Nachfolger.") gewesen, wie er sie in seiner vorangegangenen Intervention bereits anführte („da sollten zwei Nachfolger von der 15 gefunden werden und nicht der Vorgänger.").

Die Lehrerin nimmt die Aussage des Schulbegleiters zur Kenntnis („Ah."), erkundigt sich anschließend zunächst nach einer Zahl („Welche Zahl?") und formuliert unmittelbar daran ihre Nachfrage konkreter, indem sie fragt, um welche Zahl es sich zuvor/in der vorangegangenen/in ihrer eigenen Aufgabenstellung handelte („Um welche Zahl gings?"). Die Lehrerin scheint sich also tatsächlich nicht mehr an die Einzelheiten der von ihr ursprünglich formulierten Aufgabenstellung zu erinnern.

> Schulbegleiter: „Ähm die 15."

Das „Ähm", welches zu Beginn der Antwort des Schulbegleiters steht, dient dazu, eine kurze Sprechpause zu überbrücken/sich selbst erneut zu orientieren und/oder zu erinnern. Im

Anschluss an das „Ähm" nennt der Schulbegleiter diejenige Zahl, die in der Aufgabenstellung der Lehrerin den Ausgangspunkt für „Nachfolger Nachfolger." darstellte („die 15."). Der Schulbegleiter hat damit auf zwei Etappen der Lehrerin (erneut) alle Informationen („Nachfolger Nachfolger." | „die 15") gegeben, sodass die Lehrerin die Aufgabenstellung nun noch einmal an die Klasse richten oder verbal eine Korrektur des vorangegangenen Fehlers vornehmen kann.

Lehrerin: „Und Jan nochmal?"

Es entsteht ein Bruch im Protokoll. Obwohl die Lehrerin soeben (zum zweiten Mal) alle Informationen der ursprünglichen Aufgabenstellung („Nachfolger Nachfolger." | „die 15.") vom Schulbegleiter erhalten hat, wendet sie sich erneut fragend an den Schulbegleiter, indem sie an etwas Vorangegangenes anknüpft („Und"), den Schulbegleiter beim Vornamen anspricht („Jan") und ihn bittet/auffordert, etwas Vorangegangenes (bleibt zunächst von der Lehrerin unbestimmt) ein weiteres Mal („nochmal?") zu sagen/zu wiederholen. Die Kommunikation zwischen Schulbegleiter und Lehrerin scheint zunehmend in eine Krise zu geraten. Es stellt sich die Frage, inwiefern die Lehrerin, möglicherweise aus akustischen Gründen, (Teil-)Antworten des Schulbegleiters nicht gehört hat und deshalb erneut nachfragt oder aber inwiefern die Lehrerin den Schulbegleiter mit der mittlerweile dritten bzw. vierten Nachfrage („Was hab ich gesagt?" | „Welche Zahl?"; „Um welche Zahl gings?" | „Und Jan nochmal?") implizit auffordert, die Frage-/Aufgabenstellung zusammenhängend/in Gänze/mit allen Informationen („15. Nachfolger Nachfolger.") zu wiederholen.

Schulbegleiter: „Nachfolger Nachfolger."

Erneut entsteht ein Bruch im Protokoll. Der Schulbegleiter antwortet auf die Frage der Lehrerin („Und Jan nochmal?") zum zweiten Mal mit „Nachfolger Nachfolger.". Erneut formuliert/wiederholt er die Aufgabenstellung nicht in Gänze („15. Nachfolger Nachfolger."). Die Art und Weise, wie der Schulbegleiter der Lehrerin (zum wiederholten Mal) auf Fragen antwortet ist erklärungsbedürftig. In den beiden Fällen, in denen die Lehrerin eine eher allgemeine/unspezifische (Nach-)Frage stellte („Was hab ich gesagt?" | „Und Jan nochmal?"), antwortet der Schulbegleiter mit „Nachfolger Nachfolger.". Lediglich, als die Lehrerin eine spezifische Frage nach der Ausgangszahl („Welche Zahl? Um welche Zahl gings?") stellte, führte der Schulbegleiter diese („Ähm die 15.") in seiner Antwort an.

Lehrerin: „Nachfolger Nachfolger. *(Pause)* Wenn wir den Jan nich hätten, Nachfolger Nachfolger."

Die Lehrerin wiederholt die Antwort des Schulbegleiters „Nachfolger Nachfolger." ohne dabei die Zahl 15, die für die Korrektur/Bearbeitung der Aufgabe und damit auch als Information für die Schüler:innen von zentraler Bedeutung ist, zu nennen. Im Anschluss an eine *Pause* wiederholt die Lehrerin den Satz, den sie bereits als Antwort/Reaktion auf die (ungefragte) Intervention des Schulbegleiters äußerte („Wenn wir den Jan nich hätten."). Es entsteht ein Bruch im Protokoll. Während die Lehrerin den Schulbegleiter unmittelbar zuvor direkt angesprochen hat („Und Jan nochmal?"), spricht sie nun im Anschluss an seine Antwort („Nachfolger Nachfolger.") erneut in der dritten Person („der Jan") über ihn und damit nicht mehr mit ihm. Die Interaktion mit dem Schulbegleiter scheint von Seiten der Lehrerin beendet zu sein. Ausgehend von der unmittelbar vorangegangenen, zunehmend in die Krise geratenen Kommunikation zwischen Lehrerin und Schulbegleiter scheint sich die Lesart der ironischen Färbung der Aussage der Lehrerin in der Tendenz eher zu bestätigen als die im Sinne der zweiten Lesart formulierten Dankbarkeit der Lehrerin gegenüber der Intervention des Schulbegleiters.

Abschließend wiederholt die Lehrerin erneut die beiden Worte „Nachfolger Nachfolger.", wobei aus dem Protokoll nicht eindeutig hervorgeht, an welche der im Klassenraum anwesenden Personen (Schüler:innen | Schulbegleiter | sich selbst) sie diese Worte richtet.

> Die beiden Schülerinnen mit den Nummern 15 und 16 laufen nach vorne und stellen sich auf. Mustafa steht mit der Nummer 17 in der Hand von seinem Platz auf, geht nach vorne und stellt sich neben das Mädchen mit der Nummer 16.

Die Schülerinnen mit den Nummern 15 und 16 scheinen sich von den Worten der Lehrerin angesprochen zu fühlen und die Äußerungen der Lehrerin als (implizite) Aufforderung zur erneuten Bearbeitung der Aufgabe zu verstehen. Die beiden laufen nach vorne und stellen sich auf. Im Anschluss steht der Schüler mit der Nummer 17 (Mustafa) auf und stellt sich neben das Mädchen mit der Nummer 16. Die ursprünglich gestellte Aufgabe der Lehrerin „15. Nachfolger Nachfolger." wird in der vorliegenden Sequenz damit korrigiert/gelöst/korrekt ausgeführt. Die weiter oben formulierte Lesart, dass sich die Intervention des Schulbegleiters auf den von ihm zu begleitenden Schüler Mustafa bezieht, weil dieser durch den von den Schüler:innen gemachten und von der Lehrerin nicht entdeckten/erkannten Fehler in irgendeiner Art und Weise betroffen ist, bestätigt sich. In der vorangegangenen nicht korrekten Ausführung der Aufgabenstellung („15. Nachfolger Nachfolger." | Das Mädchen mit der Nummer 15 steht auf und stellt sich nach vorne. Das Mädchen mit der Nummer 16 stellt sich neben sie. Der Junge mit der Nummer 14 stellt sich neben das Mädchen mit der Nummer 15.) war Mustafa nicht aufgestanden, obwohl die ihm zugeordnete Zahl (Nummer 17) als zweiter Nachfolger der Zahl 15 eigentlich gesucht war.

Hypothese zur Fallstruktur

In der analysierten Sequenz kristallisiert sich eine Dynamik heraus, in der sich der Schulbegleiter indirekt (durch seine Intervention und die Korrektur der Lehrerin) für die Teilhabe und das Lernen des zu begleitenden Schülers engagiert. Der Schulbegleiter gerät durch die zunächst nicht korrekte Ausführung der Aufgabenstellung („15. Nachfolger Nachfolger.") in einen Loyalitätskonflikt: Unterbricht/korrigiert er die Lehrerin und engagiert sich damit (indirekt) für den zu begleitenden Schüler Mustafa oder greift er nicht in den Unterricht der Lehrerin/in die Interaktion der Lehrerin mit den Schüler:innen ein und übergeht damit, dass der zu begleitende Schüler eigentlich Bestandteil der Aufgabe/Lösung gewesen wäre?

Der Schulbegleiter entscheidet sich in der vorliegenden Sequenz für die Intervention/Korrektur der Lehrerin und übernimmt im beschriebenen Loyalitätskonflikt die Anwaltschaft für den zu begleitenden Schüler. Darüber hinaus deutet sich in der Analyse der vorliegenden Sequenz eine gewisse Ambivalenz in der Beziehung zwischen der Lehrerin und dem Schulbegleiter an. Auf der einen Seite unterbricht der Schulbegleiter die

Lehrerin, weist sie auf einen Fehler hin und bringt damit die Lehrerin in eine Erklärungs-/Begründungsnot („Also darf ich kurz intervenieren?"). Auf der anderen Seite markiert die Lehrerin auf ironische Art und Weise („Wenn wir den Jan nich hätten.") ihren Unmut über die Intervention des Schulbegleiters, verbindet sich mit den Schüler:innen der Klasse („wir") und schließt den Schulbegleiter („den Jan") damit (zumindest kurzfristig) aus.

Der Schulbegleiter befindet sich in einem Loyalitätskonflikt mit der Lehrerin und dem zu begleitenden Schüler, in welchem er die Anwaltschaft für den zu begleitenden Schüler übernimmt. Die Beziehung zwischen der Lehrerin und dem Schulbegleiter ist von Ambivalenzen geprägt.

6.1.3.3 „Klappt alleine auch, oder?"

| #00:25:54-6# 84 | Mustafa: „Des hab ich auf?" Schulbegleiter *(nickt)*: „Mhmh." Der Schulbegleiter läuft hinter Mustafa vorbei und setzt sich auf den Platz neben ihm. Die beiden sprechen leise miteinander (unverständlich). Der Schulbegleiter zeigt auf das Arbeitsblatt. Mustafa *(schaut zum Schulbegleiter)*: „Hier? Kommt da die sechs?" Schulbegleiter: „Als Vorgänger oder als Nachfolger?" Mustafa *(zeigt mit seinem Stift auf das Blatt) (schaut zum Schulbegleiter)*: „Als Vorgänger?" Schulbegleiter *(nickt einmal)*: „Mhmh." Mustafa schreibt etwas auf das Blatt. Mustafa *(schaut zum Schulbegleiter)*: „Und da die acht?" Schulbegleiter: „Sehr gut!" Mustafa schreibt etwas auf. Schulbegleiter *(tippt auf das Blatt vor Mustafa)*: „Genau und dann machst du hier weiter." | |

Mustafa: „Des hab ich auf?"
Schulbegleiter *(nickt)*: „Mhmh."
Der Schulbegleiter läuft hinter Mustafa vorbei und setzt sich auf den Platz neben ihm. Die beiden sprechen leise miteinander (unverständlich).

Mustafa stellt eine Frage und erkundigt/vergewissert sich, ob/ dass ihm ein bestimmter (bisweilen unbestimmter) Gegenstand („Des") aufgetragen wurde („hab ich auf?"). Bei diesem Gegenstand („Des") könnte es sich bspw. um eine konkrete Aufgabe/Aufgabenstellung, eine Seite in einem Arbeitsheft/auf einem Arbeitsblatt oder einen Eintrag in einem Hausaufgabenheft handeln. Es bleibt zunächst unklar, in welchem Zusammenhang (bspw. Hausaufgabe/Aufgabe zur Erledigung während der Stunde/Einzelarbeit) Mustafa dieser Gegenstand aufgetragen wurde. Der Schulbegleiter reagiert auf Mustafas Frage und drückt sowohl nonverbal *(nickt)* als auch verbal („Mhmh.") seine Zustimmung aus. Im Anschluss an diese kurze Interaktion läuft der Schulbegleiter hinter Mustafa vorbei und setzt sich auf den Platz neben ihm. Aus dem Protokoll wird nicht ersichtlich, was es mit dem freien Platz neben Mustafa auf sich hat. Hier können zwei Lesarten gebildet werden: (1) Der Platz neben Mustafa ist immer frei und implizit oder explizit für den Schulbegleiter vorgesehen oder (2) der Platz neben Mustafa ist zufälligerweise frei, weil das Kind, das dort eigentlich seinen Platz hat, zu diesem Zeitpunkt nicht anwesend ist/den Platz nicht benötigt. Nachdem sich der Schulbegleiter hingesetzt hat, sprechen die beiden leise miteinander (unverständlich).[85]

> Der Schulbegleiter zeigt auf das Arbeitsblatt.
> Mustafa *(schaut zum Schulbegleiter)*: „Hier? Kommt da die sechs?"

Der Schulbegleiter zeigt im Anschluss an die kurze unverständliche Unterhaltung mit Mustafa auf das Arbeitsblatt. Es entsteht der Eindruck, dass es sich bei dem bislang unklaren Gegenstand („Des") um ein Arbeitsblatt/bzw. das, was auf dem Arbeitsblatt abgebildet ist, handeln könnte. Indem der Schulbegleiter auf das Arbeitsblatt zeigt, stellt er nonverbal und möglicherweise zuvor auch verbal (Die beiden sprechen leise miteinander (unverständlich).) einen Aufgabenbezug her. Mustafa wendet sich daraufhin dem Schulbegleiter zu *(schaut zum Schulbegleiter)* und erkundigt sich zunächst allgemein, ob es sich um diese Stelle („Hier?") handelt. Im Anschluss führt er diese Nachfrage weiter aus und fragt nach, ob an dieser Stelle/dort („da") eine bestimmte Zahl („die sechs") an der Reihe ist/folgt („kommt"). Mustafa stellt damit eine Entscheidungsfrage, die im Sinne von „Ja, da kommt die sechs." oder „Nein, da kommt die sechs nicht." beantwortet werden kann.

> Schulbegleiter: „Als Vorgänger oder als Nachfolger?"
> Mustafa *(zeigt mit seinem Stift auf das Blatt) (schaut zum Schulbegleiter)*: „Als Vorgänger?"
> Schulbegleiter *(nickt einmal)*: „Mhmh."
> Mustafa schreibt etwas auf das Blatt.

Es entsteht ein Bruch im Protokoll. Der Schulbegleiter beantwortet die Frage(n) von Mustafa („Hier? Kommt da die sechs?") nicht direkt im Sinne von „Ja." Oder „Nein.", vielmehr reagiert er mit einer Alternativfrage („Als Vorgänger oder als Nachfolger?"). Indem der Schulbegleiter auf Mustafas Entscheidungsfrage mit einer Alternativfrage antwortet, unterstützt er Mustafa unterrichtlich-pädagogisch/didaktisch im Sinne einer helfenden Interaktion bei der Bearbeitung der Aufgabe, anstatt die Frage mit einem „Ja." oder „Nein." zu beantworten und damit stellvertretend für Mustafa die Aufgabe zu lösen. Mustafa bezieht sich auf die Alternativfrage des Schulbegleiters, indem er *mit seinem Stift auf das Blatt* zeigt, zum Schulbegleiter schaut und fragend „Als Vorgänger?" antwortet. In der Art und Weise (fragend), wie Mustafa auf die vorangegangene Frage des Schulbegleiters („Als Vorgänger oder als Nachfolger?") antwortet, vermittelt sich ein Moment der Unsicherheit und Rückversicherung. Der Schulbegleiter reagiert erneut sowohl nonverbal *(nickt einmal)* als auch verbal („Mhmh.") und drückt damit seine Zustimmung hinsichtlich Mustafas Antwortvorschlag („Als Vorgänger?") aus. Im Anschluss daran schreibt Mustafa *etwas auf das Blatt* und scheint damit die Aufgabenstellung auf Basis der vorangegangenen Interaktion mit dem Schulbegleiter zu bearbeiten.

---

[85] Das Nachdenken darüber, wo bzw. ob die Schulbegleitung einen eigenen festen Sitzplatz im Klassenzimmer hat und wo sich dieser Sitzplatz im Raum befindet (bspw. neben den zu begleitenden Schüler:innen, an einem separaten Tisch, der einem Lehrerpult gleichkommt), ist u. a. in Bezug auf die Antinomie von Nähe und Distanz sowie die Antinomie von Autonomie und Abhängigkeit von zentraler Bedeutung.

Mustafa *(schaut zum Schulbegleiter)*: „Und da die acht?"
Schulbegleiter: „Sehr gut!"
Mustafa schreibt etwas auf.
Schulbegleiter *(tippt auf das Blatt vor Mustafa)*: „Genau und dann machst du hier weiter."

Erneut wendet sich Mustafa dem Schulbegleiter sowohl nonverbal (schaut zum Schulbeglei-ter) als auch verbal fragend („Und da die acht?") zu. Mustafa knüpft an etwas Vorangegange-nes/Vorliegendes („Und") an und erkundigt sich, ob an dieser Stelle/dort („da") eine be-stimmte Zahl („die acht") hinkommt/vorgesehen ist/angegeben werden muss. Mustafas Frage enthält dabei bereits einen konkreten (Antwort-)Vorschlag („die acht"), sodass sich in der Art und Weise von Mustafas Äußerung (fragend) erneut ein Moment der Unsicherheit und Rückversicherung vermittelt. Der Schulbegleiter reagiert positiv/(implizit) lobend („Sehr gut!") auf Mustafas Frage/Rückversicherung und bringt mit seiner Antwort zum Aus-druck, dass Mustafas (Antwort-)Vorschlag richtig ist. Mustafa reagiert auf dieses Lob, in-dem er etwas aufschreibt und demnach die Aufgabenstellung weiter bearbeitet. Im An-schluss daran tippt der Schulbegleiter *auf das Blatt vor Mustafa*, drückt mit dem Adverb „Ge-nau" seine bestätigende Zustimmung auf das von Mustafa Geschriebene aus und fordert ihn auf, danach/im Anschluss („dann") an einer bestimmten Stelle („hier") fortzufahren („machst du hier weiter").

| #00:26:22-9# 85 | Mustafa schreibt etwas auf das Blatt. Der Schulbegleiter schaut ihm dabei zu. Schulbegleiter: „Sehr schön! *(Pause)* Des klappt oder?" Mustafa *(leicht nickend)*: „Mhmh." Schulbegleiter: „Klappt alleine auch, oder?" Mustafa *(leicht nickend)*: „Mhmh." Schulbegleiter: „Gut!" Der Schulbegleiter steht auf und läuft mit leicht verschränkten Ar-men durch die Tischreihen, wo die anderen Schüler:innen der Klasse sitzen und in ihren Arbeitsheften arbeiten. | |

Mustafa schreibt etwas auf das Blatt. Der Schulbegleiter schaut ihm dabei zu. Schulbegleiter: „Sehr schön! *(Pause)* Des klappt oder?" Mustafa *(leicht nickend)*: „Mhmh."

Mustafa schreibt im Anschluss an die Aufforderung des Schulbegleiters „und dann machst du hier weiter." erneut etwas auf das Blatt, bearbeitet weiterhin die Aufgabenstellung und kommt damit den Aufforderungen und Hinweisen des Schulbegleiters nach. Während Mustafa schreibt, schaut der Schulbegleiter ihm dabei zu. Der Schulbegleiter macht sich ein Bild von Mustafas Bearbeitung der Aufgabenstellung. Erneut bezieht sich der Schulbegleiter (implizit) lobend („Sehr schön!") und positiv auf das, was er gesehen/beobachtet hat und bringt damit zum Ausdruck, dass Mustafas Bearbeitung des Arbeitsblattes/der Aufgaben-stellung einwandfrei ist. Im Anschluss an eine *Pause* fragt der Schulbegleiter Mustafa, ob die Bearbeitung des Arbeitsblattes/der Aufgabenstellung („des") funktioniert/gelingt („klappt"), wobei der Schulbegleiter durch das „oder?" am Ende der Frage zum Ausdruck bringt, dass ein Einwand Mustafas zwar möglich ist, eigentlich aber seine Zustimmung erwartet wird. Mustafa reagiert sowohl nonverbal *(leicht nickend)* als auch verbal („Mhmh.") auf die (rhetorische) Frage des Schulbegleiters, wobei sich in seiner Reaktion sowohl nonverbal als auch verbal eine leichte Zurückhaltung/Vorsicht (*leicht nickend* | „Mhmh.") erkennen lässt.

> Schulbegleiter: „Klappt alleine auch, oder?"
> Mustafa (*leicht nickend*): „Mhmh."
> Schulbegleiter: „Gut!"

Im Anschluss an Mustafas (zurückhaltende) Zustimmung, erkundigt sich der Schulbegleiter bei Mustafa „Klappt alleine auch, oder?". Er knüpft mit dieser erneut rhetorischen Frage an seine vorangegangene Frage an. Mustafa signalisierte ihm zuvor auf Nachfrage, wenn auch zurückhaltend, dass er mit der Bearbeitung des Arbeitsblattes/der Aufgabenstellung zurechtkommt. Nun fragt der Schulbegleiter anschließend/ergänzend, ob Mustafa überdies („auch") ohne die Anwesenheit, Gegenwart eines anderen oder anderer/getrennt von anderen („alleine") zurechtkommt/das Arbeitsblatt bzw. die Aufgabenstellung bearbeiten kann („Klappt"). In der vorliegenden Sequenz scheint sich das Adjektiv „alleine" auf das konkrete Getrenntsein vom Schulbegleiter zu beziehen, sodass der Schulbegleiter in der Frage „Klappt alleine auch, oder?" vom vorangegangenen Aufgabenbezug hin zum Beziehungsbezug wechselt und dabei möglicherweise (implizit) seinen Weggang ankündigt. Auch an dieser Stelle zeichnet sich durch das „oder?" am Ende der Frage ab, dass ein Einwand Mustafas zwar möglich ist, eigentlich aber seine Zustimmung erwartet wird. Erneut reagiert Mustafa verhalten zustimmend (leicht nickend | „Mhmh.") und signalisiert damit, dass er sich sowohl grundsätzlich als auch alleine in der Lage fühlt, das Arbeitsblatt/die Aufgabenstellung zu bearbeiten, woraufhin der Schulbegleiter unter Verwendung des Adjektivs „Gut!" die gemeinsame Interaktion anerkennend beendet. Es stellt sich die Frage, ob und wenn ja, wohin der Schulbegleiter im Anschluss gehen und was er dort tun wird.[86]

> Der Schulbegleiter steht auf und läuft mit leicht verschränkten Armen durch die Tischreihen, wo die anderen Schüler:innen der Klasse sitzen und in ihren Arbeitsheften arbeiten.

Der Schulbegleiter entfernt sich von Mustafa (steht auf) und wendet sich anschließend den anderen Schüler:innen der Klasse zu, indem er mit leicht verschränkten Armen durch die Tischreihen läuft. Indem der Schulbegleiter sich in seiner Präsenz und Aufmerksamkeit auch den anderen Schüler:innen der Klasse zuwendet, signalisiert er eine Zuständigkeit/Verfügbarkeit/Verantwortlichkeit/Erreichbarkeit auch für diese/für alle Schüler:innen der Klasse. In Verknüpfung mit den unmittelbar vorangegangenen Sequenzen und der Interaktion mit Mustafa verhält sich der Schulbegleiter auf der manifesten Ebene des Protokolls auf eine Art und Weise, wie es dem Verhalten eines Lehrers oder einer Lehrerin entspräche.

---

[86]   Aufgrund der Tatsache, dass Schulbegleiter:innen in der Regel nur für einen Schüler oder eine Schülerin/einige wenige Schüler:innen (Pool-Modell) zuständig sind, stellt sich die Frage, womit sie sich in der Zeit beschäftigen, in der die zu begleitenden Schüler:innen keine Unterstützung oder Begleitung von ihnen benötigen (s. vorliegende Sequenz Mustafa). Es muss darüber nachgedacht werden, inwiefern die 1:1 Konstellation/exklusive Zuständigkeit für ein einzelnes Kind dazu führt, dass die Schulbegleitung aufgrund mangelnder Reflexion/fehlender Alternativtätigkeiten und räumlichen Ressourcen etc. permanent an der Seite des zu begleitenden Kindes verharrt. In diesem Zusammenhang müssen die Antinomie von Nähe und Distanz und auch die Antinomie von Autonomie und Abhängigkeit in das Nachdenken einbezogen werden.

Hypothese zur Fallstruktur

In der analysierten Sequenz kristallisiert sich eine Dynamik heraus, in der sich der Schulbegleiter in einer Art und Weise verhält, wie es dem Verhalten eines Lehrers oder einer Lehrerin entspräche. In einer 1:1 Situation bezieht sich der Schulbegleiter unterrichtlich-pädagogisch/didaktisch auf Mustafa („Als Vorgänger oder als Nachfolger?") und unterstützt/begleitet ihn bei der Hinleitung/Bearbeitung einer Aufgabenstellung auf einem Arbeitsblatt. Nachdem der Schulbegleiter auf Basis seiner Beobachtung (Mustafa schreibt etwas auf das Blatt. Der Schulbegleiter schaut ihm dabei zu.) bemerkt, dass Mustafa die Aufgabe selbstständig bearbeiten kann, entfernt er sich nach feinfühliger Rücksprache („Das klappt oder?" | „Klappt alleine auch, oder?") von Mustafa, wendet sich den anderen Schüler:innen der Klasse zu (läuft mit leicht verschränkten Armen durch die Tischreihen, wo die anderen Schüler:innen der Klasse sitzen und in ihren Arbeitsheften arbeiten.) und signalisiert damit eine Zuständigkeit/Verfügbarkeit/Verantwortlichkeit/Erreichbarkeit auch für diese/für alle Schüler:innen der Klasse.

Der Schulbegleiter verhält sich sowohl Mustafa als auch den anderen Schüler:innen der Klasse gegenüber in einer Art und Weise, wie es der eines Lehrers entspräche.

6.1.3.4 „Guck mal Mia, du kannst mir auch dein Heft geben."

| #00:34:52-9# 109 | Mittlerweile stehen insgesamt vier Schüler:innen mit Arbeitsheften in der Hand bei der Lehrerin am Tisch an. Der Schulbegleiter schaut zur Lehrerin und den Schüler:innen, geht zum Gruppentisch und setzt sich der Lehrerin gegenüber auf seinen Platz. Schulbegleiter *(zur Schülerin, die als letzte in der Reihe ansteht)*: „Guck mal Mia, du kannst mir auch dein Heft geben." Mia gibt dem Schulbegleiter ihr aufgeschlagenes Heft, der Schulbegleiter nimmt das Heft entgegen und schaut sich die aufgeschlagene Seite an. Schulbegleiter *(zur Lehrerin)*: „Was sollen die denn danach machen?" Lehrerin: „Die Mia? Is sie fertig?" Schulbegleiter: „Ja." Lehrerin: „Die Mia kann im Igelheft was arbeiten." Mia: „Yay!" Lehrerin: „Yay! Yay yay." Schulbegleiter *(in das Heft von Mia schauend)*: „Sieht alles gut aus." Der Schulbegleiter schreibt etwas in Mias aufgeschlagenes Heft, klappt das Heft zu und gibt es Mia zurück. | |

> Mittlerweile stehen insgesamt vier Schüler:innen mit Arbeitsheften in der Hand bei der Lehrerin am Tisch an. Der Schulbegleiter schaut zur Lehrerin und den Schüler:innen, geht zum Gruppentisch und setzt sich der Lehrerin gegenüber auf seinen Platz.

In der vorliegenden Sequenz wird zunächst ein Sachverhalt beschrieben: Im Laufe der Zeit/inzwischen („Mittlerweile") hat sich eine Schlange („stehen […] an.") von insgesamt vier Schüler:innen bei der Lehrerin am Tisch gebildet. Die Schüler:innen halten jeweils ihre Arbeitshefte in der Hand, was darauf hindeutet, dass sie die Hefte bei der Lehrerin abgeben/der Lehrerin die Hefte zur Kontrolle vorlegen und/oder von der Lehrerin einen (individuellen?) Arbeitsauftrag in ihrem Arbeitsheft erhalten werden. Das Adverb „Mittlerweile" deutet gemeinsam mit dem Adverb „insgesamt" darauf hin, dass es sich über einen gewissen Zeitraum, nach und nach dahin entwickelt hat, dass nun (mittlerweile) alles in allem (insgesamt) vier Schüler:innen mit Arbeitsheften in der Hand bei der Lehrerin am Tisch anstehen. Der Schulbegleiter, welcher sich zu diesem Zeitpunkt an einem anderen Ort im Klassenzimmer zu befinden scheint, schaut zur Lehrerin und den Schüler:innen, geht zum Gruppentisch und setzt sich der Lehrerin gegenüber auf seinen Platz. Es stellt sich die Frage, inwiefern die Tatsache/Feststellung des Schulbegleiters, dass vier Schüler:innen bei der Lehrerin anstehen, den Auslöser dafür darstellt, dass dieser sich auf den Weg zum Gruppentisch macht und gegenüber der Lehrerin seinen Platz einnimmt. In der vorliegenden Sequenz deutet sich daran anknüpfend auch eine räumliche Anordnung der Personen und ihrer Sitzplätze an. Es wird deutlich, dass die Schüler:innen bei der Lehrerin am Tisch anstehen, was zunächst auf ein Lehrerpult o.Ä. verweist. Im darauffolgenden Satz stellt sich jedoch heraus, dass es sich bei dem Tisch um einen Tisch/Bestandteil eines Gruppentisches handelt, an dem der Schulbegleiter seinen Platz der Lehrerin gegenüber hat. Durch die Formulierungen bei der Lehrerin am Tisch und seinen Platz werden sowohl die Lehrerin als auch der Schulbegleiter den einzelnen Plätzen in einer Art und Weise zugeordnet, wie es einem festen Sitzplatz im Raum entspricht. Es existiert also ein Gruppentisch, an dem sich Lehrerin und Schulbegleiter gegenübersitzen. Die Anordnung der (festen) Sitzplätze weist zum einen darauf hin, dass der Schulbegleiter einen Platz im Klassenraum hat, der unabhängig vom Sitzplatz des zu begleitenden Schülers Mustafa ist. Zum anderen wird deutlich, dass der (feste) Sitzplatz des Schulbegleiters räumlich dem Platz/Tisch der Lehrerin zugeordnet wird. Das Bild/das Arrangement des Gruppentischs sowie die Sitzplatzanordnung gegenüber verweisen dabei auf etwas Gemeinsames/Verbundenes, auf eine Gruppe und damit möglicherweise auf ein Selbstverständnis als Team: Lehrerin und Schulbegleiter.

> Schulbegleiter *(zur Schülerin, die als letzte in der Reihe ansteht)*: „Guck mal Mia, du kannst mir auch dein Heft geben."
> Mia gibt dem Schulbegleiter ihr aufgeschlagenes Heft, der Schulbegleiter nimmt das Heft entgegen und schaut sich die aufgeschlagene Seite an.

Nachdem der Schulbegleiter gegenüber von der Lehrerin am Gruppentisch Platz genommen hat, spricht er die Schülerin an, *die als letzte in der Reihe ansteht*. Unter Verwendung ihres Vornamens („Mia") fordert der Schulbegleiter die Schülerin auf, ihren Blick/ihre Aufmerksamkeit auf etwas/ihn zu richten („Guck mal"), wobei er sie darauf hinweist, dass sie genauso/im Übrigen („auch") die Möglichkeit hat („du kannst"), ihr Heft dem Schulbegleiter („mir") zu „geben", wobei erklärungsbedürftig ist, warum der Schulbegleiter die Schülerin anspricht, die als letzte in der Reihe ansteht. Der Schulbegleiter signalisiert der Schülerin damit, dass er genauso wie die Lehrerin („auch") mit dem Heft verfahren kann und dass es für die Schülerin keinen Unterschied macht, ob die Lehrerin oder er, der Schulbegleiter, sich ihrem Heft annehmen. Im Protokoll entsteht kein Bruch. Die Schülerin Mia scheint nicht irritiert darüber zu sein, dass der Schulbegleiter sie anspricht und ihr das soeben dargestellte Angebot macht. Vielmehr reicht die Schülerin („Mia") dem Schulbegleiter wortlos ihr Heft, wobei dieses bereits aufgeschlagen ist („aufgeschlagenes Heft"). Der Schulbegleiter nimmt das Heft entgegen und schaut sich die aufgeschlagene Seite an. Sowohl die Äußerung als auch die Handlung des Schulbegleiters sind dabei in hohem Maße erklärungsbedürftig. Der Schulbegleiter läuft in der vorliegenden Sequenz ohne Aufforderung durch die Lehrerin oder einen Schüler/eine Schülerin zum Gruppentisch, an dem die Lehrerin sitzt, nimmt gegenüber von ihr Platz und bietet selbstständig und fast schon selbstverständlich/routiniert einer Schülerin, die mit ihrem Arbeitsheft bei der Lehrerin ansteht, an, dass auch er ihr Heft entgegennehmen könne. Dass sich weder die Lehrerin noch die Schülerin Mia über das Verhalten des Schulbegleiters irritiert zeigen, deutet darauf hin, dass der Schulbegleiter in der Vergangenheit bereits häufiger/regelmäßig auf diese Art und Weise agierte und/oder dass es möglicherweise eine Absprache oder Vereinbarung zwischen ihm und der Lehrerin gibt. Der Schulbegleiter signalisiert (erneut) eine Zuständigkeit/Verfügbarkeit/Verantwortlichkeit für alle Schüler:innen der Klasse und agiert (erneut) auf eine Art und Weise, wie es dem Verhalten eines Lehrers entspräche.

> Schulbegleiter *(zur Lehrerin):* „Was sollen die denn danach machen?"
> Lehrerin: „Die Mia? Is sie fertig?"
> Schulbegleiter: „Ja."
> Lehrerin: „Die Mia kann im Igelheft was arbeiten."

Der Schulbegleiter spricht die Lehrerin an und erkundigt sich bei ihr, mit welchem Auftrag/welchen Anweisungen/welcher Aufgabe („was sollen") sich die Schüler:innen („die" | Plural s. „sollen") eigentlich („denn") im Anschluss („danach") auseinandersetzen/beschäftigen („machen") „sollen". Die Frage des Schulbegleiters impliziert, dass es die Lehrerin ist, die entscheidet/auswählt/vorgibt, womit sich die Schüler:innen im Anschluss („danach") beschäftigen. Die Lehrerin reagiert auf die Frage des Schulbegleiters, indem sie sich nachfragend vergewissert, dass sich die Frage des Schulbegleiters auf die Schülerin Mia bezieht („Die Mia?"). Während sich der Schulbegleiter in seiner Frage zuvor auf eine Mehrzahl von Schüler:innen („die" | Plural s. „sollen") Bezug nimmt, konkretisiert die Lehrerin mit ihrer Nachfrage, ob sich die Frage des Schulbegleiters auf die (einzelne) Schülerin Mia bezieht. Die Nachfrage der Lehrerin deutet darauf hin, dass es möglicherweise nicht eine einzige/allgemeingültige Aufgabe/Anweisung für „danach" gibt, sondern dass es potenziell, abhängig von den jeweiligen Schüler:innen, unterschiedliche Anschlussmöglichkeiten gibt. Nachdem sich die Lehrerin vergewissert hat, dass sich die Frage des Schulbegleiters auf die Schülerin Mia bezieht („Die Mia?"), erkundigt sie sich danach, ob Mia fertig ist („Is sie fertig?"). Der Schulbegleiter bestätigt das („Ja"). In der Interaktion zwischen dem Schulbegleiter und der Lehrerin bedarf es offenbar keiner expliziten Klärung worauf/auf welche Aufgabe/welches Ergebnis sich das „danach" bezieht oder womit Mia „fertig" ist. Die Lehrerin und der Schulbegleiter scheinen diesbezüglich gleichermaßen informiert zu sein. Nachdem geklärt wurde, dass Mia „fertig" ist, teilt die Lehrerin dem Schulbegleiter mit, dass „Mia [...] im Igelheft was arbeiten [kann]." Die Lehrerin bestimmt in ihrer Antwort/Anweisung nicht näher („was" im Sinne von „etwas"), womit genau sich Mia im „Igelheft" auseinandersetzen („arbeiten") „kann". Durch die Verwendung des Verbes „können" signalisiert die Lehrerin, dass Mia die Möglichkeit/Erlaubnis hat, „im Igelheft was [zu] arbeiten."

Die Interaktion zwischen der Lehrerin und dem Schulbegleiter ist erklärungsbedürftig. Auf der einen Seite scheint der Schulbegleiter den Versuch zu unternehmen, die Lehrerin durch sein Mittun/seine Initiative („Guck mal Mia, du kannst mir auch dein Heft geben.") zu unterstützen/zu entlasten. Auf der anderen Seite benötigt der Schulbegleiter Informationen von/eine Rücksprache mit der Lehrerin („Was sollen die denn danach machen?"), um Mia weitere Hinweise/Anweisungen geben und die Lehrerin in der Konsequenz dann auch unterstützen/entlasten zu können. In dieser Dynamik wird deutlich, dass es die Lehrerin ist, die die didaktische und organisatorische Verantwortung trägt/Führung übernimmt und der Schulbegleiter sich danach richtet/dieser unterordnet. Weiter ist auch die Art und Weise der Kommunikation zwischen Schulbegleiter und Lehrerin erklärungsbedürftig. Die beiden unterhalten sich, über den Gruppentisch hinweg, in der dritten Person („Die Mia? Is sie fertig?" | „Die Mia kann im Igelheft was arbeiten.") über die Schülerin, die unmittelbar neben dem Schulbegleiter steht. Die Lehrerin gibt dem Schulbegleiter also Informationen/Hinweise, die für Mia von Bedeutung sind („Die Mia kann im Igelheft was arbeiten."), wobei sich die Frage stellt, warum die Lehrerin Mia nicht direkt anspricht. Indem die beiden auf die beschriebene Art und Weise miteinander kommunizieren entsteht erneut ein Moment des Gemeinsamen und Verbundenen. Es gibt einerseits den Schulbegleiter und die Lehrerin (als Team) und andererseits die Gruppe der Schüler:innen („Was sollen die denn danach machen?") bzw. einzelne Schüler:innen („Die Mia?").

> Mia: „Yay!"
> Lehrerin: „Yay! Yay yay."

Es entsteht ein Bruch im Protokoll. Es ist nicht der Schulbegleiter, der auf die Äußerung der Lehrerin reagiert, sondern Mia die ihre Freude über den Hinweis der Lehrerin an den Schulbegleiter („Die Mia kann im Igelheft was arbeiten.") zum Ausdruckt bringt („Yay!"). Mia reagiert an dieser Stelle in einer Art und Weise, wie es als Reaktion auf eine direkte Ansprache der Lehrerin im Sinne von „Mia, du kannst im Igelheft was arbeiten." erwartbar gewesen wäre. Die Lehrerin wiederholt im Anschluss an Mias freudigen Ausruf („Yay!") insgesamt drei Mal Mias „Yay!" („Yay! Yay yay."), spiegelt damit Mias freudige Reaktion und bezieht sich zum ersten Mal innerhalb der vorliegenden Interaktion direkt auf die Schülerin.

> Schulbegleiter *(in das Heft von Mia schauend)*: „Sieht alles gut aus."
> Der Schulbegleiter schreibt etwas in Mias aufgeschlagenes Heft, klappt das Heft zu und gibt es Mia zurück.

Unterdessen scheint der Schulbegleiter die von Mia bearbeitete Seite/Aufgabe im Arbeitsheft zu überprüfen/kontrollieren/begutachten *(in das Heft von Mia schauend)*, woraufhin er die Rückmeldung gibt, dass die einzelnen Bestandteile/Aufgaben einer Gesamtheit („alles") einen zufriedenstellenden/richtigen („gut") Eindruck machen („Sieht [...] aus."). Im Anschluss daran notiert er etwas in Mias Aufgabenheft (schreibt etwas in Mias aufgeschlagenes Heft) und beendet dessen Betrachtung/Bewertung (klappt das Heft zu und gibt es Mia zurück.)

Der Schulbegleiter nimmt in dieser Situation also eine Position/Rolle ein, in der er die Leistung einer Schülerin der Klasse begutachtet (in das Heft von Mia schauend) und sowohl verbal als auch schriftlich bewertet („Sieht alles gut aus." | Der Schulbegleiter schreibt etwas in Mias aufgeschlagenes Heft). Durch die Begutachtung und Bewertung der Aufgabe/des Aufgabenhefts der Schülerin entsteht eine asymmetrische Beziehungsdynamik mit dem Schulbegleiter in der superioren und der Schülerin in der inferioren Position. Die Asymmetrie gründet auf dem lehrerähnlichen Verhalten des Schulbegleiters.

Hypothese zur Fallstruktur

In der analysierten Sequenz wird eine Dynamik deutlich, die an die Analyse und Hypothese der vorangegangenen Sequenz anknüpft. Durch das lehrerähnliche Handeln/Verhalten des Schulbegleiters in der Interaktion mit den Schüler:innen der Klasse („Guck mal Mia, du kannst mir auch dein Heft geben." | Schulbegleiter (durch das Heft schauend): „Sieht alles gut aus.") entsteht eine asymmetrische Beziehungsdynamik mit dem Schulbegleiter in der superioren und der Schülerin Mia in der inferioren Position.

In der Beziehung zur Lehrerin agiert der Schulbegleiter autonom und wie selbstverständlich entlastend und unterstützend („Guck mal Mia, du kannst mir auch dein Heft geben."), wodurch ein kollegiales/symmetrisches Moment in der Beziehungsdynamik entsteht. Auch die räumliche Anordnung der Sitzplätze der Lehrerin und des Schulbegleiters (Der Schulbegleiter schaut zur Lehrerin und den Schüler:innen, geht zum Gruppentisch und setzt sich der Lehrerin gegenüber auf seinen Platz.) verweist auf etwas Verbundenes/Gemeinsames im Sinne einer Zusammenarbeit/eines Teams.

Gleichzeitig wird deutlich, dass die Lehrerin die didaktische und organisatorische Hauptverantwortung/Führung für die am Unterricht beteiligten Schüler:innen und den Schulbegleiter übernimmt (Schulbegleiter: „Was sollen die denn danach machen?" | Lehrerin: „Die Mia kann was im Igelheft arbeiten."), wodurch in der kollegialen Beziehung ein Moment der Asymmetrie mit der Lehrerin in der superioren und dem Schulbegleiter in der inferioren Position entsteht.

Der Schulbegleiter verhält sich in der Beziehung zu den Schüler:innen der Klasse wie ein (Zweit-)Lehrer. Die Beziehung zwischen dem Schulbegleiter und der Lehrerin ist vorrangig durch ein kollegiales, in der Tendenz symmetrisches Moment im Sinne eines Teams geprägt, wobei die Lehrerin die Hauptverantwortung/Führung für die am Unterricht beteiligten Schüler:innen und den Schulbegleiter übernimmt.

6.1.3.5 Fallstrukturgeneralisierung

Auf Basis der im Verlauf der vorangegangenen sequenziellen Feinanalyse herausgearbeiteten Hypothesen zur Fallstruktur wird nachfolgend die strukturelle Gesetzmäßigkeit des Falls in Form einer Fallstrukturhypothese herausgearbeitet und anschließend eine

Strukturgeneralisierung im Sinne einer ersten theoriebildenden Verallgemeinerung vorgenommen.

Wie sich in der Analyse des Protokolls und in der Gesamtschau der entwickelten Hypothesen zeigt, betrifft die Fallstruktur eine *Beziehungsstruktur*, nämlich primär die Schulbegleiter-Schüler-Beziehung, sekundär die Schulbegleiter-Lehrerin-Beziehung und tertiär die Schulbegleiter-Schüler:innen-Beziehung.

Die **Schulbegleiter-Schüler-Beziehung** zeichnet sich im analysierten Fall durch eine indirekte/implizite Anwaltschaft des Schulbegleiters für den zu begleitenden Schülers aus. Darüber hinaus ist die Schulbegleiter-Schüler-Beziehung von einer *asymmetrischen Beziehungsdynamik* geprägt, welche sich weniger auf der spezifischen Rolle des Schulbegleiters als Schulbegleiter als vielmehr auf seiner Übernahme lehrerähnlichen Verhaltens gründet.

Die **Schulbegleiter-Lehrerin-Beziehung** ist strukturlogisch durch eine eher kollegiale, *symmetrische Beziehungsdynamik* gekennzeichnet, in der die Lehrerin die didaktische und organisatorische Hauptverantwortung/Führung für alle Schüler:innen der Klasse und auch für den Schulbegleiter übernimmt. In der Beziehung zwischen den beiden kommt es stellenweise zu Loyalitätskonflikten auf Seiten des Schulbegleiters und Ambivalenzen in Bezug auf die Ausgestaltung der Zusammenarbeit.

Die **Schulbegleiter-Schüler:innen-Beziehung** ist im vorliegenden Fall durch das Verhalten des Schulbegleiters als *asymmetrische Beziehungsdynamik* im Sinne eines Zweitlehrers geprägt, welcher über seine Zuständigkeit für den zu begleitenden Schüler hinaus (scheinbar gleichermaßen) für alle Schüler:innen der Klasse zuständig ist/sich zuständig fühlt.

Auf Grundlage der hier herausgearbeiteten Fallstrukturhypothesen lässt sich über den analysierten Fall hinaus die Tendenz zu einer *asymmetrischen Beziehungsdynamik,* die der einer Lehrer-Schüler-Beziehung gleicht, in der Schulbegleiter-Schüler-Beziehung sowie in der Schulbegleiter-Schüler:innen-Beziehung erkennen.

Weiter lässt sich die Tendenz einer kollegialen *symmetrischen Beziehungsdynamik* in der Schulbegleiter-Lehrerin-Beziehung, in welcher die Lehrerin die didaktische und organisatorische Hauptverantwortung/Führung für alle Schüler:innen der Klasse und auch für den Schulbegleiter übernimmt und der Schulbegleiter im Sinne eines Zweitlehrers agiert, als theoriebildende Verallgemeinerung im Sinne einer Strukturgeneralisierung formulieren.

6.2 Strukturgeneralisierung, Kontrastierung und Typenbildung

Ziel der fallrekonstruktiven Analyse ist es, fallübergreifende Aussagen über Strukturen und Dynamiken der professionalisierungsbedürftigen Praxis von Schulbegleitung herauszuarbeiten. Nachdem jeder der drei Fälle von Schulbegleitung (Schulbegleiterin Anna | Samuel; Schulbegleiterin Frau Walter | Dilara und Tom; Schulbegleiter Jan | Mustafa) in seinem „So-Sein" (Wernet 2021, S. 92) rekonstruiert wurde, werden die drei herausgearbeiteten Fallstrukturhypothesen nachfolgend miteinander in Bezug gesetzt, abstrahiert und kontrastiert, um auf dieser Grundlage abschließend fallübergreifende Typen bilden zu können.

In der rekonstruktiven Analyse der drei Fälle von Schulbegleitung wurde deutlich, dass es sich im Kern der jeweiligen Fallstrukturen um *Beziehungsstrukturen* handelt, wobei sich die einzelnen Fall- und Beziehungsstrukturen sowohl auf die Schulbegleiter:in-Schüler:in-Beziehung (Arbeitsbündnis) als auch auf die Schulbegleiter:in-Lehrer:in-Beziehung (Zusammenarbeit) beziehen. Um die Kontrastierung der drei Fälle von Schulbegleitung entsprechend schlüssig ausführen zu können, werden nachfolgend die drei Fallstrukturen zusammenfassend dargestellt.

Schulbegleiterin Anna | Samuel

Schulbegleiterin-Schüler-Beziehung	Die Schulbegleiterin-Schüler-Beziehung zeichnet sich grundlegend durch eine diffus-intime familiäre Beziehungsdynamik aus, welche insbesondere durch die Strukturmerkmale einer asymmetrischen Beziehungsgestaltung, einer nahezu absoluten Exklusivität, einer (emotionalen) Abhängigkeit des Schülers von der Schulbegleiterin, der Überbetonung körperlicher Nähe sowie einem ambivalenten Verhalten der Schulbegleiterin geprägt ist.
Schulbegleiterin-(Schüler)-Lehrerin-Beziehung	Die Schulbegleiterin-(Schüler)-Lehrerin-Beziehung ist zum einen strukturlogisch durch Loyalitätskonflikte auf Seiten der Schulbegleiterin und zum anderen durch implizite (stellvertretende) Erwartungs-/Handlungserwartungshaltungen der Lehrerin in Bezug auf die Schulbegleiterin gekennzeichnet. Ähnlich wie in der Schulbegleiterin-Schüler-Beziehung lassen sich auch hinsichtlich der Beziehung zwischen Schulbegleiterin und Lehrerin diffuse Tendenzen in der Beziehungsdynamik verzeichnen. Der Loyalitätskonflikt der Schulbegleiterin sowie die herausgearbeiteten impliziten Erwartungs-/Handlungserwartungshaltungen der Lehrerin verweisen darauf, dass es in der Zusammenarbeit zwischen der Lehrerin und der Schulbegleiterin keine transparenten, klar kommunizierten und auf die spezifische Rolle (Lehrerin | Schulbegleiterin) bezogenen Zuständigkeiten, Aufgaben und Verantwortlichkeiten zu geben scheint. Die beiden Personen begegnen sich mit einer diffusen, in der Tendenz symmetrischen Beziehungsdynamik.

Schulbegleiterin Frau Walter | Dilara und Tom

Schulbegleiterin-Schüler:in-Beziehung	Sowohl die Schulbegleiterin-Schüler-Beziehung als auch die Schulbegleiterin-Schülerin-Beziehung zeichnet sich durch den hohen Bedarf an direkter und exklusiver Ansprache und Begleitung (1:1-Konstellation) durch die Schulbegleiterin und einer damit einhergehenden Passivität der beiden Schüler:innen sowie deren Abhängigkeit von der Schulbegleiterin aus. Darüber hinaus ist sowohl die Schulbegleiterin-Schüler-Beziehung als auch die Schulbegleiterin-Schülerin-Beziehung von einer symmetrischen Beziehungsdynamik geprägt, wobei die Schulbegleiterin kontinuierlich Versuche unternimmt, eine Asymmetrie in der Beziehung herzustellen. Die Asymmetrie gründet sie nicht auf Basis ihrer spezifischen Rolle als Schulbegleiterin, sondern hinsichtlich ihrer Involvierung als ganze Person (diffus). Demnach sind die zu begleitenden Schüler:innen mit einer ambivalenten Beziehungsgestaltung (Symmetrie vs. Asymmetrie) durch die Schulbegleiterin konfrontiert.
Schulbegleiterin-Lehrerin-Beziehung	Die Schulbegleiterin-Lehrerin-Beziehung ist strukturlogisch durch eine asymmetrische Beziehungsdynamik gekennzeichnet, in der die Lehrerin auf der einen Seite aus einer superioren Stellung heraus die Schulbegleiterin stellenweise adressiert, als sei sie eine Schülerin. Auf der anderen Seite unternehmen sowohl die Lehrerin als auch die Schulbegleiterin vereinzelt Versuche, eine (kollegiale) Symmetrie herzustellen. Demnach ist auch die Beziehungsdynamik zwischen der Schulbegleiterin und der Lehrerin ambivalent (Symmetrie vs. Asymmetrie). Die asymmetrische Beziehungsdynamik zwischen der Schulbegleiterin und der Lehrerin drückt sich dabei sowohl in der direkten Interaktion zwischen den beiden als auch im

	gesteigerten Handlungsdruck der Schulbegleiterin aus, welche die Begleitung der beiden Schüler:innen nicht an deren Bedarfen, sondern in erster Linie am unterrichtlichen Takt/Tempo der Lehrerin ausrichtet.

Schulbegleiter Jan | Mustafa

Schulbegleiter-Schüler-Beziehung	Die Schulbegleiter-Schüler-Beziehung zeichnet sich im analysierten Fall durch eine indirekte/implizite Anwaltschaft des Schulbegleiters für den zu begleitenden Schülers aus. Darüber hinaus ist die Schulbegleiter-Schüler-Beziehung von einer asymmetrischen Beziehungsdynamik geprägt, welche sich weniger auf der spezifischen Rolle des Schulbegleiters als Schulbegleiter als vielmehr auf seiner Übernahme lehrerähnlichen Verhaltens gründet.
Schulbegleiter-Lehrerin-Beziehung	Die Schulbegleiter-Lehrerin-Beziehung ist strukturlogisch durch eine eher kollegiale, symmetrische Beziehungsdynamik gekennzeichnet, in der die Lehrerin die didaktische und organisatorische Hauptverantwortung/Führung für alle Schüler:innen der Klasse und auch für den Schulbegleiter übernimmt. In der Beziehung zwischen den beiden kommt es stellenweise zu Loyalitätskonflikten auf Seiten des Schulbegleiters und Ambivalenzen in Bezug auf die Ausgestaltung der Zusammenarbeit.
Schulbegleiter-Schüler:innen-Beziehung	Die Schulbegleiter-Schüler:innen-Beziehung ist im vorliegenden Fall durch das Verhalten des Schulbegleiters als asymmetrische Beziehungsdynamik im Sinne eines Zweitlehrers geprägt, welcher über seine Zuständigkeit für den zu begleitenden Schüler hinaus (scheinbar gleichermaßen) für alle Schüler:innen der Klasse zuständig ist/sich zuständig fühlt.

Insgesamt wurde sichtbar, dass die drei Schulbegleiter:innen die einzelnen Arbeitsbündnisse sowie die Zusammenarbeit mit der Lehrkraft jeweils unterschiedlich ausgestalten. In allen drei analysierten Fällen verweist die Fallstruktur zum einen auf die Ausgestaltung der widersprüchlichen Einheit von Spezifität | Diffusität und zum anderen auf die Ausgestaltung der Symmetrieantinomie (symmetrische Beziehungen | asymmetrische Beziehungen) im Arbeitsbündnis der Schulbegleitung mit den zu begleitenden Schüler:innen und weiter auch in der Zusammenarbeit der Schulbegleitung mit der jeweiligen Lehrkraft, sodass sich darüber erste Vergleichs- und Kontrastierungslinien ergeben.

Arbeitsbündnis Schulbegleitung | Schüler:in	Spezifität | Diffusität Widersprüchliche Einheit	Symmetrie | Asymmetrie Symmetrieantinomie
Schulbegleiterin Anna Samuel	diffus *[familiär]*	asymmetrisch *[familiär]*
Schulbegleiterin Frau Walter Dilara und Tom	diffus *[freundschaftlich]*	symmetrisch *[das (diffuse) Ringen um Asymmetrie ist in der Fallstruktur erkennbar]*
Schulbegleiter Jan Mustafa	spezifisch *[Zweitlehrer]*	asymmetrisch *[funktional/professionell]*

Zusammenarbeit Schulbegleitung | Lehrkraft	Spezifität | Diffusität Widersprüchliche Einheit	Symmetrie | Asymmetrie Symmetrieantinomie
Schulbegleiterin Anna Frau Nowak	diffus	symmetrisch
Schulbegleiterin Frau Walter Frau Klein	diffus	asymmetrisch *[das (diffuse) Ringen um Symmetrie ist in der Fallstruktur erkennbar]*
Schulbegleiter Jan Frau Bäcker	spezifisch *[kollegial im Sinne eines Zweitlehrers]*	symmetrisch *[funktional/professionell]*

Die nachfolgende Abbildung ordnet die dargestellten Beziehungsdynamiken im Arbeitsbündnis sowie in der Zusammenarbeit zwischen der Schulbegleitung und der Lehrkraft systematisch ein.

Abbildung 18: Kontrastierungslinien in Bezug auf Symmetrie | Asymmetrie und Diffusität | Spezifität im Arbeitsbündnis mit den zu begleitenden Schüler:innen und in der Zusammenarbeit mit der Lehrkraft.
Hinweis: Die Abbildug ist als Raster mit ingesamt vier Feldern und nicht als dynamisches Diagramm zu lesen.

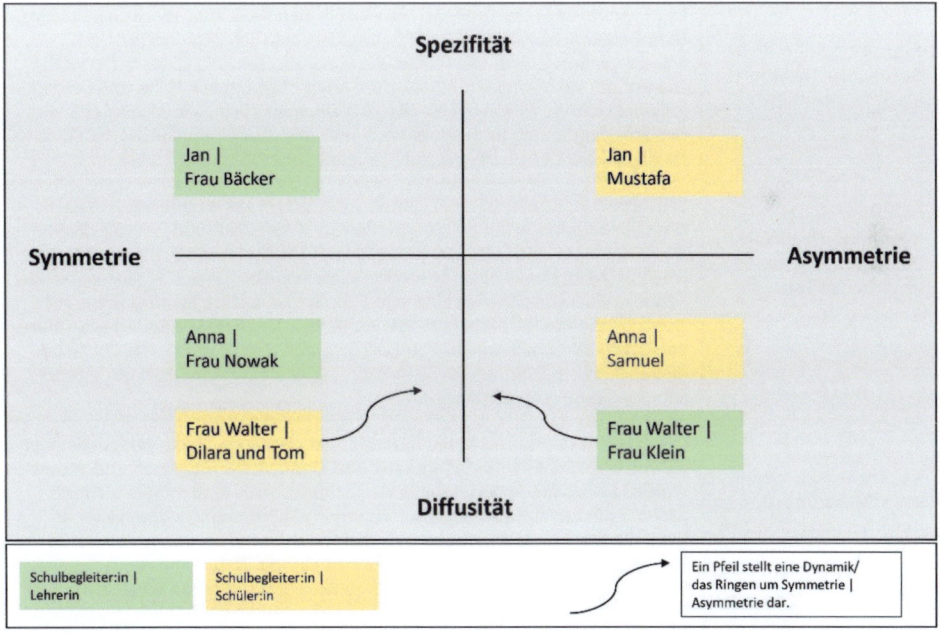

Quelle: Eigene Darstellung.

In der abstrahierten systematischen Gesamtschau der Fallstrukturen, bezogen auf die zwei Kontrastierungslinien, lässt sich eine auffällige Spannung zwischen einer eigentlich professionellen Beziehungsgestaltung und einer Überbetonung diffuser Beziehungsanteile sowohl im Arbeitsbündnis (Schulbegeiter:in | Schüler:in) als auch in der Zusammenarbeit (Schulbegleiter:in | Lehrerin) feststellen. Eine funktionale/professionelle Asymmetrie in der Beziehung mit den zu begleitenden Schüler:innen sowie eine funktionale/professionelle Symmetrie in der Zusammenarbeit mit den Lehrkräften scheint nur durch die Übernahme spezifischer der Rolle einer (Zweit-)Lehrkraft entsprechenden Verhaltensweisen möglich zu sein (vgl. Schulbegleiter Jan | Mustafa).

Die drei rekonstruierten Fälle von Schulbegleitung stellen demnach jeweils spezifische Antworten auf die Ausgestaltung der Beziehungsdynamik im Arbeitsbündnis mit den zu begleitenden Schüler:innen sowie in der Zusammenarbeit mit der Lehrkraft und damit funktionale Lösungen eines für die professionalisierungsbedürftige Praxis von Schulbegleitung spezifischen Problems dar. Ausgehend von dieser Strukturgeneralisierung und vor der Folie der formulierten Kontrastierungslinien werden nachfolgend vier Typen von Beziehungsdynamiken im Arbeitsbündnis sowie vier Typen von Beziehungsdynamiken in der Zusammenarbeit mit der Lehrkraft verdichtet formuliert.

Arbeitsbündnis
Schulbegleitung | Schüler:in

Typus Ia **Asymmetrisch-diffuse Beziehungsdynamik im Arbeitsbündnis**	Der Typus Ia ist in der Tendenz von einer hohen Beziehungsexklusivität, einer (emotionalen) Abhängigkeit der zu begleitenden Schüler:innen von der Schulbegleitung, einer Überbetonung von (emotionaler | körperlicher) Nähe sowie einer stellenweise ambivalenten Ausgestaltung von Nähe und Distanz gekennzeichnet. Es besteht die Möglichkeit, dass die diffuse Asymmetrie von der Schulbegleitung (unbewusst) mitunter machtmissbräuchlich	manipulativ gegenüber den zu begleitenden Schüler:innen eingesetzt wird.
Typus IIa **Symmetrisch-diffuse Beziehungsdynamik im Arbeitsbündnis**	Die Beziehungsdynamik des Typus IIa zeigt sich in der emotionalen Involvierung der Schulbegleitung als ganze Person, welche sich von Fall zu Fall dynamisch in einem Spektrum von Freundschaft (Verbundenheit, Vertrautheit) bis Rivalität (Neid, Konkurrenz) bewegen kann. In diesem Typus ist eine verstärkte Tendenz zum vorschnellen Eingreifen durch die Schulbegleitung sowie zur (stellvertretenden) Übernahme von Aufgaben der zu begleitenden Schüler:innen durch die Schulbegleitung erkennbar, wodurch die Passivität der zu begleitenden Schüler:innen sowie die Abhängigkeit der Schüler:innen von der Schulbegleitung verstärkt wird.
Typus IIIa **Asymmetrisch-spezifische Beziehungsdynamik im Arbeitsbündnis**	Der Typus IIIa entspricht in der Beziehungsdynamik durch die verstärkte Übernahme unterrichtlich-pädagogischer und didaktischer Aufgaben und Verantwortlichkeiten für die zu begleitenden Schüler:innen (und möglicherweise darüber hinaus) der asymmetrisch spezifischen Beziehungsdynamik im Arbeitsbündnis Lehrkraft-Schüler:in. Dabei ist ein Spektrum von exklusiver Zuständigkeit der Schulbegleitung als (Zweit-)Lehrkraft für die zu begleitenden Schüler:innen bis hin zu einer Zusammenarbeit/Kooperation von Schulbegleitung und Lehrkraft möglich. Die exklusive Zuständigkeit der Schulbegleitung führt in der Tendenz zu Abhängigkeit und Separation der zu begleitenden Schüler:innen wobei die Kooperation und Zusammenarbeit zwischen Schulbegleitung und Lehrerkraft in der Tendenz zu Selbstständigkeit und Teilhabe der zu begleitenden Schüler:innen führen kann.

Typus IVa *Symmetrisch-spezifische Beziehungsdynamik im Arbeitsbündnis*	In der vollständigen Betrachtung der unterschiedlichen Konstellationen innerhalb der aufgezeigten Kontrastierungslinien wird deutlich, dass es in Bezug auf das Arbeitsbündnis von Schulbegleiter:innen und zu begleitenden Schüler:innen keinen Typus einer symmetrisch-spezifischen Beziehungsdynamik geben kann, da sich die beiden Kontrastierungslinien hier gegenseitig ausschließen. Die Schulbegleitung kann innerhalb eines Arbeitsbündnisses nicht aus einer (wenn auch bislang ungeklärten Rolle) spezifisch symmetrischen Beziehungsdynamik heraus agieren, da in der Spezifität immer schon die Asymmetrie konstitutiv enthalten sein würde.

Zusammenarbeit
Schulbegleitung | Lehrerkraft

Typus Ib **Symmetrisch-diffuse Beziehungsdynamik in der Zusammenarbeit mit der Lehrkraft**	Der Typus Ib kennzeichnet sich durch unklare spezifische Zuständigkeiten und Aufgabenverteilungen in Bezug auf die Rolle der Schulbegleitung und der Lehrkraft im Einzelnen aber auch in Abgrenzung zueinander aus. Es existieren unklare Erwartungen an die Aufgaben und Zuständigkeiten der Schulbegleitung, was zu Loyalitätskonflikten auf Seiten der Schulbegleitung in Bezug auf die Lehrkraft auf der einen und die zu begleitenden Schüler:innen auf der anderen Seite führen kann.
Typus IIb **Asymmetrisch-diffuse Beziehungsdynamik in der Zusammenarbeit mit der Lehrkraft**	In der Beziehungsdynamik des Typus IIb adressiert die Lehrkraft die Schulbegleitung (ähnlich wie eine Schüler:in) aus einer superioren Position heraus. Die Schulbegleitung orientiert sich ausgehend von einer inferioren Position an der Lehrkraft/dem von der Lehrkraft vorgegebenen unterrichtlichen Takt und nicht an den individuellen Bedarfen der zu begleitenden Schüler:innen. In diesem Typus ist in unterschiedlichem Maße mitunter ein diffuses Ringen um die Herstellung einer (kollegialen) Symmetrie von Schulbegleitung und/oder Lehrkraft zu erkennen.
Typus IIIb **Symmetrisch-spezifische Beziehungsdynamik in der Zusammenarbeit mit der Lehrkraft**	Der Typus IIIb bewegt sich in einem Spektrum einer Koexistenz von Schulbegleitung und Lehrkraft, in der die Schulbegleitung als exklusive:r Expert:in für die zu begleitenden Schüler:innen zuständig ist bis hin zu einer kollegialen Zusammenarbeit und Kooperation, in der die Lehrkraft die organisatorische/didaktische Hauptverantwortung trägt und die Schulbegleitung sich daran orientiert.
Typus IVb *Asymmetrisch-spezifische Beziehungsdynamik in der Zusammenarbeit mit der Lehrkraft*	In der Beziehungsdynamik des Typus IVb befindet sich in der Tendenz entweder die Lehrkraft in einer superioren Position gegenüber der Schulbegleitung oder die Schulbegleitung in einer superioren Position gegenüber der Lehrkraft, wobei sich die beiden Personen in den jeweiligen Konstellationen in ihrer spezifischen Rolle als Schulbegleitung | Lehrkraft begegnen. Es stellt sich die Frage, worin die spezifische Asymmetrie in den jeweiligen Beziehungskonstellationen begründet liegt und inwiefern dieser Typus in seiner „Reinform" in der Praxis von Schulbegleiter:innen tatsächlich vorkommen kann, da die spezifische Rolle von Schulbegleiter:innen weiterhin ungeklärt ist.

Betrachtet man die herausgearbeiteten Typen (Arbeitsbündnis | Zusammenarbeit) stellt sich die Frage, inwiefern einzelne Typen von Schulbegleitung bei der Ausgestaltung des Arbeitsbündnisses und in der Zusammenarbeit mit der Lehrkraft (in unterschiedlicher Ausprägung/in unterschiedlichen Facetten) in der konkreten Praxis jeweils aufeinander bezogen sind bzw. in der Tendenz gemeinsam auftreten (bspw. Typus Ia – Typus Ib | Typus IIa – Typus IIb | Typus IIIa – Typus IIIb). Aus strukturlogischer Perspektive sind die formulierten Beziehungsdynamiken im Grundsatz aufeinander bezogen, wobei an anderer Stelle untersucht werden muss, inwiefern die entsprechenden Typen tatsächlich miteinander einhergehen.

7 Theoretische Diskussion

Die Erkenntnisse und Ergebnisse aus der vorangegangenen empirischen Untersuchung werden nachfolgend im Hinblick auf drei leitende Perspektiven theoretisch diskutiert: Die identifizierten Dynamiken, mit welchen die Maßnahme Schulbegleitung als professionalisierungsbedürftige Praxis konfrontiert ist, werden angeführt und miteinander in Verbindung gesetzt (Kap. 7.1). Darauffolgend wird der pädagogische Gehalt der Maßnahme differenziert dargelegt (Kap. 7.2) und daran anschließend eine Einordnung von Schulbegleitung als Maßnahme zur Umsetzung schulischer Inklusion vorgenommen (Kap. 7.3). In der gesamten nachfolgenden theoretischen Diskussion ist dabei die Heterogenität der einzelnen Maßnahmen, Einsatzorte, Zielgruppen und Rahmenbedingungen von Schulbegleitung zu berücksichtigen. Nicht jede entwickelte Diskurslinie trifft auf jede Maßnahme zu – und doch oder gerade deshalb bedarf es einer differenzierten und gleichermaßen pointierten theoretischen Diskussion.

7.1 Schulbegleitung als professionalisierungsbedürftige Praxis

Im Rahmen der empirischen Untersuchung wurden Strukturen und Dynamiken identifiziert, die der professionalisierungsbedürftigen Praxis von Schulbegleitung zugrunde liegen. Nachfolgend werden diese Dynamiken in Bezug auf das Arbeitsbündnis von Schulbegleiter:innen und zu begleitenden Schüler:innen sowie hinsichtlich der Zusammenarbeit von Schulbegleiter:innen und Lehrkräften theoretisch diskutiert.

7.1.1 Arbeitsbündnis

Das Arbeitsbündnis zwischen Schulbegleiter:innen und zu begleitenden Schüler:innen ist maßgeblich von der Ausgestaltung der drei widersprüchlichen Einheiten Spezifität | Diffusität, Autonomie | Abhängigkeit, Theorie | Praxis geprägt (vgl. Kapitel 3.1). In allen drei im vorangegangenen Kapitel formulierten Typen von Schulbegleitung kommen die drei widersprüchlichen Einheiten in unterschiedlichen Facetten und Varianten zum Ausdruck und zeigen zentrale Strukturprobleme der professionalisierungsbedürftigen Praxis von Schulbegleitung auf. Es wurde deutlich, dass die professionalisierungsbedürftige Praxis von Schulbegleitung in Bezug auf die drei widersprüchlichen Einheiten in der Ausgestaltung des Arbeitsbündnisses mit den zu begleitenden Schüler:innen von einer Überbetonung diffuser Beziehungsanteile, einer Überbetonung von Abhängigkeit sowie einer Überbetonung der Praxis im Sinne des Einzelfalls gekennzeichnet ist.

Abbildung 19: Strukturprobleme der professionalisierungsbedürftigen Praxis von Schulbegleitung im Arbeitsbündnis von Schulbegleiter:innen und zu begleitenden Schüler:innen.

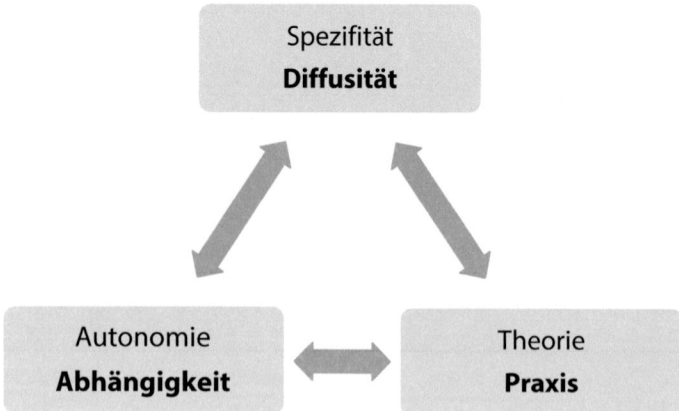

Quelle: Eigene Darstellung.

Nachfolgend werden die in der empirischen Untersuchung identifizierten Überbetonungen
der drei widersprüchlichen Einheiten theoretisch diskutiert. Dabei ist zur berücksichtigen,
dass diese drei widersprüchlichen Einheiten in der Praxis von Schulbegleiter:innen und zu
begleitenden Schüler:innen dynamisch miteinander und ineinander wirken.

7.1.1.1 Die Überbetonung diffuser Beziehungsanteile

Die Ausgestaltung des Arbeitsbündnisses zwischen Schulbegleiter:innen und zu begleitenden Schüler:innen ist in einem besonderen Maße von der Überbetonung diffuser Beziehungsanteile gekennzeichnet. Es stellt sich die Frage, welche strukturellen Voraussetzungen
dieser Überbetonung zugrunde liegen und welche Dynamiken diese weiter begünstigen. Betrachtet man die konstitutive Struktur der Maßnahme Schulbegleitung, müssen zunächst
(1) die 1:1-Konstellation der Maßnahme sowie (2) das fehlende spezifische Rollenbild von
Schulbegleitung als zentrale Ausgangspunkte für die Überbetonung von Diffusität diskutiert werden.

(1) *Die 1:1 Konstellation* führt zunächst zu einer dyadischen Beziehungsstruktur zwischen Schulbegleiter:innen und zu begleitenden Schüler:innen. In der Ausgestaltung dieser
dyadischen Beziehungsstruktur sind dabei zwei wesentliche Aspekte zu berücksichtigen.
Die zu begleitenden Schüler:innen können aufgrund ihres Alters und/oder ihrer Entwicklung (noch) nicht zwischen rollenförmigen und diffus-intimen Beziehungslogiken unterscheiden. Sie handeln demnach nicht rollenförmig, sondern involvieren sich als ganze Personen und nehmen professionelles (rollenförmiges) Handeln immer als auf ihre ganze Person gerichtet wahr. Im aktuellen Beziehungsgeschehen zwischen Schulbegleiter:innen und
zu begleitenden Schüler:innen kommt es dadurch zwangsläufig zu Reproduktionen früherer Beziehungsmuster und damit möglicherweise auch zu einer Reinszenierung früherer
(konflikthafter) Beziehungserfahrungen der zu begleitenden Schüler:innen. Verstehen

Schulbegleiter:innen die unbewussten Dynamiken dieser Prozesse nicht, laufen sie Gefahr, die Rolle, die ihnen in der Reinszenierung unbewusst zugesprochen wird, zu übernehmen und entsprechend mitzuagieren (vgl. Gerspach 2018). Dabei ist zu berücksichtigen, dass grundsätzlich immer auch die Möglichkeit besteht, dass die Schulbegleiter:innen selbst – begünstigt durch das fehlende spezifische Rollenbild von Schulbegleitung – eigene frühere (konflikthafte) Beziehungserfahrungen in der Ausgestaltung des Arbeitsbündnisses (bspw. Umgang mit Nähe und Distanz) mit den zu begleitenden Schüler:innen unbewusst in Szene setzen.

(2) *Das fehlende spezifische Rollenbild von Schulbegleitung* führt dazu, dass Schulbegleiter:innen mit unklaren Aufgaben- und Tätigkeitsfeldern, teilweise widerstreitenden Vorgaben von Seiten der Eltern der zu begleitenden Schüler:innen als Auftraggeber:innen, der Träger als Arbeitgeber, der Schulen als Einsatzorte sowie der Lehrkräfte als indirekte Kolleg:innen und damit einhergehend widersprüchlichen Anforderungen an die eigene Rolle konfrontiert sind (vgl. Kapitel 2.5). Die individualisierte Arbeitsorganisation begünstigt gemeinsam mit der Arbeit an und mit drängenden Entwicklungsaufgaben und -problemen der zu begleitenden Schüler:innen sowie der ggf. notwendigen körperlichen Nähe in Pflege- oder Assistenzsituationen die Überbetonung körperlicher und/oder emotionaler Nähe als diffuse Beziehungsanteile. Dabei besteht die Gefahr, dass die Überbetonung emotionaler und/oder körperlicher Nähe von der Schulbegleitung innerhalb der diffusen Beziehungsdynamik (unbewusst) machtmissbräuchlich oder manipulativ gegenüber den zu begleitenden Schüler:innen eingesetzt wird. Rollenförmiges Handeln im Arbeitsbündnis von Schulbegleiter:innen und zu begleitenden Schüler:innen scheint nur dann möglich, wenn die Schulbegleiter:innen bereits vorhandene Rollen, wie die einer Lehrkraft, einnehmen (asymmetrisch-spezifisch).

Die hier beschriebenen Strukturen und Dynamiken führen bei mangelnder Professionalisierung unweigerlich zu einer unreflektierten und unbewussten Verstrickung und Vereinseitigung auf diffuse Beziehungsanteile innerhalb des Arbeitsbündnisses zwischen Schulbegleiter:innen und zu begleitenden Schüler:innen, welche in Form von familiären (asymmetrisch-diffus) oder freundschaftlichen (symmetrisch-diffus) Beziehungsdynamiken zum Ausdruck kommen.

7.1.1.2 Die Überbetonung von Abhängigkeit

Im Arbeitsbündnis von Schulbegleiter:innen und zu begleitenden Schüler:innen bedarf es eines professionellen Umgangs mit der widersprüchlichen Einheit von Autonomie und Abhängigkeit. Ausgehend von der Autonomie der Lebenspraxis, welche den zentralen Bezugspunkt professionellen Handelns darstellt, geht die stellvertretende Krisenbewältigung im Arbeitsbündnis immer auch mit einer gewissen Abhängigkeit der zu begleitenden Schüler:innen von der Schulbegleitung einher (vgl. Kapitel 3.1). Nachfolgend werden mögliche Facetten von Abhängigkeiten der zu begleitenden Schüler:innen von der Schulbegleitung diskutiert.

Der bereits im vorangegangenen Kapitel besprochene Einfluss der 1:1 Konstellation sowie des fehlenden spezifischen Rollenbilds von Schulbegleitung auf die Ausgestaltung der widersprüchlichen Einheit von Spezifität und Diffusität und die rekonstruierte Überbetonung diffuser Beziehungsanteile hat weiterführend auch Auswirkung auf die *(emotionale) Abhängigkeit* der zu begleitenden Schüler:innen von der Schulbegleitung. Zum einen verhindert die weiter oben explizierte Involvierung der Schulbegleiter:innen als ganze Personen die Möglichkeit zur professionellen, reflexiven Distanznahme, sodass unbewusste Verstrickungen und Vereinseitigungen auf diffuse Beziehungsanteile unweigerlich zu einer (emotionalen) Abhängigkeit der zu begleitenden Schüler:innen von der Schulbegleitung führen. Zum anderen besteht die Gefahr, dass aus der 1:1 Konstellation exklusive Zuständigkeiten und daraus resultierend exklusive Beziehungsdynamiken zwischen der Schulbegleitung und den zu begleitenden Schüler:innen entstehen, welche in der Folge ebenfalls zu (emotionaler) Abhängigkeit der Schüler:innen von der Schulbegleitung führen können.

Ausgehend von dem Ziel der (Wieder-)Herstellung lebenspraktischer Autonomie, müssen sich Schulbegleiter:innen in ihrem professionellen Handeln permanent damit auseinandersetzen, welches Maß an Autonomie für die zu begleitenden Schüler:innen möglich ist und welches Maß an Selbständigkeit demnach von ihnen gefordert werden kann. Auf Basis dieser Einschätzung müssen Schulbegleiter:innen entsprechende Interventionen ableiten. Dabei besteht – insbesonders mit Blick auf die nicht vorhandene oder die nicht arbeitsfeldspezifische pädagogische Ausbildung von Schulbegleiter:innen – die Gefahr des vorschnellen Eingreifens und/oder der stellvertretenden Übernahme von Aufgaben durch die Schulbegleiter:innen. Durch vorschnelles Eingreifen und/oder die stellvertretende Übernahme von Aufgaben durch die Schulbegleiter:innen werden die Hilfsbedürftigkeit und Passivität der zu begleitenden Schüler:innen verstärkt, ihre Autonomie gefährdet und in der Folge die Abhängigkeit von der Schulbegleitung erhöht. Zugleich besteht die Möglichkeit, dass zu begleitenden Schüler:innen in Situationen Selbstständigkeit zugeschrieben wird, in denen sie (noch) Hilfe/Unterstützung/Förderung/Begleitung benötigen. Damit werden (noch) bestehende Abhängigkeiten negiert und in der Folge die Abhängigkeit von der Schulbegleitung verstärkt (vgl. Helsper 2021).

Wenn die Autonomie der Lebenspraxis als zentraler Bezugspunkt professionellen Handelns von Schulbegleiter:innen gemeinsam mit dem in Bezug auf die Maßnahme so häufig postulierten Leitbild der Hilfe zur Selbsthilfe tatsächlich ernst genommen werden würden, würde statt der Ermöglichung von Teilhabe an Bildung (durch bspw. Assistenzleistungen, Hilfe, Unterstützung) vielmehr die *Befähigung zur Teilhabe an Bildung* im Zentrum des Diskurses stehen. Während mit dem Ansatz der Ermöglichung lediglich einhergeht, dass die Voraussetzungen für die Teilhabe an Bildung geschaffen werden, umfasst das Konzept der Befähigung viel eher die Grundprinzipien von Autonomie und Selbstständigkeit und zielt darauf ab, die zu begleitenden Schüler:innen in die Lage zu versetzen (Hilfe zur Selbsthilfe) an Bildung teilzuhaben.

7.1.1.3 Die Überbetonung des Einzelfalls

Die Herausforderung, fachspezifisches (wissenschaftliches) Wissen auf einen konkreten Einzelfall zu beziehen und dieses Wissen mit dem Ziel der (Wieder-)Herstellung der lebenspraktischen Autonomie und unter Einbezug von differenziertem Methodenwissen für den Einzelfall nutzbar zu machen, liegt der widersprüchlichen Einheit von Theorie und Praxis zugrunde (vgl. Kapitel 3.1). Nachfolgend wird diskutiert, welche Strukturen und Dynamiken in Bezug auf die professionalisierungsbedürftige Praxis von Schulbegleitung zu einer Überbetonung des Einzelfalls und damit zu einer Vereinseitigung auf die Praxis führen.

Um fachspezifisches (wissenschaftliches) Wissen auf einen konkreten Einzelfall beziehen zu können bedarf es zunächst einer fach- und arbeitsfeldspezifischen Wissensgrundlage. Richtet man den Blick auf die Personengruppen, die als Schulbegleiter:innen tätig werden, wird deutlich, dass diese entweder keinerlei pädagogische Ausbildung (Nicht-Fachkräfte) oder eine pädagogische aber nicht arbeitsfeldspezifische Ausbildung (Fachkräfte) haben (vgl. Kapitel 2.3). Das pädagogische Grundwissen von Fachkräften (i. d. R. Erzieher:innen, Heilerziehungspfelger:innen, Sozialarbeiter:innen, Sozialpädagog:innen) ist dabei in Bezug auf die Praxis von Schulbegleiter:innen nur teilweise relevant: Spezifische Frage- und Problemstellungen, die die professionalisierungsbedürftige Praxis von Schulbegleitung maßgeblich prägen (bspw. Lernen unter erschwerten Bedingungen, Arbeiten in interdisziplinären/multiprofessionellen Teams, Aufgaben- und Tätigkeitsfelder von Schulbegleiter:innen in Abgrenzung zu und Zusammenarbeit mit Lehrkräften, Teilhabe und Partizipation von Kindern und Jugendlichen mit sonderpädagogischem Förderbedarf, Umgang mit arbeitsfeldspezifischen Spannungsfeldern) sind in den Ausbildungen der als pädagogische Fachkräfte tätigen Schulbegleiter:innen i. d. R. nicht enthalten. Dieses fehlende fach- und arbeitsfeldspezifische Wissen begründet gemeinsam mit der 1:1 Konstellation der Maßnahme Schulbegleitung die strukturelle Ausgangslage für die Überbetonung des Einzelfalls.

In der konkreten Praxis von Schulbegleiter:innen führt das fehlende Fachwissen in der Folge dazu, dass den Schulbegleiter:innen eine (wissenschaftlich) fundierte Begründungsbasis für ihr professionelles Handeln als Schulbegleitung fehlt und sie ihr Handeln stattdessen an persönlichen Alltagstheorien ausrichten müssen. Darüber hinaus können komplexe unterrichtliche Situationen gemeinsam mit den (zeitlichen) Vorgaben der Lehrkräfte zu einem gesteigerten Entscheidungs- und Handlungsdruck auf Seiten der Schulbegleiter:innen führen. Zusätzlich sorgen stellenweise widersprüchliche Vorgaben und Anforderungen der Schule als Einsatzort, des Trägers als Arbeitgeber und ggf. der Eltern als Auftraggeber:innen an die Schulbegleiter:innen dafür, dass diese ihr Handeln nicht an einem strukturierten, nachvollziehbaren und theoretisch fundierten professionellen Rahmen ausrichten können, was zwangsläufig zu einer Überbetonung des Einzelfalls und damit zu einer Überbetonung der Praxis führt.

Um einen professionellen reflexiven Umgang mit den hier skizzierten Spannungsfeldern zu ermöglichen, bedarf es der strukturellen Verankerung von Fallbesprechungen, Supervisionen, gemeinsamen Reflexionen im Klassenteam (Schulbegleitung und Lehrkraft) sowie kontinuierlicher Fort- und Weiterbildungen zu arbeitsfeldspezifischen Frage- und Problemstellungen schulbegleitender Praxis. In diesem Rahmen kann, losgelöst vom in der Praxis vorherrschenden Entscheidungs- und Handlungsdruck, eine reflexive Auseinandersetzung mit theoretischen Wissensbeständen und Methoden in Verknüpfung mit der eigenen Praxis und damit weiterführend auch eine Professionalisierung stattfinden (vgl. Helsper 2021).

Richtet man den Blick auf die aktuelle Ausgestaltung und Umsetzung der Maßnahme Schulbegleitung werden auch diesbezüglich Spannungsfelder und strukturelle Problem-lagen sichtbar, die maßgeblich zur Überbetonung des Einzelfalls und damit zur Vereinseitigung auf die Praxis beitragen. Ausgehend von unterschiedlichen Systemen und Finanzierungsgrundlagen sind keine gemeinsamen Vor- und Nachbereitungszeiten, Supervisionen, Teamzeiten oder andere Reflexionsräume für Klassenteams (Schulbegleitung und Lehrkraft) vorgesehen. Darüber hinaus ist auch eine Vor- und Nachbereitungszeit für Schulbegleiter:innen nicht oder nur kaum strukturell verankert. Unabhängig vom System und Einsatzort Schule bieten die Träger der Eingliederungshilfe, die als Arbeitgeber der Schulbegleiter:innen fungieren, Team-Sitzungen, Schulungen (bspw. erste Hilfekurs, EDV-Schulung) sowie ggf. kompakte Fort- und Weiterbildungen (i. d. R. zu spezifischen Behinderungsbildern) an, wobei hierfür von Seiten des Gesetzgebers keine verpflichtenden Vorgaben zu Regelmäßigkeit und Umfang oder curricularen Standards existieren.

Abschließend muss diskutiert werden, welchen zusätzlichen Einfluss die Prekarisierung der Maßnahme Schulbegleitung auf die Professionalisierung von Schulbegleiter:innen im Allgemeinen und die Überbetonung des Einzelfall und die Vereinseitigung auf die Praxis im Besonderen hat. Durch prekäre Beschäftigungsverhältnisse (bspw. kurzfristige Arbeitsverträge, geringe Stundenlöhne) wird die individuelle Professionalisierung im Sinne gezielter, umfangreicher und nachhaltiger Fort- und Weiterbildungen unterminiert. Häufige Maßnahmen- oder Einsatzortwechsel führen weiter dazu, dass (wenn überhaupt) eher kurzfristige Schulungen oder Fortbildungen bedeutsam sind, um im neuen Fall einen hinlänglichen Kenntnis- und Fähigkeitsstand zu erlangen. Darüber hinaus führen die prekären Beschäftigungsverhältnisse auch dazu, dass der Beruf der Schulbegleitung häufig als Möglichkeit des Übergangs (bspw. Freiwilliges soziales Jahr/Bundesfreiwilligendienst, Nebentätigkeit im Studium, Wiedereinstieg in den Beruf, Überbrückung hin zu einer Ausbildung oder eines anderen Berufs) ergriffen wird, sodass eine individuelle Professionalisierung aufgrund der verhältnismäßigen „kurzen" Ausübung des Berufs kaum stattfinden kann (vgl. Helsper 2021).[87] In der Folge nehmen die hier skizzierten prekären Beschäftigungsverhältnisse auf vielfältige Art und Weise Einfluss auf die Überbetonung des Einzelfalls und die Vereinseitigung auf die Praxis.

Ausgehend von den theoretischen Diskussionen zur Überbetonung diffuser Beziehungsanteile, der Überbetonung von Abhängigkeit sowie der Überbetonung des Einzelfalls wurde deutlich, dass die Ausgestaltung des Arbeitsbündnisses zwischen Schulbegleiter:in und zu begleitenden Schüler:innen in ein komplexes Wirkungsgefüge äußerer Strukturen und innerer Dynamiken eingebettet ist, wobei weiterführend an anderer Stelle untersucht werden muss, welche Effekte die hier explizierten Strukturen und Dynamiken auf das Lernen der zu begleitenden Schüler:innen, deren Teilhabe an Bildung und weiterführend auch auf deren soziale Teilhabe haben.

---

[87] Auch für die Schulen als Einsatzorte von Schulbegleitung führen die häufigen Wechsel von Schulbegleiter:innen zu pädagogischen Qualitätseinbußen, weil gerade eingearbeitete Schulbegleiter:innen wieder ausscheiden (vgl. Helsper 2021).

7.1.2 Zusammenarbeit von Schulbegleitung und Lehrkraft

Ausgehend von den administrativen und rechtlichen Vorgaben, die der Maßnahme Schulbegleitung zugrunde liegen, ist eine klare Trennung der beiden Systeme von Eingliederungshilfe und Bildungssystem und in der Folge auch eine strukturelle und organisatorische Trennung der beiden Berufsgruppen von Schulbegleiter:innen und Lehrkräften vorgesehen (vgl. Kap. 2.2). Diese Trennung steht im diametralen Gegensatz zur Praxis der beiden Professionen, welche durch die institutionell vorgesehenen Strukturen zwangsläufig in eine wie auch immer geartete Form der Zusammenarbeit kommen müssen. Im Rahmen der theoretischen Auseinandersetzung mit der aktuellen Umsetzung schulischer Inklusion auf der einen und der Maßnahme Schulbegleitung auf der anderen Seite wurde deutlich, dass eine solche Trennung auch in empirischen Untersuchungen aufrechterhalten zu werden scheint: Entweder liegt der Fokus der empirischen Untersuchungen auf der aktuellen Umsetzung schulischer Inklusion, welche sich dann in der Regel auf die Berufsgruppe der Regel- und Förderschullehrkräfte beziehen oder aber die Maßnahme Schulbegleitung steht mehr oder minder isoliert im Zentrum des Erkenntnisinteresses (vgl. Kap. 1.4; vgl. Kap. 2). In der vorliegenden empirischen Untersuchung konnte die Zusammenarbeit zwischen Schulbegleiter:innen und Lehrkräften als zentrale Dynamik rekonstruiert werden, welche der professionalisierungsbedürftigen Praxis von Schulbegleitung auf der einen und dem Lernen/der Teilhabe an Bildung der zu begleitenden Schüler:innen auf der anderen Seite zugrunde liegt. Nachfolgend werden daran anknüpfend Aufgaben, Zuständigkeiten und Abgrenzungsprozesse in der Zusammenarbeit von Schulbegleiter:innen und Lehrkräften sowie die Frage nach der Herstellung einer kollegialen Symmetrie theoretisch diskutiert.

Aufgrund getrennter finanzieller und organisatorischer Systeme liegen der Zusammenarbeit von Schulbegleitung und Lehrkraft keine gemeinsamen Infrastrukturen, Regelungen, Konzepte oder Leitbilder zugrunde. Eine Zusammenarbeit dieser beiden Berufsgruppen im Sinne einer interdisziplinären professionellen Kooperation ist formalrechtlich[88] genau genommen gar nicht vorgesehen. Bedingt durch die getrennten Systeme von Eingliederungshilfe und Bildungssystem sowie dem damit verbundenen Anstellungsverhältnis von Schulbegleiter:innen bei externen Trägern der Eingliederungshilfe kommt den Schulbegleiter:innen ein Gaststatus in der Institution Schule zu, was in der unterrichtlichen Praxis für teilweise widersprüchliche Vorgaben und Anforderungen an die Schulbegleitung (Träger vs. Schule) sorgt. Die Weisungsbefugnis gegenüber der Schulbegleitung liegt formalrechtlich beim jeweiligen Träger der Eingliederungshilfe, der als Arbeitgeber fungiert, wenn auch der eigentliche Einsatzort der Schulbegleitung die Institution Schule ist. Schulbegleitung und Lehrkraft sind demnach keine Kolleg:innen im eigentlichen Sinne (Mitarbeiter:innen derselben Institution). Aus formalrechtlicher Perspektive wird diesbezüglich kontinuierlich darauf hingewiesen, dass die Schule als Institution und die Lehrkräfte als deren Mitarbeiter:innen alleinig für die Auswahl der Lerninhalte sowie deren Vermittlung und Einübung

---

[88] Der Begriff „formalrechtlich" wird in den nachfolgenden Ausführungen an mehreren Stellen verwendet und verweist jeweils im ursprünglichen Wortsinn darauf, dass etwas „rein äußerlich genau dem Gesetz entspricht" und damit zwar formell den rechtlichen Vorgaben genügt, jedoch in der tatsächlichen Umsetzung/Ausgestaltung/Praxis auch in anderer Art und Weise umgesetzt wird bzw. sich entgegen den rechtlichen Vorgaben verhält.

zuständig und die Schulbegleiter:innen aufgrund des Nachrangigkeitsprinzips der Eingliederungshilfe als (lediglich unterstützende) „Hilfen zur Schulbildung" einzuordnen seien (vgl. Fegert/Ziegenhain 2019). Es gibt jedoch keine bildungspolitische Stelle, Struktur oder Institution, die die Ausgestaltung dieser Vorrang-Nachrang-Regelung und damit die Zusammenarbeit von Schulbegleiter:innen und Lehrkräften koordiniert. Die Fragen nach der Ausgestaltung der Zusammenarbeit ergeben sich in erster Linie aus den Anforderungen der Praxis heraus. In der empirischen Untersuchung der vorliegenden Arbeit konnten unklare Aufgaben und Zuständigkeitsregelungen in Bezug auf die Rolle der Schulbegleitung und die Rolle der Lehrkraft im Einzelnen aber auch in Ergänzung und Abgrenzung zueinander rekonstruiert werden. Dabei ist zu berücksichtigen, dass die Anwesenheit von Schulbegleiter:innen im allgemeinen Unterricht eine grundlegende Irritation der unterrichtlichen Praxis von Lehrkräften darstellt. Ausgehend von der bislang gängigen Zusammensetzung einer Klasse (eine Lehrkraft und eine entsprechende Anzahl an Schüler:innen) und den damit verbundenen Strukturen, Dynamiken und Rollengefügen kann der Einsatz von Schulbegleiter:innen als Irritation „schulischer Grammatik" (Tyack/Tobin 1994) eingeordnet werden. Das professionelle Handeln von Lehrkräften steht damit vor sich wandelnden Anforderungen und muss sich mit Blick auf die explizierten strukturellen und personellen Veränderungen anpassen und weiterentwickeln bzw. weiterentwickelt werden. Die bereits weiter oben ausgeführten formalrechtlichen Strukturen (u. a. Gaststatus der Schulbegleitung, fehlende Weisungsbefugnis der Lehrkräfte gegenüber der eingesetzten Schulbegleiter:innen, strukturelle Verantwortungslosigkeit) verhindern maßgeblich, dass eine professionelle Zusammenarbeit zwischen Schulbegleitung und Lehrkraft entwickelt und etabliert werden kann. Im Rahmen der empirischen Untersuchung konnte darüber hinaus eine Überbetonung diffuser Beziehungsanteile zwischen Schulbegleitung und Lehrkraft rekonstruiert werden. Eine funktionale professionelle Symmetrie kann anscheinend lediglich durch die Übernahme der Rolle einer (Zweit-)Lehrkraft durch die Schulbegleitung hergestellt werden. Die Zusammenarbeit von Schulbegleitung und Lehrkraft ist aktuell grundlegend von einem kontinuierlichen Ringen um die Herstellung einer funktionalen, professionellen und kollegialen Symmetrie geprägt. Hier muss darüber nachgedacht werden, welchen Einfluss die rekonstruierten Aushandlungs- und Ausgestaltungsprozesse in der Zusammenarbeit und Beziehungsgestaltung zwischen Schulbegleitung und Lehrkraft auf das Lernen und die Teilhabe an Bildung der zu begleitenden Schüler:innen haben.

Blickt man aus professionalisierungstheoretischer Perspektive auf die Zusammenarbeit der beiden Berufsgruppen wird deutlich, welche grundsätzlichen Herausforderungen hinsichtlich arbeitsteiliger Zuständigkeiten für das professionelle Handeln von Schulbegleitungen und Lehrkräften von Bedeutung sind:

> „Am Anfang steht die Problem- und Fallanalyse, die mit der (Selbst-)Reflexion der Möglichkeiten und Grenzen der eigenen Zuständigkeit verbunden werden muss. Daran schließt eine Analyse der Rahmenbedingungen und der möglichen Problembehandlung an, die in eine generelle Interventionsstrategie mündet, in der bereits die Arbeitsteilung aufscheint. Dies muss dann in handlungspraktische und einrichtungsspezifische Gegebenheiten eingepasst, also konkret umgesetzt werden. Dies muss schließlich in konkrete Abläufe und Schritte der beteiligten Einrichtungen, Handlungsfelder und Professionellen übersetzt werden. Schließlich muss dies ‚evaluiert‘,

reflexiv begleitet und in Form von Supervision etc. (selbst-)kritisch aufgearbeitet werden" (Helsper 2021, S. 260).

Die hier angesprochenen Fragen nach Zuständigkeiten, Arbeitsteilung, Koordination, Delegation und Evaluation verweisen auf die Komplexität der Aushandlungs- und Ausgestaltungsprozesse, die der Zusammenarbeit von Schulbegleitung und Lehrkraft zugrunde liegen. Die bereits im vorangegangenen Kapitel skizzierte strukturelle Verantwortungslosigkeit in Bezug auf die Etablierung und Finanzierung von Vor- und Nachbereitungszeiten, Supervisionen, Teamzeiten oder anderen Reflexionsräumen im Klassenteam von Schulbegleitung und Lehrkraft führt dazu, dass Austausch und Reflexion zwischen den beiden Berufsgruppen gänzlich ausbleiben oder – ausgehend von der persönlichen Bereitschaft der Beteiligten – in private Bereiche außerhalb der Dienstzeiten verlagert werden. Die Ausgestaltung der Zusammenarbeit von Schulbegleitungen und Lehrkräften ist darüber hinaus von der hohen Fluktuation sowie den unterschiedlichen Qualifikationen der Schulbegleiter:innen geprägt: Aus der Perspektive der Institution Schule/der Lehrkräfte erschweren häufig wechselnde „Kolleg:innen" mit unterschiedlichen fachlichen Qualifizierungen und persönlichen Voraussetzungen die Entwicklung und Etablierung einer nachhaltigen professionellen Zusammenarbeit.

7.2 Schulbegleitung als pädagogische Praxis

Nähert man sich der Maßnahme Schulbegleitung in formaler Hinsicht, wird unmittelbar erkennbar, dass die Verortung der Schulbegleitung in einen pädagogischen Zusammenhang vermieden werden soll. Schulbegleitung stellt in erster Linie ein formalrechtliches Gebilde der Eingliederungshilfe dar, welches mit dem Auftrag *Hilfen zur Schulbildung* als *Leistungen zur Teilhabe an Bildung* zunächst keinen pädagogischen Auftrag erhält. Indem der Maßnahme Schulbegleitung formalrechtlich kein pädagogischer Auftrag zugeschrieben wird, bedarf es keiner pädagogischen Qualifikation, um diese Tätigkeit ausüben zu können. In der Folge ist die Entlohnung von Schulbegleiter:innen nicht an formelle Berufsabschlüsse gebunden, was Schulbegleitung zu einer weitestgehend kostengünstigen Maßnahme werden lässt.

Dabei deutet sich bereits aus theoretischer Perspektive der pädagogische Gehalt der Maßnahme Schulbegleitung an: Schulbegleiter:innen sollen den zu begleitenden Schüler:innen, ausgehend von deren individuellen Bedarfen, Teilhabe an Bildung ermöglichen, demnach Teilhabebarrieren abbauen und gemäß des Prinzips „Hilfe zur Selbsthilfe" die zu begleitenden Kinder und Jugendlichen entsprechend ihrer individuellen Fähigkeiten unterstützen/ihnen assistieren (vgl. Kapitel 2.4). Schulbegleiter:innen sind damit maßgeblich für die schulische Integration von Kindern und Jugendlichen mit sonderpädagogischem Förderbedarf verantwortlich.

Die Rekonstruktion schulbegleitender Praxis zeigt daran anknüpfend zentrale Elemente, die für pädagogische Situationen konstitutiv sind und die die Anerkennung von Schulbegleitung als pädagogischer Praxis im Grunde unausweichlich machen: Im Mittelpunkt der Schulbegleitung stehen die Teilhabe an Bildung sowie das Lernen der zu begleitenden Schüler:innen. Schulbegleiter:innen müssen sich diesbezüglich kontinuierlich damit auseinandersetzen, wie sich der individuelle sonderpädagogische Förderbedarf/die Behinderung der zu begleitenden Schüler:innen auf ihr Lernen bzw. ihre Teilhabe an Bildung auswirkt.[89] Auf Basis der Einschätzung des individuellen Bedarfs sowie persönlicher Ressourcen der zu begleitenden Schüler:innen müssen Schulbegleiter:innen dann situativ und differenziert unter Einbezug der Rahmenbedingungen des allgemeinen Unterrichts der Frage nachgehen: „Kann er/sie nicht? Weiß er/sie nicht? Will er/sie nicht?" (vgl. Ellinger/Hechler 2021). Auf Grundlage der Einschätzung des individuellen Bedarfs und mit Bezug auf die Entwicklungslinien (Können | Wissen | Wollen) der zu begleitenden Schüler:innen müssen Schulbegleiter:innen unter Berücksichtigung der Autonomie der Lebenspraxis konkrete pädagogische Interventionen ableiten. Wenn diese Einschätzungen/Interventionen nicht vor einer pädagogischen Folie vorgenommen werden, basieren sie zwangsläufig auf Alltagstheorien der einzelnen Schulbegleiter:innen und sind damit – im Sinne von unsystematisch und auf Zufall beruhend – willkürlich, was in der Konsequenz bedeuten würde bzw. bedeutet, dass in der Ausgestaltung der Maßnahme Schulbegleitung sozusagen alles möglich ist.

Schulbegleiter:innen sind darüber hinaus in ihrem professionellen Handeln mit drängenden Entwicklungsfragen und -problemen der zu begleitenden Kinder und Jugendlichen konfrontiert. Wie bereits in Bezug auf die Überbetonung von diffusen Beziehungsanteilen im Arbeitsbündnis zwischen Schulbegleiter:innen und zu begleitenden Schüler:innen weiter oben diskutiert wurde, kommt es in der Ausgestaltung des Arbeitsbündnisses – verstärkt durch die konstitutive 1:1 Konstellation der Maßnahme – zu Reproduktionen früherer Beziehungsmuster und damit auch zu Reinszenierungen früherer (konflikthafter) Beziehungserfahrungen der zu begleitenden Schüler:innen. Schulbegleiter:innen sind somit „Übertragungsobjekte" (Hurry 2002; Thäkä 1993), auf die bereits verinnerlichte, frühe (konflikthafte) Beziehungsmuster unbewusst übertragen werden. Wenn Schulbegleiter:innen keine professionelle pädagogische Grundlage haben, die es ihnen ermöglicht, die Dynamiken dieser unbewussten Prozesse zu verstehen, laufen sie Gefahr, die Rolle, die ihnen in der Reinszenierung unbewusst zugesprochen wird, zu übernehmen und entsprechend mitzuagieren (vgl. Gerspach 2018). Schulbegleiter:innen benötigen demnach, gerade im Hinblick auf die große und perspektivisch weiter steigende Anzahl an Kindern und Jugendlichen in den Förderschwerpunkten „Lernen" und „Soziale und emotionale Entwicklung" (vgl. Steinmetz et al. 2021), pädagogisch fundiertes Wissen zu Übertragungs- und Gegenübertragungsprozessen und der Bedeutung des Einflusses von Bindung auf Lernen und Bildung. Ausgehend von den bereits mehrfach skizzierten heterogenen Arbeitsfeldern und Zielgruppen von Schulbegleitung (Schüler:innen mit unterschiedlichen sonderpädagogischen Förderbedarfen) bedarf es über die angeführten theoretischen Grundlagen hinaus sowohl in Aus- und Fortbildung als auch als Implementierung in der Praxis einer kontinuierlichen Auseinandersetzung mit einer mentalisierungsbasierten Pädagogik, der Herausbildung eines

---

[89] An dieser Stelle wird bereits deutlich, inwiefern der Maßnahme Schulbegleitung eine integrative Praxis zugrunde liegt: Die Frage der Barrieren/Anpassungen/Veränderungen muss in der aktuellen Umsetzung schulischer Inklusion und in der Ausgestaltung der Maßnahme Schulbegleitung individuumszentriert gestellt werden: „Was fehlt den zu begleitenden Schüler:innen um am allgemeinen Unterricht teilhaben zu können?". Würde der Maßnahme Schulbegleitung eine inklusive Praxis zugrunde liegen, würde der Fokus auf systembezogene Rahmenbedingungen und Veränderungen/Anpassungen gerichtet werden.

professionellen Habitus sowie einer verstehenden, reflexiven Haltung. Auf dieser Basis können Schulbegleiter:innen dann auch zu „Entwicklungsobjekten" (Traxl 2013; Hurry 2002; Thäkä 1993) werden, mit denen (neue) entwicklungsförderliche Erfahrungen möglich sind.

7.3 Schulbegleitung als Maßnahme zur Umsetzung schulischer Inklusion

Der Einsatz von Schulbegleiter:innen stellt eine zentrale Maßnahme in der aktuellen Umsetzung schulischer Inklusion dar. Umso bemerkenswerter ist die Tatsache, dass dieser, wenn überhaupt, lediglich am Rande bildungs- und gesellschaftspolitischer Diskurse Beachtung zukommt (vgl. Deutsches Institut für Menschenrechte 2022). Welche Effekte diese Maßnahme der Eingliederungshilfe auf das Lernen und die Teilhabe an Bildung sowie die Inklusion, Integration, Separation oder Exklusion der zu begleitenden Schüler:innen hat, wird an keiner Stelle systematisch (wissenschaftlich) begleitet und/oder evaluiert. Sowohl Schulbegleiter:innen als auch zu begleitende Schüler:innen, deren Eltern und Lehrkräfte scheinen mit der Ausgestaltung, dem Misslingen oder Gelingen der Maßnahme mehr oder minder alleine gelassen.

Nachfolgend wird diskutiert, inwiefern sich die Maßnahme Schulbegleitung, ausgehend von ihrer Konstitution als Einzelfallhilfe, auf inklusive, integrative, separative oder exklusive Prozesse und damit auf die Teilhabe und Partizipation der zu begleitenden Schüler:innen auswirkt.

Auch wenn die Maßnahme Schulbegleitung als Maßnahme zur Umsetzung schulischer Inklusion postuliert wird, liegt ihr in Anbetracht ihrer Konstitution eine integrative Praxis zugrunde: Als Einzelfallhilfe verfolgt die Maßnahme Schulbegleitung einen individuumsbezogenen Ansatz. Ausgehend von dem individuellen Förderbedarf der zu begleitenden Schüler:innen erhalten einzelne Kinder und Jugendliche sogenannte *Hilfen zur Schulbildung*, „die erforderlich sind, damit Menschen mit Behinderungen Bildungsangebote gleichberechtigt wahrnehmen können" (§ 75 SGB IX, Abs. 1). Von zwei Gruppen ausgehend (Schüler:innen mit sonderpädagogischem Förderbedarf | Schüler:innen ohne sonderpädagogischen Förderbedarf) erhalten Kinder und Jugendliche mit der kategoriellen Zuschreibung „sonderpädagogischer Förderbedarf" gesonderte Unterstützung, um am allgemeinen – ansonsten weitestgehend unveränderten – Unterricht teilnehmen zu können.

Daran anknüpfend muss diskutiert werden, welche Effekte die Maßnahme Schulbegleitung als Einzelfallhilfe auf integrative, separative oder exklusive Prozesse insbesondere im Hinblick auf das Lernen und die soziale Teilhabe der zu begleitenden Schüler:innen hat bzw. haben kann.

Die Umsetzung der Maßnahme Schulbegleitung in Form einer 1:1 Konstellation oder vereinzelt auch in der Zusammenfassung bzw. Poolung einzelner Maßnahmen (bspw. eine Schulbegleitung, die für zwei bis drei Schüler:innen in einer Klasse zuständig ist) schafft rein auf struktureller Ebene und mit Blick auf vorherrschende Klassen- und Rollengefüge eine exklusive – im Sinne einer ausschließlich einem bestimmten Personenkreis vorbehaltenen, anderen Schüler:innen nicht zukommenden – Beziehung. Demnach enthält bereits die konstitutive Struktur der Maßnahme Schulbegleitung separative Tendenzen. In der empirischen Untersuchung der vorliegenden Arbeit wurde weiter deutlich, dass das Arbeitsbündnis zwischen Schulbegleitung und zu begleitenden Schüler:innen – insbesondere aufgrund der 1:1 Konstellation – von einer Überbetonung (emotionaler) Abhängigkeiten sowie von diffusen Beziehungsanteilen geprägt ist. Die identifizierten Beziehungsdynamiken können separative und exkludierende Prozesse innerhalb des Klassengefüges (Peer-Beziehungen, Lehrkraft-Schüler:in-Beziehung) weiter verschärfen.

Im Hinblick auf die Gestaltung von Peer-Beziehungen muss vertiefend darüber nachgedacht und wissenschaftlich untersucht werden, inwiefern die visuelle Zuordnung einer Schulbegleitung zu den begleiteten Schüler:innen sowie deren fortwährende – möglicherweise unreflektierte – Anwesenheit in Unterrichts- und Pausensituationen und ggf. auch darüber hinaus auf dem Schulweg, bei Ausflügen, Klassenfahrten und anderen sozialen Interaktionsformen im Kontext Schule als latente Stigmatisierung Einfluss auf die soziale Integration und Teilhabe der zu begleitenden Schüler:innen haben. Insbesondere in Situationen, die – abhängig von Alter und Klassenstufe – eigentlich unter Ausschluss erwachsener Personen ausgehandelt und gestaltet werden (bspw. Pausen, Toilettengänge, Gruppenarbeiten), besteht die Gefahr, dass die Anwesenheit der Schulbegleitung zum (sozialen) Ausschluss der zu begleitenden Schüler:innen führt.

Richtet man den Fokus auf das Lernen der zu begleitenden Schüler:innen sowie die Beziehung zwischen Lehrkraft und Schüler:in mit Schulbegleitung wird unter Einbezug der empirischen Erkenntnisse aus der vorliegenden Arbeit deutlich, dass aktuell weniger ein gemeinsames Lernen aller am Unterricht beteiligten Schüler:innen im Sinne eines inklusiven Unterrichts realisiert als vielmehr durch die Interventionen und das Handeln der Schulbegleitung der Versuch unternommen wird, dem durch die Lehrkraft vorgegebenen Takt des allgemeinen Unterrichts zu folgen. Darüber hinaus besteht die Gefahr, dass Lehrkräfte (bspw. aus Gründen der Überforderung, Belastung oder Abwehr) Lehr- und Lernfragen, die sich auf die Schüler:innen mit sonderpädagogischem Förderbedarf beziehen, unreflektiert an die Schulbegleiter:innen delegieren und somit einer Berufsgruppe, die i. d. R. weder didaktisch noch methodisch oder inhaltlich adäquat ausgebildet ist, die Verantwortung für die Lernprozesse der Schüler:innen mit sonderpädagogischem Förderbedarf übertragen. In diesem Zusammenhang muss auch der bereits vorherrschende und sich in den nächsten Jahren weiter verschärfende Mangel an Lehrkräften berücksichtigt werden (vgl. Kultusministerkonferenz 2022). Schulbegleiter:innen werden im unterrichtlichen Geschehen bereits zum aktuellen Zeitpunkt schnell zu „Expert:innen" für die Bedarfe und das Lernen von Schüler:innen mit sonderpädagogischem Förderbedarf deklariert, was im diametralen Gegensatz zu den Qualifikationen der eingesetzten Personen steht. Es stellt sich die Frage, welche Effekte eine solche Delegation von Lehr- und Lernfragen an die Schulbegleitung auf die Lernprozesse und die Teilhabe an Bildung der zu begleitenden Schüler:innen hat. Wenn Lehrkräfte die Verantwortung für Lehr- und Lernprozesse an Schulbegleiter:innen abgeben, entsteht neben einer Unterversorgung/Vernachlässigung der Schüler:innen mit sonderpädagogischem Förderbedarf eine Form der Co-Existenz von Schulbegleiter:innen und zu begleitenden Schüler:innen auf der einen und den „anderen" Schüler:innen und Lehrkräften auf der anderen Seite. So werden Schüler:innen mit sonderpädagogischem Förderbedarf (und deren Schulbegleiter:innen) schnell zu Personen, die „auch" im Klassenzimmer anwesend sind und je nach Möglichkeit am Unterricht teilnehmen. Daran anknüpfend muss die

Frage diskutiert werden, inwiefern der Gaststatus, der den Schulbegleiter:innen aufgrund des Anstellungsverhältnisses bei einem schulexternen Träger zukommt, von den Lehrkräften (unbewusst) auch auf die Schüler:innen mit sonderpädagogischem Förderbedarf übertragen wird. Damit wären Schüler:innen mit sonderpädagogischem Förderbedarf (bewusst oder unbewusst) weniger vollständige Mitglieder der Schulgemeinschaft als vielmehr „Gäste" im allgemeinen Unterricht. Diese Dynamik könnte durch Strukturen und administrative Vorgaben, die von Fall zu Fall vorsehen, dass die Schüler:innen mit sonderpädagogischem Förderbedarf nur mit einer Schulbegleitung die Schule besuchen und bei Krankheit oder anderweitigem Ausfall der Schulbegleitung nicht am Unterricht teilnehmen dürfen, verschärft werden. Die Separation von Kindern und Jugendlichen mit sonderpädagogischem Förderbedarf findet damit nicht mehr in institutioneller Form von Förderschulen, sondern nun auf interaktioneller und innerpsychischer Ebene innerhalb eines Klassengefüges statt.

Der Fokus der aktuellen Umsetzung schulischer Inklusion im Allgemeinen und der Maßnahme Schulbegleitung im Besonderen liegt also meist nicht auf den individuellen Bedarfen und Lernprozessen der (zu begleitenden) Schüler:innen bzw. einem gemeinsamen Lernen und die Heterogenität aller Schüler:innen anerkennenden Unterricht. Vielmehr scheint der Einsatz von Schulbegleiter:innen eine Möglichkeit zu sein, die (vermeintliche) Homogenisierung von Lerngruppen aufrechtzuerhalten sodass in der Folge die Notwendigkeit der Weiterentwicklung des deutschen Schulsystems bzw. der Entwicklung eines tatsächlich inklusiven Bildungssystems scheinbar an Dringlichkeit verliert.

7.4 Perspektiven für die Professionalisierung von Schulbegleitung

Aus den Erkenntnissen der empirischen Untersuchung (vgl. Kapitel 6) sowie der vorangegangenen theoretischen Diskussion, der die drei Diskursstränge (1) Schulbegleitung als professionalisierungsbedürftige Praxis, (2) Schulbegleitung als pädagogische Praxis sowie (3) Schulbegleitung als Maßnahme zur Umsetzung schulischer Inklusion zugrunde liegen, lassen sich zentrale Perspektiven und Anforderungen in Bezug auf die Professionalisierung der Maßnahme Schulbegleitung ableiten.

Die Konstitution der Maßnahme Schulbegleitung als Einzelfallhilfe, die daraus resultierende 1:1 Konstellation sowie die fehlende arbeitsfeldspezifische und verpflichtende pädagogische Qualifikation von Schulbegleiter:innen konnten in der vorliegenden Arbeit als wesentliche Gründe für zentrale Deprofessionalisierungstendenzen identifiziert werden. Um den zahlreichen Spannungs- und Wirkungsfeldern, die der Maßnahme Schulbegleitung aufgrund ihrer aktuellen Verfasstheit zugrunde liegen, angemessen begegnen und in der Folge das Lernen sowie die Teilhabe an Bildung für Schüler:innen mit sonderpädagogischem Förderbedarf gewährleisten zu können, bedarf es in erster Konsequenz einer verpflichtenden, standardisierten *Ausbildung für Schulbegleiter:innen,* die auf einem wissenschaftlich fundierten Curriculum basiert. Ausgehend von den Erkenntnissen der vorliegenden Arbeit sind dabei folgende Inhalte und Schwerpunkte zu berücksichtigen:

Abbildung 20: Inhaltlicher Vorschlag für eine verpflichtende Ausbildung für Schulbegleiter:innen.

Allgemeine Grundlagen	Arbeitsfeldspezifische Grundlagen *Institution Schule | Bildung*	Pädagogische Grundlagen
Leitbilder Integration | Inklusion	Arbeiten im multiprofessionellen Team	Reflexive Auseinandersetzung mit Antinomien und unauflösbaren Spannungsfeldern pädagogischen Handelns
Spezifische Förderschwerpunkte und Behinderungen	Zuständigkeitsklärung und Abgrenzung zu Aufgaben von Lehrkräften	Bindungstheorie
Bio-psycho-soziales Modell	Didaktik und Methodik (Basiswissen)	Psychodynamik
Förder- und Teilhabeplanung ICF	Elternarbeit	Gruppendynamik
Rechtliche Grundlagen der Eingliederungshilfe		Mentalisierungsbasierte Pädagogik
Inklusive Schulentwicklung Index für Inklusion		Methoden und Konzepte (bspw. Unterstützte Kommunikation, TEACCH)
Haltung und Reflexion		
Entwicklung und Etablierung eines professionellen Habitus und einer reflexiven Haltung		
Kontinuierliche Supervision und Fallbesprechungen		

Quelle: Eigene Darstellung.

Zusammengefasst bedarf es einer Ausbildung, die Schulbegleiter:innen dazu befähigt, unter Berücksichtigung der Autonomie der Lebenspraxis als zentralen Bezugspunkt pädagogischen Handelns (Autonomie | Abhängigkeit) sowie der Reflexion der eigenen Rolle und der dem Arbeitsbündnis zugrundliegenden Beziehungsdynamik (Diffusität | Spezifität) den Einzelfall vor einer theoretischen pädagogischen Folie zu verstehen (Praxis | Theorie).

In zweiter Konsequenz ist die *Implementierung von Schulbegleitung als pädagogische Infrastrukturmaßnahme* an Schulen notwendig. Schulbegleiter:innen wären dann nicht mehr als Einzelfallhilfe bei einem externen Träger angestellt, sondern würden zu rechtlich gleichgestellten pädagogischen Mitarbeiter:innen der Institution Schule und damit auch zu tatsächlichen Kolleg:innen der Lehrkräfte werden. Fragen nach Aufgaben, Zuständigkeiten, Zusammenarbeit, Abgrenzungen und Weisungsbefugnissen würden über diese Regelung in einer klaren Verantwortung des Bildungsträgers liegen und Schulbegleiter:innen besser in schulische Strukturen und Abläufe eingebunden werden können. Durch die institutionelle Implementierung von Schulbegleiter:innen würde sich zudem auch die Vorrang-Nachrang-Frage der Eingliederungshilfe nach der formalrechtlichen Abgrenzung von unterrichtlich-pädagogischen, pädagogischen und ausschließlich assistierenden Aufgaben und Tätigkeiten erübrigen. Die Rolle von Schulbegleitung könnte damit adäquater gerahmt und definiert werden.

Die Integration von Schulbegleitung als pädagogische Infrastrukturmaßnahme an Schulen würde weiter auch eine Antwort auf aktuelle administrative und rechtliche Spannungsfelder darstellen. Das individualisierte Beantragungsverfahren, welches bislang in der Verantwortlichkeit der Eltern als Antragsteller:innen lag, würde entfallen und die Inanspruchnahme der Maßnahme vereinfacht werden können (keine individuelle Bedarfsfeststellung und Klärung der sachlichen Zuständigkeiten). Schulbegleiter:innen wären dann formell unabhängig vom sonderpädagogischen Förderbedarf einzelner Schüler:innen in einer Klasse tätig, was tendenziell zu weniger Stigmatisierungen einzelner Kinder und Jugendlicher führen würde. Die Implementierung von Schulbegleiter:innen als rechtlich gleichgestellte pädagogische Mitarbeiter:innen der Institution Schule stellt zudem einen wichtigen Lösungsansatz für die derzeit vorherrschenden prekären Beschäftigungsverhältnisse (u. a. kurzfristige Arbeitsverträge, geringe Bezahlung) und damit eine mögliche Antwort auf die hohe Fluktuation von Schulbegleiter:innen dar. Eine inhaltlich und administrativ gut strukturierte und auf Dauer angelegte Zusammenarbeit zwischen Schulbegleiter:innen und Lehrkräften würde in der Konsequenz zu weniger Qualitätsverlusten durch häufigen Wechsel der eingesetzten Schulbegleiter:innen führen und die Möglichkeit für eine nachhaltige Zusammenarbeit und institutionelle Weiterentwicklung bieten.[90]

Die Implementierung von Schulbegleitung als Infrastrukturmaßnahme an Schulen stellt zusammen mit der weiter oben inhaltlich skizzierten perspektivisch verpflichtenden Ausbildung für Schulbegleiter:innen eine grundlegende Perspektive und bildungspolitische Forderung dar, um im Sinne eines die Heterogenität aller Schüler:innen anerkennenden Unterrichts die Maßnahme Schulbegleitung von einer Struktur der Einzelfallhilfe (individuumsbezogen) hin zu einer Möglichkeit der inklusiven Schulentwicklung (systembezogen) weiterzuentwickeln und zu professionalisieren.

---

[90] Der aktuell bereits vorherrschende und sich in den nächsten Jahren perspektivisch weiter verschärfende Fachkräftemangel im Bildungs- und Erziehungssektor stellt auch für die aktuelle Maßnahme Schulbegleitung im Allgemeinen und die Forderung nach einer Implementierung der Maßnahme Schulbegleitung als pädagogische Infrastrukturmaßnahme an Schulen im Besonderen eine unbedingt zu berücksichtigende Herausforderung dar. Umso zentraler ist es, die Maßnahme Schulbegleitung attraktiv zu gestalten und nachhaltig weiterzuentwickeln.

Erziehungswissenschaftlicher Ausblick

In der vorliegenden Arbeit konnte sowohl theoretisch als auch empirisch herausgearbeitet und dargestellt werden, dass die Umsetzung schulischer Inklusion im Allgemeinen sowie die Ausgestaltung der Maßnahme Schulbegleitung im Besonderen als dynamische und vielschichtige Prozesse anzuerkennen sind. Sowohl die aktuelle Praxis von Schulbegleiter:innen und Lehrkräften als auch die wissenschaftliche Auseinandersetzung mit der aktuellen Umsetzung schulischer Inklusion und der Maßnahme Schulbegleitung sind in besonderem Maße von Ambiguitäten geprägt, so dass eine entsprechende Ambiguitätstoleranz notwendig ist, um divergierende Positionen aushalten zu können.[91]

Um den in der vorliegenden Arbeit identifizierten Ambiguitäten, Antinomien und Spannungsfeldern zukünftig systematisch begegnen zu können, bedarf es neben der Anerkennung von Schulbegleitung als professionalisierungsbedürftige pädagogische Praxis und der Implementierung der Maßnahme Schulbegleitung als Infrastrukturmaßnahme an Schulen entsprechender konkreter Veränderungen auf struktureller und bildungspolitischer Ebene. In Anlehnung an die Forderungen des Deutschen Instituts für Menschenrechte (2022) sind tiefgreifende systemische Veränderungen im Bildungs- und Schulwesen notwendig, um das Recht auf einen diskriminierungsfreien Zugang zu einem hochwertigen inklusiven Unterricht für alle Kinder und Jugendlichen sicherzustellen und damit Chancengleichheit und Bildungsgerechtigkeit zu gewährleisten. Bundesweit müssen dafür standardisierte bildungspolitische Vorkehrungen (Gesetze, Finanzierung, Konzepte, Lehrinhalte, Lehrmethoden, Strukturen) getroffen werden. Hierfür sind ein gemeinsamer Planungsrahmen von Bund, Ländern und Kommunen für die Entwicklung eines inklusiven Bildungswesens, die Konkretisierung personeller, finanzieller, räumlicher und materieller Voraussetzungen, verlässliche Grundausstattungen sowie eine hinreichende Anzahl an Fachkräften von zentraler Bedeutung, um den individuellen Bedarfen aller Schüler:innen begegnen zu können. Der Einsatz von pädagogischem bzw. sonderpädagogisch qualifiziertem Personal, die Etablierung von Kooperationsstrukturen in mulitprofessionellen Teams, fortlaufende Unterstützungs- und Fortbildungsmaßnahmen sowie die Implementierung professioneller Reflexionsräume (Supervisionen, Fallbesprechungen) stellen grundlegende Voraussetzungen für die Entwicklung eines inklusiven Bildungssystems dar.

Weiter müssen die Vielschichtigkeit und Komplexität schulischer Inklusion sowie die Maßnahme Schulbegleitung in die Ausbildung und Lehre aller beteiligten Berufsgruppen (Regel- und Förderschullehrkräfte, Sozialarbeiter:innen, Sonderpädagog:innen und Sozialpädagog:innen) als inhaltliche Schwerpunkte implementiert werden. Neben der Vermittlung theoretischer Grundlagen wird damit auch eine Möglichkeit geschaffen, die empirische Auseinandersetzung mit zentralen Aspekten und Fragestellungen der Maßnahme Schulbegleitung zu fördern. Als empirische Anknüpfungspunkte lassen sich aus den theoretischen und empirischen Erkenntnissen der vorliegenden Arbeit folgende Desiderate

---

[91] In diesem Zusammenhang sind auch die sich aktuell entwickelnden und zukünftig prognostizierten gesellschaftlichen Veränderungen (Digitalisierung, Globalisierung, neoliberale Strukturen, ökonomischer Wandel) zu berücksichtigen, die fast den Eindruck erwecken, dass die gesellschaftliche Umsetzung von Inklusion zunehmend eine Utopie darstellt (vgl. Grummt 2019).

ableiten: Zum einen stellt sich die Frage, welche Effekte der Einsatz von Schulbegleiter:innen auf die soziale Teilhabe der Schüler:innen hat und wie sich dieser auf die Gruppendynamik von Peergroups im schulischen Kontext auswirkt. Zum anderen bedarf es weiterführender Untersuchungen in Bezug auf die Zusammenarbeit zwischen Lehrkräften und Schulbegleiter:innen. Es stellt sich die Frage, inwiefern eine gelingende oder konflikthafte Zusammenarbeit zwischen den beiden Berufsgruppen Einfluss auf das Lernen und die Teilhabe an Bildung von Schüler:innen mit sonderpädagogischem Förderbedarf nimmt. Darüber hinaus ist es wichtig zu untersuchen, wie der Einsatz von Schulbegleiter:innen die Rolle und das professionelle Handeln von Lehrkräften verändert. Nicht zuletzt bedarf es eingehender Untersuchungen, ob und wenn ja wie sich der Charakter von Schulbegleitung und auch ihr Auftrag unter Berücksichtigung unterschiedlicher sonderpädagogischer Förderschwerpunkte (Lernen, geistige Entwicklung, emotionale und soziale Entwicklung, Sprache, motorische Entwicklung, Hören, Sehen) unterscheiden.

Aufgrund weiter vorherrschender widerständiger Strukturen im deutschen Bildungswesen (u. a. Dreigliedrigkeit des Schulsystems, trennende Doppelstruktur von Förderschulen und allgemeinbildenden Schulen) und mangelnder transformativer Prozesse im Rahmen einer systemischen Bildungsreform liegen dem deutschen Bildungssystem aktuell keine inklusiven, sondern allenfalls integrative (Integration von Kindern und Jugendlichen mit Behinderungen an allgemeinbildenden Schulen durch Einzelfallhilfen) und stellenweise sogar separative (Förderschule) Strukturen zugrunde. Indem Unzulänglichkeiten und Defizite im deutschen Bildungswesen nicht systembezogen, sondern bspw. durch den Einsatz von Schulbegleiter:innen individuumsbezogen ausgeglichen werden, scheint die Notwendigkeit und Dringlichkeit der Entwicklung inklusiver Bildungsstrukturen zu verschwinden. Wird der Komplexität der Umsetzung schulischer Inklusion im Allgemeinen und der Maßnahme Schulbegleitung im Besonderen nicht adäquat und differenziert begegnet, besteht die Gefahr, dass Separationstendenzen in Bezug auf Kinder und Jugendliche mit sonderpädagogischem Förderbedarf nicht mehr auf institutioneller Ebene in Form von Förderschulen, sondern innerhalb einer Schule bzw. einer Klasse zum Ausdruck kommen und damit weitgehend unsichtbar werden.

Literaturverzeichnis

AFET – Bundesverband für Erziehungshilfe e.V. (2015). Dokumentation des ExpertInnengesprächs zu aktuellen rechtlichen und fachlichen Spannungsfeldern bei der Schulbegleitung in Regelschulen. Hannover. Verfügbar unter: https://afet-ev.de/assets/veranstaltungen/2015-11-04_Dokumentation_Expertengesprch.pdf. [14. Juli 2022]

Ahrbeck, B. (2014): Der Umgang mit Behinderung. Stuttgart.

Ahrbeck, B. (2016a): Inklusion. Ein unerfüllbares Ideal? In: Göppel, R./Rauh, B. (Hrsg.): Inklusion. Idealistische Forderung - Individuelle Förderung - Institutionelle Herausforderung. Stuttgart. S. 46-60.

Ahrbeck, B. (2016b): Inklusion. Eine Kritik. Stuttgart.

Aktion Mensch (o.J.): Index für Inklusion. Verfügbar unter: https://www.aktion-mensch.de/inklusion/bildung/impulse/index-fuer-inklusion. [17.09.2022]

Albers, T. (2015): Inklusion mit Blick auf Kinder mit Behinderungen. In: Reichert-Garschhammer, E./Kieferle, C./Wertfein, M./Becker-Stoll, F. (Hrsg.): Inklusion und Partizipation. Vielfalt als Chance und Anspruch. Göttingen. S. 229-232.

Allan, J./Sturm, T. (2018): Schulentwicklung und Inklusion. In: Sturm, T./Wagner-Willi, M. (Hrsg.): Handbuch schulische Inklusion. Opladen, Toronto. S. 175-189.

Argelander, H. (1991): Der Text und seine Verknüpfungen. Berlin u. a.

Arndt, A.-K./Blasse, N./Budde, J./Heinrich, M./Lübeck, A./Rohrmann, A. (2017): Schulbegleitung als Forschungsfeld. In: Budde, J./Dlugosch. A./Sturm, T. (Hrsg.): (Re-)Konstruktive Inklusionsforschung. Differenzlinien – Handlungsfelder – Empirische Zugänge. Leverkusen. S. 225-240.

AWO Unterbezirk Ennepe-Ruhr. Qualifizierung zur Schulbegleitung. Individuelle Unterstützung von Kindern und Jugendlichen mit erhöhtem Förderbedarf im schulischen Alltag, Witten. Verfügbar unter: https://www.awo-en.de/sites/default/files/14/dokumente/Flyer%202017_2018_Qualifizierung%20zur%20Schulbegleitung.pdf. [14. Juli 2022]

Bacher,J./Pfaffenberger, M./Pöschko, H. (2007): Arbeitssituation und Weiterbildungsbedarf von Schulassistent/innen. Linz. Verfügbar unter: https://ams-forschungsnetzwerk.at/downloadpub/schulassistenz_jugendliche_mit_foerderbedarf_ooe_2007.pdf. [14. Juli 2022]

Bauer, T. (2018): Die Vereindeutigung der Welt. Über den Verlust an Mehrdeutigkeit und Vielfalt. Stuttgart.

Beck, C./Dworschak. W./Eibner, S. (2010): Schulbegleitung am Förderzentrum mit dem Förderschwerpunkt Geistige Entwicklung. Ergebnisse einer explorativen Studie zur Arbeitssituation und zum Tätigkeitsfeld von Schulbegleitern an bayrischen Förderzentren mit dem Förderschwerpunkt Geistige Entwicklung. In: Zeitschrift für Heilpädagogik 61 (7). S. 244-254.

Blasse, N. (2017): Vielfältige Positionen von Schulbegleitung im Unterricht. In: Laubner, M./Lindmeier, B./Lübeck, A. (Hrsg.): Schulbegleitung in der inklusiven Schule. Grundlagen und Praxis. Weinheim. S. 107-117.

Blömer-Hausmanns, S. (2014): Integrationshilfe – eine Baustellenbesichtigung. Gemeinsam Leben (4). S. 226–229.

Boban, I./Hinz, A. (1996): Integrative Prozesse auf der innerpsychischen Ebene. Verfügbar unter: http://bidok.uibk.ac.at/library/boban-innerpsychisch.html. [14. Juli 2022]

Böhm, E./Felbermayr, K./Biewer, G. (2018): Zentrale Forschungsbefunde zur Inklusion in der Schule. In: Sturm, T./Wagner-Willi, M. (Hrsg.): Handbuch schulische Inklusion. Opladen, Toronto. S. 143-157.

Bohnsack, R. (2014): Rekonstruktive Sozialforschung. Stuttgart.

Böing, U. (2014): Die Soziale Situation blinder und sehbeeinträchtigter Schülerinnen und Schüler in inklusiven Settings. Anfragen an die Rolle der Integrationshilfe. Gemeinsam Leben (4). S. 219–225.

Böing, U./Köpfer. A. (2017): Schulassistenz aus Sicht von Schülerinnen und Schülern mit Assistenzerfahrung. In: Laubner, M./Lindmeier, B./Lübeck, A. (Hrsg.): Schulbegleitung in der inklusiven Schule. Grundlagen und Praxis. Weinheim. S. 127-136.

Booth, T./Ainscow, M. (2019): Index für Inklusion. Ein Leitfaden für Schulentwicklung. Weinheim.

Böttinger, T. (2016): Inklusion. Gesellschaftliche Leitidee und schulische Aufgabe. Stuttgart.

Braches-Chyrek, R./Fischer, C./Mangione, C./Penczek, A./Rahm, S. (2015): Herausforderung Inklusion. Schule – Unterricht – Profession. Nürnberg.

Bräu, K. (2018): Inklusion und Leistung. In: Sturm, T./Wagner-Willi, M. (Hrsg.): Handbuch schulische Inklusion. Opladen, Toronto. S. 107-221.

Britze, H. (2012): Schulbegleitung als Leistung der Kinder- und Jugendhilfe. Bayerisches Landesjugendamt Mitteilungsblatt 12. S. 1–15. Verfügbar unter: http:// docplayer.org/22728179-Mitteilungsblatt-schulbegleitung-als-leistung-der-kinde-rund-jugendhilfe-1.html. [14. Juli 2022]

Budde, J. (2018): Erziehungswissenschaftliche Perspektiven auf Inklusion und Intersektionalität. In: Sturm, T./Wagner-Willi, M. (Hrsg.): Handbuch schulische Inklusion. Opladen, Toronto. S. 45-59.

Budde, J./Hummrich, M. (2015): Inklusion aus erziehungswissenschaftlicher Perspektive. Erziehungswissenschaft 26 (51). S. 33-41. Verfügbar unter: http://www.pedocs.de/volltexte/2016/11569/pdf/Erziehungswissenschaft_2015_51_Budde_Hummrich_Inklusion.pdf. [14.07.2022]

Bundesministerium für Arbeit und Soziales (2011): Übereinkommen der Vereinten Nationen über die Rechte von Menschen mit Behinderungen. Verfügbar unter: https://www.tmasgff.de/fileadmin/user_upload/Soziales/Dateien/Menschen_mit_Behinderungen/Die_UN-Behindertenrechtskonvention.pdf. [17.09.2022]

Castel, R. (2000): Die Fallsticke des Exklusionsbegriffs. In: Mittelweg 36 (3). S. 11-25.

CJD (o.J.): Qualifizierung zum Schulbegleiter/Integrationshilfe. Verfügbar unter: https://www.cjd-gesundheit.de/lehrgaengequalifizierungen/qualifizierung-zum-schulbegleiterintegrationshilfe/. [17. September 2022]

Czempiel, S. (2019): „So unspektakulär das auch ist, was ich da mache, so wichtig ist das auch" – Tätigkeiten und Rollenverständnis von Schulbegleiter/innen im inklusiven Unterricht. In: Sasse, A./Kracke, B./Czempiel, S./Sommer, S. (Hrsg.): Schulische Inklusion in der Kommune. Münster. S. 259-270.

Czempiel, S./Kracke, B. (2019): Kann das jeder? Welche Rolle spielt die Qualifikation von Schulbegleiter/innen für die Tätigkeiten und die Zusammenarbeit mit Lehrer/innen? Eine explorative Studie. In: Qualifizierung für Inklusion. Verfügbar unter: https://doi.org/10.21248/qfi.16. [14. Juli 2022]

Dammer, K. (2016): Henri und das Menschenrecht auf Bildung – Inklusion im Spannungsfeld von Diversität und allgemeiner Bildung. In: Göppel, R./Rauh, B. (Hrsg.): Inklusion. Idealistische Forderung - Individuelle Förderung - Institutionelle Herausforderung. Stuttgart. S. 61-78.

Dederich, M. (2006): Exklusion. In. Inklusion statt Integration? Heilpädagogik als Kulturtechnik. Gießen. S. 11.27.

Deger, P./Jerg, J./Puhr, K. (2015): Inklusion von Kindern und Jugendlichen mit einer Behinderung in allgemeinen Einrichtungen der Kindertagesbetreuung und Schulen. Eine Untersuchung zur Praxis der Gewährung von Leistungen der Eingliederungshilfe in Baden-Württemberg unter Einbeziehung der strukturellen Rahmenbedingungen von Inklusion. Stuttgart.

Der Paritätische Gesamtverband (2019): Schulassistenz gestalten. Für Kinder und Jugendliche mit Behinderungen in allgemeinbildenden Schulen. Verfügbar unter: https://www.der-paritaetische.de/fileadmin/user_upload/Publikationen/doc/20191219_schulassistenz-2019_web.pdf. [14. Juli 2022]

Deutscher Verein für öffentliche und private Fürsorge (2016): Empfehlungen des Deutschen Vereins: Von der Schulbegleitung zur Schulassistenz in einem inklusiven Schulsystem. Berlin. Verfügbar unter: https://www.deutscher-verein.de/de/uploads/empfehlungen-stellungnahmen/2016/dv-20-16-schulassistenz.pdf. [14. Juli 2022]

Deutsches Institut für Menschenrechte (o.J.): Monitoring-Stelle UN-Behindertenrechtskonvention. Die UN-Behindertenrechtskonvention. Verfügbar unter: https://www.institut-fuer-menschenrechte.de/das-institut/monitoring-stelle-un-brk/die-un-brk. [17. September 2022]

Deutsches Institut für Menschenrechte (2022): Entwicklung der Menschenrechtssituation in Deutschland. Juli 2021 – Juni 2022. Bericht an den Deutschen Bundestag gemäß § 2 Absatz 5 DIMRG. Berlin.

Devecchi, C./Dettori, F./Doveston, M., Sedgwick, P./Jament, J. (2012): Inclusive classrooms in Italy and England: the role of support teachers and teaching assistents. In: Euorpean Jpurnal of Special Needs Education 27 (2). S. 171-184. Verfügbar unter: https://doi.org/10.1080/08856257.2011.645587. [14. Juli 2022]

Dinkelaker, J./Herrle, M. (2009): Erziehungswissenschaftliche Videographie. Eine Einführung. Wiesbaden.

Dworschak, W. (2010): Schulbegleiter, Integrationshelfer, Schulassistent? Begriffliche Klärung einer Maßnahme zur Integration in die Allgemeine Schule bzw. die Förderschule In: Teilhabe 49 (3). S. 131-135.

Dworschak, W. (2012a): Assistenz in der Schule. Pädagogische Reflexionen zur Schulbegleitung im Spannungsfeld von Schulrecht und Eingliederungshilfe. In: Lernen konkret (4). S. 2–7.

Dworschak, W. (2012b): Schule im Förderschwerpunkt geistige Entwicklung. Zum Status Quo aus empirischer Sicht. In: Lernen konkret 31 (4). S. 8-10.

Dworschak, W. (2012c): Schulbegleitung im Förderschwerpunkt geistige Entwicklung an der allgemeinen Schule. In: Gemeinsam Leben 20 (2). S. 80-94.

Dworschak, W. (2015): Zur Bedeutung von Kontextfaktoren im Hinblick auf den Erhalt einer Schulbegleitung. Eine empirische Analyse im Förderschwerpunkt geistige Entwicklung an bayerischen Förderschulen. In: Empirische Sonderpädagogik 7 (1). S. 56–72.

Dworschak (2017): Zur Gewährung von Schulbegleitung – Wer erhält in welchem Umfang eine Schulbegleitung? In: Laubner, M./Lindmeier, B./Lübeck, A. (Hrsg.): Schulbegleitung in der inklusiven Schule. Grundlagen und Praxis. Weinheim. S. 37-49.

Ehrenberg, K./Lücke, M. (2017): „Der hat immer 'ne zweite Mutter bei sich." Peerkontakte bei Schulassistenz aus der Perspektive von Grundschülerinnen und Grundschülern. In: Sonderpädagogische Förderung heute 62 (1). S. 34–45.

Ellinger, S./Hechler, O. (2021): Entwicklungspädagogik. Erzieherisches Sehen, Denken und Handeln im Lebenslauf. Stuttgart.

Fegert, J./Henn, K. /Ziegenhain, U. (2015): Zur gegenwärtigen Situation von Schulbegleiter/innen und ihrer verbesserten Aus- und Fortbildung. In: Konrad Adenauer Stiftung (Hrsg.): Auf dem Prüfstand: Inklusion im deutschen Schulsystem. Sankt Augustin. S. 21-24.

Fegert, J. N./Ziegenhain, U. (2016): Schulbegleitung als Beitrag zur Inklusion. Stuttgart.

Fegert, J. N./Ziegenhain, U. (2019): Informationsbroschüre Schulbegleitung. Orientierungshilfe für Schule und Eingliederungshilfe. Stuttgart.

Ferdigg, R. A. (2014): Die Rolle der „IntegrationshelferInnen" in der inklusiven Bildung. In: Gemeinsam leben (4). S. 215-218.

Fertsch-Röver, J. (2015a): Objektive Hermeneutik. In: Koch, K./Ellinger, S. (Hrsg.): Empirische Forschungsmethoden in der Heil- und Sonderpädagogik. Eine Einführung. Göttingen u. a. S. 266-272.

Fertsch-Röver, J. (2015b): Anwendung der Objektiven Hermeneutik. In: Koch, K./Ellinger, S. (Hrsg.): Empirische Forschungsmethoden in der Heil- und Sonderpädagogik. Eine Einführung. Göttingen u. a. S. 273-279.

Flick, U. (2019): Qualitative Sozialforschung. Eine Einführung. Reinbeck.

Freistaat Thüringen (2019): Eingliederungshilfen in Form von Schulbegleitung in Thüringen. Entwicklung der Bewilligungen, Hilfeempfänger und der Ausgaben in Jugend- und Sozialhilfe von 2011 bis 2018. Erfurt. *(Bislang) Unveröffentlichtes Dokument des Freistaats Thüringen. Ministerium für Jugend, Bildung und Sport. Auf Anfrage bei Herrn Olaf Hopfgarten, Jugendamt Erfurt.*

Fröhlich, V. (2016): Zwischen Rechtsanspruch und pädagogischem Wagnis. Wem nützt, wem schadet die Inklusionsdebatte? In: Göppel, R./Rauh, B. (Hrsg.): Inklusion. Idealistische Forderung - Individuelle Förderung - Institutionelle Herausforderung. Stuttgart. S. 219-226.

Frühauf, T. (2012): Von der Integration zur Inklusion. Ein Überblick. In: Hinz, A./Körner, I./Niehoff, U. (Hrsg.): Von der Integration zur Inklusion. Grundlagen - Perspektiven - Praxis. Marburg. S. 11-32

Garfinkel, H. (2004): Studies in Ethnomethodology. Cambridge.

Garz, D./Raven, U. (2015): Theorie der Lebenspraxis. Einführung in das Werk Ulrich Oevermanns. Wiesbaden.

Geddes, H. (2012): Attachement in the classroom. London.

Geist, E. (2017): Qualifikation und Qualifizierung von Schulbegleiter/innen. In: Laubner, M./Lindmeier, B./Lübeck, A. (Hrsg.): Schulbegleitung in der inklusiven Schule. Grundlagen und Praxis. Weinheim. S. 50-65.

Gerspach, M. (2018): Psychodynamisches Verstehen in der Sonderpädagogik. Wie innere Prozesse Verhalten und Lernen steuern. Stuttgart.

Gerspach, M. (2016): Von den integrativen Prozessen zur Inklusion. Was bleibt auf der Strecke? In: Göppel, R./Rauh, B. (Hrsg.): Inklusion. Idealistische Forderung - Individuelle Förderung - Institutionelle Herausforderung. Stuttgart. S. 197-206.

Giangreco, M./Broer, S./Edelman, S. (2001): Teacher Engagement With Students With Disabilities: Differences Between Paraprofessional Service Delivery Models. In. Research and Practice for Persons with Severe Disabilities 26 (2). S. 75–86.

Gingelmaier, S./Ramberg, A. (2018): Reflexion als Reaktion. Die grundlegende Beudetung des Mentalisierens für die Pädagogik. In: Gingelmaier, S./Taubner, S./Ramberg, S. (Hrsg.): Handbuch mentalisierungsbasierte Pädagogik. Göttingen. S. 89-106.

Gingelmaier, S. /Taubner, S./Ramberg, A. (2018): Mentalisierungsbaierte Pädagogik. Eine Hinführung. In: Gingelmaier, S./Taubner, S./Ramberg, S. (Hrsg.): Handbuch mentalisierungsbasierte Pädagogik. Göttingen. S. 14-19.

Graf, E. (2016): Inklusiver Unterricht. Eine institutionelle Herausforderung. In: Göppel, R./Rauh, B. (Hrsg.): Inklusion. Idealistische Forderung - Individuelle Förderung - Institutionelle Herausforderung. Stuttgart. S. 104-113.

Grummt, M. (2019): Sonderpädagogische Professionalität und Inklusion. Wiesbaden.

Hackbarth, A. (2017): Inklusionen und Exklusionen in Schülerinteraktionen. Empirische Rekonstruktion in jahrgangsübergreifenden Lerngruppen an einer Förderschule und an einer inklusiven Grundschule. Frankfurt am Main.

Hackbarth, A./Martens, M. (2018): Inklusiver (Fach-)Unterricht: Befunde – Konzeptionen – Herausforderungen. In: Sturm, T./Wagner-Willi, M. (Hrsg.): Handbuch schulische Inklusion. Opladen, Toronto. S. 191-205.

Hechler, O. (2018): Feinfühlig Unterrichten. Lehrerpersönlichkeit – Beziehungsgestaltung – Lernerfolg. Stuttgart.

Hechler, O./Keinath, T. (2019): „Das macht echt keinen Sinn mit dir!". Eine empirische Untersuchung zur Professionalisierungsbedürftigkeit von Schulbegleitung. In: Ellinger, S./Schott-Leser, H. (Hrsg.): Rekonstruktion sonderpädagogischer Praxis. Eine Fallsammlung für die Lehrerbildung. Opladen, Berlin, Toronto. S. 127-143.

Heimlich, U. (2014): Einleitung: Inklusion und Sonderpädagogik. In: Heimlich, U./Kahlert, J. (Hrsg.): Inklusion in Schule und Unterricht. Stuttgart. S. 9-25.

Heimlich, U. (2016): Integration. In: Hedderich, I./Biewer, G./Hollenweger, J./Markowetz, R. (Hrsg.): Handbuch Inklusion und Sonderpädagogik. Stuttgart. S. 118-122.

Heinrich, M. (2019): Professionalisierbarkeit von Schulbegleitungen? In: Lübeck, A./Heinrich, M. (Hrsg.): Schulbegleitung im Professionalisierungsdilemma. Rekonstruktionen zur inklusiven Beschulung. Münster.

Heinrich, M./Lübeck, A. (2013): Hilfelose häkelnde Helfer? Zur pädagogischen Rationalität von Integrationshelfer/innen/n im inklusiven Unterricht. In: bildungsforschung, 10 (1). Tübingen. S. 91-110.

Heinrich, M./Lübeck, A. (2013): Hilflose häkelnde Helfer? Zur pädagogischen Rationalität von Integrationshelfer/inne/n im inklusiven Unterricht. In: Bildungsforschung (10). S. 91–110.

Helsper, W. (2002): Lehrerprofessionalität als antinomische Handlungsstruktur. In: Kraul, M./Marotzki, W./Schweppe, C. (Hrsg.): Biographie und Profession. Bad Heilbrunn. S. 64-102.

Helsper, W. (2021): Professionalität und Professionalisierung pädagogischen Handelns. Eine Einführung. Opladen, Toronto.

Henn, K./Thurn, L./Besier, T./Künster, A./Fegert, J./Ziegenhain, U. (2014): Schulbegleiter als Unterstützung von Inklusion im Schulwesen. Erhebung zur gegenwärtigen Situation von Schulbegleitern in Baden-Württemberg. In: Zeitschrift für Kinder- und Jugendpsychiatrie und Psychotherapie, 42 (6). S. 397-403.

Hennemann, T./Ricking, H./Huber, C. (2015): Organisationsformen inklusiver Förderung im Bereich emotional-soziale Entwicklung. In: Stein, R./Müller, T. (Hrsg.): Inklusion im Förderschwerpunkt emotionale und soziale Entwicklung. Stuttgart. S. 110 –143.

Herz, B. (2016): Risiken, Nebenwirkungen und Chancen inklusiver Beschulung. In: Göppel, R./Rauh, B. (Hrsg.): Inklusion. Idealistische Forderung - Individuelle Förderung - Institutionelle Herausforderung. Stuttgart. S. 91-103.

Herz, B./Meyer, M./Liesebach, J. (2019): Integrationshelferinnen und Integrationshelfer in der schulischen Erziehungshilfe. Verfügbar unter: http://dx.doi.org/10.2378/vhn2018.art18d. [14. Juli 2022]

Hinz, A. (2002): Von der Integration zur Inklusion - terminologisches Spiel oder konzeptionelle Weiterentwicklung? In: Zeitschrift für Heilpädagogik (53). S. 354-361.

Hinz, A. (2006): Integration und Inklusion. In: Wüllenweber, E./Theunissen, G./Mühl, H. (Hrsg.): Pädagogik bei geistigen Behinderungen. Ein Handbuch für Studium und Praxis. Stuttgart. S. 251-260.

Hinz, A. (2009): Inklusive Pädagogik in der Schule – veränderter Orientierungsrahmen für die schulische Sonderpädagogik!? Oder doch deren Ende? In: Zeitschrift für Heilpädagogik 60 (5). S. 171-179.

Hinz, A./Körner., I./Niehoff. U. (2010): Auf dem Weg zur Schule für alle. Barrieren überwinden - inklusive Pädagogik entwickeln. Marburg.

Holler, B./van den Brink, H. (2020): Evaluation der Schulbegleitung der Stiftung Leben leben. Ergebnisse einer Befragung von Lehrkräften, Erziehungsberechtigten und Schüler*innen in den Landkreisen Uelzen/Lüchow-Dannenberg und Gifhorn. Explorationen (Fachbeiträge Soziale Arbeit), Nr. 1/2020. Suderburg.

Hoyer, J. (2017): Strukturbedingte Reflexionskriterien für multiprofessionelle Zusammenarbeit im Handlungsfeld Schule. In: Laubner, M./Lindmeier, B./Lübeck, A. (Hrsg.): Schulbegleitung in der inklusiven Schule. Grundlagen und Praxis. Weinheim. S. 118-126.

Hurry, A. (2002): Psychoanalyse und Entwicklungstherapie. In: Hurry, A. (Hrsg.): Psychoanalyse und Entwicklungsförderung von Kindern. Frankfurt am Main. S. 43-88.

Hussy, W./Schreier, M./Echterhoff, G. (2013): Forschungsmethoden in Psychologie und Sozialwissenschaften für Bachelor. Berlin, Heidelberg.

Institut für berufliche Bildung (IBB) (o.J.): Weiterbildung Schulbegleiter/-in /Integrationsassistent/-in. Verfügbar unter: https://www.ibb.com/weiterbildung/schulbegleiter-integrationsassistent. [17.09.2022]

Janson, U. (2013): Partizipation im Vorschulbereich als sozialer Prozess. In: Ytterhus, B./Kreuzer, M. (Hrsg.): „Dabeisein ist nicht alles". Inklusion und Zusammenleben im Kindergarten. München. S. 132-152.

Jerosenko, A. (2019): Soziale Integration durch Schulbegleitung? Effekte von Schulbegleitung auf die soziale Integration von Schülern mit seelischer Beeinträchtigung an bayerischen Regelschulen. München.

Katzenbach, D. (2012): Die innere Seite von Inklusion und Exklusion. Zum Umgang mit der UN-Behindertenrechtskonvention. In: Heilmann, J./Krebs, H./Eggert-Schmid Noerr, A. (Hrsg.): Außenseiter integrieren. Perspektiven auf gesellschaftliche, institutionelle und individuelle Ausgrenzung. Gießen. S. 81-111.

Katzenbach, D. (2015): De-Kategorisierung inklusive? Über Risiken und Nebenwirkungen des Verzichts auf Etikettierungen. In: Huf, C./Schnell, I. (Hrsg.): Inklusive Bildung in Kita und Grundschule. Stuttgart. S. 33-55.

Katzenbach, D. (2016): Inklusion, psychoanalytische Pädagogik und Differenzdiskurs. In: Göppel, R./Rauh, B. (Hrsg.): Inklusion. Idealistische Forderung - Individuelle Förderung - Institutionelle Herausforderung. Stuttgart. S. 17-29.

Kißgen, R./Franke, S./Ladinig, B./Mays, D./Carlitschek, J. (2013): Schulbegleitung an Förderschulen in Nordrhein-Westfalen. Ausgangslage, Studienkonzeption und erste Ergebnisse. In: Empirische Sonderpädagogik (3). S. 263–276.

Kißgen, R./Carlitschek, J./Fehrmann, S./Limburg, D./Franke, S. (2016): Schulbegleiterinnen
und Schulbegleiter an Förderschulen Geistige Entwicklung in Nordrhein-Westfalen.
Soziodemografie, Tätigkeitsspektrum und Qualifikation. In: Zeitschrift für Heilpädagogik (67). S. 252-263.

Klein, G./Kreie, G./Kron, M./Reiser, H. (1987): Integrative Prozesse in Kinder-gartengrup-
pen. Über die gemeinsame Erziehung von behinderten und nichtbehinderten Kindern. Weinheim.

Knauf, H./Knauf, M. (2019): Schulische Inklusion in Deutschland. 2009-2017. Eine bil-
dungsstatistische Analyse aus Anlass des 10. Jahrestags des Inkrafttretens der UN-
Behindertenrechtskonvention. Bielefeld.

Knuf, O. (2013): Von der Schulbegleitung zum Teilhabemanagement. In: Moser, V./Deppe-
Wolfinger, V. (Hrsg.): Die inklusive Schule. Standards für die Umsetzung. Stuttgart.
S. 93-99.

Köpfer, A. (2017): „Raum kommt von räumen". Raumhandeln als Schulassistenz. In: Laubner, M./Lindmeier, B./Lübeck, A. (Hrsg.): Schulbegleitung in der inklusiven Schule.
Grundlagen und Praxis. Weinheim. S. 90-96.

Kremer, G. (2012): „Wer passt denn heute auf mich auf?" Chancen und Probleme des Ein-
satzes von Integrationshelfern in der Schule. Systhema 2 (26). S. 152–161.

Kremer, G. (2016). Schulbegleitung als pädagogische Tätigkeit. Eine Analyse am Beispiel
des Lobens. In: Vierteljahresschrift für Heilpädagogik und ihre Nachbargebiete 85
(1). S. 1–6.

Kron, M. (2013): Integration als Einigung. Integrative Prozesse und ihre Gefährdungen auf
Gruppenebene. In: Ytterhus, B./Kreuzer, M. (Hrsg.): „Dabeisein ist nicht alles". Inklusion und Zusammenleben im Kindergarten. München. S. 190-200.

Kultusministerkonferenz (1994): Empfehlungen zur sonderpädagogischen Förderung in
den Schulen in der Bundesrepublik Deutschland. Verfügbar unter:
https://www.kmk.org/fileadmin/veroeffentlichungen_beschluesse/1994/1994_
05_06-Empfehlung-sonderpaed-Foerderung.pdf. [17.September 2022]

Kultusministerkonferenz (2011): Inklusive Bildung von Kindern und Jugendlichen mit Behinderungen in Schulen. Verfügbar unter: https://www.kmk.org/fileadmin/
veroeffentlichungen_beschluesse/2011/2011_10_20-Inklusive-Bildung.pdf.
[17. September 2022]

Kultusministerkonferenz (2020): Sonderpädagogische Förderung in Schulen. 2011-2020. Verfügbar unter: https://www.kmk.org/fileadmin/Dateien/pdf/Statistik/Dokumentationen/Dok231_SoPaeFoe_2020.pdf. [17. September 2022]

Kultusministerkonferenz (2022): Lehrkräfteeinstellungsbedarf und -angebot in der Bundesrepublik Deutschland 2021 – 2035. Zusammengefasste Modellrechnungen der Länder. Verfügbar unter: https://www.kmk.org/fileadmin/Dateien/pdf/Statistik/Dokumentationen/Dok_233_Bericht_LEB_LEA_2021.pdf. [26.Januar 2023]

Lebenshilfe (2015): Ein Positionspapier der Bundesvereinigung Lebenshilfe e.V. Marburg. Verfügbar unter: https://www.lebenshilfe.de/fileadmin/Redaktion/PDF/Wissen/public/Positionspapiere/Positionspapier_2015-11_Schulbegleitung.pdf. [14. Juli 2022]

Leibetseder, M. (2017): Damit jede/r weiß, was zu tun ist. Praxismaterial zur Aufgabenklärung von Assistenz in inklusiven Klassen. In: Feyerer, E./Prammer, W./Prammer-Semmler, W. (Hrsg.): Inklusion konkret. Assistenz und Bildung (2). Linz. S. 36-42.

Lindemann, H./Schlarmann, A. (2016): Schulbegleitung. Eine deskriptive Analyse der Rahmenbedingungen. In: Zeitschrift für Heilpädagogik (67). S. 264-279.

Lindmeier, B. (2017): Sonderpädagogische Professionalität und Inklusion. In: Lindmeier, C./Weiß, H. (Hrsg.): Sonderpädagogische Förderung heute. 1. Beiheft. Pädagogische Professionalität im Spannungsfeld von sonderpädagogischer Förderung und inklusiver Erziehung und Bildung. Weinheim. S. 51-77.

Lindmeier, B./Dworschak, W. (2017): Zur Notwendigkeit der konzeptionellen Weiterentwicklung der Maßnahme Schulbegleitung. In: Laubner, M./Lindmeier, B./Lübeck, A. (Hrsg.): Schulbegleitung in der inklusiven Schule. Grundlagen und Praxis. Weinheim. S. 150-159.

Lindmeier, B./Polleschner, S./Thiel, S. (2014): Schulassistenz in der Region Hannover. Bericht zur Fachtagung „Rolle der Schulassistenz in inklusiven Grundschulen". Hannover. Verfügbar unter: https://www.hannover.de/Media/01-DATA-Neu/Downloads/Region-Hannover/Soziales/Rolle-der-Schulassistenz-in-inklusiven-Grundschulen. [14. Juli 2022]

Lindmeier, B./Ehrenberg, K. (2017): „In manchen Momenten wünsch ich mir auch, dass sie gar nicht da sind.". Schulassistenz aus der Perspektive von Mitschülerinnen und Mitschülern. In: Laubner, M./Lindmeier, B./Lübeck, A. (Hrsg.): Schulbegleitung in der inklusiven Schule. Grundlagen und Praxis. Weinheim. S. 137-149.

Lindmeier, C./Lindmeier, B. (2018): Professionalisierung von Lehrpersonen. In: Sturm, T./Wagner-Willi, M. (Hrsg.): Handbuch schulische Inklusion. Opladen, Toronto. S. 251-265.

Lindmeier, B./Polleschner, S. (2014): Schulassistenz. Ein Beitrag zu einer inklusiven Schule oder zur Verfestigung nicht inklusiver Strukturen? In: Gemeinsam Leben 22 (4). S. 195-205.

Loos, S. (2014): Assistenz in der Schule ist Teil des Menschenrechts auf Bildung. In: Barth, U./Maschke, T. (Hrsg.): Inklusion. Vielfalt gestalten. Ein Praxisbuch. Stuttgart. S. 496-508.

Lübeck, A. (2016): „Wenn man nicht integriert ist an der Schule, kann man auch nicht als Integrationshelfer arbeiten." Spannungsfelder zum Einsatz von Schulbegleitungen aus wissenschaftlicher Perspektive. In: Dialog Erziehungshilfe (1). S. 46–50.

Lübeck, A. (2017): Außen vor und doch dabei? Zur Einbindung der Schulbegleitung im schulischen Kollegium. In: Laubner, M./Lindmeier, B./Lübeck, A. (Hrsg.): Schulbegleitung in der inklusiven Schule. Grundlagen und Praxis. Weinheim. S. 66-73.

Lübeck, A./Heinrich, M. (2019): Schulbegleitung im Professionalisierungsdilemma. Rekonstruktionen zur inklusiven Beschulung. Berlin.

Lübeck, A. (2019): Schulbegleitung im Rollenprekariat. Zur Unmöglichkeit der „Rolle Schulbegleitung" in der inklusiven Schule. Wiesbaden.

Lübeck, A. (2020): Schulbegleitung in der inklusiven Schule. In: Behindertenpädagogik 59 (1). S. 7-28.

Lübeck, A./Demmer, C. (2017): Unüberblickbares überblicken. Ausgewählte Forschungsergebnisse zu Schulbegleitung. In: Laubner, M./Lindmeier, B./Lübeck, A. (Hrsg.): Schulbegleitung in der inklusiven Schule. Grundlagen und Praxis. Weinheim. S. 11-27.

Luhmann, N. (1997): Die Gesellschaft der Gesellschaft. Frankfurt am Main.

Lutze, K. (2022): Innere Denkräume schaffen. Psychoanalytisch-qualitative Studie zu Inklusion und Mentalisierung in der Kindertagesstätte. Frankfurt am Main.

Markowetz, R./Jerosenko, A. (2016): Modellprojekt „Integrationshelfer in der inklusiven Schule". Abschlussbericht der wissenschaftlichen Begleitung, Ludwig-Maximilians-Universität München. Verfügbar unter: http://bildungspakt-bayern.de/wp-content/uploads/2016/09/Abschlussbericht_wissenschaftliche_Begleitung.pdf. [14. Juli 2018]

Marvin, B. (2009): Das Verständnis von oppositionellem und zerstörerischem Verhalten von Kindern aus der Perspektive des „Sicherheitskreises". In: Brich, K./Hellbrügge, T. (Hrsg.): Wege zur sicheren Bindung in Gesellschaft und Familie. Stuttgart. S. 187-212.

Mays, D./Franke, S./Ladinig, B./Kißgen, R. (2014): Berufsfeld Schulbegleitung. Eine Studie zum Einsatz von Schulbegleiter/innen. Göttingen.

Meyer, K. (2017): Multiprofessionalität in der inklusiven Schule. Eine empirische Studie zur Kooperation von Lehrkräften und Schulbegleiter/innen. Göttingen.

Meyer, K./Nonte, S./Willems, A. (2017): Mittendrin und doch außen vor? Eine empirische Studie zur multiprofessionellen Kooperation aus der Sicht von Schulbegleiter/innen. In: Laubner, M./Lindmeier, B./Lübeck, A. (Hrsg.): Schulbegleitung in der inklusiven Schule. Grundlagen und Praxis. Weinheim. S. 74-89.

Ministerium für Familie, Frauen, Jugend, Integration und Verbraucherschutz (2016): Hilfen zur Erziehung in Rheinland-Pfalz. 5. Landesbericht 2016. Die Inanspruchnahme erzieherischer Hilfen im Kontext sozio- und infrastrukturellen Einflussfaktoren. Mainz.

Mitteilung des Senats an die Bremische Stadtbürgerschaft (2018): Versorgungslücke und Trägerwettbewerb bei Assistenzkräften in der Inklusion. Bremen.

Moor, P. (1974): Heilpädagogik ein pädagogisches Lehrbuch. Bern

Niedermayer, G. (2009): Die Rolle der Integrationsbegleiter. In: Thoma, P./Cornelia, R. (Hrsg.): Inklusive Schule. Leben und Lernen mittendrin. Bad Heilbrunn. S. 225-235.

Nohl, A. (2018): Inklusion in Bildungs- und Erziehungsorganisationen. In: Sturm, T./Wagner-Willi, M. (Hrsg.): Handbuch schulische Inklusion. Opladen, Toronto. S. 15-29.

O´Rourke, J./West, J. (2015): Education assistant support in inclusive western Australian classrooms. Trialling a screening tool in an Australian context. In: International Journal of Disability, Development and Education 62 (5). S. 531–546.

Oevermann, U. (1996): Theoretische Skizze einer revidierten Theorie professionalisierten Handelns. In: Combe, A./Helsper, W. (Hrsg.): Pädagogische Professionalität. Untersuchungen zum Typus pädagogischen Handelns. Frankfurt am Main. S. 70-182

Oevermann, U. (2008): Profession contra Organisation? Strukturtheoretische Perspektiven zum Verhältnis von Organisation und Profession in der Schule. In: Helsper, W./Busse, S./Hummrich, M./Kramer, R.T. (Hrsg.): Pädagogische Professionalität in Organisationen. Neue Verhältnisbestimmungen am Beispiel der Schule. Wiesbaden. S. 55-79.

Oevermann, U. (2000): Die Methode der Fallrekonstruktion in der Grundlagenforschung so wie in der klinischen und pädagogischen Praxis. In: Kraimer, K. (Hrsg.): Die Fallrekonstruktion. Sinnverstehen in der sozialwissenschaftlichen Forschung. Frankfurt am Main. S. 58-156.

Oevermann, U. (2002): Klinische Soziologie auf der Basis der Methodologie der objektiven Hermeneutik. Manifest der objektiv hermeneutischen Sozialforschung. Verfügbar unter: https://www.ihsk.de/publikationen/Ulrich_Oevermann-Manifest_der_objektiv_hermeneutischen_Sozialforschung.pdf. [17. September 2022]

Oevermann, U. (2009): Die Problematik der Strukturlogik des Arbeitsbündnisses und der Dynamik von Übertragung und Gegenübertragung in einer professionalisierten Praxis von Sozialarbeit. In: Becker-Lenz, R./Busse, B./Ehlert, G./Müller, S. (Hrsg.): Professionalität in der sozialen Arbeit. Standpunkte, Kontroversen, Perspektiven. Wiesbaden. S. 113-143.

Prammer-Semmler, E. (2017): Was genau ist nun bitte die Pädagogische Assistenz? In: Feyerer, E./Prammer, W./Prammer-Semmler, W. (Hrsg.): Inklusion konkret. Assistenz und Bildung (2). Linz. S. 9-18.

Prammer-Semmler, E./Prammer, W. (2014); Pädagogische Assistenz ist keine billige Lehrerarbeit! In: Gemeinsam Leben (4). S. 206–214.

Preisendörfer, P. (2016): Organisationssoziologie. Grundlagen, Theorien und Problemstellungen. Wiesbaden.

Prengel, A. (2016): Inklusive Pädagogik und ihre Bedeutung für relationale Prozesse. In: Göppel, R./Rauh, B. (Hrsg.): Inklusion. Idealistische Forderung - Individuelle Förderung - Institutionelle Herausforderung. Stuttgart. S. 30-45.

Prinz, R./Peyrl, B. (2016): Professionalisierung als Voraussetzung für Inklusion. Vorschulförderung verhaltensauffälliger Kinder durch psychoanalytisch-pädagogisch ausgebildete Lehrkräfte. In: Göppel, R./Rauh, B. (Hrsg.): Inklusion. Idealistische Forderung - Individuelle Förderung - Institutionelle Herausforderung. Stuttgart. S. 137-147.

Przyborski, A./Wohlrab-Sahr, M. (2014): Qualitative Sozialforschung. Ein Arbeitsbuch. München.

Ramberg, A. (2018): Mentalisierungsbasierte Interventionen und professionelle Haltung in der Pädagogik am Beispiel von Schule. Gingelmaier, S./Taubner, S./Ramberg, S. (Hrsg.): Handbuch mentalisierungsbasierte Pädagogik. Göttingen. S. 107-119.

Rauh, B./Brandl, Y./Wininger, M./Zimmermann, D. (2020): Inklusionspädagogik – eine halbierte Bewegung? Psychoanalytische Perspektiven auf ein erziehungswissenschaftliches Paradigma. In: Van Ackeren, I./Bremer, H./Kessel, F. (Hrsg.): Bewegungen. Beiträge zum 26. Kongress der Deutschen Gesellschaft für Erziehungswissenschaft. Opladen, Berlin, Toronto. S. 541-553.

Rauschenbach, T./Mühlmann, T./Schilling, M./Pothmann, J./Meiner-Teubner, C./Fendrich, S. (2019): Kinder- und Jugendhilfereport 2018. Eine kennzahlenbasierte Analyse. Opladen.

Reiser, H. (2007): Inklusion. Vision oder Illusion. In: Katzenbach, D. (Hrsg.): Vielfalt braucht Struktur. Heterogenität als Herausforderung für die Unterrichts- und Schulentwicklung. Frankfurt am Main. S. 99-105.

Reuter, U. (2012): Das falsche Instrument für eine große Aufgabe. Der Einsatz von Schulbegleitern an einem Förderzentrum geistige Entwicklung. In: Lernen konkret (4). S. 22–23.

Rohrmann, A./Weinbach, H. (2017): Inklusive Bildung durch Schulbegleitung? Zur Verstetigung der Schulbegleitung durch das Bundesteilhabegesetz. In: Sozial Extra (4). S. 39-42.

Sacher, W. (1984): Erziehungsbedürftigkeit – „moderner Mythos" oder „Zentralkategorie der anthropologisch-pädagogischen Forschung"? In: Vierteljahresschrift für wissenschaftliche Pädagogik (3). S. 281-300.

Saddler, H. (2014): Researching the influence of teaching assistants on the learning of pupils identified with special educational needs in mainstream primary schools. Exploring social inclusion. In: Journal of Research in Special Educational Needs 14 (3). S. 145–152.

Sammet, K./Erhard, F. (2018): Methodologische Grundlagen und praktische Verfahren der Sequenzanalyse. Eine didaktische Hinführung. In: Sammet, K./Erhard, F. (Hrsg.): Sequenzanalyse praktisch. Weinheim, Basel. S. 15-72.

Sander, A. (2003): Von Integrationspädagogik zu Inklusionspädagogik. In: Sonderpädagogische Förderung 48 (4). Weinheim. S. 313–329.

Sandler, J./Dare, C./Holder, A./Dreher, A.-U. (2015): Die Grundbegriffe der psychoanalytischen Therapie. Stuttgart.

Schulze, K. (2017): Schulbegleitung im Spannungsfeld von Nähe und Distanz. Eine Einzelfallanalyse zum Umgang mit paradoxen Strukturen pädagogischen Handelns. In: Laubner, M./Lindmeier, B./Lübeck, A. (Hrsg.): Schulbegleitung in der inklusiven Schule. Grundlagen und Praxis. Weinheim. S. 97-106.

Schumann, B. (2009): Inklusion: eine Verpflichtung zum Systemwechsel - deutsche Schulverhältnisse auf dem Prüfstand des Völkerrechts. Zeitschrift für Inklusion (1). S. 17-21.

Schütze, F. (2021): Professionalität und Professionalisierung in pädagogischen Handlungsfeldern: Soziale Arbeit. Opladen.

Seutter-Güthöhrlein, K. (2015): Kinder-Sichten – Leben und Lernen in Schwerpunktschulen aus der Akteursperspektive der Schülerinnen und Schüler. In: Blömer, B./Lichtblau, M./Jüttner, A./Koch, K./Krüger/M. Werning, R. (Hrsg.): Perspektiven auf inklusive Bildung. Gemeinsam anders lehren und lernen. Wiesbaden. S. 285-290.

Speck, O. (2011): Schulische Inklusion aus heilpädagogischer Sicht. Rhetorik und Realität. München.

Speck, O. (2019): Dilemma Inklusion. Wie Schule allen Kindern gerecht werden kann. München.

Steinmetz, S./Wrase, M./Helbig, M./Döttinger, I. (2021): Die Umsetzung schulischer Inklusion nach der UN-Behindertenrechtskonvention in den deutschen Bundesländern. Baden-Baden.

Stichweh, R./Windolf, P. (2009): Inklusion und Exklusion. Analysen zur Sozialstruktur und sozialen Ungleichheit. Wiesbaden.

Stichweh, R. (2016): Inklusion und Exklusion. Studien zur Gesellschaftstheorie. Bielefeld.

Terfloth, K. (2016): Schwere und mehrfache oder Komplexe Behinderung. In: Hedderich, I./Biewer, G./Hollenweger, J./Markowetz, R. (Hrsg.): Handbuch Inklusion und Sonderpädagogik. Stuttgart. S. 257-261.

Thäkä, V. (1993): Mind and its Treatment. A Psychoanalytic Approach. Madison.

Tews, L./Lupart, J. (2008): Students with disabilities' perspectives of the role and impact of paraprofessionals in inclusive education settings. In: Journal of Policy and Practice in Intellectual Disabilities 5 (1). S. 39 –46.

Theunissen, G. (2013): Empowerment und Inklusion behinderter Menschen. Eine Einführung in Heilpädagogik und Soziale Arbeit. Freiburg im Breisgau.

Thiel, S. (2017): Die Beantragung und Bewilligung von Schulassistenz. In: Laubner, M./Lindmeier, B./Lübeck, A. (Hrsg.): Schulbegleitung in der inklusiven Schule. Grundlagen und Praxis. Weinheim. S. 28-36.

Traxl, B. (2013): Stationen heilpädagogischen Handelns: Selbst – Dyade – Triade. In: Zeitschrift für Heilpädagogik (08). S. 315-321.

Traxl, B. (2016): Zur Dialektik von Inklusion und Exklusion. In: Heddrich, I./Zahnd R. (Hrsg.): Teilhabe und Vielfalt: Herausforderungen einer Weltgesellschaft: Beiträge zur Internationalen Heil- und Sonderpädagogik. Bad Heilbrunn. S. 61-73.

Trescher, H. (2016): Grundlagen der Objektiven Hermeneutik. In: Katzenbach, D. (Hrsg.): Qualitative Forschungsmethoden in der Sonderpädagogik. Stuttgart. S. 183-193.

Tyack, D./Tobin, W. (1994): The "Grammar" of Schooling. Why Has it Been so Hard to Change? In: American Educational Research Journal 31 (3). S. 453-479.

Umsetzungsbegleitung Bundesteilhabegesetz (o.J.): Hintergrund. Meilensteine auf dem Weg zum BTHG. Verfügbar unter: https://umsetzungsbegleitung-bthg.de/gesetz/hintergrund/. [17. September 2022]

VHS Landesverband Niedersachsen. (2018): Qualifizierung zum/zur Schulbegleiter/-in (VHS). Verfügbar unter: https://vhs-nds.de/qualifizierung/quali-vhsconcept-schulen/qualifizierung-detail-schb/. [14. Juli 2022]

Wadsworth, D./Knight, D. (1996): Paraprofessionals. The bridge to successful full inclusion. In: Intervention in School and Clinic 31 (3). S. 166 –171.

Wagner-Willi, M. (2018): Schülerinnen und Schüler: Inklusion und Differenz in mehrdimensionaler Perspektive. In: Sturm, T./Wagner-Willi, M. (Hrsg.): Handbuch schulische Inklusion. Opladen, Toronto. S. 315-329.

WBS-Training (o.J.): Schulbegleiter/-in/Inklusionsassistenz. Verfügbar unter: https://www.wbstraining.de/weiterbildung-schulbegleiter-in/#:~:text=Um%20an%20der%20Qualifizierung%20teilnehmen,ohne%20Eintr%C3%A4ge%20setzen%20wir%20voraus. [17. September 2022]

Wernet, A. (2009): Einführung in die Interpretationstechnik der Objektiven Hermeneutik. Wiesbaden.

Wernet, A. (2021): Einladung zur Objektiven Hermeneutik. Opladen, Toronto.

Widmer-Wolf, P. (2018): Kooperation in multiprofessionellen Teams an inklusiven Schulen. In: Sturm, T./Wagner-Willi, M. (Hrsg.): Handbuch schulische Inklusion. Opladen, Toronto. S. 299-313.

Wiesmann, C./Budzin, D. (2019): Warum Inklusion auch ein innerer Prozess ist. Gruppenanalytische Perspektiven im Inklusionsdiskurs. In: Stein, R./Link, P.-C./Hascher, P. (Hrsg.): Frühpädagogische Inklusion und Übergänge. Berlin. S. 123-144.

Willmann, M. (2012): De-Psychologisierung und Professionalisierung der Sonderpädagogik. Kritik und Perspektiven einer Pädagogik für „schwierige" Kinder. München.

Willmann, M. (2017): Pädagogik der Inklusion? - Konstitutionsprobleme inklusiver Bildung aus der Sicht der Erziehungstheorie. In: Link, P./Stein, R. (Hrsg.): Schulische Inklusion und Übergänge. Berlin. S. 91-104.

Winnicott, D. W. (1999): Kind, Familie und Umwelt. München.

Wocken, H. (2011): Inklusion & Integration. Ein Versuch, die Integration vor der Abwertung und die Inklusion vor Träumereien zu bewahren. In: Wocken, H. (Hrsg.): Das Haus der inklusiven Schule. Baustellen – Baupläne – Bausteine. Hamburg. S. 59-90.

Zauner, M./Zwosta, M. (2014): Effektstudie zur Schulbegleitung. Regensburg.

Zimmermann, D. (2019): Professionalisierung für Unterricht und Beziehungsarbeit mit psychosozial beeinträchtigten Kindern und Jugendlichen – eine Einführung. In: Zimmermann, D./Fickler-Stang, U./Dietrich, L./Weiland, K. (Hrsg.): Professionalisierung für Unterricht und Beziehungsarbeit mit psychosozial beeinträchtigten Kindern und Jugendlichen. Bad Heilbrunn. S. 12-22.

Zumwald, B. (2014): Spannungsfelder im Einsatz von Klassenassistenzen. In: Schweizerische Zeitschrift für Heilpädagogik 20 (4). S. 21-27.